Chefsache Prävention I

Mehr wissen – weiter kommen!

↗

Ein einfacher Weg zu besseren Arbeitsergebnissen und weniger Stress

Die berufstätigen Löwen Lono und Kimba geben beide ihr Bestes, um in ihrer Arbeitswelt, der Löwen-Liga, zu bestehen. Dort sind die Anforderungen sehr hoch, und die beiden begegnen ihnen auf unterschiedliche Weise. Während es dem ständig von Burnout bedrohten Lono nicht gelingt, Beruf und Privatleben in Einklang zu bringen, kann Kimba den Herausforderungen erfolgreich begegnen. Er erzielt bessere Arbeitsergebnisse und hat die wichtigsten Lebensbereiche gut im Griff. Die Autoren Buchenau und Davis bleiben konsequent in dem von ihnen geschaffenen „Löwen-Universum", in dem es Lion-Mails, den Kollegen Löwenhardt und nach Feierabend auch schon mal ein kühles Löwenbräu gibt. Mit einem Augenzwinkern zeigen die Autoren metaphorisch zwei Möglichkeiten des Umgangs mit beruflichen Herausforderungen auf.

So vermitteln die Löwenfiguren auf humorvolle und unterhaltsame Weise einen Weg zu einer ausgeglichenen Work-Life-Balance – gut gebrüllt, Löwe!

Die Autoren

Peter Buchenau ist seit über 15 Jahren als Krisenmanager, Ratgeber und Redner mit den Schwerpunkten Führung und Krisenmanagement sowie Stress- und Burnout-Prävention auf dem internationalen Markt tätig. Er hält einen Lehrauftrag an der Hochschule Karlsruhe und ist Referent an der HSG St. Gallen. Nebenbei steht er noch als Kabarettist auf der Bühne.

Zach Davis ist Bestsellerautor, spezialisiert auf Zeitintelligenz und PoweReading. Seit 2003 ist er als Referent mit einem „Infotainment auf höchstem Niveau" (Handelsblatt) unterwegs. Der Vortragsredner des Jahres 2011 wurde im Jahr 2012 in Indianapolis/USA zum CSP (Certified Speaking Professional) gekürt. Mit seinen Veranstaltungen erleichtert er Fach- und Führungskräften, Studierenden, Selbstständigen und dem Top-Management das Berufsleben.

Peter Buchenau, Zach Davis

Die Löwen-Liga

Tierisch leicht zu mehr Produktivität und weniger Stress
2013. X, 148 S. 52 Abb.
Br. € (D) 14,99 | € (A) 15,41 | *sFr 19,00
ISBN 978-3-658-00946-5

€ (D) sind gebundene Ladenpreise in Deutschland und enthalten 7% MwSt.
€ (A) sind gebundene Ladenpreise in Österreich und enthalten 10% MwSt.
Die mit * gekennzeichneten Preise sind unverbindliche Preisempfehlungen und enthalten die landesübliche MwSt. Preisänderungen und Irrtümer vorbehalten.

Änderungen vorbehalten.
Erhältlich im Buchhandel oder beim Verlag.

Abraham-Lincoln-Straße 46. D-65189 Wiesbaden
Tel. +49 (0)6221 / 3 45 - 4301. springer-gabler.de

Peter Buchenau
Herausgeber

Chefsache Prävention I

Wie Prävention zum unternehmerischen
Erfolgsfaktor wird

Herausgeber
Peter Buchenau
Waldbrunn, Deutschland

ISBN 978-3-658-03611-9   ISBN 978-3-658-03612-6 (eBook)
DOI 10.1007/978-3-658-03612-6

Die Deutsche Nationalbibliothek verzeichnet diese Publikation in der Deutschen Nationalbibliografie; detaillierte bibliografische Daten sind im Internet über http://dnb.d-nb.de abrufbar.

Springer Gabler
© Springer Fachmedien Wiesbaden 2014
Das Werk einschließlich aller seiner Teile ist urheberrechtlich geschützt. Jede Verwertung, die nicht ausdrücklich vom Urheberrechtsgesetz zugelassen ist, bedarf der vorherigen Zustimmung des Verlags. Das gilt insbesondere für Vervielfältigungen, Bearbeitungen, Übersetzungen, Mikroverfilmungen und die Einspeicherung und Verarbeitung in elektronischen Systemen.

Die Wiedergabe von Gebrauchsnamen, Handelsnamen, Warenbezeichnungen usw. in diesem Werk berechtigt auch ohne besondere Kennzeichnung nicht zu der Annahme, dass solche Namen im Sinne der Warenzeichen- und Markenschutz-Gesetzgebung als frei zu betrachten wären und daher von jedermann benutzt werden dürften.

Lektorat: Stefanie Brich, Katharina Harsdorf
Einbandabbildung: fotolia.de

Gedruckt auf säurefreiem und chlorfrei gebleichtem Papier.

Springer Gabler ist eine Marke von Springer DE. Springer DE ist Teil der Fachverlagsgruppe Springer Science+Business Media
www.springer-gabler.de

Geleitwort von Rolf Schwarz

Im September 2008 blickte die Welt in den Abgrund: Nachdem sich die amerikanische Investmentbank Lehman Brothers in bisher unbekanntem Ausmaß verzockt hatte und der Staat nicht mehr bereit war, für derart hohe Risiken einzustehen, platzte die wohl bisher größte Immobilien- und Finanzblase in der Geschichte der Menschheit. Und die Welt stellte sich die Frage: Wie konnte es nur so weit kommen?

Als im März 2011 eine Tsunamiwelle die Reaktorblöcke im japanischen Fukushima überrollte, vier von sechs Blöcken hochgradig beschädigt wurden und die Welt vor dem größten atomaren Unfall im dritten Jahrtausend stand, erhob sich erneut die Frage: Wie konnte es nur so weit kommen?

Und wenn wir nun im Jahre 2014 bereits genau wissen, dass aufgrund der veränderten Altersstruktur der deutschen Gesellschaft die Anzahl an stark kostenintensiven psychischen und Demenzerkrankungen, muskuloskelettalen und Stoffwechselerkrankungen exorbitant steigen wird, werden wir dann im Jahre 2040 in Anbetracht eines drohenden finanziellen Kollapses des Gesundheitssystems auch noch fragen: Wie kamen wir nur dorthin, wo wir nun stehen?

Wenn sich eine Konstante in der Entwicklung der Menschheit gezeigt hat, dann wohl, dass das Kind offensichtlich immer erst in den Brunnen fallen muss, bevor wir aus seinem Schreien klug werden. Die eigentliche Pointe im Begriff der Prävention (von lat. „praevenire" = zuvorkommen, verhüten), nämlich die proaktive Vorbeugung und Voraussicht statt das reaktive Nachsehen und den Schaden zu haben, scheint also im tatsächlichen Hinterherschauen und verdutzten Fragen nach dem Warum und Wieso zu liegen. „Aus Schaden wird man klug" heißt es im Volksmund; aber muss man immer erst Verluste erleiden, um zu einem verantwortungsvollen, da nachhaltigen Unternehmen werden zu können?

Der aus der deutschen Forstwirtschaft stammende Begriff der Nachhaltigkeit lehrt uns, dass wir uns nicht immer erst fragen müssen, wie es so weit kommen konnte. Denn um schadlos dort hinzukommen, wo man gerne sein möchte, muss man sich schlicht vorher bewegen. Nicht zu viel, nicht zu heftig oder zu oft – hier stimmt die forstwirtschaftliche Erkenntnis eindeutig mit den Befunden der Gesundheits- und Trainingswissenschaft im Sport überein. Vielmehr dürfen nur so viele Bäume aus dem Wald geholt werden, wie es das Gesamtsystem verkraftet, die Ressourcen erlauben und das Wachstumspotenzial hergibt.

Der Wald, als lebender Organismus, braucht also einen Förster als Chef, der ihn genau kennt, seine Möglichkeiten des Wachsens ebenso wie seine Risiken des Schrumpfens.

Im Ethos des verantwortungsvollen Handelns im und mit dem eigenen Unternehmen liegt hiermit ein Buch vor, das Prävention nicht nur als Mittel zur Gewinnmaximierung versteht, sondern das Wohlergehen eines Unternehmens als ein von Menschen bewegtes, lebendiges System im Blick hat. Dieser vorausschauende Weitblick umfasst selbstverständlich die Zufriedenheit und das Engagement der Mitarbeiter(innen) ebenso wie jene des Chefs: Ein gesundes Unternehmen hat immer auch einen präventiv handelnden und gesunden Chef!

Das dafür hilfreiche Wissen und Vorgehen gliedert das Buch in drei große Themenblöcke. Zum einen blicken wir voraus auf jenen Bereich, der wohl wie kein zweiter unser Handeln grundlegend bestimmt, Gesellschaft erst ermöglicht und nicht *nicht* vollzogen werden kann: Kommunikation und Beziehung. *Roland Schraut* nimmt sich dieses Themas mit der notwendigen **Achtsamkeit** an. Er plädiert für eine bewusste und offene Wahrnehmung für die Mitarbeitenden, für die Unternehmensumwelt, aber auch für sich als Chef selbst. Eine achtsame Wahrnehmung braucht es, um nicht von den Störreizen und Zielsetzungen einer harten Konkurrenzumwelt gelenkt zu werden, sondern durch gut entwickelte Eigenwerte und erprobte Kompetenzen die Zügel selbst in die Hand zu nehmen. Dies ist die Grundlage präventiv erfolgreicher Entscheidungen. Denn dort, wo ein Unternehmer heute steht, steht er aufgrund seiner eigenen Entscheidungen. Dies gilt auch für die Zukunft.

Brigitte Herrmann greift diesen Ball auf und lenkt den Wahrnehmungsschwerpunkt auf die Kommunikation des Chefs mit sich selbst. Denn: Man kann nicht *nicht* kommunizieren. Im Sinne des Altmeisters der Kommunikation (Watzlawik) zeigt sie, wie wichtig das **Bewusstsein für die eigene Wirkung** sein muss, soll es nicht zum Hinterherschauen verpasster Chancen kommen. Konkrete Beispiele hierfür sind die Ausstattung des Büros (ist sie sachlich, persönlich oder eine Ansammlung von Machtsymbolen?) oder auch das Benehmen in der Kantine (ist es formvollendet oder besteht es aus mangelnden Tischsitten?). Der Appell richtet sich letztlich an die aufmerksame Gestaltung der eigenen „Erscheinung", in die man souverän, kompetent und professionell treten oder eben hineinstolpern kann.

Barbara Liebermeister bringt diese Selbstkompetenz in einen interaktiven Kontext und verdeutlicht, dass nachhaltiger Unternehmenserfolg nur durch **werthaltige Beziehungen** gelingen kann. Sie erläutert anschaulich, welche Rolle Emotionen und Werte spielen, wenn es darum geht, Geschäftsbeziehungen aufzubauen – und dass erfolgreiches und sympathisches Auftreten erlernbar sind. Treffliche Beispiele werden gezeigt, unter anderem wie es gelingt, beim Gegenüber durch Empathie, Wertschätzung und Interesse Vertrautheit und Vertrauen aufzubauen, Kontakte zu knüpfen und zu pflegen – und dadurch den Grundstein für zukünftige Geschäftsbeziehungen zu legen. Den Unternehmenserfolg sieht Liebermeister sowohl als Ergebnis wie auch als Prozess von Beziehungen im Unternehmen. Dies gilt nach außen ebenso wie nach innen. Dabei geht sie immer von einer einzelnen Person und *dem* Erfolgsfaktor aus: dem Menschen.

Trotzdem kann es sein, dass Chefs sich Situationen ausgesetzt sehen, die sie trotz weitblickenden Handelns nicht beeinflussen können und die sich in aggressiver Angriffskommunikation von Konkurrenten oder Kunden äußern. *Gero Teufert* kann in seinem Kapitel die wunderbare Eigenschaft der „**Schlagfertigkeit**" vermitteln, die nicht etwas sein muss, worauf man erst 24 Stunden später kommt (Mark Twain). Er beendet die situative Sprachlähmung mit gekonntem Wortwitz, mutiger Selbsteinschätzung und einer gesunden Portion Gelassenheit.

Geistreiche Zungenfertigkeit ist nun wahrlich keine Begriffsschwester der Routine, weshalb *Steffen Becker* zur Veränderung, mindestens aber zur Reflexion vorhandener **Unternehmensroutinen** aufruft. In diesem zweiten großen Themenblock wird der Blick auf elementare Unternehmensstrukturen und Strategien geworfen, welche der oben erwähnten Kommunikation ein stabiles Rahmenwerk ermöglichen. Stereotype Abläufe und unbewusste Automatismen sind also sehr gut zu erklären, schließlich wollen Chefs Routinen, eben weil sie erkannt haben, dass dadurch teure Fehlerquellen minimiert werden. Auch für das einzelne Individuum sind solche Regeln und Gewohnheiten wichtig, weil sie uns Orientierung, Verlässlichkeit und Sicherheit geben. Das Problem: Hochbewusste strategische Prozesse laufen über einen stark Energie fressenden Teil unseres Gehirns und stellen kognitive Höchstleistung dar. Falls ein Mensch also bei jeder Tätigkeit, bei jeder Entscheidung immer wieder neu überlegen und abwägen müsste, ob er dies tut und jenes unterlässt, dann würde er sehr schnell an seine kapazitären Grenzen stoßen. Die Frage, die nun jeder für sich stellen sollte, lautet: Habe ich für mich die *richtigen* Gewohnheiten, gibt es bei mir im Unternehmen die richtigen und *sinnvollen* Routineabläufe?

In diesem Sinne versteht auch *Julius Seebach* Prävention, wenn er vom wirtschaftlichen Vorbeugen als der Vermeidung von Verschwendung spricht. Weil Ressourcen knapp sind, unsere Bedürfnisse aber nahezu grenzenlos, bleiben uns nicht viele andere Möglichkeiten. Indem wir effizient wirtschaften, sprich: Verschwendung vermeiden, legen wir den einen wichtigen Grundstein für Existenz und Wohlstand; Kreativität und Innovation bilden den zweiten Block. Präventiv zu handeln heißt genau deshalb, Entscheidungen sorgsam vorzubereiten und bewusst abzuwägen. Kernstück von Seebachs Beitrag ist es, diesen Entscheidungsprozess mit der gebotenen Sorgfalt an den Interessen der Stakeholder auszurichten. Sein Credo: In dem Moment, in dem der Chef die Interessen unterschiedlichster Disziplinen und Gruppen kennen, managen, ergründen, antizipieren, vermitteln und priorisieren kann, zeigt er sich **interessenintelligent**. Er handelt vorbeugend und weiß, um was es den Beteiligten wirklich geht.

Aber bloß nicht zu lange vorbereiten, zu viele Gedanken machen, zu sehr auch nur jede erdenkliche Möglichkeit eruieren und auch noch den letzten Kritiker berücksichtigen! Am Ende des Tages zählt das sichtbare Tun und nicht der unsichtbare Gedanke. Doch viele Menschen haben Entscheidungsprobleme oder genauer gesagt: Probleme mit den Folgen ihrer Entscheidung, die sie nicht zu meistern und auszuhalten wagen und just deshalb im bequemen Abwägen verharren. Für diese Menschen bietet *Wolfgang Egger* eine metaphorische Geschichte von zwei Handlungstypen an, wie sie unterschiedlicher nicht sein könnten: einem flexibel denkenden, den Entwicklungen der Umwelt offen gegenüber stehenden Macher einerseits und dem zögerlichen, wankelmütigen und jammernden Abwäger andererseits. Dass es immer Vorbehalte gegen anstehende Veränderungen gibt, ist unausweichlich. Doch das vorbehaltlose Tun wird dann einfacher, wenn man gegen das, was man tut, keine Vorbehalte hat. Kurzum: Man sollte jene Dinge tun, die man gerne macht, und gerne tun, was man macht. Diese **Selbstverantwortung** macht auf lange Sicht glücklich, denn sie setzt ein gewisses Risiko zur Veränderung voraus. Wer es bewältigt, fühlt sich gut. Und wer sich gut fühlt, erledigt die kommenden Anforderungen leichter.

Doch selbst unternehmerische Risiken können durch Voraussicht und Weitblick abschätzbar sein, wenn man sich an bestimmte Erfolgsformeln hält, die *Paul Misar* in jahrelanger Erfahrung in Top-Unternehmungen dieser Welt gesammelt hat. Er erklärt die starke Wirkung der Erfolgswerkzeuge **Positionierung** und **Branding** und belegt mit sehr eindrücklichen Beispielen, wie bedeutsam die Alleinstellung eines Produktes ist, das Anderssein, die Exponiertheit und attraktive Auffälligkeit. Wer liest, mit welchem Esprit er die Unique Selling Proposition (USP) bei seinen eigenen Unternehmungen vorangetrieben hat, wird sich rasch fragen, warum er nicht selbst diese Konsequenz im Handeln hat. „Adler fliegen nun mal nicht im Rudel."

Vielleicht hat es mit einer gewissen Restangst zu tun, dass aus dem unternehmerischen Mut ein Übermut, ein Mut der Verzweiflung wird im Ozean der globalen Unsicherheit. Für diese Zweifler hält jedoch *Hanno Goffin* **empirisch belegte Erfolgsfaktoren** bereit, die auch und gerade aufgrund von Krisen Bestand haben. Als seine wichtigsten Präventionsmaßnahmen beschreibt er (a) die Strategie und die Vision eines Unternehmens, (b) den Fokus und die Innovation, (c) wie aus Kunden Fans werden, (d) wie Entscheidungsperspektiven erschlossen werden, (e) die Werttreiber, Kostenaufteilung und Verlustquellen, (f) wichtige Kennzahlen und Bonussysteme, (g) ein gesundes Risikomanagement, (h) Prävention und Risiken durch überlegene Geschäftsmodelle sowie (i) das Personal und dessen präventive Führung.

Ich selber habe mich in Anbetracht der Fülle an Herausforderungen, die in der heutigen globalisierten Unternehmerschaft zu bewältigen sind, gefragt, welche Leistungsressourcen aus bewegungs- und gesundheitswissenschaftlicher Sicht anzubieten sind. Denn klar ist: Erfolgreiche Unternehmer ähneln stark siegreichen Sportlerinnen und Sportlern. Der Moment des Alleinseins vor großen Taten, die lange Askese in harter Vorbereitung der Spitzenleistung, das Glücksgefühl im Moment des Erfolges und die dafür notwendige Balance zwischen den verschiedenen Anteilen des Ruhms. Die beiden fundamentalen Erfolgsgaranten des Sportlers sind sein Körper und sein Geist. „Mögen beide in einem gesunden Verhältnis zueinander stehen!" (Juvenal) und nicht der eine auf Kosten des anderen operieren. Doch was macht den **starken Geist in einem starken Körper** aus? Die Antwort ist einfach: Sofern man begreift, dass die Pflege unseres Körpers das Substrat für unser Hirn und den daraus resultierenden Gedanken ist, bleibt Sport nie nur eine Form der Fitnessmaximierung und Erhöhung der Geschwindigkeit, Weite und von Gewichten. Sport ist vielmehr ein Mittel, den menschlichen Organismus mit all seinen Möglichkeiten körperlich, geistig und sozial zu entwickeln. Dadurch bekommt gezielte Bewegungsberatung den Charakter gekonnter Persönlichkeitsentwicklung.

Wie das gezielt im Rahmen betrieblicher Strukturen umgesetzt werden kann, weiß *Boris Schwarz* zu berichten. Er gibt eindeutige Tipps, die aufgrund ihrer Klarheit eigentlich nur noch eines bedürfen: der konsequenten Umsetzung. Als **„Bewegungs- & Gesundheitshäppchen"** machen sie dem Leser Lust auf Treppensteigen, eine Kooperation mit einem Fitnessanbieter einzugehen, ausgewogene Ernährung in der Kantine anzubieten sowie den Ruhephasen und dem Schlaf die nötige Aufmerksamkeit zu schenken.

Doch Achtung – allzu leicht scheint die Erreichung eines **„New Work Health Style"** dann doch nicht zu sein, sofern man sich nicht den Fragen von *Timo Eifert* stellt: Wie erreichen wir die Mitarbeiter, die wir mit den bisherigen Maßnahmen (noch) nicht erreicht haben? Wie viel Sport oder körperliche Aktivität braucht man für einen gesunden Mitarbeiter? Entsprechen die alten Modelle der freizeitorientierten Gesundheitsförderung noch den Bedürfnissen der neuen Arbeitswelt? Warum fruchten so viele der aktuellen Gesundheitskampagnen nicht? Wie schaffe ich eine langfristige Gesundheitsorientierung, die zeitlich limitierte Projekte überdauert?

Antworten auf der geistigen Seite gibt uns *Antje Heimsoeth*. Sie hält ein Plädoyer für **positives Denken**, das oft zunächst einmal im Aufgeben hemmender, negativer und destruktiver Muster besteht. „Nicht die Dinge selbst beunruhigen uns, sondern die Meinung, die Vorstellungen, die wir von den Dingen haben" (Epiktet). Stattdessen gilt „Ich schaffe es!", sei es mit dem Lächeln im Geiste oder aber auch der selbstsicheren Körperhaltung.

Die körperliche Prävention ist es auch, die *Jörg Schneider* als Ausgangspunkt für die **Leistungsfähigkeit** unternehmerischen Handelns nimmt. Seinem Verständnis nach ist es mit der Gesundheit und Vitalität ungefähr so wie mit der Motivation: Die täglichen De-Motivationen wegzulassen ist schon ein deutlicher Schritt zum Ziel. Gleichermaßen ist die halbe Miete bereits eingefahren, wenn wir wenigstens die „schlechten Sachen" weglassen. Allerdings kommen wir beim Körper um eine intensive Belastung desselben nicht umhin. Dementsprechend heißt sein erstes Credo: Prävention beginnt damit, ungesunde Verhaltensweisen Schritt für Schritt zu eliminieren. In dem Maße, wie wir in der Lage sind, destruktive Gewohnheiten durch konstruktivere zu ersetzen, machen wir einen gewaltigen Schritt in Richtung Gesundheit, Wohlbefinden und höhere berufliche Leistungsfähigkeit.

Michael von Kunhardt nennt diese Ressourcen schonende und zugleich schaffende Leistungsfähigkeit **körperliche, geistige und seelische „Frische"**. Sie durchdringt uns in den wichtigsten Lebensbereichen der Arbeit, den Beziehungen zu Freunden und in der Familie sowie in unserer Ich-Welt der Interessen. Um nicht alt auszusehen, sondern sich dieser erfrischenden Kraft zu bemächtigen, braucht es als „Wartungsvertrag mit sich selbst" der Frischefaktoren aus (a) Bewegung und Elastizität, (b) Hirntraining und Inspiration sowie (c) kluger Selbstverantwortung und positiver Emotionalisierung. Denn präventive Wartung wartet nicht; sie muss immer agieren, da der Strom des Lebens ständig fließt – mit oder ohne uns.

Gut gewartet durchs Leben gehen zu können setzt also voraus, sich auf eine erhöhte Warte, einen Ausguck zu begeben, damit man alles im Blick haben kann, tatsächlich vorausschauend handeln und weitblickend agieren kann. Bewegung ist folglich immer die Grundlage für die Prävention, bietet stets die erste aller Formen an, in existenziellem Sinne präventiv zu handeln. Noch schärfer formuliert: Ohne Bewegung keine Prävention.

In diesem Sinne wünsche ich Ihnen nun größtmögliche Leselust, damit aus Sätzen E-*Motionen* werden: Heraus-*Bewegungen* des Geistes und lebendige Gedanken!

Karlsruhe, im November 2013   Rolf Schwarz

Vorwort

Ein Kind ist in den Brunnen gefallen.

Liebe Leserinnen und liebe Leser,

sicher kennen Sie die Redensart: „Erst wenn das Kind in den Brunnen gefallen ist, dann ..." Die Redensart über einen vorhersehbaren Verlust oder Schaden ist seit der Antike in diversen Varianten bekannt. Der am meisten aus der Antike übermittelte Spruch dazu lautet: „Den Stall erst abschließen, wenn die Kuh gestohlen ist".

Ich möchte dazu auch gerne Roland Berger zitieren, der sagte: „An eine strukturierte Bewertung macht sich das Projektteam oft erst, wenn das Kind in den Brunnen gefallen ist und die Frage nach den nötigen Rückstellungen für die Schadensbegrenzung aufkommt." Ähnliches liest man in der Maneo Toleranzkampagne: „Prävention würde also erst dann praktiziert werden müssen, wenn ‚das Kind bereits in den Brunnen gefallen ist'." Schön finde ich auch: „Verkehrserziehung ist aber auch ein Zeichen von Hilflosigkeit und greift erst dann, wenn das Kind schon in den Brunnen gefallen ist", so Matthias Lieb, Vorsitzender des Verkehrsclub Deutschland (VCD).

Doch warum handeln Menschen und Unternehmen oft erst wenn es zu spät ist oder wenn das Unglück bereits geschehen ist? Antworten dazu finden Sie in diesem Buch.

Als Prävention, was im Lateinischen praevenire heißt und übersetzt zuvorkommen oder verhüten bedeutet, bezeichnet man demnach vorbeugende Maßnahmen, Programme oder Projekte, um ein unerwünschtes Ereignis oder eine unerwünschte Entwicklung zu vermeiden. Ganz allgemein kann der Begriff Prävention mit „vorausschauender Problemvermeidung" übersetzt werden.

In der Fachwelt unterscheidet man drei Arten der Prävention. Spielen wir diese am Beispiel unseres Kindes im Brunnen durch.

Die im deutschsprachigen Raum am meisten verwendete Prävention ist die **tertiäre Prävention**. Gehandelt wird erst, wenn das Kind tatsächlich in den Brunnen gefallen ist. Die Aufregung ist groß. Wie konnte das passieren? Panik tritt ein. Zusätzliche Kosten entstehen. Also erst nachdem das Kind in den Brunnen gefallen ist, baut man einen Zaun um den Brunnen oder deckt den Brunnen mit einem Gitter ab. Kabarettistisch überlasse ich es Ihnen, liebe Leserinnen und Leser, ob Sie vor dem Abdecken des Brunnens das Kind noch aus dem Brunnen herausholen. Oft werden die durch die vernachlässigte Prävention entstandenen Sachverhalte und Zusatzkosten einfach unter den Teppich gekehrt. Niemand übernimmt Verantwortung.

Die nächste Präventionsstufe ist die **sekundäre Prävention**. Im Falle des Brunnens würde das bedeuten, dass jemand die mögliche Gefahr erkannt hat und vorsorglich den Brunnen abdeckt oder einen Zaun um den Brunnen errichtet. Der Eintritt eines möglichen Schadenfalls wird somit erheblich erschwert. Es müsste schon jemand den Zaun oder die Abdeckungen wieder entfernen. Es ist also ein Eingriff notwendig, um einen Schaden hervorzurufen.

Die sicherste Präventionsstufe ist die **primäre Prävention**. In unserem Beispiel heißt das: den Brunnen erst gar nicht bauen. Denn wurde kein Brunnen gebaut, kann auch niemand reinfallen.

Chefsache Prävention – unter diesem Motto stellen Ihnen, liebe Leserinnen und Leser, fünfzehn Unternehmensberater, Trainer und Coaches, die zu den besten im deutschsprachigen Raum zählen, ihre ganz persönlichen Erfolgsrezepte zum Thema Prävention vor, und zwar bezogen auf ihr jeweiliges Spezialgebiet. Profitieren Sie vom Wissen von **Steffen Becker, Wolfgang Egger, Dr. Timo Eifert, Hanno Goffin, Antje Heimsoeth, Brigitte Hermann, Michael von Kunhardt, Barbara Liebermeister, Paul Misar, Jörg Schneider, Roland Schraut, Boris Schwarz, Jun. Prof. Dr. Rolf Schwarz, Julius Seebach und Gero Teufert**. Nutzen Sie die geballte Kompetenz der Autoren – machen Sie Prävention zu Ihrem Erfolgsfaktor.

Da die Autoren alle über langjährige Erfahrungen als Berater, Trainer, Lehrbeauftragte oder Business-Coaches verfügen, kommt Ihnen wieder, wie bei „Chefsache Gesundheit", neben dem großen Fachwissen auch deren didaktisches Know-how zugute. Das Buch ist so aufgebaut, dass Sie einzelne Kapitel lesen können. Beginnen Sie mit dem Thema, das Sie interessiert – egal ob **Führung, Marketing, Netzwerken, Branding, Positionierung, Spitzenleistung, Gesundheit, Motivation, Achtsamkeit oder Bewegung**. Diese Gliederung macht das Buch zum Nachschlagewerk zur aktuellen Frage, zur aktuellen Situation, zum aktuellen Problem, zu dem Sie gerade jetzt eine Lösung suchen.

Zum Schluss möchte ich mich bei allen Autoren für ihre engagierte Mitarbeit ganz herzlich bedanken. Sie haben das Buch erst möglich gemacht. Danke euch allen. Außerordentlicher Dank geht auch an meine Assistentin Frau Marina Bayerl, welche in unzähligen zusätzlichen Stunden die Autorenberichte einforderte, sortierte, zusammenfasste und vorlektorierte. Ebenso übernahm sie die Koordination der Zusammenarbeit mit dem Verlag Springer Gabler. Danke auch an Frau Stefanie Brich vom Verlag Springer Gabler, die uns tatkräftig unterstützte. Danke auch an meine Lebensgefährtin Bettina, welche auf unzählige Stunden mit mir verzichten musste.

Nun, liebe Leser, erwarten Sie wertvolle präventive Impulse für die Bewältigung zukünftiger beruflicher und privater Herausforderungen. Nutzen Sie die Chance des Vorausschauens und setzen Sie den einen oder anderen Hinweis, die eine oder andere präventive Handlung, Strategie oder Methode in Ihrem zukünftigen Alltag um. Es gibt immer eine vorausschauende Problemvermeidung. Deshalb: Prävention ist Chefsache.

Waldbrunn, im November 2013   Peter Buchenau

Inhaltsverzeichnis

1	Warum nur veränderte Unternehmensroutinen für die Prävention hilfreich sind .... Steffen Becker	1
2	Die Kunst, sich selbst zu motivieren .... Wolfgang Egger	15
3	New Work Health Style .... Timo Eifert	31
4	Schaffung erfolgreicher Unternehmen .... Hanno Goffin	53
5	Love it – Leave it – Change it .... Antje Heimsoeth	73
6	Du kannst nicht nicht wirken .... Brigitte Herrmann	105
7	„Wartungsvertrag für mich selbst" .... Michael von Kunhardt	123
8	Erfolgsfaktor Mensch – Mit Beziehungen für unternehmerischen Erfolg vorsorgen .... Barbara Liebermeister	141
9	Adler fliegen nicht im Rudel – Die Kraft der Positionierung und des Markenaufbaus .... Paul Misar	161
10	Körperliche Prävention .... Jörg Schneider	193

11	**Achtsamkeit – der Schlüssel zu nachhaltigen Erfolgen** . . . . 211 Roland Schraut	
12	**Leadership (vor)leben – fitte Führungskräfte erreichen mehr** . . . . 231 Boris Schwarz	
13	**Starker Geist in einem starken Körper** . . . . 253 Rolf Schwarz	
14	**I-IQ Interessenintelligenz** . . . . 277 Julius Seebach	
15	**Clever kontern – Wie Sie besser mit verbalen Angriffen umgehen** . . . . 301 Gero Teufert	

Warum nur veränderte Unternehmensroutinen für die Prävention hilfreich sind

Steffen Becker

Inhaltsverzeichnis

1.1	Die Bedeutung von Routinen in unserem Leben	1
1.2	Präventionsarten	3
1.3	Wie unsere Handlungen entstehen	4
1.4	Wie Gewohnheiten und Rituale entstehen und verändert werden können	6
1.5	Einfluss der Unternehmenskultur auf die Gesundheit	9
1.6	Die Kommunikation des Chefs	11
1.7	Über den Autor	14
Literatur		14

> Individuen haben Gewohnheiten; Gruppen haben Routinen. Und Routinen sind das Pendant zu Gewohnheiten bei Organisationen (Geoffrey Hodgson).

1.1 Die Bedeutung von Routinen in unserem Leben

Eine Routine ist ein Begriff, der in der deutschen Sprache oftmals mit dem Begriff Programm assoziiert wird. Eine ähnliche Bezeichnung in unserer Gesellschaft ist auch der Begriff Gewohnheit. In Wikipedia steht unter dem Begriff Gewohnheit: Als Gewohnheit […] wird eine unter gleichartigen Bedingungen entwickelte Reaktionsweise bezeichnet, die durch Wiederholung stereotypisiert wurde und bei gleichartigen Situationsbedingungen wie automatisch nach demselben Reaktionsschema ausgeführt wird, wenn sie nicht

Steffen Becker ✉
Nordstraße 17, 01689 Weinböhla, Deutschland

bewusst vermieden oder unterdrückt wird. Es gibt Gewohnheiten des Fühlens, Denkens und Verhaltens[1].

Was heißt dies für uns? Wir haben in uns (Verhaltens-)Programme, die wir immer wieder abspielen, die einen Automatismus in sich haben und die wir immer wieder meistens unbewusst anwenden. Zur Verdeutlichung ein Beispiel: Wie stehen Sie morgens auf? Setzen Sie zuerst das rechte Bein auf oder das Linke oder doch gleich Beide? Wenn Sie sich diesen Vorgang bewusst machen, werden Sie vermutlich feststellen, dass dieser Ablauf immer wieder nahezu gleich ist. Oder nehmen wir als Beispiel das Putzen der Zähne. Der Ablauf ist immer wieder ähnlich. Was passiert wenn Sie diesen Ablauf verändern, wenn Sie beispielsweise statt mit der rechten Hand nun einmal mit der linken Hand die Zahnbürste führen? Es ist wohl sehr ungewohnt und sie würden am liebsten die Bürste wieder in Ihre „gewohnte" Hand nehmen. Und wie ist das individuelle Verhalten der Mitarbeiter in Unternehmen? In Unternehmen arbeiten Menschen, die Ihre Gewohnheiten auch im Unternehmen haben und diese leben. Ebenfalls sind in Unternehmen auch Routineabläufe vorhanden, die in dem Qualitätsmanagementbuch niedergeschrieben sind. Unternehmen wollen Routineabläufe, weil sie erkannt haben, dass dadurch Fehlerquellen minimiert werden. Auch für das einzelne Individuum sind solche Routineabläufe und Gewohnheiten wichtig, weil Sie uns helfen, damit wir überhaupt existieren können. Alle menschlichen Prozesse laufen über unser Gehirn. Unser Gehirn ist nur rund 1–1,5 kg schwer, verbraucht jedoch 20 % unseres täglichen Energiebedarfes. Falls ein Mensch also bei jeder Tätigkeit, bei jeder Entscheidung immer wieder überlegen und entscheiden muss, ob er dies oder jenes tut, dann würde er sehr schnell an seine Grenzen stoßen. Die Frage, die nun jeder für sich stellen sollte, lautet: habe ich für mich die richtigen Gewohnheiten, gibt es bei mir im Unternehmen die richtigen und sinnvollen Routineabläufe? Ist denn auch Gesundheits-Prävention ein wichtiger Bestandteil im Unternehmen? Nehme ich mich als Chef oder Führungskraft selbst diesem Thema an oder halte ich es für unwichtig?

Ich nehme an, dass Sie mit dem Lesen des Buches den Wunsch haben, neue Sichtweisen und Erkenntnisse zu bekommen. Ich bin mir sicher, dass alle meine Kollegen dies in eindrücklicher Weise darlegen werden, nur was davon kommt in die Umsetzung? Welche dieser Tipps und Empfehlungen werden wie in die Routineabläufe Ihres Unternehmens eingebaut? Wie schaffen Sie es persönlich, neue Gewohnheiten anzunehmen? Diese Frage beantworte ich später. Tatsache ist:

▶ Jeder Unternehmenslenker steht mit seinem Unternehmen heute da wo er steht, weil die Unternehmenslenker in der Vergangenheit Entscheidungen getroffen hat, die dazu führten, dass das Unternehmen da steht wo es heute steht.

Wie viele dieser Entscheidungen, die ein Unternehmen dort hingebracht haben, wurden denn bewusst oder unbewusst getroffen? Fest steht, dass die Gewohnheiten unser bisheriges Leben prägten und unser zukünftiges prägen werden.

---

[1] http://de.wikipedia.org/wiki/Gewohnheit – vom 30.09.2013.

Wie entstehen Gewohnheiten und Rituale und besteht die Möglichkeit diese zu verändern? Das Wissen darum kann unsere Zukunft beeinflussen. Ich komme zu einem späteren Zeitpunkt darauf zurück. Wichtiger ist es mir im Moment aufzuzeigen, welche Präventionsarten es gibt.

1.2 Präventionsarten

Studien, warum die Gesundheitsprävention in Unternehmen ein wichtiger Bestandteil sein sollte, gibt es einige. Es sollte dabei unterschieden werden, wofür eine Prävention erfolgt. Geht es um physische oder um psychische Prävention?

Ich möchte darauf hinweisen, dass eine ausgewogene und gute Ernährung, sowie Bewegung und Entspannung wichtige Präventionsbestandteile für die Gesundheit sind. Mit diesem Buchartikel konzentriere ich mich mehr auf den Bereich der psychischen Prävention. Meiner Meinung nach ist der Geist, das Denken und die innere Einstellung ein wichtiger Bestandteil auch für die körperliche Gesundheit.

Situation in der Arbeitswelt aus Sicht der Gesundheit Seit Jahren misst das Unternehmen Gallup in einer Studie, den Grad des Engagements eines Mitarbeiters im Unternehmen. Die Studie fragt mittels Telefoninterviews bei Mitarbeitern nach, die aus Ihrer Sicht antworten. Dabei kam für 2012 heraus, dass die Mitarbeiter, die keine emotionale Bindung zum Unternehmen haben, im Durchschnitt 3,1 Tage (ca. 76 %) länger krank sind als Mitarbeiter, die eine hohe emotionale Bindung aufweisen. Der deutschen Wirtschaft entstehen durch Fehlzeiten von Beschäftigten mit fehlender oder geringer emotionaler Bindung, Kosten in Höhe von 18,3 Mrd. Euro (Gallup GmbH 2012).

Angenommen Sie haben 100 Mitarbeiter, so haben nach den Erkenntnissen aus der aktuellen Gallup-Studie im Durchschnitt 15 Mitarbeiter eine hohe emotionale Bindung an Ihr Unternehmen, 61 davon machen Dienst nach Vorschrift und 24 Mitarbeiter haben innerlich gekündigt. Aus den letzten Jahren geht hervor, dass die Anzahl der innerlich gekündigten Menschen seit der ersten Erhebung im Jahr 2001 bis zur aktuellen Erhebung um 9 % gestiegen ist. Auch eine Erklärung steht hierfür parat. „Die Ursachen für geringe emotionale Mitarbeiterbindung lassen sich in der Regel auf Defizite in der Personalführung zurückführen" (Gallup GmbH 2012). Interpretiert bedeutet dies, dass bei weiterer gleichbleibender Personalführung die Anzahl der innerlich gekündigten Mitarbeiter sich in den nächsten Jahren weiter erhöhen wird. Dies hat wiederum zur Folge, dass sich die Kosten durch Fehlzeiten in den Betrieben nochmals erhöhen werden.

Allein von dieser Seite aus betrachtet, sollte es zur Chefsache erklärt werden – präventiv tätig zu werden und dagegen zu steuern.

Ein weiteres Argument dafür ist eine Studie (Abb. 1.1), in der die Kosten nachgewiesen wurden, die durch „Präsentismus" entstehen. Präsentismus wird beschrieben, als das Verhalten von Erwerbstätigen, die trotz einer Erkrankung zur Arbeit gehen. Aus der nach-

Abb. 1.1 Anteil von Präsentismus an Krankheitskosten (Quelle: Booz Co.)

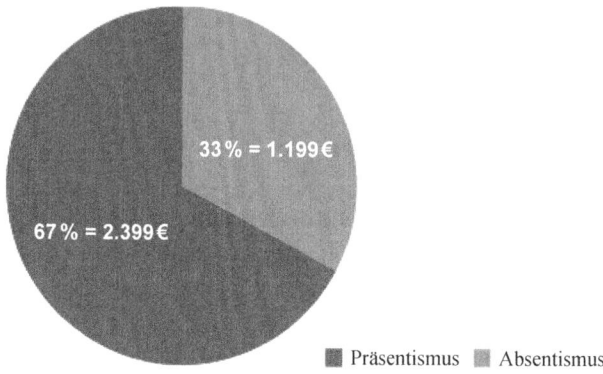

Quelle: Booz & Company; Statistisches Bundesamt: Inlandsproduktberechnung 2009; Bundesministerium für Arbeit und Soziales 2009: Sicherheit und Gesundheit bei der Arbeit 2009, S. 86; Stewart et al., 2003; Collins, Base, 2005; Miriam Wagner, 2010; Fabian Wolfgang Wallert, 2007

stehenden Abbildung lässt sich erkennen, dass diese Kosten zweimal so hoch sind, wie die Kosten die durch eine Krankheit entstehen.

Haben Sie schon einmal die gesamten Krankheitskosten für Ihr Unternehmen nach diesem Schema ausgerechnet? Haben Sie sich als Chef und/oder Führungskraft bewusst mit diesem Thema auseinandergesetzt? Wenn ja Klasse, wenn nein – entscheiden Sie selbst, ob dies für Ihr Unternehmen von Bedeutung ist.

1.3 Wie unsere Handlungen entstehen

Bekanntermaßen hängt die Gesundheit sehr stark einerseits von den körperlichen, andererseits – aus meiner persönlichen Sichtweise noch vielmehr – von der geistigen und mentalen Ebene ab.

Sind die Antworten (Handlung) der Teilnehmer aus der Gallup-Studie rational oder emotional geprägt? Die Antworten geben das persönliche Befinden des Befragten ab, sind also höchst subjektiv und damit emotional geprägt. Es gibt Menschen, die mir sagen, ich entscheide nur aus rationalen Beweggründen heraus. Dies ist jedoch ein Irrtum. Die Neurowissenschaft hat bereits nachgewiesen, dass bei jeder Handlung, sei sie angeblich auch noch so rational, die Emotionen immer mit berücksichtigt werden – obgleich dies oftmals nur im Unterbewusstsein stattfindet. Dies bedeutet, dass die emotionale Ebene eine elementar Wichtige ist. Um aufzuzeigen, wie Handlungen zu Stande kommen, möchte ich das Denk- oder auch Steuerungsmodell von Eric Adler aufzeigen, welches ich mit meiner Meinung ergänzt habe (Abb. 1.2).

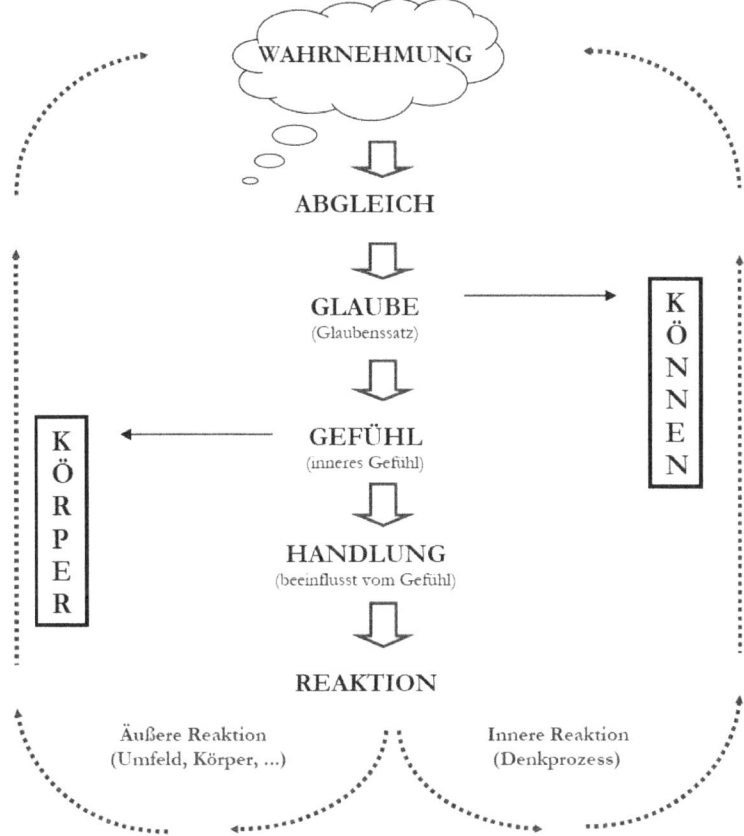

Abb. 1.2 Denk- bzw. Steuerungsmodell von Eric Adler um eigene Meinung ergänzt

Nach diesem Denkmodell, nehmen wir unsere Umwelt über unsere Sinne wahr, gleichen sie mit unseren eigenen Glaubenssätzen ab, woraus ein Gefühl entsteht, was daraufhin zu einer Handlung und mittelbar zu einer Reaktion führt. Das Denk- und Steuerungsmodell ist demnach eine einfach dargestellte Form, wie und warum wir die Ergebnisse bekommen haben, die wir bekommen haben. Möglicherweise sehen Sie das anders – dann freue ich mich auf Ihr Feedback und einen gemeinsamen Austausch mit Ihnen um aufzuzeigen, warum ich das so sehe.

Ich möchte gerne das Modell konkret an einem Beispiel festmachen. Stellen Sie sich bitte vor, Sie werden auf ein Auto angesprochen (Wahrnehmung). Sie haben dieses Fahrzeug vor Augen und assoziieren Merkmale damit. Es könnten beispielsweise folgende Merkmale sein: ein tolles Auto, eine schöne Farbe, und möglicherweise sehen Sie sich schon in diesem Fahrzeug selbst darin sitzen, um es zu fahren. Demnach wäre dies ein möglicher Glaubenssatz. Wie wird ihr Gefühl sein – sicherlich positiv oder? Wie wird Ihre Kommunikation mit dem Fragenden verlaufen? Sie werden aller Wahrscheinlichkeit nach, von dem

Auto schwärmen, es vielleicht empfehlen. Dies wäre Ihre Handlung. Es könnte jedoch auch sein, dass Sie mit einem solchen Fahrzeug negative Erfahrungen gemacht haben, wie beispielsweise: es musste immer in die Werkstatt, es verbraucht zu viel Sprit und Sie sind der Meinung, dass Fahrzeug taugt nichts. Dann ist Ihr Glaubenssatz ein eher negativ geprägter und Sie werden voraussichtlich auch kein positives, sondern eher ein negativ behaftetes Gefühl in sich tragen. Ihr Gesprächspartner wird daher wahrscheinlich eine Kommunikation erhalten, die eher die negativen Dinge enthält. Sie merken, wir haben das Fahrzeug wahrgenommen und gleichen es mit unseren Erfahrungen und Glaubenssätzen ab. Entsprechend diesem Abgleich entsteht ein Gefühl. Dieses Gefühl transportieren wir nach Außen, nämlich durch unsere Körpersprache, Mimik und Gestik sowie unsere Sprache.

Wenn Sie sich das Beispiel oder auch verschiedene andere Lebenssituationen einmal bewusst vor Augen führen, dann erkennen Sie zwangsläufig, dass Ihre Gedanken die Reaktionen aus Ihrem Umfeld beeinflussen.

Zurückkommend auf die Befragung in der Gallup-Studie, so ist der Grund weshalb Mitarbeiter bereits innerlich gekündigt haben, zu einem erheblichen Teil auf das Führungsverhalten zurückzuführen. Es ist mehr als wahrscheinlich, dass die Mitarbeiter entsprechende – aus deren Sicht subjektive – negative Empfindungen erfahren haben, die unter anderem dazu führten, bereits innerlich gekündigt zu haben.

Um dieses Denkmodell noch praktischer zu machen, fragen Sie sich bitte einmal, ob es auch bei Ihnen möglich ist, dass Sie immer wieder die „Fehler" bei Ihren Mitarbeitern entdecken? Bringen Sie immer wieder Dinge ans Licht, die gerade einmal schief laufen oder gelaufen sind? Fragen Sie sich gerade, ob Ihre bisher gemachten Erfahrungen sich bei Ihnen bereits als Glaubenssatz verfestigt haben?

Falls dem so ist, so werden Sie auf absehbare Zeit wieder mit diesen Dingen konfrontiert werden, weil es bereits in Ihrem Glaubenssatz verankert ist. Den Glaubenssatz zu verändern geht nur, wenn ein Mensch andere Erfahrungen macht, als jene die er bisher gemacht hat. Das wiederum geht nur, wenn die bisherigen (Denk-)Gewohnheiten durchbrochen werden.

1.4 Wie Gewohnheiten und Rituale entstehen und verändert werden können

Gewohnheiten entstehen keinesfalls durch angeborene Merkmale, sondern werden alle erst im Laufe des Lebens erworben. Wir haben zu irgendeinem Zeitpunkt die Erfahrung gemacht, dass wenn wir uns so oder so verhalten (Routine), wir eine für uns geartete Belohnung bekommen. Wissen wir jedoch wann diese Routine einsetzt? In den meisten Fällen nein. Wenn Sie nur Gewohnheiten haben, die für Sie positiv sind, dann empfehle ich Ihnen das nächste Kapitel. Haben Sie jedoch von Ihnen aus betrachtet „schlechte Gewohnheiten" und wollen diese möglicherweise verändern, so ist es bedeutsam zu wissen, was uns dazu bewegt die Routineprogramme abzuspielen. Dies geschieht durch einen Auslösereiz, den wir oftmals nur unbewusst wahrnehmen. Dieser Auslösereiz hat in den meisten Fällen ein

Motiv als Hintergrund. Dieses Motiv herauszufinden, ist daher ein wichtiger Bestandteil, um Gewohnheiten verstehen und gegebenenfalls ändern zu können.

Wenn Sie neue Gewohnheiten und Routinen bei sich oder/und in Ihrem Unternehmen implementieren wollen, so brauchen Sie daher „nur" einen klaren Auslösereiz finden und die Belohnung klar und deutlich kommunizieren. Sie erkennen an dem „nur", dass dies alles andere als einfach ist, weil wir Gewohnheiten im Laufe des Lebens so oft durchlaufen haben und uns daran gewöhnt haben. Mir ist schon bewusst, dass dies sehr vereinfacht ausgedrückt ist, weil das komplette Systemische hierbei ausgeblendet ist. Dennoch bewirken kleine Veränderungen hierbei auch Veränderungen im System insgesamt. Wie gesagt, Gewohnheiten sind sinnvoll, weil wir unser Gehirn dadurch entlasten. Jeder für sich, darf sich selbst fragen, ob er Gewohnheiten hat, die er verändern möchte. Wir benötigen für die Veränderung von Gewohnheiten Zeit und Energie. Zeit aus dem Grund, weil diese Veränderung im Normalfall kaum über Nacht vollbracht wird. Energie, weil wir uns immer wieder dabei ertappen, wie wir diese „alte und schlechte Gewohnheit" wieder verwendet haben.

Jedoch ist es eine gute Nachricht, wenn wir uns beim Verwenden einer unliebsamen Gewohnheit ertappen. Warum? Weil wir uns selber auf die zweite Stufe des Gewohnheitszirkels bewegt haben. Was meine ich damit? Der Münchener Psychologe und Hirnforscher Ernst Pöppel hat errechnet, dass wir teilweise bis zu 20.000 Entscheidungen am Tag fällen.[2] Da sind sowohl bedeutende als auch banale Entscheidung mit enthalten. Gerald Zaltman fand heraus, dass 95 % dieser Entscheidungen unser Bewusstsein nicht einmal erreicht (Niederstadt 2010). Nach meiner Auffassung sollte es das Ziel sein, sich selbst möglichst viele gute Gewohnheiten zuzulegen. Was eine gute Gewohnheit ist, definiert jeder selber und daher möchte ich hier keine Bewertung abgeben. Damit Erwachsene eine neue Gewohnheit annehmen können, haben sie vier Stufen des Gewohnheitszirkels (Abb. 1.3) zu durchlaufen.

Diese sind:

1. Unbewusste Inkompetenz
2. Bewusste Inkompetenz
3. Bewusste Kompetenz
4. Unbewusste Kompetenz

Wenn sich jemand also bei dem Anwenden einer unliebsamen Gewohnheit ertappt, merkt er, dass er sich gerade bewusst inkompetent verhalten hat (Stufe 2). Wenn wir mit etwas Neuem zur unbewussten Kompetenz – einer Gewohnheit – gelangen wollen, so durchlaufen wir alle vier Schritte des Gewohnheitszirkels.

Aus dem Gewohnheitszirkel ist zu erkennen, dass, wenn wir uns selbst bei dem Auslösereiz ertappen, wir uns bereits bewusst verhalten. Wir sind dann in jenen 5 %, die es uns ermöglichen zur unbewussten Kompetenz – der veränderten Gewohnheit – zu gelangen.

---
[2] http://gesund-und-munter.net/index.php?option=com_content&view=article&id=121:gewohnheiten-verhindern-innovationen&catid=54:gewohnheit – vom 09.01.2012.

Abb. 1.3 Der Gewohnheitszirkel (Quelle: eigene Entwicklung)

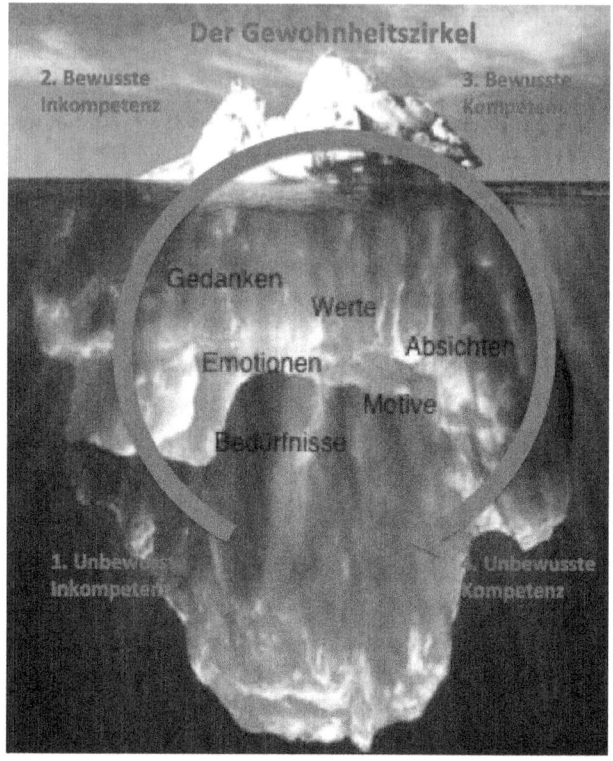

Machen wir das Modell an einem praktischen Beispiel fest. Angenommen Sie gehen mit einem Freund zum Schwimmen. Dort packt Sie die Lust auf schnelleres Schwimmen. Sie treten in einen Verein ein und gehen ins erste Schwimmtraining. Sie schwimmen im Bruststil wie Sie es bisher immer getan haben (Stufe 4 – kann auch Stufe 1 sein). Dann sagt Ihnen der Trainer, was Sie beispielsweise an Ihrem Beinschlag verändern sollten um schneller zu schwimmen. Damit rutschen Sie automatisch in die Stufe 2, weil Sie zu diesem Zeitpunkt erstmalig dieses neue Kompetenzmerkmal erfahren, denn wäre es vorher schon angewendet worden, wären Sie schneller gewesen. Da es Ihnen vorher unbekannt war, wären Sie in diesem einen Bereich unbewusst inkompetent. Wenn Sie es nun trainieren, dann achten Sie sehr wohl darauf, die Dinge des Schwimmtrainers umzusetzen und Sie stellen auch fest, wo Ihnen dies gelingt und wo weniger – Sie bewegen sich also immer zwischen der Stufe 2 und 3. Je mehr Sie trainieren desto mehr rutschen Sie in die Stufe 3. Irgendwann haben Sie es automatisiert, können es und es ist Ihnen „in Fleisch und Blut übergegangen". Sie sind dann unbewusst kompetent (Stufe 4). Sie denken einfach nicht mehr bewusst darüber nach. Es ist wie beim Autofahren. Oder denken Sie heute noch immer darüber nach, dass Sie jetzt beim Anfahren die Kupplung langsam kommen lassen müssen?

1.5 Einfluss der Unternehmenskultur auf die Gesundheit

Wie bereits in der Gallup-Studie herausgefunden wurde, ist die Personalführung eines der wichtigsten Aspekte, wenn es um eine hohe emotionale Mitarbeiterbindung geht. Zum Thema Personalführung gehört unter anderem der zwischenmenschliche Umgang.

Es gibt Personen in den Chefetagen, die der Meinung sind, auf der Arbeit zu sein bedeute einfach zu funktionieren. Nach deren Ansicht sollen die Mitarbeiter arbeiten, denn Sie sind nicht zum Wohlfühlen auf Arbeit. Wie ist Ihre Einstellung dazu? Wie ist der zwischenmenschliche Umgang in Ihrem Unternehmen? Werden die Mitarbeiter nur als Mittel zum Zweck des Geldverdienens gesehen oder sind Ihnen als Führungskraft und Chef diese Menschen auch persönlich wichtig? Kurzum wie ist die Unternehmenskultur in Ihrem Unternehmen? Hier schließt sich aus meiner Sicht wieder der Kreis zu: „die Ursachen für geringe emotionale Mitarbeiterbindung lassen sich in der Regel auf Defizite in der Personalführung zurückführen."

Wollen wir sowohl gesellschaftlich als auch im einzelnen Unternehmen in allen Bereichen so handeln wie bisher, oder wollen wir einzelne Veränderung vornehmen? Und wenn ja, wie?

> Probleme kann man niemals mit derselben Denkweise lösen, durch die sie entstanden sind (Albert Einstein).

Wenn wir also eine andere Denkweise und daraus resultierend eine andere Handlung an den Tag legen wollen (vgl. Denkmodell), dann sind wir angehalten uns bewusst zu machen, wie die bisherige Denkweise ist. Dies geht nur, indem wir einen Teufelskreis durchbrechen. Wie bereits ausgeführt kommen nur 5 % unserer Entscheidungen in unser Bewusstsein. Wenn wir wirklich etwas verändern wollen, so haben wir uns unser Handeln erst bewusst werden zu lassen. Nur dann besteht grundsätzlich die Möglichkeit ein anderes Verhalten an den Tag zu legen.

Ein Bestandteil der Unternehmenskultur ist der Führungsstil. Wie ist dieser in Ihrem Unternehmen? Ist er von einem partnerschaftlichen Miteinander oder eher von einem autoritäreren Stil geprägt? Ich möchte hier in keinem Falle eine Bewertung vornehmen was zu tun oder zu lassen ist. Ich möchte Ihnen hier eine Umfrage bei 100 Unternehmen vorstellen (Abb. 1.4). Hier wurden Mitarbeiter und Führungskräfte befragt, was für die Mitarbeiter die wichtigsten Merkmale darstellen. Während die Führungskräfte das Thema Arbeitsplatzsicherheit und Gehalt an der Spitze sahen, haben die Mitarbeiter andere Präferenzen. Sie wollen Anerkennung für Ihre geleistete Arbeit gefolgt von Informationen über Ziele und Entwicklung des Unternehmens. Aus meiner Sicht ist es wichtig, sich bewusst zu machen, worauf Mitarbeiter wirklich Wert legen.

Die Umfrage zeigt deutlich auf, was den Mitarbeitern in Unternehmen wichtig ist, welche Bedürfnisse sie haben. Und diese Bedürfnisse wollen definitiv befriedigt werden. Wir Menschen streben nach Anerkennung. Am Liebsten sind uns natürlich positive Anerkennungen, jedoch, bevor wir gar keine im Leben erhalten, so streben wir nach Aufmerksam-

Kriterium	Einschätzung der Bedeutung für die Mitarbeiter aus Sicht der Führungskräfte	Bedeutung aus Mitarbeitersicht	Divergenz
Anerkennung für Leistung und Verhalten	8	1	7
Informationen über Entwicklung und Ziele des Unternehmens	10	2	8
Einfühlungsvermögen bei persönlichen Problemen	9	3	6
Arbeitsplatzsicherheit	2	4	2
Vergütung	1	5	4
Interessante Tätigkeit	5	6	1
wirtschaftliche Situation des Unternehmens	3	7	4
Verhältnis zu den Vorgesetzten	6	8	2
Arbeitsbedingungen	4	9	5
Freundlichkeit des Managements	7	10	3

Abb. 1.4 Befragung von 100 Unternehmen (Quelle: Employee Relationship Management von Waldemar Stotz, S. 30)

keit selbst wenn diese negativ ist. Aufmerksamkeit ist uns Menschen sehr wichtig. Die Frage ist dabei, wann gebe ich einem anderen Menschen Aufmerksamkeit bzw. Anerkennung?

Beobachten Sie bitte einmal Ihr persönliches Umfeld. Kennen Sie Situationen, in denen Menschen Ihnen mitteilten, dass sie dieses oder jenes tun werden? Wie verhalten Sie sich daraufhin? Meiner Erfahrung nach gibt es zwei übliche Vorgehensweisen. Entweder wird das Vorhaben zunichtegemacht oder es werden Anerkennungen verteilt, mit Sätzen wie: „Das ist Klasse, dass … ." Haben Sie in der Vergangenheit solche Ankündigungen sowohl im Betrieb als auch im privaten Umfeld erlebt? Wie wurde auf solche Ankündigungen in der Vergangenheit reagiert? Wurden diese gleich im Keim erstickt oder gleich mit Anerkennung versehen? Wenn ja, dann hat der Gesprächspartner schon einmal ein (Teil-)Ziel erreicht. Er hat Aufmerksamkeit oder, bestenfalls für ihn, Anerkennung erhalten nur auf eine Ankündigung hin, ohne dafür bisher eine Leistung vollbracht zu haben. Damit wir uns richtig verstehen, ich möchte auch, dass die Mitarbeiter Anerkennung bekommen – für geleistete gute Arbeit und weniger eines Präsentismus willen.

Legen Sie oder Ihre Führungskräfte solche Verhaltensweisen an den Tag? Sie als Chef und Führungskraft prägen vor allem mit Ihrem Handeln die Unternehmenskultur in Ihrem Betrieb und diese hat einen Einfluss auf Ihr Unternehmen.

Duhigg (2012) führt in seinem Buch aus: „In jeder Organisation gehen Kulturen aus Schlüsselgewohnheiten hervor, ob die Führungsspitze sich dieser Gewohnheit bewusst ist oder nicht." Die Unternehmenskultur bewirkt unter anderem mit, ob sich Mitarbeiter wohl fühlen, ob Sie leistungsfähig sind, bleiben oder werden! Und die Unternehmenskultur wird durch die Führungsspitze vorgelebt.

Hierbei spielen auch Werte eine ganz erhebliche Rolle. Welche Werte werden bei den Führungskräften gelebt. Wie werden Sie in das Unternehmen reingetragen? Ich möchte Ihnen lediglich empfehlen, beschäftigen Sie sich mit dem Thema gelebte Unternehmenskultur. Sinnvollerweise die Kultur, wie sie wirklich in Ihrem Unternehmen ist und weniger wie sie niedergeschrieben ist bzw. sein sollte. Eines der sichtbarsten Elemente der Unternehmenskultur für die Mitarbeiter eines Unternehmens ist die Kommunikation, welche ich an kurzen Beispielen einmal exemplarisch betrachten möchte.

1.6 Die Kommunikation des Chefs

Wir Menschen haben die Angewohnheit, dass wir auch von unserer Umgebung die Kommunikationseigenarten aufnehmen. Ein praktisches Beispiel hierfür ist, der Umzug in eine neue, weiter entfernte Region. Die Wahrscheinlichkeit ist hoch, dass sie nach einiger Zeit aus dem dortigen Sprachgebrauch bestimmte Wörter und bestimmte Redewendungen annehmen.

Wenn Sie wissen, welche Wirkung Ihre Kommunikation auf Ihre Mitarbeiter hat und wie bedeutsam die Kommunikation auch für die psychische Gesundheit ist, dann wird ihnen bewusst, wie wichtig es ist, die gewohnheitsmäßige Kommunikation zu überprüfen und gegebenenfalls neu auszurichten. Mit der Kommunikation können wir positives als auch negatives bewirken. Welche dieser Arten sagt Ihnen mehr zu? Wie wollen Sie sich kommunikativ ausrichten? Falls Sie keine neue Ausrichtung wünschen, ist das auch in Ordnung, falls doch, ist folgendes zu beachten:

Eine neue Ausrichtung bedeutet, teilweise von den gewohnheitsmäßigen Begriffen, Sätzen und Redewendungen Abstand zu nehmen. Und dies ist wieder einmal neu und ungewohnt. Nehmen wir das Beispiel mit dem Wort „man". Beobachten Sie einmal wie häufig das Wort in Ihrem täglichen Umfeld gebraucht wird. Wofür steht das Wort „man"? Im Duden heißt es „stellvertretend für". Möchten Sie beim Gebrauch des Wortes „man" stellvertretend für sich selbst etwas sagen, oder stellvertretend für eine Gruppe und welche Gruppe überhaupt. Meine Position ist: dieses Wort gehört aus unserem Wortschatz gestrichen. Je häufiger wir das Wort „man" gebrauchen, desto unpersönlicher kommunizieren wir. Und wenn die Chefs und Führungskräfte schon unpersönlich kommunizieren, wie kommunizieren dann erst unsere Mitarbeiter?

Die Zwillingsforschung hat uns aufgezeigt, dass die 100 % Persönlichkeit, die wir heute sind, zu circa 60 % aus der Genetik und zum anderen Teil aus der Umwelt entstanden ist. Wenn Sie sich nun vor Augen führen, was der Wissenschaftler Bruce H. Lipton herausgefunden hat, nämlich dass die Zellmembran einer menschlichen Zelle funktional und strukturell einem Silikonchip im Computer entspricht, dass diese Zellen programmierbar sind und dass der Programmierer außerhalb der Zelle sitzt (Lipton 2008), so ist es kaum verwunderlich, wie bedeutsam unsere Umwelt, unsere eigenen Gewohnheiten und die unternehmerischen Routineabläufe uns beeinflussen. Wie vorher beschrieben wurde, werden die Gewohnheiten bekanntlich sehr stark aus dem Umfeld heraus geprägt. Chef in einem Unternehmen zu sein hat meiner Ansicht nach vieles, was mit der Erziehung von Kindern verglichen werden kann.

Das Appellieren an die Vernunft hilft nur begrenzt. Aus der Neurowissenschaft wissen wir, dass die effektivste Lernvariante darin besteht, Vorbild zu sein. Unsere sogenannten Spiegelneuronen nehmen das Verhalten des Vorgesetzten und der anderen Menschen im Unternehmen wahr und werden sie teilweise selber annehmen. Daher ist eine gelebte Vorbildfunktion mit der entsprechenden Unternehmenskultur ein ganz zentraler Punkt für die Prävention in Unternehmen.

Hiermit dürfte klar geworden sein: der Chef ist die zentrale Figur, wenn es darum geht, das Unternehmen weiter zu entwickeln, auch und vor allem im Bereich der gesundheitlichen Prävention.

Was sind weitere Dinge in der Kommunikation, die wir überdenken könnten oder überdenken sollten?

Bitte denken Sie jetzt nicht an den rosa Elefanten.

Und was ist passiert? Ist es Ihnen so ergangen, dass Sie einen grauen Elefanten gesehen haben und bewusst vermieden haben ihn rosa anzumalen oder haben Sie einen rosa Elefanten gesehen, den sie mit einem roten Kreuz versehen haben, um ihn „nicht" vor Augen zu haben? Wie auch immer, Ihr rosa Elefant war, wenn auch nur für den Bruchteil einer Sekunde, bei Ihnen präsent. Um eine Übertragung auf die Unternehmen vorzunehmen: wie weisen Sie Ihre Mitarbeiter an? Wie kommunizieren Sie Dinge, die anders gemacht werden sollten?

Viele Chefs und Führungskräfte sagen: ich will, dass du dies oder jenes nicht tust. Bitte mache das anders, weil das nicht korrekt ist oder ein Fehler ist. Das Spannende ist, dass unser Gehirn keine Möglichkeit hat, dieses Wort „nicht" zu verarbeiten. Wie ist das zu erklären? Unser Gehirn denkt in Bildern! Für rosa haben Sie ein Bild, für Elefant haben Sie ein Bild, doch was ist ihr Bild für das Wort „nicht"? Es gibt keines dafür, daher hat das Gehirn keine Möglichkeit diesen Satz zu verarbeiten ohne den rosa Elefanten zu erzeugen. Das heißt, sobald wir das Wort „nicht" verwenden, kommt genau das in unser Bewusstsein. Daher ist es auch zu erklären, warum die frühere Kampagne auf der Zigarettenschachtel: „Bitte nicht rauchen" gescheitert ist.

Wie wird häufig in Unternehmen kommuniziert? Es wird gesagt, was NICHT geht!

Um hier eine gewohnheitsmäßige Veränderung vornehmen zu können, bedeutet dies ein Umdenken der Chefs und Führungskräfte, wenn es gewollt ist, dass Mitarbeiter gesund und fit zum Arbeitsplatz kommen. Wir haben den Mitarbeitern und unserem Umfeld klar vorzuleben und zu sagen, wofür wir persönlich einstehen, was uns wichtig ist, welche Werte wir vertreten und welche Unternehmenskultur wir pflegen möchten.

„Der Studie zufolge lässt sich eine förderliche Unternehmenskultur unabhängig von Faktoren wie Branche, Firmengröße oder Eigentümerstruktur entwickeln. Die Unternehmenskultur zu verändern oder zu entwickeln heiße, über eine wertorientierte Führung, symbolisches Management und eine engagierte, konsistente Personalarbeit nachhaltig in die Tiefenstrukturen des Unternehmens hineinzuwirken".[3]

> **Fazit**
> Wie aus den vorliegenden Seiten erkennbar ist, ist eine wirksame Unternehmenskultur von essenzieller Bedeutung für die Unternehmen, auch meiner Meinung nach vor allem, wenn es um das Thema Prävention geht. Die Unternehmenskultur wird von den Chefs und Führungskräften vorgelebt. Wenn Sie erkennen, dass die Gewohnheiten der einzelnen Mitarbeiter und Chefs sowie die Routineabläufe ein wichtiges Merkmal für den zukünftigen Unternehmenserfolg ausmacht, so ist klar, warum sich ein Chef diesem Thema annehmen sollte. Um wirksam eine Gesundheits-Prävention gewohnheitsmäßig zu gewährleisten, sollten nachfolgende Handlungsschritte (Abb. 1.5) berücksichtigt werden:

Handlungsempfehlungen:
1. Setzung klarer politischer Ziele
2. Schaffung transparenter Rahmenbedingungen und Anreize für Prävention im Unternehmen
3. Aufklärung der Unternehmen über die Bedeutung betrieblicher Gesundheitsvorsorge
4. Schaffung von Anreizen zur Entwicklung betrieblicher Präventionskonzepte durch die Krankenkassen
5. Ausbau der Arbeitsmedizin zu einer zentralen Säule der Gesundheitsvorsorge in Deutschland

Abb. 1.5 Handlungsempfehlung für betrieblich Vorsorge (Quelle: booz & Co. 2011, S. 15)

Um diesen Wandel im Unternehmen vorzunehmen, bedarf es möglicherweise einer gewohnheitsmäßigen Veränderung und Sichtweise des Chefs, die er dann über seine Vorbildfunktion auch den weiteren Führungskräften und Mitarbeitern vorlebt. Diese werden dann mit der Unterstützung des Chefs neue Routinen im Unternehmen etablieren, was dann zu einer positiven Entwicklung der Kennzahlen im Unternehmen führt. Machen Sie den ersten Schritt und überprüfen bewusst, wie wichtig Ihnen die Gesundheit Ihrer Mitarbeiter ist!

---

[3] Vgl. Cornelia Fischer in http://www.spiegel.de/wirtschaft/studie-zur-unternehmenskultur-frust-bei-arbeitnehmern-waechst-a-524944-druck.html vom 30.09.2013.

1.7 Über den Autor

Steffen Becker Steffen Becker (MBA) ist Experte zum Thema „Gewohnheitsentwicklung". Er ist Führungskräfte- und Vertriebscoach und tritt als Speaker zu diesem Thema auf. Er besitzt 15 Jahre Erfahrung im Vertrieb von hochwertigen Produkten und Dienstleistungen. Seine Kunden erzielten bis zu 100 % Umsatzsteigerung innerhalb eines Jahres. Seine Maxime lautet: Weiterbildung ist nur sinnvoll, wenn es danach eine gewohnheitsmäßige Anwendung findet!

Weitere Infos unter www.becker-coaching.com

Literatur

booz (2011). *Vergleich Vorsorge, Studie in Zusammenarbeit mit Felix-Burda-Stiftung* (S. 15).

Lipton, B. H. (2008). *Intelligente Zellen* (6. Aufl., S. 89).

Duhigg, C. (2012). *Die Macht der Gewohnheit* (S. 162).

Gallup GmbH. (2012). Berlin, Pressemitteilung zum Engagement-Index Deutschland.

Niederstadt, J. (2010). Wieder und Wieder. *Markt, 18*(48), 14.

Die Kunst, sich selbst zu motivieren

Wolfgang Egger

2

Inhaltsverzeichnis

2.1 Über den Autor 29

„Was? Mark, gefeuert? Das gibt's doch nicht! Bist du sicher?"
„Ganz sicher. Gefeuert. Am Freitag."
„Na super, gerade vor dem Wochenende!"
„Tja, so sind sie, die Chefs!"
„Und wie hat er es aufgenommen?"
„Er war ein bisschen blass um die Nase, als er aus Hubers Büro gekommen ist. Aber als er seine sieben Sachen gepackt und sich bei mir verabschiedet hat, war er irgendwie …"
„Irgendwie was?"
„Ich weiß nicht. Fröhlich fast."
Gerry und Claudia schweigen eine Weile, Claudia hinter ihrem Schreibtisch neben Hubers Tür, Gerry an den Besuchersessel gelehnt.
„Der hat sicher nur so getan, als wäre er fröhlich. Um sein Gesicht zu wahren, du weißt schon."
„Also da bin ich mir nicht so sicher. Du kennst ihn doch. Wahrscheinlich sitzt er schon im Flugzeug in Richtung Südsee. Der wollte doch immer schon lieber die Welt bereisen, als hier bei uns zu arbeiten. Ich meine, jetzt hat er viel Zeit dafür."
„Zeit vielleicht. Nur Geld nicht. Er wird wohl kaum einen finden, der ihn dafür bezahlt, dass er Urlaub macht."
„Na, vielleicht wird er ja Club-Med-Animateur, da kann er seinen Charme sprühen lassen."

Wolfgang Egger ✉
Im Dienstleistungszentrum, Jochbergerstraße 98/7, 6370 Kitzbühel, Österreich

Kopfschüttelnd geht Gerry den Flur entlang in sein Büro. Hat ihm Mark das gar nicht gesagt, als er ihn gestern, am Sonntag, zu einem Wochenend-Absacker ins Café Spark überreden wollte. Er habe schon ein Rendezvous, hat er gesagt, aber er wollte nicht damit herausrücken, mit wem. Na warte, denkt Gerry, wenn du eine Schulter zum Weinen brauchst, werde ich mir das gut überlegen.

Während er sich den Stapel mit Buchungsbelegen heranzieht, um die längst anstehenden Eingaben ins Computersystem zu erledigen, geht ihm so allerlei durch den Kopf. Dass Mark womöglich jetzt tatsächlich kreuz und quer durch die Welt reisen könnte zum Beispiel. Zuzutrauen wäre es ihm. Denn Mark fackelt nicht lange, sondern tut einfach, eine Eigenart, die Gerry so gar nicht teilen kann. Bei ihm muss alles wohl überlegt sein, schließlich muss man doch wissen, worauf man sich einlässt! Mark hat ihn oft aufgezogen deshalb. Man könne doch nicht immer alles planen und analysieren, da würde man nicht weit kommen, hat er immer gemeint.

In den letzten Jahren hat Gerry schon viel analysiert: zum Beispiel, warum er von Anfang an immer einen Job hatte, der ihn nicht interessierte. Warum ihn sein erster Chef ausgerechnet in die Hausverwaltung gesetzt hat, wo er doch viel lieber in der Personaladministration geblieben wäre. Nicht, dass er das Personalwesen sonderlich spannend gefunden hätte, doch da hatte er zumindest öfter die Gelegenheit, unter Leute zu kommen. Aber die Hausverwaltung? Mietverträge abstauben und Fahrtenbücher schlichten? Viel langweiliger konnte es doch kaum gehen. Und jetzt, seit mittlerweile sechs Jahren, sitzt er in der Buchhaltung und hat seine liebe Not, die Buchungen korrekt einzugeben. Es ist eine Qual.

Andererseits, denkt Gerry jetzt, hätte ich statt in der Buchhaltung auch auf der Straße landen können. So gesehen ist es ja wiederum ein Glück, dass er seinen Job hat. Auch wenn ihm gerade eben ein Blick in das Saldo-Feld am Bildschirm sagt, dass er sich wieder einmal vertippt haben muss, weil auf der Haben-Seite ein paar Cent fehlen. Gerry stöhnt und klatscht sich mit der flachen Hand auf die Stirn. Nicht schon wieder! Wenn er weiter so ungenau arbeitet, werden sie ihn auch bald feuern. Noch dazu, wo sein Arbeitsplatz ohnehin wackelt, weil gerade ein Reorganisationsprojekt läuft, bei dessen Abschluss die Hälfte der Abteilung wegrationalisiert werden soll.

Apropos Reorganisationsprojekt, er sollte sich langsam auf die Videokonferenz vorbereiten.

▶ **Tipp** SETZE DEINE FÄHIGKEITEN RICHTIG EIN
Wenn du nicht den für dich passenden Job hast, wirst du nie wirklich motiviert sein. Da hilft die beste Motivation des Chefs nicht!

Gemächlich trabt Gerry am Fluss entlang. Die Sonne ist bereits hinter dem Wald verschwunden und taucht das Flussufer in diffuses Licht. Die kühle Abendluft prickelt leicht auf seiner Haut, genüsslich atmet er den Duft feuchter Erde ein, unter seinen Schritten vereinzelt das Rascheln des ersten Herbstlaubs.

Die Videokonferenz war anstrengend. Der irische Projektleiter vom Headquarter hat ihnen eine dreiviertel Stunde lang Zahlen, Daten, Fakten um die Ohren gehauen. Nach zehn

Minuten musste Gerry mit dem Schlaf kämpfen. Zahlen machen müde und mürbe, und die Herrschaften im Headquarter tun so, als könnte man die ganze Welt damit abbilden, denkt er. Jetzt, bei seiner Jogging-Runde, kriegt er den Kopf langsam wieder klar.

Marks Kündigung fällt ihm wieder ein und er nimmt sich vor, ihn später anzurufen. Was der jetzt wohl gerade tut, mit dem frischen Kündigungsschreiben in der Tasche? Er an seiner Stelle würde wohl panisch sämtliche Zeitungen und Online-Plattformen durchkämmen auf der Suche nach einem neuen Job. Wobei: Was sollte er da eigentlich suchen? Eine Stelle als Buchhalter? Niemals! Aber was dann?

Dort, wo der Fluss eine weite Biegung macht und Sand ans flache Ufer gespült hat, macht Gerry eine kurze Verschnaufpause. Mit den Händen schaufelt er Wasser hoch und kühlt damit Gesicht und Nacken. Also, auch wenn er seinen Job nicht mag, so kann er eigentlich doch froh sein, dass er überhaupt Arbeit hat. Er wohnt in diesem hübschen Haus am Stadtrand und kann von der Haustür weg seine Laufrunden starten. Er fährt einen schnittigen Peugeot und leistet sich zwei Mal im Jahr einen schönen Urlaub weit weg von zu Hause. Er hat Geld und ein Dach über dem Kopf und eine Freundin hat er auch, was braucht man schon mehr!

Trotzdem stimmt etwas nicht in seinem Leben. Wenn diese Chefs ihm bloß eine andere Arbeit geben würden! Aber was soll man da machen. Arbeit ist nun mal kein Vergnügen, das hat sein Vater schon immer gesagt. Trotzdem. Ist es nicht die Aufgabe von Chefs, ihre Mitarbeiter an die Stellen zu setzen, wo sie motiviert sind?

Gerry wechselt vom entspannenden Traben in einen wütenden Sprint. Wozu schickt man Chefs eigentlich in Personalentwicklungs-Seminare, wenn sie einen dann doch nicht motivieren können. Gerry steigert noch einmal sein Tempo. Die Chefs sind schuld, so viel ist einmal klar. Gerry schnauft, sprintet noch einmal schneller, bis zur Brücke noch, das geht sich aus. Und mit einem lauten Stöhnen läuft er aus, dann wirft er sich ins Gras und streckt alle Viere von sich.

Wer weiß, denkt er, als er später unter der Dusche steht, vielleicht wird sich alles zum Guten wenden. Wenn dieses Projekt abgeschlossen ist, werden sie ihn hoffentlich woanders hinsetzen. Vielleicht hat er dann mehr Glück und seine Chefs bieten ihm endlich einen Job an, der ihm mehr Spaß macht.

Allerdings muss er schon wieder daran denken, dass er genauso gut auf der Straße stehen könnte, und es wird ihm ganz flau im Magen. Arbeitslos zu sein, diese Vorstellung jagt ihm Angst ein. Nein, er braucht sich wirklich nicht zu beschweren. Es gibt Menschen, die haben es viel schlechter als er. Und es könnte noch viel schlimmer kommen, als es ist. Viel schlimmer.

> **Tipp** RECHTFERTIGE NICHT DEN STATUS QUO
> Du kannst dir deine Misere schönreden. Doch wird dich das nicht glücklich machen.
> SELBSTVERANTWORTUNG MACHT GLÜCKLICH
> Schieb die Verantwortung für deine Misere nicht auf andere ab, sondern nimm dein Leben selbst in die Hand.

„Was willst du machen? Eine Reiseleiter-Ausbildung? Du spinnst."

„Ja, will ich. Und nein, tu ich nicht. Was ist daran auszusetzen?"

„Na, ich weiß nicht. Du bist doch Verkäufer von Beruf. Das ist doch etwas ganz anderes."

Mark zuckt mit den Schultern und grinst seinem Freund ins Gesicht. Gerry ist alles andere als zum Grinsen, er legt seine Stirn in Sorgenfalten.

„Mark, das ist doch unvernünftig. Du hast so viel Erfahrung im Verkauf, hast tolle Referenzen. Das ist doch alles nichts wert, wenn du jetzt Reiseleiter wirst."

„Du meinst, ich soll besser in dem Job bleiben, in dem ich bin, auch wenn mir der schon lange keinen Spaß mehr macht."

„Du könntest es schlimmer treffen."

„Ich soll mich also weiter damit abkämpfen, Kunden Dinge zu verkaufen, die ich mir nicht einmal selber kaufen würde? Ich soll in engen Besprechungsräumen hocken und mir die Welt nur vom Bürofenster aus anschauen, oder was?"

„Ist doch vernünftig so."

„Ich soll also all meine Träume an den Nagel hängen. Am lebendigen Leib vertrocknen. So wie du."

„Also hör einmal. Was heißt hier vertrocknen? Ich hab einen guten Job, der gut bezahlt wird."

„Und der dir nicht den geringsten Spaß macht."

„Ich bin zufrieden."

Mark nimmt einen Schluck vom Weinglas, beugt sich vor und schaut Gerry eindringlich an. „Das nehme ich dir nicht ab. Du jammerst ständig, dass dich dein Job anödet und dass du gern etwas anderes machen möchtest. Du gehst unmotiviert ins Büro und am Abend frustriert wieder heim. Und in zehn Jahren bist du vertrocknet und innerlich tot. Von wegen zufrieden!"

„Es ist doch nicht schlecht, zufrieden zu sein mit dem, was man hat. Himmel nochmal!" Gerry zieht die Augenbrauen zusammen und verschränkt die Arme vor der Brust.

„Doch, ist es. Denn erfolgreiche Menschen sind konstruktiv unzufrieden."

„Konstruktiv unzufrieden, aha. Von wem hast du denn das schon wieder?"

„Du wolltest vorletzten Sonntag wissen, mit wem ich ein Rendezvous habe, nicht wahr? Jetzt sag ich es dir. Ich habe mich mit einem Coach getroffen, er ist ein Motivationsexperte."

„Ein Motivationsexperte", sagt Gerry und hebt eine Augenbraue. „Der motiviert dich jetzt, unvernünftige Dinge zu tun, oder was?"

„Gerry! Vielleicht ist es unvernünftig, Reiseleiter werden zu wollen. Was ich mir zwar nicht vorstellen kann. Aber das ist immerhin besser, als in einem ungeliebten Job zu sein und sich den dauernd schönzureden. Und außerdem motiviert er mich nicht, sondern er hilft mir, damit ich mich selbst motivieren kann. Das ist schon ein großer Unterschied."

„Na, wenn du meinst …"

„Er hat mir geholfen ernst zu nehmen, was ich gerne tu, nämlich auf Reisen gehen. Viele Menschen treffen und deren Kultur kennenlernen. Und es ist mir immer leichtgefallen, Sprachen zu lernen. Er sagt, es ist gut, wenn man ‚konstruktiv unzufrieden' ist. Du bist nur unzufrieden, sei doch ehrlich, aber nicht konstruktiv. Du jammerst. Aber du suchst nicht nach einer Möglichkeit, deine Situation zu verbessern, das wäre konstruktiv. Du findest dich mit dem Schlechten ab, bist demotiviert und wirst am Ende erfolglos sein."

„Willst du damit sagen, dass ich ein Versager bin?" Gerry ist auf seinem Sessel herumgewetzt, nun richtet er sich auf und blickt seinen Freund wütend an. „Das ist echt unfair. Ich bin doch nicht erfolglos! Ich machen einen guten Job!"

„Wenn du meinst. Ich will damit sagen, dass du dir selber keinen Gefallen tust, wenn du dir deine berufliche Situation schönredest. Du mit deinem ‚Es könnte schlimmer sein'. Ja klar, es könnte schlimmer sein. Aber es könnte doch auch besser sein, oder?"

Gerry schnaubt. „Pah, du hast leicht reden. Und was, bitte schön, sollte das sein, dieser bessere Job für mich?"

„Wenn du das nicht weißt, wird es allerhöchste Zeit, dass du dir darüber ernsthaft Gedanken machst. Und zwar bevor du gekündigt wirst."

Als Gerry in der Nacht in seinem Bett liegt, rattert sein Gehirn. Ein Versager soll er sein! So eine Gemeinheit! Was Mark sich einbildet! Vor dem Schlafengehen hat er noch mit Doreen gesprochen, die vor dem Fernseher auf ihn gewartet hat. Und ihm scheint, als würde die in ein ähnliches Horn blasen, wenn er sich ihre Worte noch einmal genauer überlegt. Sie hat gemeint, er sollte sich eine Liste machen mit Dingen, die er gerne tut und die ihm leichtfallen.

Leichtfallen, was könnte das bloß sein? Ihm kommen bloß Dinge in den Sinn, die ihm schwerfallen. Buchhaltung zum Beispiel. Den ganzen Tag hinter dem Schreibtisch versauern. Aber was um alles in der Welt könnte das sein, das er gerne tut? Angestrengt starrt Gerry an die Decke, als ob er dort eine Antwort ablesen könnte. Doch die Antwort ist nur der Lichtkegel eines vorbeifahrenden Autos, der in der Ecke der Zimmerdecke auftaucht und zum Luster wandert. Ich bin doch kein Versager! Der Schatten verschwindet schwungvoll hinter dem Kasten. Eine Gemeinheit!

> **Tipp** GEHE DEINEN TRÄUMEN NACH
> Höre nicht auf andere, sondern auf dein Herz. Finde heraus, was du wirklich gut kannst und was dir Freude macht.
> SEI KONSTRUKTIV UNZUFRIEDEN
> Suche immer nach einer Möglichkeit, wie deine Situation noch besser werden kann. Finde Gelegenheiten, die du nutzen kannst, um weiterzukommen.

Schon wieder eine Videokonferenz mit dem Headquarter. Gerry findet sich im Besprechungsraum ein. Roswitha ist schon da und Robert, der am Bildschirm hantiert, um eine Verbindung herzustellen. Huber, ihr gemeinsamer Chef, nimmt am schmalen Ende des Tisches Platz und blickt mit ernster Miene in die Runde.

„Bevor wir mit dem Headquarter starten, habe ich euch etwas zu sagen", eröffnet er das Gespräch. „Ihr wisst, mit Jänner sollen alle Buchhaltungsagenden outgesourced werden an einen Anbieter in Indien. Das bedeutet, dass wir hier weniger Arbeit haben werden. Ich habe nun die neuesten Planzahlen für den Headcount des kommenden Jahres bekommen. Wir werden uns mit Jahreswechsel halbieren, das heißt also, von zwei Vollzeit-Mitarbeitern verabschieden müssen."

Betretenes Schweigen im Raum. Gerry spürt, wie sich sein Magen zusammenschnürt. Das Befürchtete wird nun also tatsächlich eintreten. Robert flucht und wirft seinen Stift auf den Schreibblock. Roswitha schluckt laut und blickt die anderen unsicher an. Gerry starrt auf einen Ring, den eine Kaffeetasse auf dem Tisch hinterlassen hat.

„Nun", Huber räuspert sich, „wir werden sehen. Ich werde in den kommenden Tagen mit jedem von Ihnen ein Gespräch führen, so dass wir klären können, wer von Ihnen dreien in der Abteilung bleibt und mit mir gemeinsam die Agenden wahrnehmen wird. Das Headquarter hat eine Outplacement-Maßnahme angeboten, das heißt, wir dürfen einen Coach beauftragen, der die beiden, von denen wir uns trennen müssen, begleitet. Alles Weitere besprechen wir später. Ich denke, wir sollten nun mit der Videokonferenz beginnen. Ist das Headquarter schon online?"

Die Stimmung ist nicht nur in der Finanzabteilung gedrückt, im ganzen Haus scheint man mitzuleiden. Zumindest fühlt Gerry ständig mitleidsvolle Blicke auf sich ruhen. Doch vielleicht ist das auch nur eine Einbildung, weil er sich selbst ziemlich leidtut. Noch dazu, wo gerade jetzt so viel zu tun ist. Oft genug kommt er erst spät am Abend erschöpft heim, nur um wie paralysiert vor dem Fernseher zu hocken oder gleich ins Bett zu sinken. Nur morgens, auf dem Weg zur Arbeit, nämlich dann, wenn ihm der Frust am meisten auf den Magen drückt, denkt er daran, dass das Leben auch unbeschwert und schön sein könnte. Dann fällt ihm Mark ein, der bereits eine einwöchige Fortbildung hinter sich hat und sich auf sein Praktikum in Portugal vorbereitet.

Der fliegt im graukalten November in den Süden, der Glückliche, denkt Gerry, und ich plage mich mit Zahlen, Zahlen und noch mehr Zahlen ab. Wie lange halte ich das noch aus? Am Wochenende hat er seine Eltern besucht und ihnen von seiner Arbeitsmisere erzählt. Die Mutter war besorgt um seine Gesundheit, der Vater um seine Karriere – und beide waren sich einig, wie wichtig es wäre, einen sicheren Job zu haben. Sehr hilfreich war das ja nicht gerade!

Bestimmt wird seine Kollegin Roswitha das Rennen machen, die ihm gegenüber sitzt. Klar, auch sie ist ein wenig angespannt, weil schließlich niemand weiß, wer vom Team am Ende tatsächlich den Job verlieren würde. Doch ihr geht die Buchhaltungsarbeit so leicht von der Hand. Als wäre es gar keine Arbeit, lächelt sie vor sich hin, während sie Buchungssätze kontiert! Und er plagt sich so sehr, korrekte Beträge einzugeben, richtige Steuersätze auszuwählen und zur rechten Zeit mit den Saldenlisten fertig zu werden. Wie macht die das?

„Keine Ahnung", hat Roswitha gesagt, als er sie eines Tages gefragt hat. „Ich liebe diese Arbeit, wo alles seine Ordnung hat und es klare Regeln gibt. Vielleicht hast du den falschen Job?"

Gerry hat keine Antwort auf diese Frage. Oder vielleicht doch und er wagt es nur nicht, sie auszusprechen.

„Du musst auf dein Herz hören", sagt Stefan. „Was sagt es dir?"

2 Die Kunst, sich selbst zu motivieren

Es ist Montagvormittag und Gerry sitzt seinem Coach in einer gemütlichen Sitzecke seines Büros gegenüber. Stefan ist sein Outplacement-Begleiter, wie Huber ihn genannt hat. Letzten Freitag ist er seinem Chef gegenüber gesessen, das war weit weniger angenehm. Dennoch war er überraschend ruhig gewesen und hat die Entscheidung Hubers, dass er per Ende Jänner gekündigt würde, stoisch zur Kenntnis genommen.

„Dass ich einen anderen Job brauche", sagt Gerry jetzt. Vom offenen Fenster dringt das Rauschen des Waldes in den Raum, der nicht weit von Stefans Büro steht. „Und dass ich aber nicht weiß, welchen Job ich mir suchen soll. Mehr sagt mein Herz nicht", setzt er nach.

„Dann helfen wir ihm auf die Sprünge." Stefan stellt eine Reihe von Fragen. Nach einer Stunde ist Gerry erledigt vom vielen Nachdenken. Sie haben seinen gesamten Lebenslauf durchforstet, seine Hobbys, seine anderen Freizeitbeschäftigungen, einfach alles. Am Ende drückt Stefan ihm einen Zettel in die Hand, auf dem er Stichworte zu Gerrys Antworten notiert hat. „Das sind jene Situationen und jene deiner Fähigkeiten, bei denen du gesagt hast, dass du dich wohlfühlst. Lass das auf dich wirken, ich bin sicher, dass dein Herz dir bald etwas Konkreteres zu sagen hat."

Draußen vor dem Haus hat Gerry das Bedürfnis, sich die Füße zu vertreten. Er lässt das Auto stehen und geht ein Stück spazieren, den Zettel in der Hand. Er weiß nicht so recht, was er von alldem halten soll. Irgendwie ist ihm so leicht ums Herz. Und jedes Mal, wenn er auf Stefans Notizen schaut, muss er lächeln. ‚Mit vielen Menschen zu tun haben', steht da. Ja, in seinem ersten Job in der Personalabteilung hat er viel Spaß gehabt, wenn er mit Gehaltszetteln oder Krankenscheinen im Haus unterwegs war und bei der Gelegenheit mit den meisten ein bisschen plaudern konnte. Richtig leicht fühlt sich das an, wenn er sich die Situationen von damals vergegenwärtigt. ‚Kann gut reden', hat Stefan als nächstes notiert. Nun ja, das ist eine gewagte Einschätzung. Aber gerne reden, das tut er schon, und er mag es sehr, wenn er seine Freunde und Kollegen mit lustigen Geschichten unterhalten kann. Deshalb steht als Nächstes auch ‚kann andere unterhalten'. Aber was um alles in der Welt könnte das für ein Job sein, in dem er das einsetzen kann? Noch dazu in Kombination mit den anderen Notizen, die auf Sport hinweisen und darauf, dass er lieber mit etwas Greifbarem arbeiten würde.

Worüber er jedoch jetzt noch staunt: Erstens steht da auch ‚kreativ', und das ist eine Eigenschaft, die er sich bisher noch nie zugeschrieben hätte. Zweitens hat Stefan ihn nach den Vorzügen seines derzeitigen Jobs gefragt und was er daraus bisher gelernt hat – und er konnte der Buchhaltung und Verwaltung tatsächlich etwas Positives abringen. Immerhin sitzt man da im Herzen jeder Kaufmannstätigkeit und lernt die Abläufe kennen, die ein Unternehmen von innen stützen.

Gerry kehrt um zu seinem Auto. Und zum ersten Mal seit Langem lächelt er, während er an Arbeit denkt.

▶ **Tipp** SEI DEIN EIGENER CHEF
Motivation ist Chefsache – und du bist dein eigener Chef. Also ist es deine Aufgabe, für deine Motivation zu sorgen!

Der Drucker streikt und verweigert Gerry die für den Chef dringend benötigte Gegenüberstellung der Deckungsbeiträge aller Niederlassungen. Und das gerade heute, wo Huber in fünf Minuten zum Vorstandsmeeting muss und Gerry sich heute ohnehin schon zweimal bei ihm entschuldigen musste. Einmal, weil sich der Personalleiter über eine falsche Auskunft der Krankenstandszeiten einer seiner Mitarbeiterinnen beschwert hat, und ein zweites Mal, weil er ihn im Stiegenhaus fast niedergerannt hätte, als er etwas zu schwungvoll um die Ecke gebogen ist.

Dabei hat der Dienstag richtig gut begonnen. Das Gespräch gestern mit Stefan hat ihm gut getan. Vor allem die Einsicht, dass sein Job auch interessante Aspekte hat, die für ihn Wert haben können. Sofern er sie richtig einsetzt natürlich. Erstaunlich eigentlich, was es ausmacht, wenn man eine andere Brille aufsetzt. Es ist ein bisschen wie aus der Luft betrachtet, denkt Gerry, ich sehe jetzt nicht nur die Detailarbeit, die mich so frustriert. Ich sehe meinen Job jetzt in einem größeren Zusammenhang, und das ist spannend.

Jetzt jedoch ist es vorbei mit seinem Elan und der Gelassenheit. Der Schweiß steht ihm auf der Stirn. Und zu allem Überfluss steht auch noch Huber da, an den Türstock gelehnt, einen Arm in die Seite gestemmt, und wippt ungeduldig mit der Schuhspitze.

„Ich bin gleich so weit, Herr Huber, bitte um Entschuldigung, aber sehen Sie, der Drucker ..."

„Wer zu spät anfängt, den bestraft der Drucker, nicht wahr?"

Zum Schweiß auf der Stirn gesellt sich nun auch eine zarte Röte auf den Wangen. Dass der Chef aber auch immer richtig liegt. Gerry zerrt hektisch an den Hebeln in den Eingeweiden des Druckers, findet das Papier, das den Stau verursacht hat, reißt an. Natürlich bleibt ein Stück darin hängen und zwar so, dass man mit den Fingern nicht dazukommt.

„Bekomme ich nun die Ausdrucke oder wird das heute nichts mehr?" Huber wechselt das Standbein und verschränkt die Hände vor seinem bemerkenswerten Bauch. „Gerry, Sie wissen, dass ich solche Verzögerungen gar nicht brauchen kann. Der Vorstand wartet."

Gerry wischt sich die Schweißtropfen von der Stirn und hinterlässt mit den tintengeschwärzten Fingern eine Kriegsbemalung. „Gleich, Herr Direktor! Ich schicke das Dokument zu einem anderen Drucker, den in Zimmer 409 neben dem Sitzungssaal."

Huber schnaubt, stößt sich vom Türstock ab und eilt davon. Gerry sprintet zu seinem Computer, leitet den Druckauftrag entsprechend um und rennt dem Chef hinterher.

Als Huber mit allen seinen Unterlagen endlich im Sitzungsraum verschwunden ist, bleibt Gerry erschöpft neben dem Drucker sitzen. Drei Monate noch, denkt er. Nur noch drei Monate!

„Gut, dann sprechen wir heute von mentaler Brandstiftung, Gerry. Damit meine ich: Wenn du ein Ziel erreichen willst, dann musst du auch motiviert sein, es zu erreichen. Du musst dein inneres Feuer dafür entzünden. Nur das gibt dir den Antrieb, dafür auch Mühen in Kauf zu nehmen. Menschen, die motiviert sind, brennen für die Sache, für die sie sich einsetzen. Du kennst dein Ziel noch nicht in Form eines konkreten Berufs, aber du hast dank der Notizen vom letzten Mal eine Vorstellung, wie es beschaffen ist, wie es sich anfühlt. Sorge dafür, dass du dafür brennst, diesen Zustand zu erreichen!"

Mit einer hochgezogenen Augenbraue hört Gerry zu und blickt Stefan dann etwas ratlos an. „Und wie mache ich das?"

„Was möchtest du erreichen, versuche das einmal zu formulieren."

Gerry legt die Stirn in Falten und versucht zu rekapitulieren, was ihm vom letzten Gespräch wichtig erschien. „Ich möchte in einem Umfeld mit vielen Menschen arbeiten, wo man mir interessiert zuhört. Wo ich mit etwas Angreifbarem zu tun habe. … und wo ich kreativ bin? Ähm, ich weiß nicht genau."

Stefan grinst. „Kreativ, genau. Du glaubst nicht so recht dran, oder? Dann lass es weg. Aber den Sport hast du noch nicht erwähnt, ich denke, dass das wichtig für dich ist, oder?"

„Stimmt, etwas mit Sport zu machen, das wäre schon toll!"

„Gut, dann stell dir das einmal vor und versuche, ein Ziel zu formulieren."

„Mein Ziel ist, nicht länger hinter einem Schreibtisch zu hocken …"

„Warte, ich hab etwas vergessen: Bitte versuche, dieses Ziel positiv zu formulieren. Also nicht das zu sagen, was du nicht willst – denn das weißt du ja schon. Sondern zu formulieren, was du dir stattdessen wünschst! Ein Beispiel: Ein Kunde von mir, ein Sportler, hat sich schwer verletzt. Er sagte, er möchte wieder schmerzfrei laufen können. Doch das taugt als Ziel nicht so gut, da steckt zu wenig Feuer drin. Wofür er nämlich wirklich brennt, ist, einen Triathlon in maximaler Geschwindigkeit zu absolvieren. Das ist ein Ziel, das ihn magnetisch angezogen hat."

„Ach so, ich verstehe." Es entsteht eine längere Nachdenkpause, in der Gerry hauptsächlich die Deckenleuchte fixiert und ab und zu nickt. Dann erhellt sich sein Gesicht. „Also gut, ich bin sehr gern mit anderen sportlich aktiven Menschen zusammen. Ich würde mit ihnen gemeinsam etwas entwickeln oder organisieren, wäre zum Beispiel gern bei Sportevents dabei. Also nicht nur als Teilnehmer, sondern ich hätte gern mit der Organisation solcher Events zu tun."

„Hört sich super an!", sagt Stefan und nimmt einen Schluck Wasser. Dann fährt er fort.

„Nun gehen wir einen Schritt weiter. Dieses Ziel ist super und es motiviert dich, nicht wahr? Doch das sind nur 50 Prozent der möglichen Motivationskraft, die du haben könntest. Jetzt stellst du dir vor: Was wäre, wenn du dieses Ziel nicht anstrebst, wenn du dich nicht anstrengst, um so einen Job zu bekommen?"

„Dann wäre ich arbeitslos", sagt Gerry. „Ich müsste über kurz oder lang mein Haus und mein Auto verkaufen und gegen eine billige Mietwohnung und einen Gebrauchtwagen eintauschen. Das wäre schrecklich! Oh nein, keine Frage, da strenge ich mich lieber an, um so einen Job zu finden."

▸ **Tipp** MENTALE BRANDSTIFTUNG
Das Ziel, das du anstrebst, muss so attraktiv sein, dass du dafür Feuer fängst.

Gerry sitzt auf einer Parkbank in der Nähe seines Arbeitsplatzes und telefoniert. Neuerdings gönnt er sich nach einem schnellen Mittagessen in der Kantine ab und zu einen kleinen Spaziergang – auch wenn sich der Schreibtisch vor Arbeit biegt. Früher war es öfter vorgekommen, dass er die Mittagspause ganz hat ausfallen lassen, nur um mit seiner

Arbeit fertig zu werden. Mangelndes Pflichtbewusstsein hat man ihm wirklich nie vorwerfen können. Gerry fragt sich, ob seine nun regelmäßigen Pausen dem Chef wohl auffallen und was er wohl dazu sagt. Aber eigentlich ist es ja egal, was der Chef denkt. Seine Arbeit erledigt Gerry trotzdem und gekündigt ist er ohnehin schon.

Nun telefoniert er mit Mark, der ihm verkündet, dass er seine Reiseleiterausbildung samt Praktikum mit links geschafft hat und einer der Lehrer ihm einen Job vermittelt hat. Die Reiseleiterin für eine Busfahrt nach Mailand ist ausgefallen und er darf einspringen. Aufgeregt sei er schon, gesteht er Gerry, er packe gerade seinen Koffer, weil es morgen schon losgehe.

„Aber nun erzähle, was gibt es bei dir Neues? Du warst doch bei diesem Coach, oder?", wechselt Mark nun das Thema. Gerry erzählt, dass er es kaum fassen kann, in so kurzer Zeit eine Antwort auf eine Frage zu haben, die ihn schon seit Jahren beschäftigt.

„Wobei, so ganz klar ist die Antwort ja noch nicht. Ich suche etwas, wo ich mit Sport zu tun habe und unter Leute komme. Du hast nicht zufällig eine Idee?"

„Bewirb dich doch bei Adidas oder Atomic oder einem anderen Sportartikelhersteller. Ich finde, das würde zu dir passen. Oder vielleicht gibt es auch Eventagenturen, die sich auf Sportereignisse spezialisiert haben. Also so genau kenne ich mich da auch nicht aus. Vielleicht redest du einmal mit einem der Trainer in deinem Fitness-Studio. Die müssten da mehr Einblick haben."

„Hey, gute Idee, Mark! Danke!"

Gerry legt auf und trabt zurück ins Büro. Wie unpassend, dass sie heute wieder eine Besprechung haben, die bis 19 Uhr angesetzt ist, da wird er erst spät Zeit finden, um daheim im Internet zu suchen. Hoffentlich vergeht die Zeit schnell!

▸ **Tipp** SORGE FÜR AUSZEITEN
Du kannst nur dann langfristig motiviert bleiben, wenn du für regelmäßige Pausen und Auszeiten sorgst.

Als hätte das Coaching ihm nicht nur Klarheit im Kopf beschert, sondern ihm auch ganz neue Energien gegeben, macht sich Gerry auf die Suche nach Jobs. Er wundert sich selbst, dass ausgerechnet er, der das Thema Arbeit immer nur als Pflicht sah, die man zu absolvieren hatte, sich nun für seine berufliche Zukunft so begeistern kann. Er durchforstet Hersteller von Markenartikeln und findet offene Stellen für Projektassistenten in der Entwicklung, im Marketing und der Organisation. Nur die Buchhaltungsstellen, die klickt er schnell weg. Rasch hat er die ersten Bewerbungen weggeschickt und sogar schon eine erste Einladung zu einem Vorstellungsgespräch bekommen, als sein Elan durch eine Reihe von Ereignissen jäh eingebremst wird.

Da ist zunächst einmal die Diskussion mit Doreen, seiner Freundin, die sich alles andere als begeistert zeigt, dass er sich auch für Stellen bewirbt, die einen Wohnortswechsel mit sich bringen würden. Gerry ist verwirrt. Doreen hat ihm doch immer wieder gut zugeredet, sich beruflich zu verändern. Es liegt doch auf der Hand, dass in der Kleinstadt, in der sie leben, nur ein begrenztes Angebot, interessanter Jobs zu finden, ist. Das sieht Doreen zwar ein, doch ist sie dennoch nicht gewillt, ihre eigene gute Stelle aufzugeben, nur damit Gerry seinen Traumjob findet. Das wäre ja noch schöner! Wie sie dieses Problem lösen würden, das steht also in den Sternen.

Außerdem trudeln nun schön langsam Antworten auf seine Bewerbungen ein – gleich mehrere Absagen hintereinander. Die ersten Absagen nimmt Gerry noch gelassen zur Kenntnis, doch nach der sechsten beginnt er sich Sorgen zu machen. Fehlen ihm die nötigen Qualifikationen? Ein Blick in die Stellenprofile zeigt ihm aber, dass er doch eigentlich geeignet sein müsste. Warum wird er dann abgelehnt? Und dann holt er sich zu allem Überfluss auch noch eine Abfuhr bei seinem ersten Bewerbungsgespräch bei einem der führenden Markenartikler der Schi-Industrie.

Als wäre das nicht schon schwierig genug, reden ihm auch noch die Eltern ins Gewissen. Letztes Wochenende, bei der Geburtstagsfeier seines Vaters, kam das Thema auf seine berufliche Situation zu sprechen und er war so unvorsichtig gewesen, von Stefan, seinem Coach, zu erzählen und dass er auf dem Weg nach einem ganz anderen Beruf ist. Er hätte es wissen müssen, dass seine Eltern Veränderungen gegenüber nicht sehr aufgeschlossen sind. Er solle bei seinem Metier bleiben, hat der Vater gesagt, da hat er schon Erfahrung. Und wenn er sich weiterbildet, könne er sehr gut verdienen, Bilanzbuchhalter wären immer gefragt. Es sei ja kein Wunder, wenn er Absagen bekäme, wo er in der Sportbranche doch überhaupt keine Erfahrungen vorweisen könne.

Das hat er jetzt gebraucht. Sein Vater hat ausgesprochen, was seine eigene Befürchtung ist. Hat er denn wirklich das Recht, sich seinen Traumjob zu suchen? Sein Vater hat das als weltfremde Spielerei abgetan. Andererseits, wenn er ihn findet und damit Geld verdient, kann doch niemand etwas dagegen haben!

▸ **Tipp** MISSERFOLGE GEHÖREN DAZU
Hindernisse und Misserfolge sind nicht das Ende deiner Träume, sondern eine neue Startlinie.

„Das ist ganz normal, dass du ein seltsames Gefühl dabei hast", sagt Stefan, als Gerry ihm seine Bedenken äußert. „Du bist es einfach nicht gewohnt, daran zu denken, dass es auch für dich den idealen Job gibt. Und dann hast du so hinderliche Gedanken wie ‚das steht mir nicht zu' oder ‚das schaffe ich ja doch nie'."

„Ja, aber diese Gedanken sind doch nicht so ganz abwegig. Ich werde zwar wütend, wenn mein Vater meine Ambitionen so abwertet, aber irgendwie steckt da schon ein Funken Wahrheit darin."

Stefan nickt bedächtig mit dem Kopf. „Wie gesagt, wir sind so getrimmt, daher ist es ganz normal, so zu denken. Worauf es aber ankommt ist, wie du darauf reagierst. Wirst du das Handtuch werfen oder wirst du dranbleiben? Denk an deine Fähigkeiten, die du nutzen willst und auch sollst, es wäre doch schade drum!"

Gerry seufzt tief, dann richtet er sich auf. „Ich werde natürlich dranbleiben, du hast schon Recht."

„Sehr schön. Denk daran, wie schön es sein wird, wenn du deinen Traumjob haben wirst. Die vielen Menschen, mit denen du zu tun haben wirst. Die Veranstaltungen, bei denen du dabei sein wirst, draußen in der Natur oder in einer Sporthalle. Das nenne ich Gedanken-Doping: Füttere dein Hirn mit positiven Bildern und Ideen, wie es sein wird. Und sag dir immer vor: Ich schaffe es!"

Der Erfolgskiller Nummer 1 ist es, zu früh aufzugeben; die Flinte ins Korn zu werfen, ohne es so richtig versucht zu haben, sagt Stefan. Er erzählt von Menschen, die sich von ihrem inneren Kritiker oder von den ersten Hürden in die Knie zwingen haben lassen. Nein, das würde Gerry nicht zulassen. So schnell würde er sich nicht entmutigen lassen. Das Bild fällt ihm ein, was passieren würde, wenn er sein Ziel nicht verfolgen würde: Er wäre arbeitslos oder würde wiederum hinter einem Schreibtisch versauern.

Also gut. Bevor er sich in Zukunft noch einmal von solchen Befürchtungen demotivieren lässt, geht er eine Runde laufen. Oder ins Fitness-Studio. Oder er geht auf den Berg. Das hat Stefan ihm geraten. „Wenn du niedergeschlagen bist, dann reagiert dein Körper darauf und sinkt in sich zusammen, was deine Niedergeschlagenheit noch verstärkt. Also dreh den Spieß um. Richte dich auf, das beflügelt deine Gedanken." Davon hat er schon gehört, hat es jedoch nie ernst genommen. Doch Stefan hat gesagt, es wäre wissenschaftlich nachgewiesen. Jede Stimmung bringt eine gewisse Körperhaltung hervor und umgekehrt. Wie gut, dass er ohnehin viel Sport betreibt!

▸ **Tipp** KÖRPER-DOPING
Jede Körperhaltung beeinflusst die Stimmung. Also bewege dich und richte dich auf, um deinen Gedanken eine positive Richtung zu geben.
GEDANKEN-DOPING
Wenn Zweifel nagen, helfen dir positive Bilder und ermutigende Worte an dich selbst: Ich schaffe es!

Als hätte Mark geahnt, dass er gerade zweifelt, findet Gerry eine Urlaubskarte von ihm im Postkasten. Aus Californien, wo Mark sich zehn Tage Auszeit gönnt. „Good vibrations hier. Ich muss es unbedingt schaffen, Reiseleitungen in den USA zu übernehmen." schreibt er. Das Foto zeigt die Golden Gate Bridge bei Sonnenuntergang. Wie er Mark kennt, wird er wohl auch das schaffen. Und er, Gerry, wird sein Ziel auch erreichen, warum denn nicht?

Am Samstag schnappt er sich sein Notebook und setzt sich im Café Spark in einen ruhigen Winkel. Er hat in letzter Zeit öfter mit den Trainern seines Fitness-Studios und einer befreundeten Sport-Physiotherapeutin gesprochen und erfahren, dass es spezielle Firmen gibt, die große Sportveranstaltungen organisieren. Nachdem er bei den Sportartikel-Herstellern nur Absagen bekommen hat, will er es nun in diesem Bereich versuchen. Während er an seinem Kaffee nippt, klickt er sich durch die verschiedenen Seiten und wird fündig. Eine Organisation interessiert ihn besonders: Sie veranstalten Triathlons, Marathons und andere große Wettbewerbe. Leider haben sie auf der Website keine offenen Stellen ausgeschrieben. Egal, denkt Gerry. Ich rufe trotzdem an.

2 Die Kunst, sich selbst zu motivieren

Die HR-Chefin war am Telefon sehr nett gewesen. Viktoria heißt sie. Gerry hat ihr erzählt, warum er unbedingt in ihrem Unternehmen mitarbeiten will und war auch so ehrlich gewesen, ihr von seinen mangelnden Erfahrungen in der Sportbranche zu berichten. Das schien sie wenig gestört zu haben. Vielmehr hat sie sich offenbar von seiner Begeisterung zum Sport überzeugen lassen. Und nun sitzt Gerry in seinem Auto auf dem Weg zu einem persönlichen Gespräch mit Viktoria in einem Ort in Bayern, von dem er noch nie etwas gehört hat. Es hat zu nieseln begonnen und er hofft, dass die Temperaturen ausreichen würden, die Nässe auf der Straße nicht zum Gefrieren zu bringen. Verzögerungen kann er jetzt gar nicht brauchen, denn er will diesen Job unbedingt bekommen.

Das Gebäude ist ein moderner Glaskobel, von außen schon kann man in der Eingangshalle eine hohe Kletterwand sehen und als Gerry eintritt, joggt gerade eine junge Frau entlang einer am Boden markierten Laufbahn vorbei. Der Empfang besteht nicht aus dem üblichen breiten Tresen, hinter dem man sich erfolgreich vor drohenden Kunden verschanzen kann, sondern aus einem schmalen Pult mit Computer, neben dem ein etwa 20-jähriger in Jeans und Sportschuhen steht, der ihm gerade entgegenkommt.

Viktoria hat ihr Büro im ersten Stock. Als Gerry in der roten Sitzecke Platz nimmt und darauf wartet, von Viktoria begrüßt zu werden, hat er ein seltsames Gefühl der Geborgenheit – oder ist er einfach nur müde von der langen Autofahrt? Oder warum sonst fühlt er sich plötzlich zwar aufgeregt, aber doch so zuversichtlich? Als ob ihm ein Platz in diesem Haus sicher wäre.

▸ **Tipp** BEGEISTERUNG IST ANSTECKEND
Tu das Gewöhnliche mit außergewöhnlicher Begeisterung. Dann bist du immer überzeugend.

Es ist ein paar Monate später, an einem der ersten schönen Wochenenden im April. Gerry und Mark haben kurzentschlossen ihr Kletterzeug gepackt und sind in den Süden an den Gardasee gefahren, wo die Klettersaison ihren Frühlingsauftakt hat. Gerry hängt in der Wand, zehn Meter über ihm hat Mark einen Standplatz gesichert. „Stand!", ruft er und Gerry klettert los. Mit zwei Fingern langt er zu einem Griff, zieht sich ein Stück hoch und findet mit dem Fuß einen kleinen Felszacken. Die Karabiner an seiner Hüfte klimpern. Stimmen, gedämpfte Zurufe dringen herüber von den anderen Kletterern in den Steigen links und rechts von ihnen.

Hoch konzentriert klettern die beiden die Felswand empor. Als sie die ersten 100 Meter hinter sich gebracht haben, setzen sich beide auf einen Felsabsatz ins Gras und machen Rast. Die Sonne scheint und es ist windstill, ein Glück, denn die Luft ist noch frisch.

„Wow, war das genial!" Mark packt seine Getränkeflasche aus dem Rucksack, trinkt und reicht sie dann Gerry weiter. „Schau dir dieses Panorama an!"

Gerry blinzelt gegen das Sonnenlicht. Unter ihnen liegt der Gardasee, umrundet von Bergen. Schräg gegenüber türmen sich die alten Häuschen von Malcesine bis zur Burg empor, deren Festungsmauern auf einem Felsen direkt am Wasser unbezwingbar scheinen. Wenn er das Ufer entlang Richtung Süden blickt, verschwinden die Konturen im Dunst.

Von oben auf die Welt zu blicken, das ist schon etwas Besonderes. Da ordnen sich die Prioritäten im Leben wie von selbst.

„Wie oft werden wir es denn heuer schaffen, gemeinsam zu klettern, wenn du doch jetzt so viel unterwegs sein wirst?", fragt Gerry den Freund.

„Ja, es wird nicht leicht werden, unseren gemeinsamen Sport mit den vielen Reisen unter einen Hut zu bekommen. Müssen wir eben ein bisschen längerfristig unsere Touren planen. Denn du wirst ja vielleicht auch nicht jedes Wochenende Zeit haben."

Gerry nickt bedächtig. Im Jänner hat er seinen Arbeitsvertrag bei Sportsfun, diesem Sportveranstalter in Bayern, unterschrieben und Mitte März die Arbeit aufgenommen. Der Abschied von der alten Firma ist ihm nicht schwer gefallen. Bis Jahreswechsel haben sie noch intensiv am Reorganisationsprojekt gearbeitet, und dann war bei ihnen allen die Luft raus gewesen. Selbst die Abschiedsfeier war ohne Ambitionen über die Bühne gegangen und Gerry, der normalerweise gern bis in die späte Nacht feiert, ist bald gegangen. Zu sehr waren alle seine Antennen schon auf die neue Herausforderung ausgerichtet. Die alte Firma, die alten Kollegen, die Aufgaben sowieso – all das hat einfach schon viel zu lange keinen Spaß mehr gemacht.

Seit einem Monat ist er nun bei Sportsfun und die Zeit ist wie im Flug vergangen. Er hat eine Art Trainee-Programm durchlaufen und jede Woche einen anderen Bereich der Organisation kennengelernt. So wie es aussieht, würde er für die Zeitnehmung verantwortlich werden. Ganz sicher war er sich zunächst nicht, ob das der richtige Bereich für ihn ist. Schon wieder Zahlen! Doch die Zeitnehmung ist ein sehr entscheidender Bereich im Sport und so sehr er früher mit den kleinsten Cent-Beträgen gehadert hat, so sehr würde er jetzt für jede tausendstel Sekunde kämpfen, um einen fairen Wettbewerb zu ermöglichen. Denn das ist ein absolut sinnvoller Kampf, auf den er sich schon freut.

„Das ist ein tolles Gefühl, wenn man sich auf den Job freut", sagt Gerry. „Ich hätte schon viel früher auf dich und auch auf Doreen hören sollen. Aber ich konnte es mir so gar nicht vorstellen, dass es tatsächlich Arbeit gibt, die rundum Spaß macht und bei der man sich wohl fühlt."

„Hast halt eine lange Leitung", grinst Mark und klopft ihm auf die Schulter. „Hauptsache du hast es jetzt geschafft. Und glaub nur ja nicht, dass du es dir ab jetzt bequem machen kannst. Du musst weiterhin immer ein bisschen unzufrieden sein mit dem, was du hast."

„Jaja, ich weiß schon, konstruktiv unzufrieden. Ich finde das ja noch immer eine seltsame Wortschöpfung, auch wenn ich es jetzt verstanden habe. Stefan sagt auch, wenn ich langfristig motiviert und glücklich sein will, dann muss ich mich regelmäßig verändern. Das gehört einfach zum Leben dazu und es ist die Aufgabe von einem selbst, dafür zu sorgen, dass man motiviert ist. ‚Hör auf dein Herz und motiviere dich selbst', sagt Stefan, ‚denn sonst kann es keiner.' Da hat er schon Recht."

„Na dann", sagt Mark und blickt auf die Felswand über ihnen. „Bist du bereit für die nächste Herausforderung? Diesmal gehst du voran."

> **Tipp** HAPPINESS IS AN INSIDE JOB
> Glücklich zu sein und Sinn im Leben zu finden – das kann dir niemand geben.
> Das kann nur von deinem Inneren kommen!
> SEI EIN MACHER UND KEIN SCHWACHER
> Denn das Leben macht nichts aus dir, wenn du nichts aus deinem Leben machst.

2.1 Über den Autor

Wolfgang Egger Wolfgang Egger, 1977 in Österreich geboren, ist Motivationsexperte und gefragter Redner. Mit viel Herz, Humor und Überzeugungskraft hält er Vorträge in ganz Europa in namhaften Unternehmen aus der Industrie, der Medizintechnik und dem Dienstleistungssektor. Es ist sein Ziel, den Menschen die entscheidenden Impulse zu geben, um an sich selbst zu glauben und ihr inneres Feuer entfachen zu können. Davor arbeitete er sich in der Hotellerie nach oben, übernahm 2007 die Geschäftsführung einer Hotelbetriebs-GmbH und führte zusätzlich ein Viereinhalb-Sterne-Biohotel.

Aus eigener Erfahrung weiß er, wie wichtig – sogar lebenswichtig – die Fähigkeit ist, sich selbst zu motivieren. In jungen Jahren hätte ihn ein Unfall beinahe das Leben gekostet. Nur sein Kampfgeist und der Glaube an sich selbst haben dazu geführt, dass er wieder ganz gesund wurde. Einige Jahre später warf ihn erneut ein schwerer Unfall aus der Spur und zwang ihn, monatelang zu pausieren. Wiederum wusste er sich erfolgreich ins Leben zurückzukämpfen. Trotz dieser Rückschläge schaffte er es nicht nur beruflich bis ganz nach oben, sondern auch, seine Leidenschaft zum Beruf zu machen: Menschen zu befähigen, erfolgreicher und glücklicher zu sein.

Weitere Infos unter www.wolfgangegger.com

New Work Health Style

Die größte Gesundheitsressource des 21. Jahrhunderts

Timo Eifert

3

Inhaltsverzeichnis

3.1	Einleitung	31
3.2	Eine neue Arbeitsphilosophie	34
3.3	Eine neue Gesundheitsstrategie	38
3.4	Über den Autor	51
Literatur		51

3.1 Einleitung

Jedes Unternehmen braucht gesunde Mitarbeiter, soviel steht fest. Während die Menschen bislang jedoch selbst für ihre Gesundheit verantwortlich waren, lässt sich seit ein paar Jahren ein neuer Trend erkennen: Immer mehr Unternehmer sorgen sich um das körperliche Wohlbefinden ihrer Mitarbeiter. So wurden Fitness-Studios in Unternehmen etabliert oder Gesundheitsprogramme, oft in Kooperation mit entsprechenden Dienstleistern, entwickelt. Personaltrainer und mobile Masseure pilgern durch die Unternehmen, Meditation-Sessions werden als willkommene Pausen im straffen Arbeitsalltag angenommen.

Fand betriebliche Gesundheitsförderung bisher überwiegend in Großunternehmen statt, so greift dieser Trend heute auch auf den Mittelstand über. Gesundheit entwickelt sich zu einem Schlüssel für Erfolg im Unternehmen, weil kompetente, aber müde Körper dem Unternehmen nichts nutzen. Schon viele Konzepte und Projekte wurden zu diesem Zwecke entwickelt. Doch nicht alle Strategien haben sich bewährt – beispielsweise, weil sie nicht in die Arbeitsumgebung gepasst haben, von den Mitarbeitern nicht angenom-

Timo Eifert ✉
Institut für Gesundheitsmedizin, timotio AG, Hindelanger Straße 35,
87527 Sonthofen, Deutschland

men wurden oder einfach, weil sie nicht praktikabel waren. Die gewünschten Ergebnisse blieben oft aus oder waren schlichtweg nicht messbar. Doch auch, wenn dies zu einer gewissen Ernüchterung geführt hat, ist und bleibt das Thema Gesundheit aufgrund der hohen wirtschaftlichen Relevanz für Unternehmen äußerst wichtig.

Dieser Beitrag soll vier wesentliche Fragen beantworten, mit denen die Gesundheitsverantwortlichen in Unternehmen immer wieder konfrontiert werden:

1. Wie erreichen wir die Mitarbeiter, die wir mit den bisherigen Maßnahmen nicht erreichen?
   Das bestehende Präventionsangebot wird in den meisten Fällen nur von denen angenommen, die bereits gesundheitsbewusst leben. Ein bekanntes Problem der Fehlallokation, dem auch Krankenkassen ausgesetzt sind.
2. Wie viel Sport oder körperliche Aktivität braucht man für einen gesunden Mitarbeiter? Orientere ich mich an dem, der wöchentlich fünf Stunden Tennis spielt oder an dem, der allabendlich eine halbe Stunde spazieren geht?
3. Entsprechen die alten Modelle der freizeitorientierten Gesundheitsförderung noch den Bedürfnissen der neuen Arbeitswelt? Im Zeitalter von New Work verschwimmen zunehmend die Sphären Arbeit und Freizeit. Deshalb bedarf es Konzepten, die immer und überall funktionieren, sei es in der Arbeit oder in der Freizeit.
4. Warum fruchten so viele der aktuellen Gesundheitskampagnen nicht? Wie schaffe ich eine langfristige Gesundheitsorientierung, die zeitlich limitierte Projekte überdauert?

3.1.1 Die zentrale Herausforderung

Führungskräfte stehen heute vor der zentralen Herausforderung, Rahmenbedingungen zu schaffen, die es ihren Mitarbeitern ermöglichen, Gesundheit in den Berufsalltag zu integrieren. Das heißt, Gesundheit ganz ohne Widerstände und doppelten Aufwand in die berufliche Realität zu integrieren. Denn eins ist klar: Was im Alltag nicht funktioniert, wird langfristig immer wieder scheitern.

Wenn Bewegung zum „Privatvergnügen" vor oder nach der Arbeit und zu besonderen Gelegenheiten zählt, bleibt sie Ausnahme. Gesundheit resultiert nicht aus Ausnahmen, die man dann und wann macht, sondern aus Handlungen, zu denen Menschen kontinuierlich und alltäglich greifen.

3.1.2 Eine neue Arbeitsphilosophie

Die Lösung liegt hierbei in einem neuen Work Health Style. Eine neue Arbeitsphilosophie mit einem Gesundheitsverständnis, das auf den folgenden drei Annahmen basiert:

a) In einem zunehmend komplexeren Arbeitsalltag werden Mitarbeiter autonomer. Das muss auch für ihre Gesundheitsmaßnahmen gelten.
b) Lebensenergie wird als wichtigstes Gut erkannt.
c) Selbstbestimmte Gesundheit wird zum zentralen Faktor eines erfüllten Lebens.

3.1.3 Eine neue Gesundheitsstrategie

Management ist die Transformation von Ressourcen in Ergebnisse. Das gilt auch für das Gesundheitsmanagement. Die Frage ist, welche Ressourcen wollen und können wir nutzen und wie soll das Ergebnis aussehen?

Kurzzeiterfolge sind im Management bedeutungslos, auch hier gleichen sich Unternehmens- und Gesundheitsmanagement. Denn eine kurzzeitige Verbesserung der Gesundheit der Mitarbeiter ohne Verankerung in ihrem Lebensstil hilft nichts!

Deshalb verfolgt der neue Work Health Style eine Strategie, in der man von Anfang an so handelt, dass der Erfolg dauerhaft ist. Eine Strategie, die auf Werten und Grundsätzen aufbaut. Werte lassen sich am besten in Form von Grundsätzen und Prinzipien formulieren; sie regulieren das Handeln der Menschen.

Das formulierte Ziel, eine langfristige Verbesserung der Gesundheit (möglichst) aller Mitarbeiter, kann nur erreicht werden, wenn sie die dafür entscheidenden Werte in sich tragen. Deshalb erhält der neue Work Health Style seine Wirksamkeit durch drei wesentliche Grundsätze:

1. Konzentration auf Weniges
2. Resultatorientierung
3. Beitrag zum Ganzen

3.1.4 Leadership im Work Health Style

Auch der neue Work Health Style braucht Führung. Die Aufgabe des Managements ist es, ein Wertebild zu schaffen, in dem der Mensch im Mittelpunkt steht. Eine anspruchsvolle, leistungsorientierte Arbeitsumgebung fördert und fordert die Selbstverantwortung des Mitarbeiters – für seine Arbeitsergebnisse, aber auch für sein eigenes Wohlbefinden und seine Gesundheit!

Das allseits bekannte Schlagwort in diesem Zusammenhang lautet „Empowerment". Die geförderte Eigenverantwortung für das eigene Leben und die eigene Gesundheit zieht sich dabei durch alle Bereiche und Hierarchieebenen.

Im neuen Work Health Style gehören persönliche und betriebliche Gesundheit indiskutabel zu den obersten Maximen, weil sie den künftigen Unternehmenserfolg bedingen. Wettbewerbsvorteile erringen in Zukunft die Unternehmen, die die körperliche und geistige Gesundheit fördern und von ihren Mitarbeitern Selbstverantwortung einfordern.

Zusammenfassend bietet der neue Work Health Style eine neue wertebasierte Gesundheitsstrategie, die Verantwortung für das eigene Leben und die eigene Gesundheit von jedem einzelnen einfordert. Dabei bedient sie sich der größten, bisher ungenutzten Gesundheitsressource überhaupt – der Alltagsbewegung bzw. dem Gehen (s. Abschn. 3.2.2).

3.2 Eine neue Arbeitsphilosophie

3.2.1 Der autonome Umgang mit Komplexität

Gesundheit am Arbeitsplatz – die Wichtigkeit davon wurde schon vor langer Zeit entdeckt. Während der Hochblüte der industriellen Revolution im angehenden 19. Jahrhundert entstanden erste Überlegungen, Sicherheit und Gesundheit am Arbeitsplatz gemeinsam zu betrachten. Im Mittelpunkt dieser Überlegungen stand der Schutz der Menschen vor der Ausbeutung durch Unternehmen.

Modernere Betrachtungsweisen gehen davon aus, dass der Mitarbeiter ein wertvolles Kapital ist. Auch das führte zu Fortschritten im Arbeitnehmerschutz, wenn auch aus anderen, wirtschaftlichen, Motiven. Doch die Notwendigkeit, über Gesundheit am Arbeitsplatz nachzudenken, blieb. Dank moderner Berufsbilder wie Dienstleister, Wissensarbeiter oder freiberuflicher Kreativer, stellen sich heute ganz neue Gesundheitsfragen; die Menschen sind ganz anderen Belastungen ausgesetzt.

An erster Stelle sind hier sicherlich die steigende Komplexität unserer heutigen Arbeitswelt sowie die Unsicherheit der eigenen Zukunft in derselben zu nennen. Zunehmende Projektarbeit fragmentiert die Arbeitswelt, steigender Innovationsdruck in allen Branchen und eine rasante Entwertung erworbenen Wissens schafft die Notwendigkeit des „lebenslangen Lernens". Nur Wenige können einer Karriereplanung folgen, die mehr als einige Jahre umfasst und auch den Beruf fürs Leben gibt es nicht mehr.

Veränderung ist der zentrale Bestandteil der modernen Arbeitsumgebung. Mit ihr geht auch ein Wandel der gesundheitlichen Probleme einher. Der körperliche Verschleiß weicht der geistigen Dauerüberforderung und dem allgegenwärtigen Bewegungsmangel. Gesundheitsschutz am Arbeitsplatz im klassischen Sinne greift bei dieser Gruppe kaum noch, Gesundheit und Arbeit bleiben aber natürlich weiterhin verknüpft.

Die Arbeitswelt ist diffuser geworden, gleichzeitig hat sich der Einzelne aber emanzipiert. Immer mehr verlangen die Unternehmen Ergebnisse und übertragen den Weg der Zielerreichung komplett auf ihre Angestellten. In dieser insgesamt gestiegenen Arbeitsautonomie wird aus dem herkömmlichen, unselbstständigen Mitarbeiter ein selbstständiger Arbeitnehmer.

Das ist ganz im Interesse der meisten. Wir suchen heute eine Arbeit, die Sinn und Spaß macht und uns persönlich motiviert. Zusammen mit zunehmender Verantwortung im Job ist es aber auch notwendig geworden, mit seiner Arbeitsintensität gewissenhaft umzugehen; der Schutz durch den Staat und entsprechende Gesetzgebungen fällt heute weitestgehend weg.

Trotz all dieser Veränderungen kann man den Abschied aus der Sicherheit großer Strukturen auch sehr positiv betrachten. Freiheit und Selbstverantwortung werden zu den zentralen Themen der modernen Arbeitswelt.

3.2.2 Warum neue Trainingsmethoden langfristig nichts verändern

Wichtig ist es jedoch, dabei das Wesentliche nicht aus den Augen zu verlieren. Die Welt, in der wir uns bewegen, ist sehr komplex – und ein Ergebnis menschlichen Denkens und Handels. Probleme können nicht durch die gleichen Denk- und Handlungsweisen bewältigt werden, durch die sie verursacht wurden!

Die aktuellen gesundheitlichen Probleme durch unsere Lebensweise lassen sich demnach nicht einfach durch neue Trainingsmethoden, neue Diäten oder neue Entspannungsmethoden lösen. Wenn das der Fall wäre, müssten alle stress-, ernährungs- und lebensstilbedingten Erkrankungen seit Jahren zurückgehen. Das Gegenteil ist jedoch der Fall.

Immer wieder missachten wir, dass wir komplexe Systeme in einer komplexen Welt sind und erhoffen uns durch die bloße Anwendung von Maßnahmen und Methoden die Lösung unserer Probleme. Als Arzt beobachtete ich, dass wir Mediziner bei den meisten Zivilisationskrankheiten, wie z. B. Bluthochdruck und Diabetes, nur die Symptome behandelten. So waren alle Patienten nach Einleitung der Therapie immer noch krank, nur mit etwas niedrigeren Blutdruck- oder Blutzuckerwerten. Solange die Medizin also nicht die Ursache behandelt, werden die Menschen nicht gesünder, sondern nur länger krank. Diese Ursache, die Ursache aller Zivilisationskrankheiten, heißt Fehlernährung, Bewegungsmangel und Stress.

Als Sportwissenschaftler habe ich diese Ursachen studiert. Die aktuelle Situation ist ernüchternd: Eine kürzlich veröffentlichen Studie der Techniker Krankenkasse zeigt, dass sich die Menschen in Deutschland nur eine gute halbe Stunde am Tag zu Fuß oder mit dem Fahrrad bewegen. Fast vier von zehn sind in ihrem Alltag sogar noch weniger als eine halbe Stunde in Bewegung – jeder Sechste weniger als eine Viertelstunde. Dabei ist gleichzeitig mehr als die Hälfte der Menschen mit ihrem Bewegungspensum unzufrieden, findet es selbst zu gering.

Dass mangelnde Bewegung ungesund ist, wissen wir. Das Problem ist nicht fehlende Aufklärung, sondern die Umsetzung unseres Wissens in echtes, eigenverantwortliches Handeln. Deshalb ist die Entwicklung neuer Methoden an dieser Stelle nicht hilfreich. Wir dürfen heute noch einen Schritt weitergehen, indem wir Bewegungsmangel, Fehlernährung und Stress wiederum nur als Symptom betrachten, deren Ursache auf einer ganz anderen Ebene zu suchen ist.

Ich berufe mich dabei auf die Einsicht, die bereits Albert Einstein kundtat: Man kann Probleme nicht mit derselben Methode lösen, durch die sie entstanden sind. Das Problem Bewegungsmangel lässt sich aus dieser Perspektive nicht in erster Linie durch Bewegung lösen, sondern durch die Frage, warum wir uns nicht mehr bewegen wollen. Ich denke, die

Antwort hat mit fehlender Orientierung zu tun: Unser Handeln muss wieder einen Sinn bekommen, vielen Menschen fehlen heute Werte, Orientierung und Sinn.

Solange nicht klar ist, warum und wofür wir uns bewegen sollen, werden wir auch keinen Sinn in der Veränderung sehen. Für den einzelnen ist es heute kaum noch möglich, in der täglichen Informationsflut das Gültige und Wesentliche vom Nebensächlichen, Unwesentlichen oder vielleicht nur Modischen zu unterscheiden. Das führt zu einer gewissen Orientierungslosigkeit.

Wie man Sinn schafft und Orientierung finden kann, soll in den folgenden Kapiteln beantwortet werden.

3.2.3 Leiden wir wirklich an einem Energiemangel?

Die Energie, die einem Menschen zur Verfügung steht, entscheidet darüber, ob er gesund ist oder nicht. Die Rede ist hier von tatsächlicher, physikalischer Energie bzw. Kraft. Jeder Mensch muss sich fragen: Wie viel Energie kann ich aufbringen? Und wie viel davon will ich wofür nutzen? Es handelt sich hierbei um eine einfache Energiebilanz. Sie entscheidet, ob die Energie im Körper aktiviert und genutzt wird oder nicht (und damit zur Krankheit führt).

Ich spreche an dieser Stelle von der rein physikalischen Energie. Im Laufe dieses Beitrages werde ich aufzeigen, dass wir nicht unter Energiemangel, sondern unter einem Energiestau leiden. Auch wenn das Burn-out-Syndrom als Energielosigkeit bezeichnet wird, heißt das keinesfalls, dass die notwendige physikalische Energie tatsächlich fehlt. Was den Menschen mit einem Burn-out fehlt, ist der Antrieb, bzw. ein guter Grund für seine Leistungen.

Unter Burn-out leiden eine drastisch hohe Zahl von Angestellten unterschiedlichster Branchen, was die deutlich gestiegene Zahl verschriebener Psychopharmaka beweist. Geht man jedoch von einem Überlastungsmodell aus, so verwundert die Tatsache, dass im Vergleich zu Menschen mit Job Arbeitslose fast doppelt so häufig Psychopharmaka verschrieben bekommen. Wie kann das sein? Das Burn-out-Syndrom ist eben keine Krankheit im herkömmlichen Sinne, sondern in erster Linie ein Problem mit der Bewältigung der Lebensumstände. Meine These ist simpel: Burn-out ist keine Folge von physikalischem Energiemangel oder zu viel Arbeit, sondern die Folge von Perspektiv- und Ziellosigkeit.

Wenn wir also nicht an einem Energiemangel leiden, stellt sich die Frage: wie wollen wir die uns zur Verfügung stehende Energie sinnvoll- und gewinnbringend einsetzen? Für Gesundheit oder Krankheit? Erfolg oder Misserfolg? Wohlbefinden oder Schmerz?

3.2.4 Das Verschwimmen von Arbeit und Freizeit

Das Ungleichgewicht zwischen Arbeitszeit und Freizeit wird zur zentralen Problematik der modernen Arbeitswelt (Stichpunkte Leistungsdruck und ständige Verfügbarkeit). Diese zwei früher klar getrennten Bereiche müssen neu definiert werden: Freizeit ist nicht mehr nur Erholung vom Zwang des Alltags und Arbeitszeit wird zum Entwicklungsraum für Lebensenergie und Gesundheit.

Der Modebegriff „Work-Life-Balance" ist in diesem Zusammenhang schon zum Anti-Wort geworden. Objektiv betrachtet ist die Diskussion über ein zu hohes Arbeitspensum nicht logisch, denn die Zahl der geleisteten Arbeitsstunden pro Kopf hat sich im Laufe des 20. Jahrhunderts halbiert. Die Hamburger Stiftung für Zukunftsfragen attestierte den Deutschen im Jahr 2011 im Durchschnitt 4 Stunden Freizeit pro Arbeitstag – gleichzeitig stellte die Studie aber fest, dass die Menschen heute dennoch unter dem Gefühl leiden, zu wenig Zeit zu haben.

Früher bildete die Freizeit das Kontrastprogramm zu einer Arbeit, die man als abhängiger Arbeitnehmer leistete. In seiner freien Zeit widmete man sich seinen Hobbies, um Abstand von der Arbeit zu gewinnen und sich zu erholen. Allein mein Vater erzählt noch von einer Zeit, als es in unserem Dorf allein vier Gastwirtschaften gab, bei 1000 Einwohnern, die unter der Woche allesamt gegen 16–17 Uhr voll besetzt waren. Mittlerweile gibt es nur noch eine Gastwirtschaft, wo man die Gäste zählen kann und die nur noch am Wochenende von einigen Vereinen frequentiert wird.

Das Verständnis von Arbeit und Freizeit war klar: Man arbeitete, um seine Freizeit mit wünschenswerten Aktivitäten füllen zu können. In der modernen Arbeitswelt ist das nicht mehr so.

Arbeit wird zunehmend nicht in Abhängigkeit, sondern in echter oder gefühlter Selbstständigkeit erbracht. Die Eigenverantwortung wächst – was Freizeit und Arbeit jeweils ist, wird in eigener Souveränität entschieden und nicht anhand eines fremdbestimmten Zeitplans. Dieser neue Arbeitsstil setzt Selbstverantwortung für die Gestaltung des Lebensrhythmus voraus.

Eine Fähigkeit, die erst erlernt werden muss: Darf ich als Angestellter außerhalb des Büros wichtige E-Mails, die über Smartphone und Laptop hereinkommen, auch mal ignorieren? Gerade bei alternativen Arbeitsmodellen wie Home Office und Third Places eine berechtige Frage. Dem Wunsch nach einer besseren Vereinbarkeit von Familienleben und Arbeitsleben tritt nicht selten die Realität entgegen, in der durch die Befähigung, überall und jederzeit zu arbeiten, auch tatsächlich deutlich mehr und länger gearbeitet wird. Arbeitssucht und die resultierende Vernachlässigung privater Bedürfnisse sind dabei vor allem ein Gesundheitsproblem der Mitarbeiter, die komplexe Tätigkeiten verüben und Verantwortung tragen.

Neue Arbeitswelten, in denen die Mitarbeiter eigenverantwortlich und leidenschaftlich arbeiten und Modelle, die große Flexibilität versprechen, bergen gesundheitliche Risiken, die psychische und physische Erkrankungen nach sich ziehen können. Dass sich immer mehr Unternehmen als attraktive Arbeitgeber um Arbeitsumgebungen bemühen, in denen gerne gearbeitet wird, ist im Sinne eines ganzheitlichen Gesundheitsverständnisses ein bedeutsamer Fortschritt. Gesundheit ist nämlich nur dort realisierbar, wo Sinn und Zufriedenheit gefunden wurden.

Doch der 200-jährige Erfahrungsschatz aus den Gesundheitsbelastungen industrieller Arbeitsformen und die entsprechenden Vorsorgemaßnahmen reichen nicht mehr: die Arbeitswelt unterliegt einem rasanten Wandel, die Auswirkungen auf Gesundheit und Wohlbefinden sind kaum bekannt. Während Mitarbeiter früher vor der Ausbeutung durch das Unternehmen geschützt werden mussten, so muss heute darüber nachgedacht werden, wie man sie davor schützt, sich selbst auszubeuten.

Gefährdet sind gerade (aber nicht ausschließlich) die, die sehr begabt sind und daher immer wieder neue, spannende Projekte übertragen bekommen. Kritisch wird es vor allem dann, wenn sich aus der bereits für den einzelnen bedrohlichen Grenzenlosigkeit der Arbeitsintensität eine vor allem in stark leistungsorientierten Branchen gelebte Unternehmensphilosophie, ganz ohne Vorgabe durch das Management, entwickelt: Mitarbeiter, die sich selbst überarbeiten und dabei ihre Teamkollegen unter enormen Druck setzen. Ein Druck, der nicht von oben kommt, sondern durch die Peers entsteht – und damit auf subtilere Art. Auch wenn die hohe Leistungsbereitschaft, die freiwillig und ohne Druck von oben erbracht wird, auf kurze Sicht vorteilhaft für das Unternehmen ist, so erweist sie sich auf Dauer als große Gefahr für die Mitarbeitergesundheit.

Doch auch die flexiblen Arbeitsmodelle wie Home Office, mit ihren Vorzügen und Freiheiten, sind riskant. Die vergleichsweise freie Zeiteinteilung nach dem persönlichen Rhythmus, das weitgehend selbstständige Arbeiten und die bessere Vereinbarkeit zwischen Beruf und Familie sind attraktive Merkmale. Doch mit diesen Vorteilen gehen gesundheitliche Gefahren einher: durch die Entkopplung vom Sozialsystem Büro, in dem Kommunikation und Austausch auf ganz natürliche Art passieren, kann diese Form der Arbeit zur Isolation führen. Es kommt nicht nur zu mangelndem betrieblichen Erfahrungsaustausch, sondern auch zur persönlichen Vereinzelung – der private Tratsch mit den Kollegen, der gemeinsame abendliche Kino- oder Kneipenbesuch wird seltener und schwieriger zu organisieren, der soziale Radius schränkt sich ein.

Doch nicht nur in psychosozialer Hinsicht sind Heimarbeiter gefährdet: Abgekoppelt von der professionellen Arbeitsumgebung verlieren Mitarbeiter alle Errungenschaften der Arbeitsergonomie beim stundenlangen Sitzen vor dem Notebook auf dem Billigstuhl am Küchentisch. Wenn also Arbeit und Freizeit heutzutage bei vielen Menschen verschwimmen und ein hohes Maß an Flexibilität eingefordert wird, muss eine neue Gesundheitsstrategie genauso flexibel sein. Eine Strategie eben, mit der man von Anfang an so handelt, dass man auf Dauer Erfolg hat. Eine Strategie, die sich auf persönliche Werte und Ziele stützt, die in einer gemeinschaftlichen Wertekultur verankert sind.

3.3 Eine neue Gesundheitsstrategie

3.3.1 Konzentration auf Weniges

Viele Menschen scheinen auf der stetigen Suche nach einer Art „Heiligem Gral" zu sein, einer Geheimwaffe gegen das Altern und Krankwerden. Selbstverständlich gibt es das nicht. Die einzige Maxime, nach der wir hier vorgehen sollten, ist Konzentration. Konzentration ist immer wichtig. Im Zusammenhang mit Gesundheit ist sie aber als besonders bedeutsam einzuschätzen, weil kein anderer Lebensbereich so komplex ist und eine so große Gefahr der Verzettelung und des Sinnverlustes in sich birgt. Umgekehrt ist nichts so wirksam wie die Fähigkeit, sich zu konzentrieren.

„Konzentration" allein genügt aber noch nicht. Neben der Fähigkeit, sich auf weniges zu beschränken, gilt es, die richtigen Schwerpunkte zu setzen. Wo immer man Wirkung und Erfolg sehen kann, zeigt sich in Retrospektive, dass der Grundsatz der Konzentration, bis auf wenige Ausnahmen, eingehalten wurde. Konzentration ist der Schlüssel zum Erfolg.

Als wunderbares Beispiel für den Erfolg der Konzentration gilt Thomas Mann. Mann arbeitete täglich hochkonzentriert an seinem Werk – von 9 bis 12 Uhr. Dabei schaffte er nur etwa eine bis eineinhalb Seiten pro Tag. Über sein ganzes Leben hinweg entstand so jedoch ein monumentales Werk.

Gerade im Hinblick auf das persönliche Zeitmanagement wird Konzentration enorm wichtig. Es ist kein Geheimnis, dass die meisten Führungskräfte Probleme mit ihrer Zeit haben. Die Erwartung, dass sie nach einem Arbeitstag von zwölf oder vierzehn Stunden auch noch Sport treiben, erscheint utopisch. Die einzige Lösung liegt in der Anwendung des Prinzips der Konzentration. Aber auf was sollen wir uns konzentrieren? Womit erzielen wir die größte Wirksamkeit im Hinblick auf ein gesundes, zufriedenes Leben? Was ist die Maßnahme, die einfach genug ist, um praktikabel zu sein, effektiv genug, um wichtige Ziele zu erreichen und dabei noch effizient und zeitsparend ist? Um diese Frage zu beantworten, sollten wir einen Rückblick in die Menschheitsgeschichte wagen und unsere heutige Lebensweise aus genetischer Sicht betrachten.

Unser evolutionäres Erbe – Von Jägern und Sammlern
Es ist immer wieder erstaunlich, wie gut wir über gesundes Verhalten Bescheid wissen – und wie wenig wir uns dennoch nach diesem Wissen richten. Es hat den Anschein, als ob Inaktivität, ja sogar Faulheit, zu unserer Natur gehören. Das ergibt im evolutionären Kontext auch Sinn: Vor zehntausenden von Jahren war körperliche Aktivität ein absolutes Muss, um zu überleben. Als Sammler oder Jäger waren unsere Vorfahren an mindestens drei oder vier Tagen pro Woche ganztägig unterwegs. Stand keine Aufgabe an, war es rein evolutionär betrachtet von großem Vorteil, wenn man sich nicht bewegte und mit seiner Energie sparsam umging und sich nur dann bewegte, wenn es tatsächlich notwendig war, z. B. zur Nahrungsaufnahme oder zur Fortpflanzung. Es ist zudem aus wissenschaftlicher Sicht sehr wahrscheinlich, dass sich unser genetischer Code in den vergangenen Jahrtausenden nicht grundsätzlich verändert hat. Auch die Fähigkeit, große Mengen Nahrung aufzunehmen und als Fett zu speichern, stellt in der langen Geschichte des Homo erectus einen gewaltigen Vorteil dar. Für ein Leben in der Vorzeit, das durch Kälteeinbrüche und kurzfristige Nahrungsengpässe gekennzeichnet war, ist dieser Speicherprozess sinnvoll. Für die heutige Zeit sind diese Eigenschaften natürlich weniger vorteilhaft, wie die globale Adipositas-Epidemie zeigt.

Das Überleben der Menschheit hing seit jeher davon ab, ausreichend Nahrung zu bekommen. Jeder Nahrungserwerb war bis in die allerjüngste Vergangenheit immer mit Bewegung verbunden. Mehr als eine Million Jahre lang galt es, zu sammeln oder jagen zu gehen. Sesshafte Menschen, die die Erde bestellen konnten, gibt es erst seit rund 10.000 Jahren. Die Jungsteinzeit ist der Zeitpunkt, ab dem es erst möglich war, kohlenhydratreiche Lebensmittel für einen längeren Zeitraum zu produzieren und zu lagern. Eines hat sich dadurch jedoch nicht verändert: auch der Ackerbau war mit einem hohen körperlichen Aufwand verbunden.

Die letzten einhundert Jahre sehen jedoch anders aus. Während die Veränderung erst langsam eintrat, so ist sie heute sehr schnell geworden. Den Zeitpunkt einer radikalen Veränderung unserer Lebensweise, vom Volk der Sammler, Jäger oder Bauern hin zum Volk von Sitzern und Liegern können wir jedoch sehr gut terminieren: es war der 20. Juni 1948, der Tag der Währungsreform.

Mittlerweile wird es immer schwieriger, für die notwendige Bewegung zu sorgen. In Einkaufszentren, in Kaufhäusern oder Hotels muss die Treppe mühsam gesucht werden, Fahrstuhl und Rolltreppe sind meist viel einfacher zu finden. „Lebensmittelfreie Zonen" gibt es eigentlich gar nicht mehr. Flächendeckend ist für eine dauerhafte und nicht zu knappe Versorgung mit Nahrung gesorgt, sei es durch die zunehmenden Fast Food-Angebote aller Art oder die Cafeteria und den Kiosk im Betrieb und in der Schule. Zehn Minuten reichen aus, um in einem Supermarkt mehr Kalorien in den Einkaufswagen packen als ein Jäger und Sammler in der Steinzeit in einem ganzen Jahr erbeuten konnte! Unsere Beute tragen wir nicht einmal mehr nach Hause, wir transportieren sie in unseren Autos. Auch das ist, in energetischer Hinsicht, ein großer Nachteil.

Zusammenfassend sind es drei Evolutionsmechanismen, die im Verlauf der menschlichen Entwicklungsgeschichte zu einem deutlichen Überlebensvorteil führten, uns heute jedoch in mehrfacher Hinsicht ein Bein stellen:

- *Menschen nahmen immer dann, wenn Nahrung zur Verfügung stand, möglichst viel davon zu sich; auch, wenn es den aktuellen Bedarf übertraf.*

Phasen des Überflusses und der Not wechselten sich im Verlauf der Menschheitsgeschichte ab. Bei Jagderfolg war kurzzeitig Überfluss vorhanden. Doch Jagderfolge und Sammlerglück waren eher die Ausnahme als die Regel. Hominide, die in der Nahrungsaufnahme zurückhaltend oder wählerisch waren, hatten kaum Chancen, unsere Vorfahren zu werden; die nächste Hungerperiode raffte sie hinweg.

- *Menschen waren in der Lage, einen großen Teil der aufgenommenen Nahrung in Form von Fett zu speichern.*

Fett ist die bestmögliche Speicherform für aufgenommene, nicht direkt benötigte, Nahrung. Die Fähigkeit der Fettspeicherung erwies sich also als überlebenswichtiger Vorteil. Ohne Energievorräte in dieser Form waren die Chancen, zu überleben und damit auch seine Gene weiterzugeben, deutlich reduziert.

- *Menschen bewegten sich nur dann, wenn es unbedingt notwendig war; alles andere bedeutete unnütze und schädliche Vergeudung von Energie.*

Das Leben des Homo sapiens in der Vorzeit war in hohem Maße von körperlicher Aktivität geprägt. Dies war (über-)lebensnotwendig, um ausreichend Nahrung zu erwerben (die Männer der AKA-Pygmäen in Zentralafrika verbringen noch heute 56 % ihrer Zeit mit Jagen und 17 % mit Sammeln). Wer sich unnötig körperlich betätigte und so seine Energie vergeudete, reduzierte seine Chancen auf „Genweitergabe" gewaltig.

Hat man diese drei Evolutionsmechanismen verstanden, wird klar, wie fatal der Wechsel zu einem sitzenden Lebensstil für den Menschen ist. Moderne Zivilisationskrankheiten wie Übergewicht, Diabetes, Bluthochdruck, Arteriosklerose und Herz-Kreislauf-Erkrankungen mögen auf den ersten Blick keinen Zusammenhang haben, das ist jedoch ein Trugschluss. Wir wissen heute, dass es für all diese Erkrankungen eine gemeinsame Ursache gibt: ein deutliches Ungleichgewicht zwischen Energieaufnahme über die Nahrung und dem Energieverbrauch durch körperliche Aktivität.

Unser Lebensstil hat sich innerhalb kürzester Zeit so vehement verändert, dass man aus einer genetisch-biologischen Perspektive von einer nicht mehr „artgerechten" Lebensweise sprechen muss. Unsere Anatomie und Physiologie ist nicht ausgelegt auf eine Lebensweise mit so minimaler Aktivität und solch maximalem Nahrungsangebot.

Viele Stoffwechselvorgänge, die sich im Laufe der Evolution entwickelt haben, sind auf körperliche Aktivität ausgerichtet. Auf Bewegungsmangel reagiert der Körper mit physiologischer Fehlfunktion – mit Krankheit.

Bewegung oder Ernährung – das deutsche Paradox

Wenn das Ungleichgewicht zwischen Energieaufnahme (Ernährung) und -verbrauch (Bewegung) die Ursache nahezu aller Zivilisationskrankheiten ist, tut sich eine große Frage auf: Welcher dieser beiden Faktoren beeinflusst die Entstehung von Übergewicht und Krankheit mehr? Ernährung oder Bewegung?

Erstmals machen 1997 zwei amerikanische Forscher auf das sogenannte „amerikanische Paradox" aufmerksam. Sie untersuchten moderne Ernährungsgewohnheiten und entdeckten dabei einen sehr widersprüchlichen Zusammenhang: Obwohl der Fettanteil der Nahrung und die durchschnittliche Kalorienaufnahme der untersuchten Bürger im beobachteten Zeitraum von zehn Jahren deutlich sank, wurden immer mehr Menschen übergewichtig oder gar fettsüchtig. Dieser bevölkerungsübergreifende Trend ist bis heute ungebrochen. Diesem Befund folgten viele weitere Untersuchungen durch unterschiedliche Forscherteams. So wurde z. B. (ebenfalls in den USA) untersucht, welche Faktoren maßgeblich für das Ungleichgewicht zwischen Energieverbrauch und -aufnahme, also die Energiebilanz, verantwortlich sind. Als Ergebnis zeigte sich, dass von den drei bekannten wichtigsten Faktoren, die das Körpergewicht beeinflussen, es weder die individuelle Stoffwechselrate, noch die Ernährung, sondern der kontinuierliche Rückgang der körperlichen Aktivität ist, der für die steigende Zahl von übergewichtigen und adipösen Menschen verantwortlich ist.

Auch ein „deutsches Paradoxon" gibt es mittlerweile. Wie die deutsche Verzehrstudie des Ministeriums für Verbraucherschutz (http://www.bmelv.de) von 2008 zeigt, nehmen die Deutschen heute weniger Energie in Form von Kalorien auf, als die entsprechenden

Abb. 3.1 Gesundheitspyramide

Richtwerte der Ernährungsfachleute ihnen zugestehen. Dennoch steigt der Anteil der übergewichtigen Deutschen beständig. Es lässt sich also eindeutig belegen, dass Bewegung bzw. der Mangel von Bewegung noch vor der Ernährung eine Hauptrolle bei der Entstehung von Übergewicht und den damit verbundenen Zivilisationskrankheiten spielt (s. Abb. 3.1).

Bewegungsmangel wird heute als das zentrale Gesundheitsproblem unserer Zeit angesehen. Die Veränderung des Lebensstils einer großen Bevölkerungsgruppe hin zu mehr körperlicher Aktivität ist zum Erhalt der individuellen Gesundheit zwingend notwendig. Im Durchschnitt nimmt jeder Deutsche pro Jahr rund 700.000 Kalorien zu sich – demgegenüber stehen etwa 220.000 gegangene Schritte. Das hat zur Konsequenz, dass jeder Deutsche ab dem 30. Lebensjahr jährlich etwa 300 Gramm zunimmt.

Die gegangenen Schritte genügen nicht. Wer gerne und viel fernsieht – auch das trifft mit einem bundesdeutschen Durchschnitt von 1600 Fernsehstunden pro Jahr auf eine breite Bevölkerungsgruppe zu – wird diesen Prozess noch einmal deutlich beschleunigen. Die Folgen: immer mehr Menschen mit Übergewicht und Adipositas. Es kommt neben dem energetischen Ungleichgewicht jedoch noch ein krankmachender Faktor hinzu. Bewegungsmangel bedeutet nämlich auch mangelnde Anforderungen an die Körper- und Organsysteme. Es kommt zu einem Prozess der negativen Anpassung, sprich: gesundes Körpergewebe (in erster Linie Muskeln) geht durch die Nichtbeanspruchung verloren. Bewegungsmangel stellt ein enormes Risiko für die Gesundheit dar. Durch ihn entstehen in Folge weitere Gesundheitsrisiken wie beispielsweise Bluthochdruck, erhöhte Blutzuckerwerte, Störungen des Fettstoffwechsels, Übergewicht oder neuromuskuläre Disbalancen, die sich in häufigster Form als Rückenschmerzen bemerkbar machen. Es zeigt sich also, dass regelmäßige Bewegung und körperliche Aktivität die wichtigsten Maßnahmen zur Steigerung der Lebensqualität sind. Sie leisten einen wesentlichen Beitrag zur Aufrechterhaltung von Gesundheit, Wohlbefinden und Leistungsfähigkeit.

Zu Beginn des dritten Jahrtausends herrscht vollkommene Klarheit darüber, dass körperliche Aktivität den zentralen Faktor in der Erhaltung sowie der Wiederherstellung der körperlichen und psychischen Gesundheit darstellt. Trotz eines wahrgenommenen Fitness- und Gesundheitsbooms treiben nur rund 10 bis 20 % der deutschen Bevölkerung regelmäßigen Sport, während 52 % angeben, sie seien Sportmuffel oder Anti-Sportler. Aus diesen Zahlen ergibt sich eine Zielgruppe von immerhin mindestens 80 % der erwachsenen Bevölkerung, auf die sich neue Maßnahmen der Prävention und Gesundheitsförderung konzentrieren müssen. Dabei tun sich zwei enorm wichtige Fragen auf. Erstens: Wie viel Sport braucht Gesundheit? Und zweitens: Wie erreichen wir die, die wir momentan noch nicht erreichen?

Energiestau oder Gesundheitsressource Fett
Unsere Körperfettspeicher sind der wichtigste Puffer unseres Stoffwechsels. Sie halfen dem Menschen in der Vorzeit, Hungerzeiten zu überleben. Das Speichern von Fett ist ein Schutz für unsere Gesundheit in Zeiten von Nahrungsüberfluss – es hilft, zahlreiche Krankheiten zu verhindern oder zu verzögern. In diesem Sinne ist Fett eine bedeutende Gesundheitsressource. Erst wenn die Kompensationsgrenzen des Systems überschritten sind, kann übermäßiges Körperfett unserer Gesundheit schaden. Kaum ein alltäglicher menschlicher Vorgang wird so oft verteufelt wie das Anlegen von Fettpolstern. Zahlreiche Medien idealisieren, ohne Rücksicht auf die genetischen Voraussetzungen des Einzelnen, Schlanksein und setzen es mit Sportlichkeit, Gesundheit und Attraktivität gleich. Der bei der Mehrzahl der Menschen vorhandene Energiespeicher um Taille und Hüfte wird dabei als prähistorisches Relikt, das wir heute nicht mehr brauchen, verschmäht. Doch trotz aller Verachtung: Dieser treue Wegbegleiter des Menschen hat einen vielfachen Nutzen.

Wir brauchen kontinuierlich Energie, eine wichtige Voraussetzung allen Lebens ist also deren ständige Verfügbarkeit. Weil in der menschlichen Stammesgeschichte nicht immer und zu jeder Zeit genügend Energie zur Verfügung stand, entwickelte der Mensch die Fähigkeit, Energie zu speichern. Der menschliche Körper ist bestrebt, seine Speicher in Versorgungsphasen ausreichend zu füllen, andererseits gestaltet er seine Ausgaben so sparsam wie möglich.

Die zum Teil starken Schwankungen, denen die Nahrungszusammensetzung und -menge unterliegen konnte und kann, erfordert eine flexible, dem Angebot angepasste Umsetzung und Speicherung der verschiedenen Brennstoffe. Nährstoffe, die nicht unmittelbar benötigt werden, werden in Form von Glykogen und Körperfett gespeichert und nur im Ausnahmefall ungenutzt ausgeschieden. Die Anpassungsmechanismen haben sich über Jahrtausende bewährt, so konnten Versorgungsverhältnisse und Energiebedarf in Einklang gebracht werden. Sie berücksichtigen keine neuzeitlichen und – wahrscheinlich wesentlich kurzlebigeren – kulturell geprägten Schönheitsideale.

Unser Fettgewebe ist der wichtigste Puffer unserer Energieversorgung. Wie viele Wirbeltiere bereitet sich der Körper so auf eventuelle Notzeiten vor. Dass uns Menschen das nicht gefällt, liegt einerseits an unserem modernen Schönheitsverständnis und andererseits daran, dass wir diese Speicherfunktion dramatisch überstrapazieren. Denn eine weitere, oft vergessene, Aufgabe unserer Fettzellen ist es, in Zeiten häufigen Nahrungsüberflusses die Überschüsse von Kohlenhydraten und Fett im Blut abzufangen.

Nachdem eine Mahlzeit verdaut und die Makronährstoffe im Dünndarm resorbiert wurden, gelangen die Kohlenhydrate und Aminosäuren zur Leber und von dort aus ins Blut. Die meisten Fettsäuren nehmen einen anderen Weg und werden als Triglyzeride über die Lymphe in die Blutbahn transportiert. Sie stehen den Körperzellen direkt als Energie zur Verfügung. Je nach Konzentration der einzelnen Nährstoffe im Blut entscheidet unser Stoffwechsel, ob sie direkt verwertet oder gespeichert werden oder ob bereits gefüllte Speicher weitere Nährstoffe in die Blutbahn abgeben. Defizite werden ausgeglichen, Überschüsse werden aus dem Blut entfernt.

Glukose ist unser wichtigster Brennstoff für Gehirn, Netzhaut und rote Blutkörperchen sowie unsere Muskeln bei erhöhter körperlicher Aktivität. Die Aufnahme von Kohlenhydraten über die Nahrung ist daher überlebenswichtig. Bei einem gesunden Menschen befinden sich allerdings nur etwa 3,5 bis 5,5 Gramm Zucker im Blut – verteilt auf insgesamt 5 bis 6 Liter Blut. Eine normale Mahlzeit mit 50 Gramm Kohlenhydraten, die während des Verdauungsprozesses in Zucker gespalten werden, würde daher den Blutzuckerspiegel auf das 10–30-fache erhöhen. Die Folge wäre ein Überzuckerungskoma und der Tod. Daher muss der aufgenommene Zucker sofort umgesetzt oder gespeichert werden.

Dank der zunehmenden Technisierung unseres Alltags wurden körperliche Aktivitäten auf ein Minimum reduziert. Wenn wir über den Bedarf hinaus Zucker zu uns nehmen, sind die Glykogenspeicher noch nicht ausreichend entleert, der neue Zucker aus dem Blut kann nicht aufgenommen werden. Unser Organismus greift nun zu einer Art Rettungsmaßnahme: dem Aufbau von Körperfett. Das Fett hilft nämlich auf zwei Arten, einen erhöhten Blutzuckerspiegel zu senken und damit unsere Gesundheit zu schützen:

- *Bei einem hohen Blutzuckerspiegel wird vermehrt Glukose verbrannt und die Fettverbrennung reduziert. Die sich durch die reduzierte Umsetzung in der Blutbahn anhäufenden überschüssigen Fettsäuren werden dorthin verfrachtet, wo sie am wenigsten schaden: in die Fettzellen.*
- *Ist diese Umverteilung nicht genug bzw. kommt weiterer Zucker nach, kann der überschüssige Zucker im Blut nicht mehr verbrannt werden. Auch nun greift der Körper zur „Lösung Fett": Die Leber und die Fettzellen wandeln Zucker in speicherfähige Fette um. Diese werden ebenfalls im Fettgewebe deponiert.*
- *Ziel dieser Stoffwechselwege ist es, die Konzentration von Zucker im Blut schnellstmöglich auf ein für den Körper normales Niveau zu reduzieren und überschüssige Glukose aus der Blutbahn zu schleusen.*

Je stärker diese Regulationssysteme beeinträchtigt sind und je höher der Blutzucker- oder Blutfettsäurespiegel nüchtern oder nach den Mahlzeiten ist, desto mehr kann dies unserer Gesundheit schaden, auch wenn noch kein manifester Diabetes besteht. Organische Krankheiten wie Dickdarmkrebs, Netzhaut-, Nerven- und Nierenschäden, koronare Herzkrankheit, Herzinfarkt und Schlaganfall, Alzheimer-Demenz, Autoimmunkrankheiten, beschleunigter Alterung und Durchblutungsstörungen durch die Schädigung der Blutgefäße können mit Stoffwechselstörungen in Verbindung gebracht werden. Letztlich auch ein vorzeitiger Tod. Eine hohe Zuckerkonzentration im Blut bedingt direkt und indirekt gefäß- und zellschädigende Prozesse. Dieser Teufelskreis ist, sobald er einmal angestoßen wurde, die Basis für funktionelle und strukturelle Störungen der Zellfunktion, aus denen oben genannte Erkrankungen resultieren können. Sie ist auch für erhöhte Blutfett- und/oder Cholesterinwerte verantwortlich.

Zusammenfassend lässt sich sagen, dass sich der Organismus mit dem Aufbau von Körperfett vor den Schäden einer Überschwemmung mit energiereichen Substraten schützt. Zusätzlich wird eine Energiereserve für eventuelle zukünftige Notzeiten angelegt. Im Anbetracht der schwankenden Nahrungsverfügbarkeit in grauen Vorzeiten verwundert es nicht, dass die natürliche Selektion den Aufbau von Körperfett als bestmögliche Anpassung hervorgebracht und gegen, von kulturellen Idealen abhängige, Schönheitsideale verteidigt hat.

Das biologisch primäre Interesse unseres Körpers ist es nicht, schlank zu sein, sondern zu überleben. Dazu trägt auch der oft verschmähte Fettspeicher seinen Teil bei. Übergewicht und Adipositas als Phänomene der Kompensation eines überforderten Energiestoffwechsels korrelieren zwar mit zahlreichen Zivilisationskrankheiten und pathophysiologischen Abläufen, sind aber eigentlich an deren Vermeidung beteiligt.

Was kann der Organismus schließlich Sinnvolleres tun, als potenziell schädliche Stoffe in Zeiten des Überangebotes möglichst schnell aus dem Blutkreislauf zu schleusen? Erst wenn die Kompensationsgrenzen unseres Systems überschritten wurden oder die vergrößerten Fettspeicher an Bauch und Organen anfangen, freie Fettsäuren zurück ins Blut zu geben, schadet der übermäßige Fettspeicher der Gesundheit. Hier kann man von einem Energiestau sprechen.

Wie bereits erwähnt, ist dieser Prozess unmittelbar mit dem Energieverbrauch durch Bewegung verbunden. Die Aufnahme und Aufrechterhaltung von regelmäßiger körperlicher Aktivität kann diesem wichtigen Vorgang der Fettspeicherung seine gesundheitlich positiven Potenziale wiedergeben.

Deutschland – Volk der Vielsitzer, Sportmuffel und Bildschirm-Fans
Bewegung ist ein essenzieller Teil unseres Lebens – so viel ist klar. Umso dramatischer ist es, dass sie in unserem modernen Alltag praktisch nicht mehr existiert. Durchschnittlich bewegen sich die Menschen in Deutschland nur eine gute halbe Stunde am Tag zu Fuß oder mit dem Rad. Anders herum betrachtet heißt das, dass wir im Durchschnitt 23,5 Stunden sitzend oder liegend verbringen. Fast vier von zehn Deutschen sind in ihrem Alltag sogar noch weniger als eine halbe Stunde in Bewegung – jeder Sechste höchstens 15 Minuten.

Unter solchen Lebensbedingungen entsteht Krankheit von allein, Gesundheit nicht. Obwohl wir uns in einem Fitness- und Wellnesszeitalter befinden, zeigt die Statistik ein erschreckendes Bild: Nicht einmal jeder zweite Deutsche (46 %) treibt Sport: 20 % der Menschen hierzulande bezeichnen sich als Antisportler, weitere 32 % als Sportmuffel.

Ein Vergleich mit der letzten Bewegungsstudie der TK, die 2007 durchgeführt wurde, lässt zudem eine unschöne Tendenz erkennen: Die Zahl der Inaktiven hat deutlich zugenommen. Vor sechs Jahren haben noch 56 % der Menschen hierzulande Sport getrieben. Eine ganze Bevölkerungsgruppe scheint sich immer weiter von der Bewegung abzukoppeln – und auch das in allen Lebensbereichen. So bewegen sich Antisportler und Sportmuffel auch auf alltäglichen Wegen weniger als Sporttreibende. Wer seine Freizeit vornehmlich am Bildschirm verbringt, ist auch auf alltäglichen Wegen besonders wenig zu Fuß unterwegs und treibt gleichzeitig besonders wenig Sport.

Antisportler, Vielsitzer und Bildschirm-Fans suchen offenbar auch keinen Ausgleich durch Spaziergänge, noch nicht einmal im Urlaub. Sie setzen dort stattdessen ihr Aktivitätsverhalten von zuhause fort: Wer im Alltag kaum geht, legt auch im Urlaub am liebsten die Beine hoch. Bewegung wird für immer mehr Menschen zu einem Fremdwort. Jeder Dritte Antisportler weiß zu berichten, dass auch keiner seiner Freunde oder Bekannten Sport treibt.

Letztlich ist es also nicht der Rückgang des Sporttreibens, der für eine beobachtbare Zunahme an Übergewicht, Adipositas und weiteren Zivilisationskrankheiten verantwortlich ist. Es ist der Rückgang der Alltagsbewegung. Dies belegen auch amerikanische Studien: Sie haben gezeigt, dass gesteigertes Sporttreiben einer Gewichtszunahme und Krankheit vorbeugen kann, ohne einen gleichzeitig bewegten Alltag als dauerhafte Gesundheitsstrategie jedoch nicht genügen. Krank und dick werden wir nicht, weil wir zu wenig Sport treiben, wir bewegen uns schlichtweg zu wenig!

Es gehört zu einer der größten Paradoxien der Menschheit, dass wir auf der einen Seite jegliche Bewegung aus unserem Alltag entfernt haben, um dann abends auf Laufband oder Stepp-Gerät für mehr Fitness zu sorgen. Wäre es nicht viel sinnvoller und effizienter, die Bewegungsmöglichkeiten im Alltag wiederzuentdecken? Dabei hilft jede Treppe und jeder gegangene Weg – und wir könnten uns in kürzester Zeit von allem Druck und schlechtem Gewissen befreien, den wir empfinden, da Sport als allgemeiner Heilsbringer betrachtet wird.

Die Bewegungsmöglichkeiten, die uns der Alltag bietet, sind die größte ungenutzte Gesundheitsressource des 21. Jahrhunderts. Solange wir sie nicht erkennen und nutzen, gibt es für uns nur zwei Alternativen: unsere wertvolle Freizeit für Gegenmaßnahmen einsetzten oder krank werden. Der tschechische Wunderläufer Emil Zatopek sagte einmal: „Fisch schwimmt, Vogel fliegt, Mensch läuft."

Der Engpass ist also gefunden: der bewegungsarme Alltag. Die Lösung ebenfalls: mehr Bewegung im Alltag.

3.3.2 Resultatenorientierung

Die Freude an Ergebnissen

In der Gesundheit gibt es keinen Erfolg und keinen Misserfolg, es gibt nur Resultate. Auf diese sollte man sich daher konzentrieren. Im Urlaub aktiv zu sein, fällt den meisten Menschen nicht sehr schwer. Hier sind Ergebnisse relativ leicht zu erzielen, Gesundheitsmanagement wird nicht benötigt. Notwendig, vielleicht auch zwingend, wird das Gesundheitsmanagement dann, wenn die Ergebnisse nicht mehr von selbst kommen – in unserem Berufsalltag.

Wenn ich Menschen von ihren Gesundheitsmaßnahmen sprechen höre, fällt mir immer wieder auf, wie „input-orientiert" ihre Formulierungen sind: Sie erzählen, was sie alles leisten oder was sie schon versucht haben. Doch darauf kommt es nicht an. Was zählt, ist der Output, das Resultat. Ein Umdenken ist notwendig – wir müssen uns mehr auf das Ergebnis konzentrieren. Das mag auf den ersten Blick emotionslos und berechnend erscheinen, doch so ist es nicht gemeint. Selbstverständlich soll Bewegung Freude bereiten. Einen inaktiven Manager, der in seiner Jugend sportlich aktiv war, kann man über ein positives Bewegungserlebnis schnell wieder aktivieren. Wenn diese Erfahrung aber fehlt, muss in einem ersten Schritt eine neue Erfahrungswelt mit positiven Assoziationen zur Bewegung aufgebaut werden.

Wenn Bewegungsfreude nicht erlernt wurde bzw. nicht zum persönlichen Erfahrungsschatz gehört, kann alternativ die Freude an Ergebnissen vermittelt werden. Wer sich an Resultaten orientiert, kann sie als Quelle der Motivation und Freude wahrnehmen. Dabei lassen sich immer wieder die folgenden Beobachtungen machen:

- Je intensiver man sich mit einem Thema befasst, desto interessanter und vielschichtiger wird es. Oftmals liegt der Grund für voreiliges Aufgeben an der Oberflächlichkeit, mit der die Leute an etwas Neues herangehen.
- Je effektiver man ist, desto leichter wird es. Was anfangs noch mühsam ist, geht einem nach der Verbesserung seiner Wirksamkeit leicht und rasch von der Hand. Fasst man den Beschluss, etwas zu erledigen, so hat man die nötige Kompetenz und Fertigkeit erworben, um es effektiv zu machen. Man muss keinen ständigen Kampf mehr gegen sich selbst führen.

Man erlebt die Freude am Erfolg selbst und ist im Rückblick stolz auf sich. Die Aufgaben sind vielleicht die gleichen geblieben, aber man ist nicht darauf fixiert, sondern auf die Wirksamkeit, mit der man sie erledigt hat. Das vermittelt Zufriedenheit und Stolz.

- Je effektiver man ist, umso größer können die Aufgaben werden, die man sich zutrauen kann.

Wenn Bewegung Freude macht, haben wir unser oberstes Ziel erreicht. Auf dem Weg dorthin ist es jedoch noch viel wichtiger, dass die Ergebnisse der Bewegungsmaßnahmen und die Effektivität, mit der sie getan wurden, Freude machen und Stolz vermitteln. Gewöhnliche Menschen begnügen sich mit dem ersten, erfolgreiche Menschen schauen auf das zweite. Sinn liegt nur selten in einer Tätigkeit; Sinn liegt in den Ergebnissen und der Wirksamkeit einer Tätigkeit.

Die empfohlene Bewegungs-„Dosis"
Es ist nun an der Zeit, die wichtigste Frage überhaupt zu stellen: Wie viel Bewegung braucht eigentlich Gesundheit?

Gemäß den aktuellen Empfehlungen internationaler Fachgesellschaften wie dem American College of Sports Medicine (ACSM), der British Association of Sport and Exercise Science und der Canadian Society for Exercise Physiology sollten Erwachsene an fünf Tagen die Woche mindestens 30 Minuten moderate körperliche Aktivitäten verüben. Das entspricht einem zusätzlichen Kalorienverbrauch von ca. 800–1200 kcal pro Woche. Unter moderater körperlicher Aktivität versteht man Bewegungen, bei denen man etwas schwerer atmen muss als im Ruhezustand, z. B. Radfahren (normale Geschwindigkeit) oder „strammes" Spazierengehen. Diese Bewegungen solle man zur täglichen Routine (Hausarbeit, kurzer Arbeitsweg oder Alltagsbesorgungen) hinzufügen. Diese Basisempfehlung hat aus medizinischer Sicht höchste Bedeutung. So einfach diese Empfehlung auch ist, sie verspricht bereits eine bedeutende Auswirkung auf Gesundheit und Wohlbefinden und kann dazu beitragen, den nachteiligen Konsequenzen eines sitzenden Lebensstils entgegenzuwirken. Die Studienlage zeigt eine hoch effektive und präventive Wirkung körperlicher Aktivität auf zahlreiche Erkrankungen wie Herzkreislauferkrankungen, Schlaganfall, Bluthochdruck, Diabetes mellitus Typ 2, Osteoporose, Darmkrebs, Brustkrebs, Angststörungen und Depressionen.

Welche körperliche Aktivität ist die gesündeste? Diese Frage ist nicht einfach zu beantworten. Es ist zwischenzeitlich bewiesen, dass der gesundheitliche Nutzen von beispielsweise Joggen und Spazierengehen gleichrangig anzusehen ist. Zwar bringt das Jogging zusätzlich eine verbesserte Ausdauerleistung, es ist aber nicht gesünder als das Spazierengehen. Regelmäßige Bewegung im Alltag ist für den Körper also genauso gut wie regelmäßiger Sport. Schon auf 5000 Schritte täglich reagiert unser Organismus mit Gesundheit. Das beweist auch eine Studie aus den USA: Bislang inaktive Männer und Frauen wurden in zwei Gruppen aufgeteilt, von denen die eine fortan Sport trieb, während die andere anfing, sich mehr im Alltag zu bewegen – beispielsweise durch Treppensteigen oder laufen zur Bushaltestelle. Die Ergebnisse waren erstaunlich: Nach einem Untersuchungszeitraum von zwei Jahren hatten beide Gruppen im gleichen Maße ihren Blutdruck gesenkt, ihr Körperfett reduziert und den gleichen Fitnesszuwachs erzielt. Es zeigt sich, dass die gewählte Aktivität zweitrangig ist – entscheidend ist nur, dass die gewählte körperliche Aktivität den Energieverbrauch provoziert. Etwas zugespitzt formuliert heißt das: Um einen gesundheitlichen Nutzen zu erzielen, reicht es, seine körperliche Aktivität substanziell zu erhöhen. Das kann durch sportliche Aktivitäten geschehen, muss es aber nicht. Denn auch durch Gartenarbeit, Spazieren gehen oder berufliche Arbeit und Hausarbeit lässt sich der Energieumsatz steigern. Solche Aktivitäten bezeichnet man auch als „Lebensstilaktivitäten".

Amerikanische Forscher entdeckten, dass das Verhältnis zwischen körperlicher Aktivität und dem Gewinn für die Gesundheit nicht linear ansteigt. Konkret bedeutet das, dass der Gesundheitseffekt bei einer moderaten Steigerung der Aktivität bereits enorm ansteigt, bei intensiver Aktivität aber nur noch geringfügig weiter ansteigt. Das Wissen um diese sogenannte Dosis-Wirkungs-Beziehung hat enorme praktische Bedeutung. Es bedeutet, dass gerade Anfänger und Wiedereinsteiger in ein körperlich aktives Leben von moderater körperlicher Aktivität profitieren (s. Abb. 3.2).

Jede Bewegung zählt, das ist die gute Nachricht. Es kommt nicht darauf an, ob es sich um alltägliche oder sportliche Aktivitäten handelt. Entscheidend ist jedoch eine wirksame Mindestdosis. Übersetzt man diese Mindestdosis in Schritte, liegt sie bei 7000 Schritten an sieben Tagen der Woche, oder als Wochendosis bei 50.000 Schritten. Gerade auf Nicht- und Kaum-Sportler sollte es überaus motivierend wirken, dass für die Erreichung einer Mindestdosis an Bewegung Sport nicht zwingend notwendig ist.

Abb. 3.2 Schrittekurve

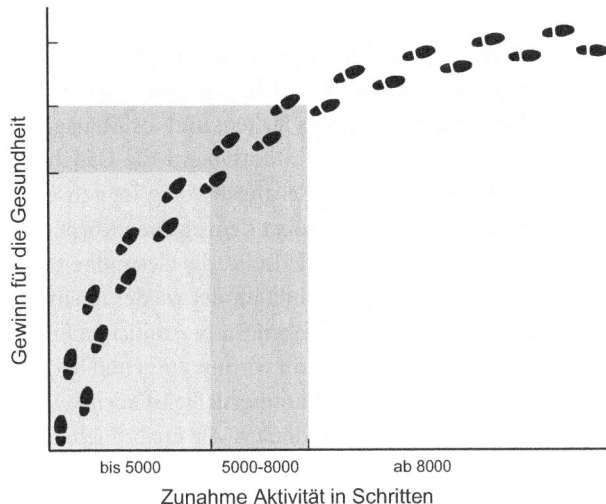

Sport und Ernährung sind wertvolle Ergänzungen für einen neuen Work Health Style, der sich auf die oben genannten wissenschaftlichen Erkenntnisse stützt und die größte bisher ungenutzte Gesundheitsressource des 21. Jahrhunderts nutzt – die Alltagsbewegung.

Beitrag zum Ganzen

Wir alle kennen den Spruch: „Gesundheit ist nicht alles, aber alles ist nichts ohne Gesundheit." Zugegeben, es gibt Lebensphasen, da hat das Thema Gesundheit für uns nicht die höchste Priorität. Gerade, wenn wir uns jung und stark fühlen, etwas erreichen wollen oder uns verwirklichen wollen, ist für uns die Gesundheit eher zweitrangig. Wir verspüren den Antrieb, große Dinge zu leisten und erfolgreich zu sein. Auf meiner persönlichen Werteliste nimmt Gesundheit aktuell den Rang zehn ein, Gesundheit ist in meiner momentanen Lebenssituation nicht das wichtigste für mich.

Woran ich das erkannt habe? An meinem täglichen Leben. Wenn Gesundheit auf meiner Liste ganz oben stünde, würde ich mich den größten Teil des Tages damit beschäftigen. Da ich aber den Großteil des Tages mit der Erfüllung meiner beruflichen und privaten Träume beschäftigt bin, kann ich auf einfachste Art und Weise daraus meine Prioritätensetzung ableiten. Auf der anderen Seite ist es wohl kaum ein Geheimnis, dass alle erreichten Ziele in dem Moment belanglos werden, in dem wir ernsthaft krank sind oder dem Tod gegenüberstehen. Wie können wir also heute an unserer Zukunft arbeiten, ohne das Wesentliche zu vergessen? Wir sollten Gesundheit als Beitrag zum Ganzen verstehen. Wer sich um seine Gesundheit kümmert, arbeitet gleichzeitig auch an seinem Erfolg. Es kommt darauf an, durch Gesundheit und gesundes Verhalten sein Leben zu verbessern – das könnte man als „Beitrag zum Ganzen" bezeichnen. Es gibt drei wesentliche Gründe, um diesen Grundsatz ernst zu nehmen und sich mit ihm zu befassen:

1. Er ist der Kern dessen, was man ganzheitliches Denken zu nennen pflegt.
   Wie denkt man eigentlich ganzheitlich? Der Mensch denkt so, wie er denkt. Kann er ganzheitlich denken erlernen? In der Arbeit ist es wichtig, an das „big picture" zu denken. Mitarbeiter können es lernen; und als Manager und Führungskraft gehört es zu den ersten Aufgaben, den Mitarbeitern die Ganzheit vor Augen zu führen. Was für die beruflichen Herausforderungen völlig logisch erscheint, gilt auch für die persönliche Verantwortung gegenüber dem eigenen Körper. Solange wir nicht an die Ganzheit denken, und an die wichtige Rolle, die Gesundheit darin spielt, werden unsere Bemühungen, egal wie groß sie sind, immer wieder in eine Sackgasse führen.
2. Er ist eine der Voraussetzungen für persönlichen Erfolg.
   Gesundheit ist nichts, worum wir uns aufgrund der Ermahnungen von Freunden oder des Anraten eines Arztes kümmern. Sie ist auch kein Selbstzweck (Gesundheit um der Gesundheit willen). Gesundheit ist die unabdingbare Voraussetzung für ein glückliches und erfolgreiches Leben. Die Voraussetzung dafür, etwas zu bewegen und bewirken zu können und Lebensziele zu erreichen – heute und in Zukunft.
3. Er ist einer der Schlüssel zu jener Art von Motivation, die dauerhaft ist.
   Wer Gesundheit als Beitrag zum Ganzen versteht, erwirbt dadurch eine positive Motivation. Sie ist unabhängig von irgendwelchen Anreizen oder motivierenden Verhaltensweisen durch andere. Das Verständnis und die Anerkennung des Ganzheitlichen, das Bewusstsein, etwas Wichtiges zu seiner Entstehung, Erhaltung und zu seinem Erfolg beizutragen, sind vom Wechselspiel der tägliche Motivationskünste weitgehend unabhängig. Und seien wir doch mal ehrlich – Motivation brauchen wir doch nur dann, wenn wir etwas tun sollen, was wir nicht tun wollen.

Als Coach und Berater helfe ich Unternehmen, einen dauerhaften und ganzheitlichen Work Health Style zu etablieren. Zu diesem Zweck habe ich die Gesundheits- und Beratungsplattform tinergetic® (www.tinergetic.com) gegründet. Sie bietet maßgeschneiderte Lösungen für Unternehmen, basierend auf den folgenden Grundsätzen für eine neue Gesundheitsstrategie:

- Die physikalisch Energie steht im Zentrum
- Eine Strategie muss einfach, wirksam und flexibel sein, d. h. alltagstauglich.
- Um gerade die zu erreichen, die man sonst nicht erreicht, darf der Work Health Style nicht den Sport in den Mittelpunkt stellen, sondern Bewegung.
- Gesundheitsstrategie muss mit den persönlichen Zielen verbunden sein.
- Unternehmenskultur muss Wertewandel unterstützen und Selbstverantwortung fördern.

3.4 Über den Autor

Timo Eifert Dr. Timo Eifert, Jahrgang 1978, studierte in Erlangen, St. John's (Neufundland), Auckland (Neuseeland) und Sydney (Australien) Medizin. Dem traditionellen Krankenhausbetrieb kehrte er nach sechs Jahren den Rücken. Seine Überzeugung: Wer sich heute für Gesundheit einsetzen will, hat im Gesundheitssystem nichts verloren, denn dort geht es nur um Krankheit. Sein Zweitstudium der Sportwissenschaften in Salzburg finanzierte er als Notarzt und erlebte so immer wieder hautnah, wie es um die Gesundheit der deutschen Bevölkerung wirklich steht. Als Gründer und Vorstand der timotio AG bietet er für Unternehmen die Internetplattform tinergetic.com, um durch Alltagsbewegung die richtige, medizinisch wirksame Dosis für Gesundheit zu erreichen. Seit 2012 ist Dr. Timo Eifert professioneller Redner, publiziert für die Deutsche Herzstiftung und hält einen Lehrauftrag an der European Business School. Seinen Ausgleich findet Dr. Eifert in den Allgäuer Bergen. Er lebt mit seiner Frau und drei Kindern in Sonthofen, der südlichsten Stadt in Deutschland.

Weitere Infos unter www.timoeifert.de

Literatur

Heini AF, Weinsier RL. Divergent trends in obesity and fat intake patterns: the American paradox. Am-J-Med 1997; 102(3): 259–264

Ministerium für Verbraucherschutz, 2008. Deutsche Verzehrstudie, http://www.bmelv.de

Stiftung für Zukunftsfragen: Newsletter, Ausgabe 232, 32. Jahrgang, 29. August 2011

Schaffung erfolgreicher Unternehmen

Prävention von Unternehmenskrisen

Hanno Goffin

Inhaltsverzeichnis

4.1	Die beste aller Welten	53
4.2	Unternehmenskrisen	66
4.3	Über den Autor	72
Literatur		72

4.1 Die beste aller Welten

Die beste Krisenprävention im Unternehmen ist selbstverständlich ein attraktives Geschäftsmodell mit hervorragenden Alleinstellungsmerkmalen. Dies basiert auf einzigartigen Stärken, klarer Produktdifferenzierung und einer robusten Innovations-Strategie, die sich in nachhaltige Erfolge und Wachstum umsetzen lässt. Krisenprävention wird auch unterstützt durch erfolgreiches und effizientes Marketing.

Im Idealszenario erlauben die Kosten der Produktion, Fixkosten, variable Kosten, Overhead und die sich ergebende Marge einen profitablen Verkauf. Die gesamte Supply Chain ist kostengünstig und arbeitet zuverlässig. Qualität und Kundenservice sind überdurchschnittlich im Markt. Cashflow und Finanzstruktur gestatten wichtige Investitionen und den Ausbau des Geschäfts. Führung, Management und Mitarbeiter arbeiten mit Begeisterung auf der Basis einer klaren Unternehmensvision, Geschäftsstrategie, operativen Taktik und klarer wirtschaftlicher Zielgrößen. Nachhaltige Werte und gesellschaftlicher Unternehmenszweck sind derart formuliert und implementiert, dass die Mitarbeiter diese mit Engagement als Sinn des Unternehmens und der eigenen Tätigkeit verfolgen. Konjunktur und Wirtschaftszyklen, Marktumfeld und Wettbewerb stellen eine gesunde Herausforderung dar. Diese sorgt dafür, dass das Unternehmen sich im stetigen Wandel weiter entwi-

---

Hanno Goffin ✉
Hoffmann-Str. 36, 40885 Ratingen, Deutschland

ckelt. Für Mitarbeiter und Management bietet die Herausforderung eine Aufgabe, an der sie sich auch persönlich weiterentwickeln können. Dieses Idealszenario wäre die beste aller Welten, die in unseren globalen oder auch lokalen Märkten nicht realistisch ist. Externe und interne Krisen verschiedenen Ausmaßes entsprechen eher dem Alltag der Unternehmen. Der stete Wettbewerbs- und übliche Preis- und Kostendruck als Folge von Überkapazitäten und schneller Fortentwicklung gestalten die reale Welt des Unternehmens herausfordernd.

Kernkompetenzen, die das Unternehmen tatsächlich besser beherrscht als die Wettbewerber, sind entscheidend, um sich im heutigen Markt zu behaupten. Kernkompetenzen sind Fähigkeiten, die Kunden unmittelbar einen einzigartigen, schwer kopierbaren Nutzen geben. Es sind Kompetenzen, die sich aus einzelnen Merkmalen zusammensetzen, die nur das jeweilige Unternehmen in dieser einzigartigen Kombination dem Markt bereitstellt. Hier geht es um Produkte, Prozesse und Dienstleistungen beim Kunden. Im Rahmen der Krisenprävention gilt es, die Kombination der Fähigkeiten herauszuarbeiten, die diese Kernkompetenz bilden. Die Ausarbeitung und Illustration dieser besonderen Fähigkeiten oder Kombination von Fähigkeiten wird oft in Unternehmen in der Tiefe und Bedeutung zu wenig beachtet. Die Stärke eines Automobilherstellers kann z. B. im Bereich hervorragender Motoren liegen. Die zugrunde liegende Kernkompetenz setzt sich aus einem einzigartigen Netz einer Vielzahl von Fähigkeiten zusammen, in dem Wissen, Erfahrung, Entwicklungskompetenz und -partner, Produktionsprozesse, Lieferanten und die eigene Unternehmens- und Managementkultur sich zu einzigartigen Fähigkeiten zusammenfügen. Entscheidend ist jedoch vor allem, wie Sie und Ihre Mitarbeiter diese im Unternehmen und im Markt kommunizieren können. Der erste Schritt der Differenzierung geschieht in den Köpfen der Mitarbeiter, die sich für Nutzen, Werte und Differenzierungsmerkmale der Produkte und deren Umsetzung und Kommunikation begeistern. In einer Umfrage unter Führungskräften des größten deutschen Hochtechnologieunternehmens vor einigen Jahren mit der Aufgabe, in 2 Minuten die wichtigsten Nutzenargumente für die Kunden aufzuzeigen, konnten 56 % der Teilnehmer nur die Faktoren Qualität, Service und Kompetenz aufzählen. Ein Mangel an Differenzierung führt den Fokus der Kunden automatisch auf das für den Gewinn ungünstigste Merkmal der Auswahl: den Preis. Wenn Sie nicht Preis als Differenzierungsmerkmal wünschen, dann schaffen Sie entsprechend begeisternde Merkmale in den Köpfen der Mitarbeiter und in der Folge bei Ihren Kunden. Marketing gründet nicht ausschließlich auf Fakten, aber unbedingt auf Wahrnehmung. Die nachfolgend beschriebenen Maßnahmen zur Schaffung robuster Systeme und einer Abwehr der Entwicklung der jeweiligen Krisenszenarien sind vielfach durch sehr umfangreiche oder empirische Resultate aus einer Vielzahl von Unternehmen abgesichert. Die weiteren Abschnitte zeigen eine Reihe von Chancen der Krisenprävention, welche zur erfolgreichen Unternehmensentwicklung beitragen können.

4.1.1 Strategie und deren Umsetzung

Schaffung robuster Systeme Ohne auf die Details der Inhalte einer erfolgreichen Unternehmensstrategie und Umsetzung eingehen zu können, sind grundsätzlich detaillierte Pläne, Maßnahmen und Umsetzung notwendig, um folgende Bausteine des Gesamtunternehmens im Wettbewerb abzusichern:

1. Strategiefestlegung
2. Umsetzung der Strategie
3. Kultur und Werte
4. Effiziente Prozesse und Organisation
5. Führung
6. Innovation

Die Vision eines Unternehmens und seine Identität müssen allen Mitarbeitern bekannt sein und von Ihnen gelebt werden. Weitere wichtige, erfolgskritische Punkte können Personalrekrutierung und -Entwicklung sowie das Eingehen von strategischen Partnerschaften und auch in sorgfältigst ausgesuchten Fällen Fusionen sein. Innovation ist ebenfalls zunehmend mit externen Partnerschaften verknüpft, sei es über Lieferanten, Kunden oder offene Plattformen wie Open-Innovation und User-Communities. Dies war einer der Top Agenda Punkte der „Outperformer" der IBM CEO Studie 2012. Verständnis und Umsetzung der Bausteine der Strategie müssen kontinuierlich durch Führung, Management und Controlling-Systeme verfolgt werden. Die Strategie muss einfach und verständlich sein, um allen Mitarbeitern eine klare Linie in der eigenen Arbeit, unabhängig von der Präsenz des Vorgesetzten, geben zu können. Die Unternehmensführung ist verantwortlich für die entsprechende, nachhaltige Kommunikation und Verankerung unter allen Mitarbeitern. Mitarbeiter kennen die besonderen Stärken des Unternehmens im Wettbewerb und verfolgen diese mit eigener Identifikation und Leidenschaft. Die Unternehmensleitung sollte sich auch davon überzeugen, dass Mission, Werte und Strategie von allen Mitarbeitern verstanden und nachhaltig „gelebt" werden. Das Controlling-System gibt eine eindeutige, transparente Antwort zu den entscheidenden Werttreibern und der wirtschaftlichen Zielgrößen in Relation zu der wichtigsten Bezugsgröße.

Für die erfolgreiche Umsetzung der Unternehmensstrategie ist es kritisch, Herausforderungen zu antizipieren und Strategien geschickt umzusetzen. Ex-Siemensvorstand Löscher stellte heraus: „Heutzutage kommt es weniger darauf an, eine einzigartige Strategie zu haben, wichtiger ist eine geschickte Umsetzung: wie passt man sich ständig an die höchst veränderliche Welt an, in der wir heute leben." Managementlegende Jack Welch stellte gleichfalls als Geheimnis der perfekten Strategie vor allem ihre erfolgreiche Durchführung heraus. Diese Aspekte der oben genannten Aufzählung müssen eine deutliche Antwort für alle Stakeholder geben auf die Fragen „Was", „Wie" und „Warum" vom Team erwartet wird. Eine Studie von Price Waterhouse aus dem Jahr 2010 an Hand von über 400 Interviews mit Führungskräften von Unternehmen unterschiedlicher Größe kommt zu dem klaren

Schluss: „Erfolgreicher sind Unternehmen, die auch strategisch planen." Rund 75 % der Unternehmen, die auf Basis von Betriebsergebnis und Umsatz als erfolgreich eingestuft werden, geben an, einen strategischen Planungsprozess zu befolgen und die Ergebnisse einer stets wiederkehrenden Planung auch zu leben und mit operativen Planungsprozessen zu verknüpfen. Die Einhaltung eines derartigen Prozesses wird von den weniger Erfolgreichen deutlich seltener angegeben.

Eine Unternehmerbefragung unter mehr als 200 Führungskräften bei Klein- und Mittelstandunternehmen zeigte insbesondere, dass das Vorhandensein einer Zukunftsvision in diesem Segment „Mangelware" ist. In 31 % der Fälle war diese allenfalls dem Unternehmer bekannt, 23 % gaben an, dass es keine gebe. Nur 44 % der befragten Unternehmen verfügen demnach über eine mehr oder weniger detailliert ausgearbeitete, allgemein bekannte, schriftlich formulierte Unternehmensvision. Häufig ist die Strategieplanung ein Fortschreiben des Status quo, was eine kreative Weiterentwicklung behindert. Es gilt, diesen Status aktiv immer wieder infrage zu stellen und die konventionelle Planung mit der Kreativität alternativer Ansätze zu verbinden. Schaffen Sie zu jeder Strategie oder Problemlösung echte Handlungsalternativen mit Wahlmöglichkeiten, die sich gegenseitig ausschließen können. Lassen Sie sich weniger von den Problemen leiten, sondern von den Wahlmöglichkeiten. Binden Sie möglichst Mitarbeiter mit unterschiedlichen Spezialisierungen ein, die nicht an der Schaffung des Status quo maßgeblich beteiligt waren. Der Prozess der Strategieentwicklung muss die Vermeidung der Vorgabe zu vieler Ziele sicherstellen und für jeden deutlich machen, was aus der strategischen Vorgabe, wie umzusetzen ist. Ein genaues Strategiebriefing vermeidet unklare Handlungsweisen. Es werden versteckte Unproduktivitäten aufgedeckt und sichergestellt, dass alle Mitarbeiter strategisch und operativ am selben Strang ziehen. Ziele und Sinn des „Was" und „Warum" müssen verstanden und mit Begeisterung aufgenommen werden und im Kontext der äußeren Umstände klar sein.

Eine Untersuchung der Unternehmensberatung Kienbaum und der Bundeswehrhochschule München unter Führungskräften zeigte noch erhebliche Defizite und Unterschiede in der Wahrnehmung der Definition und Umsetzung langfristiger Ziele. 35 % der Befragten sahen die Existenz langfristiger Ziele im Unternehmen. Es erkannten jedoch nur 7 % der Befragten eine uneingeschränkte Umsetzung. Die Frage, ob im Unternehmen alle an einem Strang ziehen, beantworteten nur 6 % der Befragten mit voller Zustimmung, 29 % stimmten mit Einschränkungen zu und 25 % vermissten eine gemeinsame Linie. In dieser Umfrage fiel auch eine deutliche, überraschende Differenz in der Einschätzung zwischen oberer und mittlerer Führungsebene auf. Die Kommunikation zwischen den Führungsebenen gilt es entsprechend zu verbessern und nachhaltig sicherzustellen. Die strategische Leitlinie muss so einfach formuliert sein, dass sie jedem Mitarbeiter in der täglichen Arbeit als Handlungsrichtlinie mit einem klaren Entscheidungsrahmen dient. Die Erfahrung zeigt, dass sich Mitarbeiter ohne klaren Entscheidungsrahmen typischerweise einen eher engeren Handlungsrahmen vorgeben. Es ist besser, Ziele und Strategie als „Faustformel" zu formulieren, statt diese in einem komplizierten System darzustellen. Einfache Regeln ergeben auch in Momenten der Unsicherheit verlässliche Entscheidungshilfen. Die klare

Formulierung in diesem Sinn trägt gerade zum Empowerment, zur Motivation und Flexibilität der Mitarbeiter positiv bei.

4.1.2 Fokus und Innovation

Neue Gewinnpotenziale Erfolgreiche Unternehmen verkörpern im Markt eine klare Identität und ein fokussiertes Werteversprechen, statt einer besonders breiten Anzahl von möglichen Angeboten und Features. Zur Illustration sei exemplarisch der Ford Konzern erwähnt, der im Automotive Sektor 2007 vor der Krise mit 10 Marken und einem Umsatz von ca. 154 Mrd. US-Dollar einen Verlust von rund 5 Mrd. US-Dollar im Automobilbau einfuhr. 2011 nach der Krise mit nur noch 2 Marken und einen um circa 17 % geringerem Umsatz im Automobilbereich erzielte Ford einen Gewinn von ca. 5 Mrd. US-Dollar. Weitere Effekte ließen einen Gesamtgewinn von fast 20 Mrd. US-Dollar realisieren. Vermeintliche Synergien in der Geschichte von Firmen- und Markenkäufen erwiesen sich sehr häufig als teurer Fehlschuss.

Klares Werteversprechen und Fokussierung gewinnt Kunden und verringert die Komplexität im Management der Unternehmen. Die Reduzierung der Komplexität im Unternehmen ermöglicht vielfach die Realisierung unentdeckter Gewinnpotenziale. Das Problem zunehmender Komplexität in der Steuerung der Unternehmen und Märkte wird von immer mehr Unternehmensleitern unterstrichen. Enger Fokus bei der Innovation von Produkt oder Geschäftsmodell ist ein erfolgreicher Treiber für den Erfolg.

Eine Untersuchung unter 1600 Unternehmen des Mittelstands der Münchener Strategieberatung MSG zeigte, dass die erfolgreichsten Unternehmen sich besonders in ihrer strategischen Konsequenz auszeichnen. Die klare Definition von Mission und Strategie mit Zielen der Marktführerschaft, Vertriebsstärke, langfristig ausgerichtetes Handeln, internationale Orientierung sowie die kontinuierliche Entwicklung des eigenen Geschäftsmodells waren weitere wichtige Kennzeichen erfolgreicher Unternehmen. Erschreckend ist, dass nur circa 20 % der Unternehmen dieser Studie die eigenen Innovationsanstrengungen besonders erfolgreich im Markt umsetzen können. Dies zeigte sich auch in einer früheren Untersuchung unter mehr als 600 deutschen Unternehmen über einen Zeitraum von über 10 Jahren, nach der sehr viele Unternehmen ihre F&E Ausgaben nicht erfolgreich in profitablen Umsatz umsetzen können. Vielen Unternehmen fällt es schwer, sich eindeutig im Wettbewerb zu positionieren. So gelingt beispielsweise nur einem sehr geringen Prozentsatz von Unternehmen die gleichzeitige, erfolgreiche Erlangung von Vorteilen im Markt durch Volumensteigerung und Innovation. Weniger erfolgreiche Unternehmen fallen in dieser Studie auch dadurch auf, dass sie sich oft nicht für eine klar fokussierte Wettbewerbsstrategie entscheiden können. Management Professor C. Lechner von der Universität St. Gallen stellte noch nach der letzten Krise in einem Interview des Harvard Business Managers zum strategischen Management seine Erfahrungen heraus, dass er häufig auf Führungskräfte trifft, „deren Wissenstand zum strategischen Management überraschend gering ist. Sie kennen z. B. nicht die schon mehrfach überprüfte Erkenntnis, dass Geschäftseinheiten, die gleichzeitig sowohl eine Strategie der Kostenführerschaft als auch eine Strategie der Differenzierung verfolgen, meist eine unterdurchschnittliche Performance erzielen." Steve Jobs als Meister der Fokussierung formulierte: „Zu entscheiden, was man nicht macht, ist genauso wichtig, wie zu entscheiden, was man macht. Das gilt für Unternehmen ebenso wie für die Produkte."

In der europäischen Innovationsinitiative der EU-Kommission in Zusammenarbeit mit A. T. Kearney unter dem Namen „IMP^{3}rove" mit mittlerweile rund 3500 Unternehmen (< 1000 Mitarbeiter) zeigt sich im Benchmarking, dass circa 70 % der Unternehmen über keine tatsächlich ausgearbeitete Innovationsstrategie verfügen. Innovation besteht heute immer öfter auch darin, wie Unternehmen etwas auf den Markt bringen, und nicht mehr nur im „Was"! Anderseits gibt es auch erfolgreiche Unternehmen, die nicht als Innovator in ihrem Markt auffallen. Ergebnisse von empirischen Untersuchungen belegen, dass auch Unternehmen, die nicht als Innovator in ihrer Branche auftreten, es an die Spitze ihrer Branche schaffen. Herausragende Innovationsleistung im Markt scheint ein möglicher Weg zur Entwicklung eines Spitzenunternehmens. Es ist jedoch nach entsprechenden Untersuchungen keine Bedingung des Erfolgs, wenn das Unternehmen auf anderen Wegen besondere Spitzenleistungen und Werte erbringt.

4.1.3 Kunden als Fans

Oft proklamiert, selten erreicht Gewinnen Sie mit Fokus Ihre Kunden als Fans, so dass sie die Botschaft Ihrer einzigartigen Leistung aus Glauben daran weitertragen. Viele Unternehmen propagieren heute schon diese Strategie. Die Ergebnisse von Kundenbefragungen zeigen jedoch eine verbreitete Erfolglosigkeit in der Umsetzung. Dies ist Ihre Chance. In der Realität zeigte sich in verschiedenen Untersuchungen folgendes Bild: In der Untersuchung einer großen Unternehmensberatung unter 200 globalen Unternehmen zeigt sich, dass 80 % der Führungskräfte meinten, ihr Unternehmen verfüge über eine klare Alleinstellung und hebe sich deutlich vom Wettbewerb ab. Jedoch teilten nur 10 % der Kunden diese Einschätzung.

In einer anderen Analyse über die Kundenerfahrung an „Kundenkontaktpunkten" bei rund 360 Unternehmen vermuteten 80 % der befragten Manager, Kunden machten hier gute Erfahrungen. Dies bestätigten jedoch nur 8 % der Kunden. In der Befragung von 75.000 Kunden von Callcentern und Online-Angeboten äußerten 89 % der Manager die Absicht, die Erwartungen der Kunden zu übertreffen. 84 % der Kunden sagten jedoch aus, dass ihre Erwartungen zuletzt nicht übertroffen wurden.

Schaffen Sie sich ein schnelles Kundenfeedbacksystem, welches Sie mit einem sehr einfachen, aber wirkungsvollen System umsetzen können. Hier geht es nur um „begeisterte Kunden", die Sie tatsächlich weiterempfehlen. Diese identifizieren Sie mit maximal zwei einfachen Fragen, wobei nur die erste die entscheidend Wichtige ist und die Auswertung dieser Frage in % der positiven Antworten der entscheidende Erfolgsfaktor ist:

- Würden Sie uns weiter empfehlen?
- Warum würden Sie uns empfehlen oder gerne wieder bei uns kaufen?

Die Ergebnisse dieser Umfragen müssen innerhalb eines schnellen Regelkreises in die Unternehmensstrategie, -taktik und die operativen Prozesse eingebunden werden. In diesem Regelkreis wird insbesondere im Sinne „Stärke die Stärken" gearbeitet. Die hohe Reaktivität aufgrund der Einfachheit des Systems steigert die Überlegenheit gegenüber üblichen, komplexeren und langwierigen Kundenzufriedenheitssystemen.

Eine systematische Untersuchung der Entscheidungseffizienz in 760 Unternehmen zeigt, dass die Unternehmen, die sich mit einer Bewertung der Schnelligkeit und Effizienz ihrer Entscheidungssysteme in den oberen 20 % befinden, eine um 6 % bessere Aktienrendite aufzeigen.

Ergebnisse von Umfragen unter einer Vielzahl von Unternehmen zeigen, dass dem Vertrieb als kritischem Erfolgsfaktor von Unternehmen in der nahen Zukunft erhebliche, zusätzliche Aufmerksamkeit gewidmet werden wird. Die weitere Steigerung der Qualität im Vertrieb wird ein stärkerer Wettbewerbsfaktor werden. Laut einer Studie bei 200 Mittelstandsunternehmen von Horvath & Partners haben 80 % der Unternehmen begonnen, im Vertrieb stärker auf höhere Leistung zu zielen. Weniger als 30 % sind mit der Systematik des Beziehungsaufbaus zu Kunden zufrieden. Emotionale und soziale Intelligenz, Offenheit, Einfühlungsvermögen und Freundlichkeit gewinnen immer mehr Wichtigkeit gegenüber der reinen Fachkompetenz auf dem Weg von einem guten zu einem exzellenten Verkäufer. Selbstverständlich verfügt der exzellente Verkäufer auch über herausragende Werkzeuge im Verkaufsprozess und die Entwicklung des richtigen Charismas der eigenen Persönlichkeit. Nicht zuletzt gehört der richtige und heutzutage sehr anspruchsvolle „Werkzeugkasten" zur Aufrechterhaltung fairer und rentabler Preise zum Handwerk des erfolgreichen Vertriebs.

4.1.4 Entscheidungsperspektiven

Externe Perspektive In der externen Perspektive geht es um wichtige Faktoren und Vorhersagen von Marktveränderungen. Es müssen mögliche Strategie- und Taktikveränderungen des Wettbewerbs antizipiert werden. Dies gilt sowohl in Bezug auf neue Maßnahmen und Produkte des Wettbewerbs als auch in Bezug auf die Reaktion des Wettbewerbs auf eigene Maßnahmen. Marktveränderungen betreffen die Entwicklung wichtiger Absatzmärkte, die Vorhersage konjunktureller Schwankungen und notwendiger Anpassungen aufgrund von technologischen oder legislativen Veränderungen. Die Entwicklung typischer Produktlebenszyklen im Wettbewerb und die der eigenen Produkte muss vorausschauend bewertet werden.

Innovationen in Technik und Anwendung müssen in Entwicklungsphasen und Produkteinführung berücksichtigt werden. Im Verlauf des Produktlebenszyklus nimmt die Anzahl der Wettbewerbsvorteile meistens deutlich ab, so dass durch Innovationen, einem innovativen Geschäftsmodell mit Vorteilen für den Kunden oder mit Preis-/Kosten- und Volumenvorteilen gegengesteuert werden muss. Dieses Szenario muss in der externen und internen Perspektive voraus geplant werden.

In den letzten Jahren hat sich nicht nur die Geschwindigkeit von Marktveränderungen dramatisch erhöht, sondern ist insbesondere der Einbruch disruptiver Technologien und Geschäftsmodelle ein immer wichtigerer Faktor geworden. Im günstigsten Fall hat das Unternehmen selbst die Fähigkeit derartige Innovationen im Markt zu platzieren. In jedem Fall muss heute ein Unternehmen mit derartigen Veränderungen rechnen und intensiv angrenzende Märkte und Technologien, die die eigenen Produkte bedrohen, beobachten. Aufgrund disruptiver Marktveränderungen können auch moderne, innovative Produkte erneut durch andere Geschäftsmodelle und Anwendungen ersetzt werden. Hohe Investitions- und Fixkosten bestehender Technologien und Produkte werden besonders dramatische Auswirkungen auf das eigene Unternehmen haben, wenn es zu derartigen, externen Marktveränderungen kommt.

Interne Perspektive Ein robustes Geschäftsmodell wird auch Krisensituationen durch Marktveränderungen, Konjunkturschwankungen den Einfluss von Produktlebenszyklen und Wettbewerberverhalten mit ausreichender Widerstandsfähigkeit gegen externe Schocks erfolgreich überstehen. In der internen Prüfung sind, unter Beachtung des Wettbewerbs und eines möglichen Benchmarks, die Auswirkungen von Roh-Ertragsänderungen versus Kostenveränderungen in Produktion und Einkauf zu prüfen. Welche Fixkosten liegen dem eigenen Geschäftsmodell und Produkten zugrunde? Welche Kapazitätsgrenzen gibt es bei einzelnen Produkten, welche Produkte und zugehörige Kapazitätsnutzung leisten in verschiedenen Mengenszenarien den höchsten Wertbeitrag? Simulationswerkzeuge können bei verursachungsgerechter Kostenaufteilung wichtige Informationen für die Verkaufssteuerung und Produktionssteuerung liefern (z. B. lineare Programmierung). Im günstigen Fall werden diese Erkenntnisse in Relation zu den Strukturen der Branche und des Wettbewerbs verglichen.

Des Weiteren müssen für alle Produkte die verursachungsgerechten Break-even-Punkte bekannt sein. Auch hier kann über Simulationswerkzeuge eine Optimierung der Verkaufs- und Produktionssteuerung gerade zur Krisenprävention erreicht werden. In der Prävention müssen gegebenenfalls zur Betrachtung eines Umsatzrückgangs auch Einmal-kosten wie Abfindungen oder Umbaukosten zur überproportionalen Reduzierung der Fixkosten berücksichtigt werden. Auf der anderen Seite gilt es, Investitionspläne mit Auswirkungen auf Kapitalfluss, Fixkosten und Markt- und Technologie-Risiken zu bewerten.

Die Erfahrung zeigt, dass typischerweise Kosten, Risiken, Fristen und Absatzpotenziale optimistisch eingeschätzt werden. Entsprechend müssen Investitionsmaßnahmen und Zeitpläne deutlich kritischer betrachtet werden, als dies in vielen Unternehmen der Fall ist. Der Vergleich von Marktplanungen des Vertriebs von Unternehmen im Wettbewerb zeigt häufig, dass die Summe des im Markt durch alle Wettbewerber prognostizierten eigenen Absatzvolumens sogar das gesamte potenzielle Marktvolumen deutlich zu überschreiten scheint.

In empirischen Untersuchungen zeigte sich eindeutig, dass Projektentwicklung und Resultate auf Basis der Innenperspektive der Projektleiter und Entscheidungsträger regelmäßig mit wiederkehrender Systematik überschätzt werden. Andere Untersuchungen zeigen, dass die Einschätzung des eigenen Mehrwerts einer Zusatzleistung relativ zum erzielbaren Marktpreis deutlich überschätzt wurde. Es konnte in beiden Fällen nachgewiesen werden, dass die Heranziehung von Vergleichsdaten externer, fremder Projekte deutlich realistischere Daten liefert. Die Annahme der eigenen Möglichkeiten zur erfolgreichen Abwicklung wird nach empirischen Ergebnissen häufig überschätzt, das Eintreten von unvorhergesehenen widrigen Umständen unterschätzt. Es konnte auch gezeigt werden, dass Führungskräfte mit einem System der vorausschauenden kreativen Betrachtung des „worst case" und entsprechender Simulationen besonders erfolgreich sind. Bill Gates wird zitiert, dass er immer damit rechnet, dass vieles schief geht. Die Story von Microsoft belegt zum einen, dass dieses System sehr erfolgreich ist und zum anderen offensichtlich noch mehr Probleme auftreten, als in einem solchen System angenommen werden können.

4.1.5 Werttreiber, Kosten- und Verlustquellen

Unternehmen kennen häufig nur unzureichend produkt- und prozessspezifische Kosten und Werttreiber. In guten Unternehmenszeiten wird dieser Aspekt häufig vernachlässigt. Unterschiedliche und oft nicht konsistente Rechnungssysteme bei Gewinn und Verlust, Deckungsbeitragsrechnung, Kalkulation nach Plan und Ist erschweren unternehmerische Entscheidungen. Eine verursachungsgemäße Wertstrom-, Gemeinkosten und (Voll-)Kosten Transparenz über alle Mengenszenarien und Segmente, sind für eine Wert-optimierende Unternehmenssteuerung oft nicht vorhanden. Erst die differenzierte Ergebnis-Rechnung und Kalkulation nach Produktsegmenten und Geschäftsprozessen gibt eine klare Entscheidungsgrundlage und tatsächlichen Einblick in die Funktionsweise des Unternehmens. Versteckte Verlustquellen können auch in erfolgreichen Unternehmenszeiten bereits identifiziert werden. Die Erfahrung zeigt, dass derartige Kennzahlensysteme häufig erst in Phasen von Erfolgs- und Liquiditätskrisen im Zuge von Restrukturierungsmaßnahmen unter hohem Zeitdruck eingeführt werden. Die nachfolgende Aufstellung beinhaltet prinzipiell bekannte Kostenanalysen, die erfahrungsgemäß in Unternehmen jedoch oft nicht in ausreichendem Detail verfügbar sind. Zur frühzeitigen Krisenprävention sind diese Maßnahmen jedoch sehr effektiv. Nicht zuletzt wegen der wichtigen, grundsätzlichen Aussagen werden in Krisensituationen diese Systeme in Restrukturierungsprojekten spätestens zu dem Zeitpunkt unter hohem Zeitdruck eingeführt. Es entstehen grundlegende, neue und sehr transparente Perspektiven:

1. Die Prozess-Kostentreiber je Produktsegment und Stück (Kosten/Auftrag, Kosten/Rechnungsstellung, Entwicklungskosten/Stück u. a.)
2. Der Anteil jedes Segments an dem Gesamtaufwand eines Prozessschritts (% der Ressourcen eines Prozessschritts wie Bestellung oder Entwicklung je Produktsegment)

3. Ein Herunterbrechen der strategischen Kennzahlen mittels der Produkt- oder Segmenteigenen Kosten und Ressourcenbedarf auf die Produktlinien erlaubt eine verursachungsgemäße Ressourcensteuerung.
4. Kapitalbindung/EBIT je Segment. Dies gestattet Entscheidungen zu Kapitalmaßnahmen und Rentabilität. Hier kann Potenzial zur Verbesserung der Liquidität über Kapitalmaßnahmen im Working Capital gezielt erreicht werden.
5. EBIT/Personalkosten. Personalintensive Bereiche können einer kontinuierlichen Betrachtung in Bezug auf Effizienzmaßnahmen unterzogen werden.
6. Deckungsbeitrag nach Kunde oder Kundengruppe und Segment
7. Prozesskosten nach Kundengruppe.
8. Aus der Kalkulation von durchschnittlichen Verkaufspreisen, Deckungsbeitrag und Prozesskosten je Kunden/Kundengruppe ergibt sich der Ergebnisbeitrag je Kunde/Kundengruppe.

Ein wichtiger Effekt aus diesem System ist die Erkenntnis, welche Produkte, Segmente und Prozesse zu Gewinn und welche zu Verlust beitragen. Dies löst bereits positive Energie und Tatendrang an verschiedenen Stellen des Unternehmens aus und trägt damit zur positiven Entwicklung zusätzlich bei. Es entsteht unmittelbar der Einblick zu Maßnahmen der Leistungssteigerung im Vertrieb auf der Absatz- und Preisseite, in der Ressourcenverteilung von Personal und Kapital sowie der Wertschöpfungsstruktur. Strategieentwicklung und Ressourceneinsatz können optimiert werden. Entscheidungen zur Wertschöpfungsstruktur in Produktion, Einkauf, Outsourcing und Administration können unter strategischen und Kostenaspekten transparent getroffen werden.

Eine wichtige Ursache des Entstehens von Unternehmenskrisen besteht darin, dass Unternehmen mangels entsprechender Controlling-Instrumente keine genaue Analyse durchführen, in welchen Bereichen, Prozessen, Märkten und Kunden oder mit welchen Produkten tatsächlich Gewinn oder Verlust erzielt wird. Des Weiteren ist auf dieser Basis eine deutlich verbesserte Szenarioanalyse möglich, in Bezug auf die Auswirkungen von Marktveränderungen, Konjunkturkrisen und auch der eigenen Unternehmensplanung. Der Ressourcenbedarf und auch die Ressourcenrisiken und Kosten können zur Ergebnisoptimierung der eigenen strategischen Marktplanung genau gegenübergestellt werden.

Die Effizienz im Vertrieb wird in vielen Unternehmen nur in schwachem Maß gemessen. Entsprechend der erwähnten Untersuchung von Horvath & Partners fehlt in 35 % der Unternehmen die Ergebnisrechnung je Vertriebsweg zur Kontrolle und Optimierung, welche Wege zu welchen Umsätzen und Gewinnen führen. In 50 % der Unternehmen besteht kein Zusammenhang zwischen den vereinbarten Zielen und der Strategie.

4.1.6 Kennzahlen und Bonussysteme: Von der Leistung zu Ergebnissen

Ein wichtiger, mächtiger und kaum ursachenorientiert angewandter Indikator zur Krisenprävention sind nicht-finanzielle Kennzahlen zu wichtigen Strategie- und Finanzzielen.

Dies können Werte sein wie Kundentreue und Kundenzufriedenheit, Mitarbeiterzufriedenheit, Produktivität von F&E, die sich nicht in der Kostenrechnung abbilden lassen. Unternehmen versäumen es dadurch, wichtige Bereiche der operativen Strategie-Umsetzung in ihren Auswirkungen auf das Betriebsergebnis zu verfolgen. Damit diese Kennzahlen jedoch aussagekräftig sind, müssen direkte, dokumentierbare, kausale und logische Zusammenhänge zwischen Entwicklungen in den nicht finanziellen Kennzahlen und den Ergebniskennzahlen Gewinn und freier Cashflow abgebildet werden. In der Praxis zeigt sich, dass bekannte, standardisierte Konzepte zur Messung dieser nicht finanziellen Größen wie „Balanced Scorecard" häufig nicht ausreichend sind, um die tatsächlichen, kausalen Beeinflussungen zwischen Geschäftsprozessen, nicht finanziellen Kennzahlen und Finanzergebnissen aufzuzeigen. Beispielhaft sei eine Kennzahl benannt wie die Anzahl der Patente, die ohne Prüfung, ob diese Patente die Kosten wieder einbringen, wenig hilfreich ist. Kundenzufriedenheitswerte können durch intensive Vertriebsarbeit beeinflusst werden, ohne dass sich dies in höherem Gewinn niederschlägt oder das Ergebnis sogar negativ belasten.

Es gibt Untersuchungen, die aufzeigen, dass Unternehmen, die nicht-finanzielle Indikatoren unter strenger Beachtung der Herstellung eines kausalen Zusammenhangs zwischen diesen Messgrößen und den Finanzergebnissen über einem Zeitraum von fünf Jahren einführten, deutlich bessere Finanzergebnisse erzielten, als Vergleichsunternehmen, die diese Maßnahmen nicht einführten. Grundsätzlich wichtig und zu wenig beachtet ist, dass zwischen der Aktion der Mitarbeiter, daraus abgeleiteter nicht-finanzieller Kennzahlen und dem angestrebten Ergebnis ein kausaler Zusammenhang vorliegt, der persistent, wiederholbar und prognosefähig ist. Die Erfüllung dieser Bedingungen ergibt erst ein erfolgreiches System. Im Controlling muss nachträglich gemessen werden, ob Verbesserungen bei nicht-finanziellen Kennzahlen die tatsächlichen Finanzergebnisse beeinflusst haben, um das System weiter zu entwickeln. In diesen Zusammenhang fällt auch die fein abgestimmte Auswahl von Messgrößen zu Bonuszahlungen, die über kausale Zusammenhänge mit Strategie und Auswirkung in Finanzergebnissen entwickelt werden müssen. Beispielhaft sei der Klassiker der Umsatzmessung als Bonusgrundlage im Vertrieb genannt, der einfach zu erheben ist, jedoch häufig wenig aussagekräftig in Bezug auf Ursachen und Ergebnis.

4.1.7 Risikomanagement

Risiken liegen jeder Planung und jeder Unternehmung und Investition zugrunde. Risiken müssen in der Betrachtung aggregiert werden, da sie parallel auftreten und sich auch auf das Rating des Unternehmens auswirken. Die Höhe der Risiken beeinflusst den notwendigen Eigenkapitalbedarf, um Investitionen angemessen zu finanzieren und Unternehmensrisiken abzudecken. Das Zusammenwirken der Risiken kann in einer Simulation ermittelt werden. Anhand statistischer Simulationstools wie der Monte-Carlo-Methode kann das Gesamtrisiko als Streuung von Gewinn bis hin zur Abschätzung der Ausfallwahrscheinlichkeit ermittelt werden. Die Ausfallwahrscheinlichkeit korreliert mit einem entsprechenden Rating. Entsprechende statistische Simulationen können sowohl zu einzelnen Investitionsentscheidungen wie zur Situation des Gesamtunternehmens durchgeführt werden. Die Aussagekraft einer weitverbreiteten Methode, der „best/worst case" Planung, ist wenig geeignet zur Abschätzung von Entscheidungen unter Risiken, da sie die Aggregation der Risiken häufig nicht ausreichend berücksichtigt. Als Eingangsdaten der Simulierung können neben unternehmenseigenen Daten insbesondere auch verfügbare Branchendaten herangezogen werden. Die detaillierte Risikosimulation erlaubt eine Betrachtung der Risiken aller Parameter und eine objektive Einschätzung der daraus abgeleiteten Eintrittswahrscheinlichkeit eines Gesamtergebnisses in Form einer Wahrscheinlichkeitsverteilung. Empirische Ergebnisse zeigen, dass erfolgreiche Unternehmen eine besondere kreative Vorsicht im Umgang mit Risiken walten lassen. Die Erfahrung zeigt, dass die Aggregation von Risiken trotz aller Vorsichtsmaßnahmen starke Auswirkungen haben kann.

4.1.8 Chancen und Risiken durch neue Geschäftsmodelle

Zahlreiche Umfragen belegen, dass Unternehmensführer die Zukunft der Märkte, Produkte und Chancen der Innovation insbesondere in der Entwicklung neuer Geschäftsmodelle vermuten. In einer Umfrage bewerteten Unternehmensführer die Relevanz neuer Geschäftsmodelle gleichwertig zur Relevanz neuer Produktentwicklungen. Dennoch investierten sie laut dieser Umfrage nur ca. 10 % der Entwicklungsressourcen in die Entwicklung neuer Geschäftsmodelle. Gleichzeitig ist das Risiko des Angriffs durch neue Wettbewerber mit neuen Geschäftsmodellen und neuen Technologien deutlich gewachsen. Es bedarf heute schon nicht mehr ausentwickelter Techniken und Produkte, um Märkte zu verändern. Die Geschichte zeigt, wie qualitativ deutlich unterlegene Produkte, wie Digitalkameras den Fotomarkt revolutionierten. Mobile Navigationsgeräte werden schon 10–15 Jahre nach ihrem Erscheinen auf dem Markt durch neue Technik in Form von „Apps" abgelöst.

4.1.9 Personal und Führung: Führen, Managen und Begeistern

Heutzutage wird für Unternehmen eindeutig zwischen Führern (Leadership) und Managern (Management) unterschieden. Manager sind hervorragende Organisatoren, Planer, Kontrolleure und Umsetzer. Leader inspirieren und führen mit Kreativität, Innovation, Vision zu erfülltem Sinn und Wandel. Hervorragende Unternehmen benötigen beide Persönlichkeiten, die in einem unvereinbar scheinen (J. P. Kotter). Ein Mangel an klarer Unterscheidung kann schon ein Grund für Fehlbesetzungen sein. Leadership und gutes Management sind kritische Faktoren in der Unternehmensentwicklung und Krisenprävention. Je weiter eine Krise fortgeschritten ist, desto kritischer werden insbesondere gute Management-Fähigkeiten. Der effektive Manager sichert die Umsetzung klarer und überzeugender Ziele durch Engagement und die Stimulation zusätzlicher Leistungspotenziale. Er entdeckt frühzeitig Risiken und Abweichungen, denen er entsprechende Maßnahmen entgegen stellt. Er ist der ideale, operative Steuermann des Unternehmens.

Die Unternehmenserfahrungen der letzten 20 Jahre zeigen, dass der moderne Unternehmensleiter in einer besonderen Mischung persönlicher Bescheidenheit und professioneller Durchsetzungskraft nachhaltige Spitzenleistungen in Unternehmen erzielt. Der charismatische, autoritäre Unternehmensleiter ist häufig von der eigenen Größe überzeugt, dass ihm Einfühlungsvermögen, Rücksicht und die Wertschätzung sowie der kreative Umgang mit wichtigem Widerspruch und anderen Ideen schwerfallen. In seinem Umfeld finden sich typischerweise eher treue Gefolgsleute, so dass beispielhaft Warnsysteme einer aufkommenden, internen Krise ausgeblendet werden.

In der Unternehmensführung und im Management ist die Fähigkeit, die Rolle eines Vermittlers vielfältiger Ideen zu sein, von zentraler Bedeutung. Teamgeist muss auch in der Unternehmensführung demonstriert werden und im richtigen Maße durch konsequentes Eingreifen zum richtigen Zeitpunkt, Entscheidungen herbeigeleitet werden.

Nicht nur die letzte IBM CEO-Studie stellte die heute wichtige Anforderung und kritische Fähigkeit der inspirativen Führung im Team und die Einbeziehung, Motivation der Mitarbeiter durch Werte und gemeinsame Aufgaben heraus. Diese Methode zeigt sich heute den primär auf Kontrolle angelegten Modellen der Vergangenheit deutlich überlegen. Empirische Studien belegen, dass die gleichzeitige Erfüllung dieser oben genannten Bedingungen ein wichtiger Parameter zur erfolgreichen Führung ist.

In der Personalführung zeigt sich heute auch auf Basis empirischer Untersuchungen, dass die Steigerung der intrinsischen Motivation der Mitarbeiter durch nachhaltige Werte in den Unternehmenszielen und der Führung gegenüber der Motivation durch Bonussysteme immer wichtiger wird. Die Steigerung der intrinsischen Motivation ist nicht nur nachhaltiger, sondern auch deutlich kosteneffektiver. Die Risiken von Fehlleitungen durch inkonsequente Bonussysteme werden gleichfalls reduziert. Sie sichert Mitarbeiterloyalität und reduziert Mitarbeiterfluktuation. In einer Studie von McKinsey zeigte sich, dass insbesondere bei der Entwicklung nicht-finanzieller Anreize Chancen und Nachholbedarf für die Unternehmensführung liegen.

Personalauswahl und Förderung, Bewertung, das Halten der guten Mitarbeiter, Entwicklung des Rufs der Firma als spannenden Arbeitgeber mit Chancen für Arbeitnehmer zur beruflichen Fortentwicklung ist wichtig zur Entwicklung und Sicherung der Zukunftsfähigkeit. Sehr entscheidend ist hierfür die Schaffung einer Kultur mit Werten und Verhalten, die von der Führung vorgelebt und eingefordert werden. Die Formulierung und starke Kommunikation und Verankerung von Unternehmenszielen, die begeistern, inspiriert Mitarbeiter zu Ideen und Innovation. Mitarbeiter begeistern sich heute leichter für sinnvolle Werte und Ziele als für Rendite und Wachstumsziele. Diese Ziele müssen dem Unternehmen einen tieferen Sinn stiften und die Mitarbeiter verbinden. Zahlreiche, empirische Studien belegen diesen wichtigen Erfolgsfaktor führender Unternehmen.

4.2 Unternehmenskrisen

Es gibt verschiedene Arten von Krisen im Unternehmen. Zum einen die Krise, die durch externe Faktoren gesteuert wird, zum anderen die interne Krise aus dem Unternehmen. Dieser Beitrag konzentriert sich auf die Besonderheiten der internen Unternehmenskrisen und insbesondere mit der Prävention einer sich fort entwickelnden Unternehmenskrise. Die zuvor umrissenen Fähigkeiten strategischer Art sind die wirksamsten Maßnahmen, um ein Unternehmen im Erfolg zu führen.

Im Folgenden wird konkreter auf Maßnahmen eingegangen, die insbesondere nach dem ersten Auftreten von Krisenmerkmalen zur Prävention einer weiteren Krisenentwicklung dringend empfohlen werden können. Die Entwicklung einer Krise im Unternehmen läuft typischerweise über verschiedene Phasen, die in ihrem Krisencharakter immer dramatischer werden und gleichzeitig den Handlungsspielraum immer stärker einschränken (Abb. 4.1). Die fünf typischen, betriebswirtschaftlichen Krisenphasen in Unternehmern entwickeln sich von der Strategiekrise mit einem noch ordentlichen Betriebserfolg über eine Struktur- und Absatzkrise zur Erfolgskrise, der dann die Liquiditätskrise und Insolvenz folgen können. Dieser typische Krisenablauf in der Wirtschaft hat sich über die letzten Jahre deutlich beschleunigt.

Mithilfe der aufgezeigten, konzentrierten Auswahl der wichtigsten und jeweils angemessenen Maßnahmen können weitergehende Krisenszenarien vermieden werden und ein Unternehmen in bessere Bedingungen zurückgeführt werden.

Die Wahrscheinlichkeit, dass ein neues Unternehmen die ersten sieben Jahre überlebt, liegt bei ca. 7 %. Laut aktueller Daten des deutschen Statistischen Bundesamtes sind in einem durchschnittlichen, volkswirtschaftlichen Umfeld ca. 20 % der Unternehmen im Jahr von Liquidation und ca. 0,9 % der Unternehmen von Insolvenz betroffen. Unternehmen müssen zur Prävention mit Krisenszenarien planen. Dies hat nicht zuletzt die Wirtschaftskrise 2008 gezeigt. Der bekannte siebenjährige „Schweinezyklus" der letzten Jahrzehnte lässt sich gut nachvollziehen. Demnach könnten die typischen Krisenzyklen 1974, 1981, 1986, 1993, 2001 und 2008 statistisch zur nächsten Krisenannahme führen. Als besonders zuverlässiger Indikator mit einem Vorlauf von ca. 4–6 Monaten hat sich der Auftragsindex des verarbeitenden Gewerbes der deutschen Wirtschaft gezeigt. Es ist zu hoffen, dass insbesondere die Erfahrungen von 2008 in vielen Unternehmen schon zur Schaffung robusterer Systeme beigetragen haben. Anzeichen dafür gibt es.

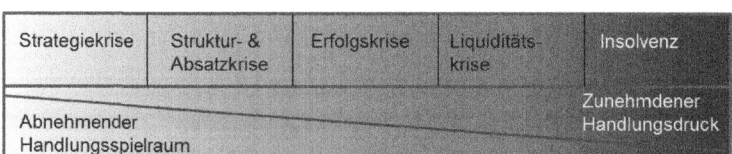

Abb. 4.1 Phasen einer fortschreitenden Krisenentwicklung

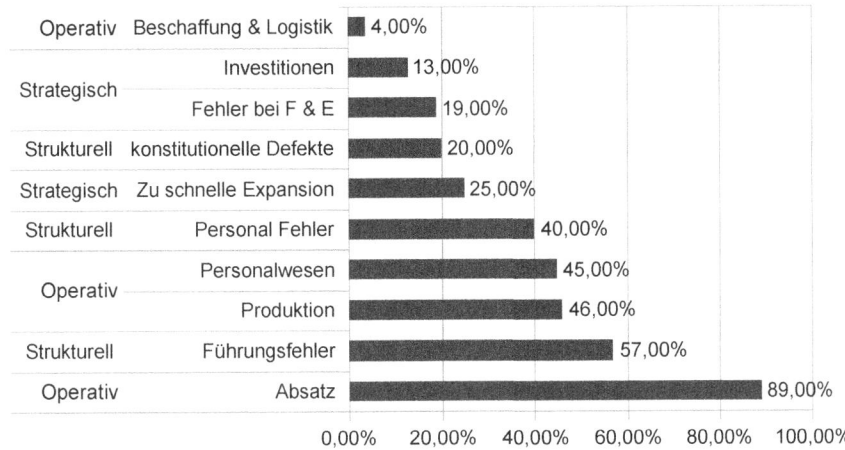

Abb. 4.2 Krisenursachen in großen Unternehmen (> 500 MA, > 50 Mio. € Umsatz) (Quelle: Krisennavigator – Institut für Krisenforschung, Kiel)

4.2.1 Krisenursachen

Krisenursachen in Unternehmen lassen sich in strategische, strukturelle und operative Misserfolgsursachen einteilen. Die Kenntnis der typischen Krisenverursacher ist die Grundvoraussetzung der Prävention. Umfangreiche Erfahrungen mit typischen Unternehmenskrisen erlauben hier valide Daten zur Definition von effektiven Präventionsmaßnahmen. In größeren Unternehmen (> 500 Mitarbeiter, > 50 Mio. € Umsatz) sind die wichtigsten strategischen Krisenursachen eine zu schnelle Expansion (25 %), Fehler bei Forschung und Entwicklung (19 %) und Investitionen (13 %). Strukturelle Krisenursachen betreffen insbesondere Führungsfehler (57 %) und personelle Probleme (40 %) (Abb. 4.2).

Besonders heraustehend bei großen Unternehmen sind nach dem Institut für Krisenforschung, Kiel, die operativen Misserfolgsursachen im Bereich Absatz (89 %), Produktion (46 %) und Personal (45 %). Beschaffung und Logistik stellen selten entscheidende Probleme dar (4 %). Wenn zu diesen Krisenursachen verschärfende Effekte durch Mangel an Eigenkapital (30 %) und Probleme im Planungs- und Kontrollsystem hinzukommen, entstehen insbesondere schwere Unternehmenskrisen bis hin zur Insolvenz.

Strategische Misserfolgsursachen im Mittelstand (< 500 Mitarbeiter) betreffen typischerweise Faktoren wie Marktveränderungen (39 %) oder der Ausfall von Kunden und Lieferanten (36 %) (Abb. 4.3). Im strukturellen Bereich fallen im Mittelstand insbesondere der Mangel in der Management Qualifikation (60 %) auf. Weitere wichtige Ursachen im strukturellen Bereich betreffen zu hohe Entnahmen (21 %), unkorrektes Verhalten gegenüber Dritten oder Mitarbeitern (25 %). Zusätzlich verschärfend ist hier insbesondere oft der Mangel an Eigenkapital (68 %). Mängel in Kalkulation und Rechnungswesen treten gleichfalls sehr oft auf (49 %).

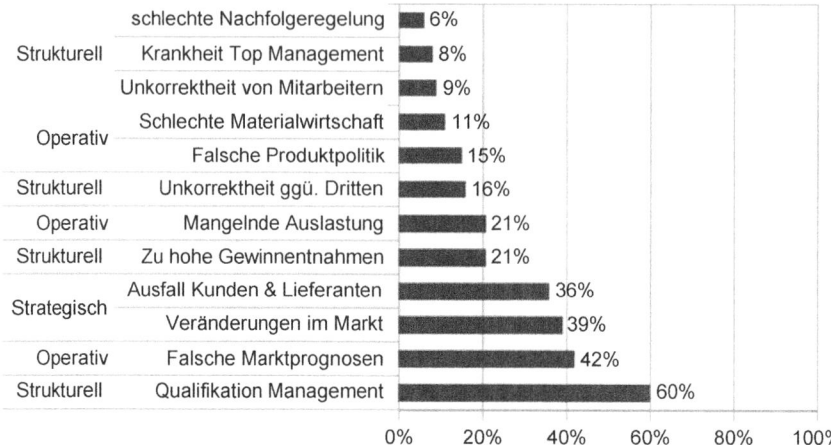

Abb. 4.3 Krisenursachen im Mittelstand (< 500 MA, < 50 Mio. € Umsatz) (Quelle: Krisennavigator – Institut für Krisenforschung, Kiel)

Operative Misserfolge betreffen auch im Mittelstand häufig die Marktseite (42 %) mit den Folgen mangelnder Kapazitätsauslastung (21 %), sowie falsche Produktpolitik (15 %) und unzureichende Beschaffung und Logistik (11 %).

Aus diesen Zahlen können zusammenfassend insbesondere die Marktseite und Qualifikation der Führungsetage als der wichtigste Krisenverursacher betrachtet werden. Managementfehler in Investitionen und Markteinschätzungen sind weitere wichtige Krisenverursacher. Mangel an Eigenkapital und Probleme in Planung, Controlling, Finanzen und Administration verschärfen dramatisch die Krisen des Mittelstands. Falsche Bonussysteme und ungeeignete Kennzahlensystem sind weitere, mögliche Einfallstore für Krisen in allen Unternehmensformen.

4.2.2 Strategiekrisen

Prävention der Struktur- und Absatzkrise Strategiekrisen werden häufig nicht ausreichend wahrgenommen und beachtet. Das Unternehmen bewegt sich noch erfolgreich im Markt, Marktanteile werden im Verdrängungswettbewerb über den Preis gehalten. Die Differenzierung im Wettbewerb gestaltet sich schwierig und die Wettbewerbsfähigkeit sinkt. Es gibt im Unternehmen wenig Veränderungen und vielfach wird ohne zwingende Notwendigkeit kein Wandel vorangetrieben. Die Innovationstätigkeit sinkt. Mitarbeitern ist ein Leitbild des Unternehmens häufig nicht glaubhaft vermittelt. Wichtig ist das Bewusstsein unter allen Führungskräften und Mitarbeitern für die Dringlichkeit eines Wandels („Sense of urgency"). Ca. 70 % aller großen, wichtigen Veränderungen scheitern, weil die Firmenleitung es nicht schafft, den notwendigen Handlungsdruck aufzubauen. Zentral ist das Verständnis für Wichtigkeit und Chancen der Veränderung. Der Aufbau von Angst, die zu Unsicherheit, Aktionismus und falschem Verhalten führt, muss vermieden werden.

Nur Firmen, die in Bewegung bleiben, sichern auch ihre langfristige Wettbewerbsfähigkeit. Etablierte Unternehmen nehmen den Wettbewerb häufig erst ernst, wenn er zu einer starken Bedrohung geworden ist. Als Beispiel der jungen Geschichte sei hier nur der Untergang von Napster mit dem Aufgang von iTunes genannt. In der Strategiekrise ist ein aktives Restrukturierungsmanagement möglich: Markt und Wettbewerbsanalyse, Konzentration und Fokus, Innovation, Marketing und Vertrieb sowie Entwicklung der Kultur und Werte im Unternehmen und Personalführung.

Der CEO eines bedeutenden Schweizer Unternehmens formulierte in der IBM CEO-Studie: „Die wichtigste Fähigkeit, die ein CEO heute besitzen muss, ist die Fähigkeit einen unüberhörbaren Weckruf erklingen zu lassen." Entscheidend ist, rechtzeitig das Verständnis von Handlungsdruck aufzubauen und zu zeigen, warum dieser Handlungsdruck für den Erfolg der Organisation wichtig ist. Wenn Mitarbeiter jedoch nicht die Chancen erkennen, sondern sie Angst um Arbeitsplätze bekommen, verfallen sie in wenig erfolgreiche Aktionen. Befürworter des Wandels können eine Projektgruppe bilden. Es wird eine klare Vision für das Unternehmen nach dem Wandel erarbeitet, die sehr intensiv erklärt werden muss und Hindernisse beseitigt. Sorgen Sie im weiteren für erste schnelle Erfolge, um den Erfolg zu belegen zur Einbindung aller Mitarbeiter und Ausbau weiterer Verbesserungen.

4.2.3 Struktur- und Absatzkrise

Prävention der Erfolgskrise Die Strukturkrise zeigt häufig breite Aktivität auf zahlreichen Nebenkriegsschauplätzen. Es gibt immer mehr Produktvarianten und kaum echte Produktinnovationen. Die Unternehmensstrukturen sind sehr fest gefügt und gestatten kaum Veränderungen und neue Ideen. Der zurückgehende Absatz und sich verschlechternde Kennzahlen reduzieren deutlich die finanziellen Ergebnisse. Geschäftsfelder sollten dringend kritisch überprüft werden nach Ergebnisbeiträgen und tatsächlich anfallenden Kosten. Spätestens jetzt müssen Kostentreiber richtig zugeordnet werden und eine klare Kalkulation der Gewinn- und Kostenbeiträge zu Produkten und Märkten. Das Kennzahlensystem bedarf gleichfalls typischerweise einer wichtigen Restrukturierung. Dies besteht aus zu verbessernden oder neu aufgesetzten Controlling-Systemen und den zuvor beschriebenen Kennzahlensystemen. Chancen zur Entwicklung neuer Ideen können kurzfristig und kostengünstig durch erfahrene Interims-Manager mit einer breiten Erfahrung und dem Hintergrund vielfältiger Unternehmen effektiv genutzt werden. Eine Innovationsstrategie muss zum Erfolg geführt werden, der sich im Umsatz mit neuen Produkten auswirkt und Markt und Image bereichert. Selbstverständlich müssen Finanzierungen gefunden und geprüft werden.

4.2.4 Erfolgskrise

Prävention der Liquiditätskrise In der Erfolgskrise sind Unternehmen zunehmend in erheblichen Schwierigkeiten. Die Krisensymptome sind weiter sinkende Umsätze, abnehmende Marktanteile, die ihre Ursachen in den Folgen der Struktur- und Strategiekrise finden. Es mangelt an innovativen, modernen Produkten. Überholte Strukturen im Unternehmen haben eine frühe Gegensteuerung vermieden. Der Fokus des Managements konzentriert sich in dieser Phase häufig auf die Krisensymptome und weniger auf die Krisenursachen, die kurzfristig schwierig lösbar sind. Typischerweise wurden die Merkmale der Strategiekrise und Strukturkrise nicht entsprechend beachtet und die zugehörigen frühen Maßnahmen in nicht ausreichendem Maß umgesetzt.

Der Handlungsspielraum des Managements in der Erfolgskrise ist deutlich reduziert. Gewinne und Cashflow haben eine kritische Größe erreicht, die angesichts der Zeit und der verfügbaren Mittel strategische Maßnahmen schwierig gestalten lässt. Der starke Umsatzrückgang führt bei Kostensteigerungen je verkaufter Einheit durch die höheren Fixkostenanteile und den zunehmenden Preisdruck auf der Absatzseite zur Aufrechterhaltung eines notwendigen Volumens zu eng begrenztem Handlungsspielraum. Hier gilt es, Maßnahmen gegen Kostentreiber zu entwickeln. Eine kurzfristige Umsatzsanierung gestaltet sich schwierig. Zur Erhöhung der organisatorischen Effektivität werden Arbeitsgruppen und Projektstrukturen entwickelt, da eine organisatorische Anpassung zwar längerfristig erfolgreich, jedoch in der Kürze der Zeit ergebniswirksam nur noch schwierig erreichbar ist. Typischerweise werden Teams darauf eingestellt, Lösungen auch außerhalb standardisierter Prozesse schnell herbeizuführen. Die Notwendigkeit der kurzfristigen Zwischenfinanzierung nimmt zu.

Maßnahmen der kurzfristigen Erfolgsrechnung, Transparenz der Kostentreiber, der Verlustquellen und Liquiditätssenken müssen unmittelbar vorliegen. Eine detaillierte Cashflow-Planung im Monats- oder Wochenrhythmus muss zeitnah vorliegen, um Liquiditätsengpässe zu vermeiden.

4.2.5 Liquiditätskrise

Prävention der Insolvenz In diesem Stadium ist der Fokus der Handlung eng beschränkt auf das Liquiditätsmanagement. Es geht strikt um Ausgabenvermeidung. Das Cashflow und Forderungsmanagement mit Zahlungs- und Forderungsmanagement sowie Lagermanagement (Working Capital) auf Kunden- und Lieferantenseite erfolgt täglich in enger, kurzfristiger Abstimmung. Die Kommunikation mit Kunden und Lieferanten zur Sicherung von Lieferungen und Zahlungen nimmt einen weiten Raum ein. Eine enge Zusammenarbeit mit allen Banken und Kapitalgebern zur Identifikation neuer Kapitalquellen und Umstrukturierung der Kapitalstruktur ist dringend. Alle Investitionen werden gestoppt. Nicht betriebsnotwendige Vermögen wie Immobilien, Beteiligungen, Grundstücke werden veräußert und tragen durch „Innenfinanzierung" zur Erhaltung der Liquidität bei.

In der Außenfinanzierung werden Eigenkapital und Fremdkapitalmaßnahmen und im weiteren Schritte des „Rangrücktritts", „Haircuts" und „Kapitalschnitts" zur Vermeidung der Insolvenz herangezogen. Es kann auch zu Verhandlungen über teilweisen Forderungsverzicht gegen sofortige Zahlung von Verbindlichkeiten kommen. Ein enges Maßnahmen- und Ergebniscontrolling zur Überprüfung der angestrebten Resultate ist zentraler Faktor eines Sanierungscontrolling.

Basis der Sanierung des Unternehmens ist ein entsprechendes Gutachten nach dem Standard IDW S6, welches kurz- und mittelfristige Maßnahmen zur Entwicklung des Unternehmens mit einer langfristigen, strategischen Aufstellung enthält. Dieses wird durch entsprechende Berater und Interims-Manager erstellt. Unter dem Risiko der Insolvenz ist auf Seite der Gesellschafter, Geschäftsführer und auch Banken die Beachtung des Insolvenzrechts und Fragen der Haftung eng zu beachten. Das Sanierungsgutachten zur Prävention der Insolvenz stellt einige Mindestkriterien für ein Sanierungskonzept sicher, die u. a. im Rahmen der Rechtsprechung vom BGH vorgegeben wurden. Aus Sicht der Kapitalgeber läuft die Restrukturierung im Allgemeinen in drei Phasen ab:

1. Stabilisierung mit der Bereitstellung eines Mindestmaßes an Liquidität bis zur Verfügbarkeit des Gutachtens.
2. Sanierung und Restrukturierung mit der Sicherstellung der Finanzierung zur operativen Restrukturierung und Sanierung.
3. Mittelfristige Anschlussfinanzierung für das sanierte Unternehmen.

Im Zuge des Sanierungsprozesses ist die gute und rechtzeitige Kommunikation gegenüber Kunden, Lieferanten, Mitarbeitern und allen weiteren Stakeholdern nicht zu unterschätzen und gegebenenfalls in die Hände von entsprechenden Spezialisten zu geben. Es gibt Agenturen, die genau auf derartige Fälle spezialisiert sind. Die offene, vertrauensentwickelnde Kommunikation mit allen Kapitalgebern ist sehr entscheidend.

4.3 Über den Autor

Hanno Goffin Hanno Goffin hat über 25-jährige Erfahrung bis in Positionen der Geschäftsleitung von Konzernunternehmen und großen Mittelständlern. Die Laufbahn brachte ihn während zehnjähriger Auslandstätigkeiten beruflich in Firmen in vier verschiedenen Ländern. Er spricht fünf Sprachen und hält einen MBA an einer der europäischen Elite-Business Schools und ist Diplom-Ingenieur der RWTH Aachen.

Seit über 10 Jahren beschäftigt er sich intensiv mit empirischen Ergebnissen tausender Unternehmen, die die Besten auszeichnen. Er ist im deutschen Rednerlexikon verzeichnet.

Statt der aufwendigen Implementierung von „Best Practice"-Projekten, die aufgrund der Verschiedenheit von Unternehmen in die Praxis kaum erfolgreich übertragbar sind, wendet er neben seiner eigenen Erfahrung empirisch belegte klare Regeln an, die nachweislich eindeutige, erfolgreiche Ergebnisse hervorbringen. Er hat es sich zu seiner persönlichen Mission gemacht, dieses vielfach empirisch belegte Wissen aus hunderten Untersuchungen zusammenzuführen und allen Unternehmen in Vorträgen und in der Beratung zur Verfügung zu stellen.

Weitere Infos unter www.hannogoffin.com

Literatur

CEO C-Suite Studies: Leading through Connections, IBM Institute for Business Value, 2012

PricewaterhouseCoopers AG Wirtschaftsprüfungsgesellschaft: Mit strategischer Planung zum Unternehmenserfolg. www.pwc.de

Love it – Leave it – Change it

Gesundheit im Kontext von Führung und Eigenverantwortung

Antje Heimsoeth

Inhaltsverzeichnis

5.1	Einleitung	73
5.2	Gedanken, Gedankenmuster	76
5.3	Stärkenorientierte Führung	85
5.4	Mentales Gesundheitscoaching	88
5.5	Stress: Innere Stressoren sind die inneren Antreiber	96
5.6	Gesunde Führung	98
5.7	Über die Autorin	101
Literatur		102

5.1 Einleitung

„Vorbeugen ist besser als heilen", lautet ein Sprichwort und es war nie so aktuell wie heute. Sport (nicht zu verwechseln mit Sportwahn), Bewegung und gesunde Ernährung sind dabei meistens das Mittel zum Zweck. Zusätzlich etablieren sich immer mehr mentale Strategien in der Prävention und Gesunderhaltung. Solche sind beispielsweise die Arbeit an der inneren Einstellung, Haltung und an einer gesundheitsfördernden Denkweise, mentales Stressmanagement und die Stärkung der persönlichen Ressourcen, Talente und Stärken. Vom Wollen zum Tun begleite ich Menschen beispielsweise in meinen Seminaren und Coachings. Hier sind vor allem Führungskräfte als Vorbilder gefragt.

Führungskräfte sind hier in doppelter Hinsicht gefordert: Sie müssen selbst körperlich, geistig fit und widerstandsfähig bleiben, und zum anderen die Gesundheit Ihrer Mitarbeiter und Mitarbeiterinnen im Auge behalten. Denn diese sind heute die wesentliche Ressource eines Unternehmens. Wann haben Sie zuletzt etwas für Ihre persönliche Entwicklung getan? Etwa im Rahmen eines Coachings oder einer Weiterbildung? Was tun

Antje Heimsoeth ✉
Wendelsteinstraße 9b, 83026 Rosenheim, Deutschland

Sie heute für Ihre eigene Gesundheit und die Gesundheit Ihrer Mitarbeiter? Denn darauf haben Führungskräfte und Vorgesetzte nachweislich direkten Einfluss, was oft unterschätzt wird. Wesentliche Faktoren sind hier das Führungsverhalten und der Führungsstil. „Ein gesundheitsfördernder Führungsstil beeinflusst das Befinden der Mitarbeiter positiv und hilft auch die Fluktuation im Unternehmen gering zu halten. […] Vor dem Hintergrund des zunehmenden Fachkräftemangels spielt der Führungsstil eine immer wichtigere Rolle" (Helmut Schröder, Mitglied der Geschäftsführung des WIdO, http://www.wido.de/meldungakt+M58a89355b9a.html).

Doch nicht nur Führungspersonen sind in der Verantwortung. Alle müssen lernen, gut für sich zu sorgen und sich zu schützen, die Opferrolle („die Arbeit macht mich krank") aufzugeben, den Fokus auf die Erfolge und eigenen Stärken zu legen und in die Eigenverantwortung für die eigene Psychohygiene zu gehen. Dazu gehört auch, zu sich und seinen Gefühlen zu stehen, damit aufzuhören, es allen recht machen zu wollen, und darauf zu achten, dass der berufliche Stress nicht ins Privatleben ausstrahlt.

Was ist Gesundheit? „Gesundheit ist ein Zustand des vollständigen körperlichen, geistigen und sozialen Wohlbefindens und nicht nur des Freiseins von Krankheiten und Gebrechen." (Definition der Weltgesundheitsorganisation WHO)

Gesundheit ist kein Zustand, sondern ein Lern- und Veränderungsprozess, der lebenslang andauert, bewusst gestaltet werden muss und individuell erlebt wird. Interessante Ansätze zur Frage, was Gesundheit eigentlich ist, liefert beispielsweise die Gehirnforschung. Der Neurowissenschaftler und Psychiater Prof. Manfred Spitzer sieht die psychische und physische Gesundheit zusammengesetzt aus den Komponenten soziale Kontakte, Selbstvertrauen und Spaß. Viele Menschen sind beruflich viel unterwegs, gerade Manager und Selbstständige. Sie leiden aufgrund ihres Arbeitsalltags unter einem Mangel an sozialen Beziehungen. Härte gegen sich selbst ist bei ihnen oft obligatorisch, um Stress und Druck standzuhalten.

Interessant ist auch der Gesundheits-Ansatz des Neurobiologen Prof. Dr. Gerald Hüther. Für ihn ist Gesundheit eine Sache des Wollens und der inneren Haltung. Letztere wird uns in diesem Beitrag stärker beschäftigen. Prof. Hüther ist der Meinung, man könne Menschen nicht gesund „machen", sondern Gesundheit könne dem Einzelnen nur gelingen, indem man ihm die Voraussetzungen dazu bietet und er entsprechende, in Bezug auf sein Gesundheitsverhalten positive Erfahrungen mache (Hüther 2011). Bestimmte Haltungen gegenüber dem Thema entschieden darüber, worauf der Einzelne bei seiner Gesundheit achte. Das betrifft die ganz persönliche Haltung, jedoch auch die der Anderen: Etwa die einer Führungskraft, welche damit das Mitarbeiterverhalten beeinflusst.

Eine ungünstige Haltung, welche die Gesundheit negativ beeinflusst, kann sein, dass Anderes und Andere wichtiger sind als die eigene Gesundheit. Diese Haltungen resultieren aus den Lebenserfahrungen: Macht Herr Müller die Erfahrung, dass Vorgesetzte oder Kollegen bissige, gehässige, verächtliche oder spöttische Bemerkungen machen, weil er mit Verdacht auf chronische Erschöpfung krankgeschrieben wurde („Ist wohl dem Leistungsdruck nicht gewachsen?!"), kann sich daraus die Haltung entwickeln: „Körperliche Signale

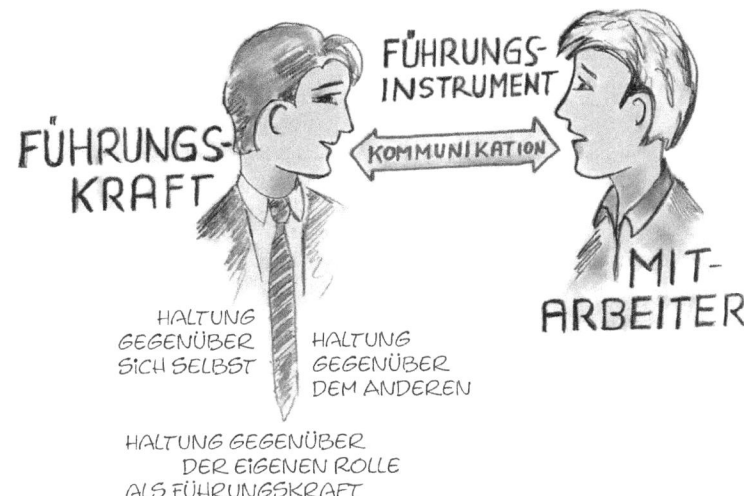

Abb. 5.1 (Quelle: Kerstin Diacont)

ernst zu nehmen, bedeutet, Schwäche zu zeigen. Das schadet der Karriere und meinem Ansehen." Eine optimistische Haltung der Vorgesetzten (Abb. 5.1) dagegen würde Herrn Müller eher das Gefühl geben, dass es okay ist, sich eine Auszeit zu nehmen.

Ungünstige Haltungen, so Hüther, lassen sich dagegen von außen kaum nachhaltig beeinflussen. Nur die positive Erfahrung, dass auf seinen Körper zu hören auch angenehme Folgen haben kann, bewirkt die für eine Verhaltensänderung notwendige Veränderung im Gehirn. Genauer gesagt, im Frontalhirn, wo Erfahrungen verankert sind.

So lange aber unser Denkorgan keinen gehirngerecht dargebotenen Anreiz zur positiven Veränderung erhält, bleibt es beim gesundheitsschädigenden Verhalten. Welche Rolle spielen dabei die Führungskräfte in den Unternehmen? Um es mit Hüther zu sagen: „Der Mensch muss die Möglichkeit haben, eine günstige Erfahrung zu machen. Dazu kann man ihn nur einladen, ihn ermutigen, inspirieren."

Bestandsaufnahme Was haben Sie schon alles erreicht? Nehmen Sie doch nun erst mal eine Bestandsaufnahme, eine erste Standortanalyse vor, bevor Sie weiterlesen. Beantworten Sie folgende Fragen:

Wo stehen Sie? Welches Selbstbild haben Sie von sich? Wie schätzen Sie auf einer Skala von 1–10 (1 = kein Selbstvertrauen, 10 = absolutes Selbstvertrauen) ihr derzeitiges Selbstvertrauen ein (Ist-Wert)? Wohin wollen Sie (Soll-Wert)? Nachdem Sie regelmäßig mentale Übungen in ihren Alltag eingebaut haben, wiederholen Sie diese „Skalierung" nach einigen Wochen. Was hat sich verändert? Welche Rückschläge, Misserfolge mussten Sie in den letzten Wochen einstecken? Was haben Sie daraus gelernt?

Welche Erfolge haben Sie schon feiern können? Wo haben Sie etwas erreicht? Schreiben Sie alles auf, das Ihnen einfällt. Wofür werden und wurden Sie gelobt? Wofür beneiden

Sie vielleicht andere? Bei welcher Tätigkeit vergessen Sie die Zeit? Was können Sie sehr gut? Was gelingt Ihnen leicht? Wofür haben Sie ein besonderes Händchen? Denken Sie dabei auch an Ihre Hobbys und Freizeitbeschäftigungen. Was macht Ihnen Spaß? Fragen Sie auch ihren Partner, Familie, Trainer, Mentor, Chef, Freunde, …, was Sie für Stärken haben. Welche Charaktereigenschaften und Stärken schätzen andere an Ihnen besonders? Teilen Sie diese Einschätzung? Was finden Sie wunderbar an sich? Inwiefern sind Sie stolz auf sich?

Was können Sie nun für Ihre Gesundheit tun? Wie können Sie Ihre Gesundheit und die Ihrer Mitarbeiter fördern?

Die folgenden Seiten bieten Ihnen eine Fülle an neuen Möglichkeiten, selbst aktiv zu werden.

5.2 Gedanken, Gedankenmuster

Wir sind, was wir denken. Alles, was wir sind, entspringt der Gedankenwelt. Mit unseren Gedanken erschaffen wir die Welt (Buddha).

▸ Gedanken und Gefühle beeinflussen und verändern *die* physikalische Realität. Sie können heilen und krank machen (vgl. Abb. (5.2).

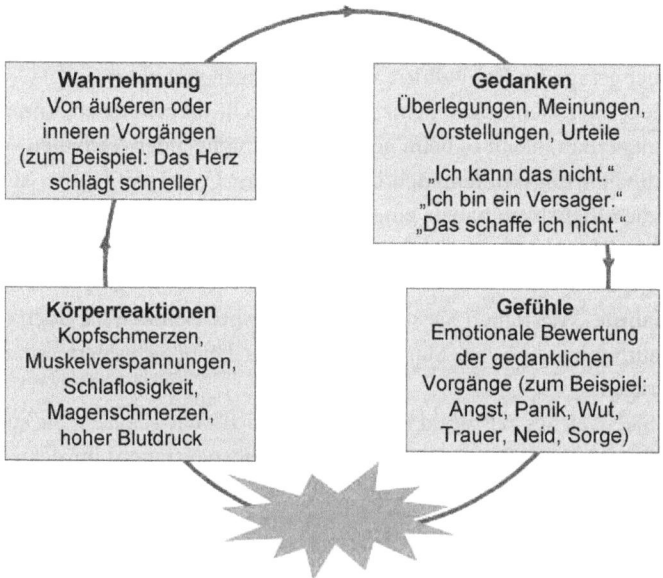

Abb. 5.2 Diese Abbildung veranschaulicht den Teufelskreis von körperlichen Symptomen, die wahrgenommen und negativ bewertet werden

Gesundheit beginnt im Kopf. Unsere Gedanken, Überzeugungen, Ansichten, Glaubens- und Denkmuster, unser innerer Dialog mit uns selbst, das Festhalten oder Loslassen negativ empfundener Erlebnisse bilden das Fundament dafür, ob wir gesund, widerstandsfähig und mental stark sind. Oder ob wir eher zu Stresssymptomen, Depressivität, Reizbarkeit, Burn-out und ähnlichem neigen. Unsere Gedanken bestimmen unser Handeln und unser Tun. Unser Handeln und unser Tun bestimmen unser Verhalten. Unser Verhalten gestaltet unser Leben und unsere Umwelt. Sich ständig wiederholende, negative und sorgenvolle Gedanken wie „Ich kann das nicht." „Ich schaffe das nicht." „Warum bin ich eigentlich hier." „Das ist hoffnungslos." „Niete!" „Es war schon immer so – es wird auch dieses Mal so sein." „Ich bin nicht gut genug." „Der/die kann das viel besser." „Ich bin mir nicht sicher, ob ich gut genug vorbereitet bin." „Ich kann Verantwortung schlecht abgeben." Diese Gedanken führen zu Stress, Angst oder Verspannung, unangenehmen Gefühlen und Misserfolg.

> Wenn du glaubst, dass du zu klein bist, um irgendetwas auszurichten, versuch doch mal mit einem Moskito in einem geschlossenen Raum zu schlafen (Dr. Eckart von Hischhausen).

Jetzt sind Sie dran Worüber denken Sie die meiste Zeit nach? Wie steht es um Ihre inneren Dialoge? Ist Ihnen schon einmal aufgefallen, welcher Art Ihre Selbstgespräche sind? Haben Sie schon einmal bewusst auf Ihre inneren Stimmen geachtet? Wie hören sich diese Gedanken an? Unterstützen sie Sie oder behindern sie Sie? Kommen Sie schnell ins Grübeln?

Programmieren Stellen Sie sich ihr Unterbewusstsein wie eine Festplatte eines Computers vor. Ihre Gedanken, Wünsche, Ziele, Worte und Bilder sind dort sozusagen wie ein Programm gespeichert. Das Unterbewusstsein akzeptiert jede Information, die es erhält. Es denkt nicht vernünftig, es reagiert auf das, was ihm eingegeben wird.

Der Verstand ist der Filter. Er entscheidet, was er glaubt und was nicht, je nach bereits einprogrammierten Lebenserfahrungen. Wenn ihr Verstand etwas für wahr hält – selbst wenn es falsch ist –, wird ihr Unterbewusstsein es als wahr akzeptieren und sich anschicken, die entsprechende Resultate zu veranlassen. Die gute Nachricht ist: genau wie beim Computer können Sie auch Ihre Denkweise ändern und Ihre alten, negativen, selbst zerstörerischen (Lebens-)Programme löschen und neu schreiben. Wenn wir uns der Arbeitsweise des Gehirns bewusst sind, dann liegt es bei uns, womit wir es als nächstes programmieren. Ihrem Unterbewusstsein ist es gleichgültig, woher diese Programmierung kommt, oder wie es sie erhält. Es wird einfach weiterhin die Informationen akzeptieren, die ihm zugeführt werden, gleichgültig, ob diese richtig oder falsch sind, oder ob sie zu unserem Wohl oder Schaden sind.

Klartext sprechen mit dem eigenen Unterbewusstsein Das Unterbewusstsein ist wie ein gewissenhafter Angestellter. Es braucht eine starke entschiedene Führung. Verweigern Sie als „Chef" Ihrem Unterbewusstsein diese starke Führung, dann holt sich das Unterbewusstsein aus externen Quellen die Anweisungen und neuen Befehle: von Eltern, dem Partner,

Team-, Arbeitskollegen, Freunden, vom Chef, aus den Medien und der Presse. Wenn Sie selbst Ihrem Unterbewusstsein keine Anweisungen geben, dann wird es jemand anders tun. Geben Sie daher Ihrem Unterbewusstsein jeden Tag die notwendigen Anweisungen. Nehmen Sie selbst das Steuer in die Hand.

Bitte bedenken Sie:

Ihr „Mitarbeiter" wird manche Anweisungen mit Freuden ausführen, manche nur halbherzig und bei manchen Instruktionen stoßen Sie auf Widerstand. Aber Sie sind der Chef: Also wiederholen Sie Ihre Anweisungen so lange, bis Sie die gewünschten Ergebnisse sehen.

Auch bezüglich dieses speziellen Mitarbeiters gilt die Macht der Gewohnheit. Auch im realen Leben haben Chefs, die plötzlich bestehende Gewohnheiten ändern wollen, nicht immer sofort den gewünschten Erfolg. Übernehmen Sie aktiv die Führungsrolle, fordern Sie ein, was Sie einfordern möchten. Sie tun gut daran, die Qualitäten Ihres Unterbewusstseins anzuerkennen und zu schätzen. Bilden Sie mit ihm ein „inneres Dream-Team".

Exkurs in die Wissenschaft Unsere Gedanken und Emotionen formen unser Gehirn. Der Fachbegriff für die Fähigkeit des Gehirns, sich neu zu verdrahten und neue Denkmuster zu verankern, heißt Neuroplastizität. Gedanken sorgen im Gehirn für immer dichtere, neuronale Vernetzungen und schlagen sich auf Dauer bei fortgesetzt negativem Denken in körperlichen Symptomen nieder.

Der Ort negativer Gedanken und Gefühle sitzt im rechten Frontallappen. Der Ort des positiven Denkens ist der linke Frontallappen, seitlich über dem linken Auge. Die funktionelle Magnetresonanztomografie kann die Größe dieser Areale messen und darstellen, wie ausgeprägt der jeweilige Bereich ist. So differenziert sich der Bereich im linken Frontallappen aus und wächst, je mehr positive Impulse unser Gehirn erreichen. Genauso geschieht es mit dem rechten Frontallappen bei negativen Gedanken. Ändern wir die Muster unseres Denkens, ändern wir auch unsere neuronalen Landkarten.

Kennen Sie in diesem Zusammenhang die so genannten Hebb'schen Gesetze?

▸ **Definition**

1. Häufig genutzte Verknüpfungen werden verstärkt
2. Selten genutzte Verknüpfungen werden geschwächt oder abgebaut

Quelle: Hebb (1949)

Das Gehirn organisiert sich selbst. Sie können sich das wie eine Wiese vorstellen, über die eines Tages ein Mensch spaziert. Dieser eine Spaziergang hinterlässt noch keine Spuren auf der Wiese. Aber nehmen wir an, der gleiche Weg würde am nächsten Tag von einem anderen Menschen genommen werden und im Verlauf der Zeit nähmen immer mehr Menschen denselben Weg über die Wiese. Dies hinterließe zuerst einen kleinen Trampelpfad, mit der Zeit einen ausgetretenen Weg und dann einen Feldweg.

Vom neuronalen Trampelpfad zur Autobahn Veränderte Muster und die darauf aufbauenden Bewältigungsreaktionen und gesünderen Verhaltensweisen verfestigen sich nach und nach, der innere, neuronale Trampelpfad entwickelt sich zu einer neuronalen Autobahn (nach Franz Hütter).

Veränderung des subjektiven Erlebens „Ich möchte, dass Sie herausfinden, wie Sie lernen können, Ihr eigenes Erleben zu verändern, um etwas Kontrolle über das zu bekommen, was in Ihrem Gehirn tatsächlich passiert. Die meisten Menschen sind Gefangene ihres eigenen Gehirns. Sie verhalten sich, als ob sie am Hintersitz eines Busses fest gekettet wären, während jemand anderes lenkt. Ich möchte, dass Sie lernen, Ihren eigenen Bus zu fahren" (nach Bandler 1987, S. 20).

Wie erlange ich die Kontrolle über meine Gedanken? Kein Mensch bleibt verschont, mit negativen und destruktiven Gedanken (z. B. Ärger, Wut, Frust, Unmut, Überheblichkeit, Resignation, Ungeduld, harte Selbstkritik, Klagen) konfrontiert zu werden. Machen Sie sich klar, dass es nur negativ sein kann, wenn sie diesen Gedanken Aufmerksamkeit und Energie schenken. Je mehr Sie sich auf das konzentrieren, was nicht gut läuft, desto schlimmer wird es meist. Sie fühlen sich schlecht. Das kann in einen Teufelskreis führen. Sie werden zum Opfer des Lebens. **Die neurowissenschaftlichen Befunde zeigen: Sie können Busfahrer werden!** Und den Bus dort hinlenken, wie Sie es sich für ihr Leben wünschen.

Gedanken können auch nicht ausgeschaltet, unterdrückt oder verdrängt werden. Steuern Sie ihr Denken bewusst. Sie können eine passive Haltung und negative Einstellung aufgeben und diese durch positive Einstellungen, klare Gedanken, positive Bilder und förderliche Denkmuster ersetzen und so neue Programme schreiben. Neue Schaltkreise im Gehirn können sich festigen und frühere ersetzen. Dies erreichen Sie durch das Anerkennen der negativen Gedanken und das Umformulieren negativer Gedanken in positive Gedanken. Achten Sie dabei auf eine tiefe Bauchatmung.

Vergegenwärtigen Sie sich einmal ihren geistig-emotionalen Zustand, wenn Sie eine Bestleistung erbracht haben. Formulierungen wie „Ich war wie im Rausch!", „Ich hatte einen Lauf!" oder „Alles lief wie von selbst!", fallen in diesem Zusammenhang. In solchen Phasen steht das Denken still – der „Innere Dialog" ist sozusagen vorübergehend außer Betrieb. In ausführlichen Studien hat sich gezeigt, was den erfolgreichen Menschen im Bereich des Inneren Dialoges auszeichnet, dass das Selbstgespräch konstruktiv, anspornend und handlungsorientiert verläuft. Jeder weiß, dass man sich selbst wieder aus diesem genialen Zustand erweckt, ab dem Moment, wenn man beginnt, wieder nachzudenken. Bei Misserfolgen berichten Menschen oft, dass ein vorhergehendes negatives Selbstgespräch bereits die Weichen in Richtung des unerwünschten Verlaufes vorprogrammiert hat. Negative Selbstgespräche (ent-)nerven uns und machen uns schwach, sie dienen einzig und allein dazu, uns von unseren Zielen abzubringen. Kurz gesagt, sie fördern eine Abwärtstendenz.

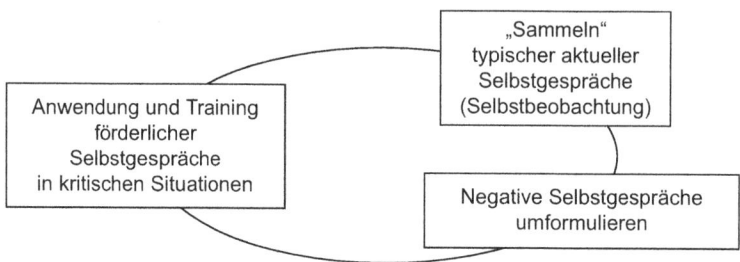

Abb. 5.3 Selbstgespräche

„Ich schaffe es" – das positive Selbstgespräch Dieser vom bekannten Buchautor Hannes Lindemann geprägte Satz begleitete ihn bei seinen Atlantiküberquerungen mit einem Serienfaltboot. Er erkannte den Zusammenhang zwischen inneren Gedanken und der Leistungsfähigkeit seines Körpers und war der Meinung, dass misserfolgreiche Handlungen (z. B. eine Aufgabe bei seinen Überquerungen) ihren Ursprung in negativen Selbstgesprächen haben. Lindemann hat es folgendermaßen formuliert: „Ein Schiffbrüchiger gibt zuerst seelisch auf, dann erst folgen die Muskeln, und als letztes überlebt das Rettungsboot!" (Zerlauth 2000, S. 224).

Das Wort Affirmation beinhaltet das lateinische Verb „firmare", was soviel bedeutet wie „festigen, verankern". Unter einer „Affirmation" versteht man einen selbstkräftigenden, autosuggestiven Satz mit positiven, aufbauenden Worten, der einen erwünschten Zustand zum Ausdruck bringt, der jedoch zu diesem Zeitpunkt noch nicht verwirklicht ist. „In Selbstgesprächen formuliert man Pläne für sein Handeln, gibt sich selbst Anweisungen, ordnet seine Gedanken oder kommentiert das eigene Handeln." (Eberspächer 2007, S. 21).

Eine Affirmation (Bekräftigung, Bejahung) ist eine Behauptung, die, wenn man sie oft genug laut oder innerlich wiederholt, negative Gedanken und Erfahrungen vertreibt und Überzeugungen verändert. Sie entwickeln so ein „mentales Immunsystem".

> **Wie sollten Gedanken optimaler Weise formuliert sein? – Erstellungsregeln**
>
> - Wählen Sie immer positive, bejahende Formulierungen.
>   Affirmationen streben ausschließlich einen positiven Effekt an, deshalb müssen auch die Inhalte positiv formuliert werden.
>   Beispiele: Ich habe Selbstvertrauen. Ich fühle mich stark. Ich bin geduldig und liebevoll. Ich mag mich.
> - Bilden Sie kurze Sätze mit höchstens 10 Wörtern (einfach, eingängig, leicht auszusprechen und leicht zu wiederholen).
> - Formulieren Sie rhythmisch (ggf. auch lustig/originell).
> - Formulieren Sie in der Gegenwartsform.

- Entwickeln Sie ein innerliches Lächeln.
- Lassen Sie die Affirmation durch ständiges Wiederholen zum Ohrwurm werden.
- Ich-Bezug: Fangen Sie jeden Satz mit „Ich" an.
- Verwenden Sie keine Affirmation, von der Sie selbst nicht richtig glauben können, dass sie auf Sie zutrifft.
- Anwendbar in allen Lebensbereichen, z. B. vor und in wichtigen Verhandlungen oder wenn ich als Speakerin auf die Bühne muss.

Gedankenstopp – Stopp sagen

Abb. 5.4 Gedankenstopp (Quelle: Kerstin Diacont)

▸ Ziel und Wirkung des Gedankenstopps: Selbstkontrolle

Diese Technik dient dazu, aufkommende negative, unerwünschte, immer wiederkehrende, grüblerische, einschränkende, nicht präzise oder destruktiv formulierte Gedanken, Gefühle und Verhaltensweisen zu stoppen.

Der Gedankenstopp setzt die Wahrnehmung und Selbstbeobachtung der negativen und einschränkenden Gedanken (vgl. Abb. 5.3), das Erkennen der negativen Gedankenspirale voraus. Der beginnende Selbstbemitleidungsprozess („Immer bin ich derjenige …"), der Ihre Stimmung nach unten schraubt, nimmt negative Ergebnisse und Bilder bereits vorweg und ruft Gefühle der Schwäche und der Unsicherheit hervor. Sobald negatives Denken und eine selbsterfüllende Prophezeiung aufkommt, visualisieren Sie ein Stoppschild (Abb. 5.4) wie im Straßenverkehr oder ein ähnliches Symbol, schauen es an und sagen „**STOPP**" (leise oder laut). Sie können das Wort auch mehrmals hintereinander sagen: „STOPP! STOPP! STOPP! STOPP!" Sie können zusätzlich noch mit einer Hand auf den Oberschenkel klopfen. Was besser zu Ihnen passt. Atmen Sie dabei ruhig und tief ein und aus. Wenn es Sie unterstützt, können Sie sich beim Ein- und Ausatmen vorstellen, wie sich dieser Gedanke in Luft auflöst.

Nach dem STOPP-Signal richten Sie Ihre Gedanken entweder auf etwas, das Ihnen gut tut oder auf die anstehende Aufgabe, suchen nach einer Lösung für die Aufgabe bzw. konzentrieren sich auf die Aufgabe. Dies unterstützen Sie mit einem positiv formulierten und

Abb. 5.5 Wie entsteht Stress

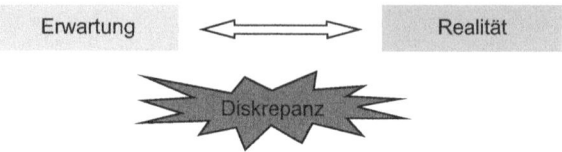

unterstützenden Gedanken, z. B. Erinnerung an etwas Angenehmes, damit Sie nicht wieder in das alte belastende, negative Denkmuster verfallen!

Lassen Sie dieses Stopp-Verfahren zur Gewohnheit werden. Das dauert erfahrungsgemäß etwas. Setzen Sie den Gedankenstopp in stressfreien Situationen ein, damit Sie diesen dann auch an Tagen der „schlechten Befindlichkeit" wirkungsvoll einsetzen können. Wenn Sie sich unter Stress befinden, neigen Sie dazu, gewohnte Verhaltensweisen oder Stereotypen durchzuführen, ob diese nun der Situation angemessen sind oder nicht. Das heißt: Verhaltensweisen, die kaum trainiert sind, sind unter Stress nicht abrufbar.

Meditation, Achtsamkeits-Meditation Alle Gedanken und Sorgen können Sie bei der Meditation loslassen. Durch Meditation bringen Sie Ihren Körper in einen bewussten Zustand der Ruhe und Entspannung. Es geht darum, zu sich selbst zu finden und Stress und den Fluss von Gedanken zu reduzieren. Hilfreich ist dabei die Vorstellung, die Gedanken in Wolken zu packen und diese mit Wolken wegziehen zu lassen.

Das Hamsterrad im Kopf entschleunigen Häufig werden Ereignisse und Lebensumstände falsch oder negativ bewertet. Wir interpretieren etwas in sie hinein, was in der Wirklichkeit gar nicht vorhanden ist.

> Nicht die Dinge selbst beunruhigen uns, sondern die Meinung, die Vorstellungen, die wir von den Dingen haben (EPIKTET).

> Stress entsteht im Zusammenspiel zwischen situativen Anforderungen und individuellen Beurteilungen der eigenen Ressourcen und Fähigkeiten (Lazarus 1966; Lazarus und Launier 1981)

Das Stressmodell von Richard Lazarus (1974) geht davon aus, dass Stress sehr eng an Bewertung und Beurteilung der Situation, der Umstände oder eines Ereignisses geknüpft ist. Nicht die eigentlichen objektiven Merkmale der Situation, die Realität selbst, lösen den Stress aus, sondern Ihre Einschätzung des Problems, Ihre Gedanken, Einstellungen, Empfindungen und Überlegungen (vgl. Abb. 5.5). Sobald eine Situation von Ihnen als „Bedrohung" interpretiert oder negativ bewertet wird und Sie diese nicht mehr mit Ihren bestehenden Ressourcen und Fähigkeiten meistern können oder meinen diese nicht mehr meistern zu können, reagiert der Körper mit der urzeitlichen Alarm- und Notfallreaktion.Es drohen Grübelkreisläufe, die unweigerlich zu Selbstmitleid und Resignation bzw. Unlust führen.

Das Gefühl der Bedrohung resultiert aus der Unsicherheit und Angst, Erwartungen und Ansprüche nicht erfüllen zu können, und den möglichen negativen Konsequenzen, die dann eintreten könnten, wenn die Situation (z. B. eine Präsentation) nicht bewältigt wird. Je größer die Unsicherheit bzw. Angst (vor Fehlern, Konkurrenzsituationen im Alltag und Beruf) und je bedeutungsvoller die möglichen negativen Konsequenzen, desto größer das Gefühl der Bedrohung und damit auch der Stress.

Mentale Strategie: Gedanken relativieren, die eigene Bewertung verändern

- Betrachten Sie das Ereignis oder den Lebensumstand aus einer anderen Perspektive, legen Sie ihren Fokus auf die positiven Konsequenzen und relativieren Sie so die Ereignisse und Probleme, um so zu einer angemesseneren Bewertung zu gelangen. Fragen Sie sich:
- Wie empfindet ein Dritter, meine beste Freundin, mein bester Freund die belastende Situation? Was würde Dritte in dieser Situation sagen?
- Wie beurteile ich die belastende Situation morgen oder im nächsten Jahr? Wie werde ich später, in einem Monat oder einem Jahr, darüber denken?
- Welche Situationen waren in der Vergangenheit schlimmer als die mich jetzt belastende Situation?
- Wie wichtig ist die Sache wirklich für mich? Was ist mir wichtiger als die Sache?

Lächeln hilft Lachen Sie, grinsen Sie, lächeln Sie! Die Forschung hat einen Zusammenhang zwischen der Anspannung der Gesichtsmuskulatur und dem Auftreten bestimmter Emotionen festgestellt. Über unsere Mimik sind wir demnach in der Lage, bewusst Einfluss auf unsere Gefühle zu nehmen. So beeinflusst beispielsweise echtes (!) Lachen die Körperchemie positiv. Über die Gesichtsmuskulatur erhält das Gehirn Rückmeldungen und bewirkt Veränderungen, welche die Emotion erzeugen, die mit der aktuellen Mimik stimmig ist („Facial feedback").

Die Wechselwirkung zwischen Körpersprache und Seele Den Zusammenhang zwischen Körpersprache und Emotionen untersucht die Embodiment-Forschung. Bislang ging man davon aus, dass eine angespannte, träge, schlaffe Körperhaltung die Folge negativer Gefühle ist. Inzwischen weiß man, dass es auch umgekehrt funktioniert: Eine bewusst eingenommene, aufrechte und selbstsichere bzw. entspannte Körperhaltung beeinflusst unsere Gemütslage positiv. Der Körper ist also nicht nur der Spiegel der Seele, sondern die Seele spiegelt gewissermaßen unseren Körper. Wir haben es selbst in der Hand: Entweder wir entscheiden uns, unseren Körper und unsere Mimik bewusst für eine bessere, positivere Verfassung einzusetzen, oder wir lassen unsere Gefühle die Kontrolle übernehmen und bleiben gewissermaßen ihr Spielball. Sie haben schlechte Laune, sind depressiv verstimmt oder befinden sich in Gesellschaft eines Menschen, dem es nicht gut geht. An einem depressiven Menschen oder an einem Menschen in einer pessimistischen Stimmung können wir ganz genau beobachten, wie sich die Gefühlslage unmittelbar in der Körperhaltung, der

Stimme, der Mimik, Gestik und im Blickkontakt niederschlägt. Ein depressiver Mensch redet leise und monoton. Sein gesamter Bewegungsablauf ist verlangsamt, seine Mimik ist wie versteinert, seine Gestik erstarrt, sein Körper ist gebeugt, der Händedruck beim Begrüßen schwach. Er ist nicht fähig, Blickkontakt zu uns aufzunehmen, sondern schaut auf den Boden.

Wie fühlen Sie sich mit gesenktem Kopf, gebeugtem Rücken und herunterhängenden Schultern?

Auf der anderen Seite: Sie befinden sich in Hochstimmung. Sie würden am liebsten die ganze Welt umarmen und Luftsprünge machen. Ihre Körperhaltung ist automatisch eine aufrechte. Ihre Stimme – kräftig und bestimmt. Sie strahlen und lachen andere Menschen an. Sie fühlen sich energiegeladen und selbstbewusst. Und wenn wir uns selbstbewusst fühlen, demonstrieren wir auch Selbstbewusstsein.

Charles M. Schulz lässt in seiner Comicserie seinen Helden Charlie Brown an einer Stelle sagen: *„Wenn du depressiv bist, dann macht es einen großen Unterschied, wie du dastehst. Das Schlimmste, was du tun kannst, ist aufrecht zu stehen und den Kopf hochzuhalten, weil dann fühlst du dich sofort besser. Wenn du deine Depression so richtig genießen willst, dann musst du Schultern und Kopf nach vorne hängen lassen."*

Genau. Unsere Körperhaltung beeinflusst und verstärkt unsere Stimmung. Auf das Zusammenspiel zwischen „Körper und Geist" nach innen und nach außen können Sie sich verlassen. Es lohnt sich, ein wenig Mühe und ein paar Minuten täglich darauf zu verwenden. Es gibt viele Möglichkeiten, Körpersprache zu trainieren. Lernen Sie alte Programme der Unsicherheit mit einem neuen Programm zu überschreiben. Einem Programm, das uns auch in kritischen Situationen automatisch mit einem Schub Selbstvertrauen und positiver Ausstrahlung versorgt. Das lässt sich schnell umsetzen.

Seien Sie ein guter Schauspieler. Nach Jane Savoie (2006, S. 35): „Wenn Sie sich verhalten, als ob Sie ein bestimmtes Gefühl hätten, haben Sie dieses Gefühl am Ende auch wirklich. Dass ein Verhalten ‚als ob' genauso wirkungsvoll ist, wie ein tatsächlich vorhandenes positives Gefühl, liegt teilweise daran, dass – soweit es die Physiologie betrifft – die Chemie eines vorgetäuschten Gefühls mit der eines echten Gefühls identisch ist." Wenn man dich an ein Biofeedbackgerät anschließt, das die biologischen Gehirnwellen und den Herzschlag misst, wird das Gerät das Gleiche aufzeichnen, ob du nun ein Gefühl vortäuschst oder ob du das Gefühl tatsächlich hast.

Diese Technik ist trainierbar, so dass wir sie jederzeit in Sekundenschnelle abrufen können.

5.3 Stärkenorientierte Führung

Wir alle kommen mit Selbstvertrauen auf die Welt.

Wie bereits erwähnt, beeinflusst Führungsverhalten das Verhalten von Mitarbeitern und damit deren Gesundheit und Wohlbefinden. Sehr häufig ist Mitarbeiterführung und Personalentwicklung darauf angelegt, nach Schwächen zu suchen und diese zu beheben und Fehler zu reduzieren. Und mir ist bewusst, dass Führungskräfte oftmals Angst vor selbstbewussten Mitarbeitern haben und aus diesem Grund nicht stärkenorientiert führen. Viele Führungskräfte beklagen sich über demotivierte Mitarbeiter. Für mich auch eine Konsequenz des in den Vordergrund-Stellens von Schwächen und Misserfolgen, ob seitens der Führungskraft oder durch den Mitarbeiter selbst. Oftmals werden Stärken der Mitarbeiter als zu selbstverständlich angesehen. Wann haben Sie zuletzt Erfolge eines Mitarbeiters in einem Einzelgespräch hervorgehoben? Wann hatten Sie ein aufmunterndes Wort übrig für einen Mitarbeiter, der gute Arbeit geleistet hat? Wenn ich früher ins Büro meines Chefs gerufen wurde, ging ich immer davon aus, etwas falsch gemacht zu haben. Niemals in der Erwartung gelobt zu werden für eine Leistung. Weniger selbstsichere Menschen suchen nach Anerkennung und Wertschätzung, haben Angst vor Verletzung und weiterer Schmälerung Ihres Selbstvertrauens.

Hintergrundinformationen
Hänseleien, Beleidigungen, Schikane, feindselige Blicke, Ablehnung, Zynismus, Verurteilung, Kritik und verachtende Gesten zerstören Selbstvertrauen

Wer sich jedoch seinen Stärken zuwendet und sich ihrer bewusst ist, geht selbstsicher und selbstbewusst durchs Leben, steigert seinen Selbstwert, geht mental gestärkt an Herausforderungen heran. Je besser man sich selbst und seine Stärken kennt und sich seines Selbstwertes bewusst ist, desto weniger gerät man unter Druck – etwa in stressigen oder schwierigen Situationen. Selbstvertrauen räumt Zweifel aus. Selbstachtung und Selbstwert haben nichts mit Perfektion oder mit Vermeidung von Fehlern zu tun. Erkennen Sie als Führungskraft die Stärken ihrer Mitarbeiter und Mitarbeiterinnen und fördern Sie diese. Nicht vergessen: Verteilen Sie die Jobs und Aufgaben so, dass sie zu den Menschen passen. Nur dann werden Höchstleistungen erzielt.

▸ **Selbstvertrauen bedarf**

- keiner Zweifel.
- keines Vergleichs mit anderen.
- keiner Angst vor Misserfolgen.
- keiner Sorge über das, was andere denken.
- keiner Leugnung (der eigenen Schwächen), keine Ausreden.
- Kenntnis der persönlichen Stärken.

Die Schatzkiste der Selbstachtung Was stärkt nun Selbstwert und Selbstvertrauen? (von innen und außen)

- Beachtung
- Wertschätzung, Anerkennung
- Sich selbst kennen, seine Kompetenzen und Stärken kennen, Selbstwahrnehmung, sich auf sich selbst verlassen können.

Übung: Selbstcoaching – Stärken stärken Welche Fähigkeiten, Talente, Gaben, Kompetenzen, Ressourcen (siehe Abb. 5.6), welche tollen Anlagen und Eigenschaften haben Sie? Finden Sie mindestens 15 positive Eigenschaften.

Was haben Sie schon alles erreicht? Welche Erfolge konnten Sie schon feiern? Welche Charaktereigenschaften und Stärken schätzen andere an Ihnen besonders?

Bitte benennen Sie Stärken z. B. in der Führung, im Umgang mit Mitmenschen, im Umgang mit sich selbst, Fähigkeiten oder Eigenschaften die Ihnen helfen, mit Aufgaben, Menschen und Situationen gut umzugehen.

Nächster Schritt – Skalierung: Zu wie viel Prozent leben Sie in der letzten Zeit Ihre Stärke X? Was wäre Ihr Wunsch-Wert?

Fragen bei hoher Bewertung Wodurch wurde der hohe Wert der Stärke bewirkt? Was werden Sie zukünftig tun, damit der Wert Ihrer Stärke auf dieser Höhe bleibt oder sogar noch steigt? Denn Ihre Stärken gilt es zu erhalten und zu verstärken.

Fragen bei niedriger Bewertung Was wäre für Sie eine Verbesserung, also ein Wert auf der Skala, wo Sie sagen „Der Wert dieser Stärke ist in Ordnung so"? Was genau müsste geschehen, damit Sie diesen Wert erreichen? Was werden Sie zukünftig tun, damit Sie sich Ihrem Wunschwert annähern?

Umsetzung der Stärken Wie können Sie Ihre Stärken im Beruf und Alltag konkret umsetzen? Geht das in Ihrem aktuellen Umfeld? Wie müssten Sie Ihr Umfeld (Privat, Arbeit, Sport usw.) gestalten, damit Sie Ihre Stärken einsetzen können?

Die **schriftliche** Dokumentation dieser Arbeit unterstützt den Prozess nachhaltig.

Dieselben Übungen machen Sie für Ihre Mitarbeiter: Welche Stärken haben Ihre Mitarbeiterinnen und Mitarbeiter?

Abb. 5.6 Ressourcenbaum (Quelle: Fotolia + Erika Vogl-Kis)

Tab. 5.1 Auswahl an Werten

Vertrauen	Schönheit	Akzeptanz
Freiheit	Integrität	Gesundheit
Respekt	Glaube	Wohlstand
Aktivität	Ausgeglichenheit	Aufregung
Beziehung	Zufriedenheit	Gelassenheit
Selbstverwirklichung	Familie	Fairness

Die eigenen Werte kennen Weshalb ist es für die Gesundheit so wichtig, die eigenen Werte zu kennen?

Ein persönlicher Wert ist etwas, was für mich gut ist, was mich angeht, woran mein Herz hängt. Werte bestimmen die Bedingungen, unter denen es gut für uns ist, zu leben. Werte lösen Gefühle in uns aus. Werte sind die Basis unseres Handelns. Sie sind die Leitlinien, die bewusst und unbewusst steuern, wie wir uns entscheiden. Werte motivieren und bilden den ethischen Rahmen; sie sind Teil der eigenen Identität. Die Werte eines anderen zu erkennen und zu respektieren kann zu einer besseren Beziehung führen und ermöglicht es mir, den anderen zu motivieren. Werden unsere Werte missachtet, fühlen wir uns verletzt. Konflikte mit eigenen Werten oder den Werten anderer (Familie/Arbeit) kann zu Belastungen und schließlich auch zu Krankheit führen. Werteverlust macht Angst und erzeugt Abwehrmechanismen wie Aggression und Regression.

Frage nach den eigenen Werten Für die eigene Klarheit ist es wichtig, sich die Frage nach seinen Werten zu stellen. Gehen Sie nun auf die Suche nach Ihren Werten! Beruflich und privat (siehe Tab. 5.1).

> **Übung**
> Was ist Ihnen am Leben wirklich wichtig? Was ist Ihnen an Ihrer Arbeit wichtig? Wozu arbeiten Sie? Was fehlt Ihnen manchmal? Was schätzen Sie besonders?
> Was ist Ihnen in einer Beziehung wichtig? (Partnerschaft, Freundschaft, Verwandtschaft) Was fehlt Ihnen da manchmal? Was schätzen Sie besonders?
> Sie haben verschiedene Freizeitaktivitäten. Was stellen Sie damit sicher? Sie lesen viele Fachbücher. Wozu ist das wichtig? Was gewährleistet das?
> Welche Werte hat das Unternehmen, für das Sie arbeiten? Stimmen diese mit Ihren Werten überein? Könnte darin ein möglicher Grund für Meinungsverschiedenheiten bzw. Konflikte innerhalb des Unternehmens, mit dem Vorstand, mit Ihrer Familie, … liegen? Wie wirken sich die Werte aus, die überhaupt nicht zwischen Ihnen übereinstimmen?
> Suchen Sie drei Menschen, mit denen Sie sich schwertun. Welche Werte verletzen diese bei Ihnen? Aus welchen eigenen Wertigkeiten könnte das Handeln bzw. Verhalten dieser Menschen kommen?
> Aufgabe: Suchen Sie nach Möglichkeiten, die Wertewelt Ihrer Familie und Ihres Unternehmens noch genauer zu erforschen.

Im Unternehmenskontext hat Wertearbeit eine große Bedeutung. Sie drückt sich beispielsweise in der Formulierung von Führungsleitlinien (etwa das Teamleitbild) aus. Diese sollten regelmäßig, z. B. alle drei Monate überprüft werden: Wie geht es dem Team damit? Wie steht es um die Realisierung dieser Wertigkeiten?

5.4 Mentales Gesundheitscoaching

In der Sportpsychologie versteht man unter mentalem Training die Fertigkeit, eine sportliche Leistung durch die bloße Vorstellung entsprechender Bewegungen zu optimieren (Mayer und Hermann 2010). Dies ergänzt das technische und körperliche Training um eine weitere Möglichkeit und ist daneben auch sinnvoll während (Verletzungs-)Pausen. Es kostet wenig Zeit, Geld und Mühe. Mentales Training ist nicht an einen Ort oder eine bestimmte Zeit gebunden.

Zentrales Element des mentalen Trainings ist das Training der Vorstellungskraft, Imagination, die Vorstellung von Bewegungen, Wettkampftagen, Gesprächen und Zielen, und das mit allen Sinnen (Sehen, Hören, Fühlen, Riechen, Schmecken (VAKOG)). Imaginationen wirken auf unseren Körper und unser Immunsystem, lösen Emotionen und Körperreaktionen aus.

▸ **Zentrale Inhalte im Gesundheitscoaching** Gesundheit, Achtsamkeit für die eigenen Gedanken, Gefühle und Körperreaktionen, Veränderung von einschränkenden Überzeugungen, Änderung der Selbst- und Körperwahrnehmung, Selbstgespräche und Veränderung dieser, Ressourcen (Fähigkeiten werden aktiviert), Entspannung, Lösen von inneren Konflikten, Klärung von Krankheitsgewinnen, Konfliktintegration, Stressbewältigung, soziale Kontakte erschließen, Stressoren entmachten, Werteearbeit, Motivation, Umgang mit Rückschlägen und Hindernissen.

Es geht um Veränderungen auf den vier Ebenen: Gedanken, Emotion, Verhalten, Körper.

Das folgende Beispiel einer Führungskraft soll einen Einblick in die vielfältigen mentalen Techniken und Methoden vermitteln. Ich möchte jedoch darauf hinweisen, dass diese Techniken keine Therapie oder medizinische Behandlung ersetzen und meist nach/während einer Therapie mit Einverständnis des Therapeuten eingesetzt werden.

Beispiel

Herr Konrad, Vater von drei kleinen Kindern, steht trotz seiner 19 Jahre Betriebszugehörigkeit kurz vor der Kündigung. Der Mittvierziger ist Vorgesetzter von 17 Mitarbeitern und zwei Teamleitern und hat zusätzlich zu seinen bisherigen Aufgaben seit kurzem noch den Bereich Logistik zu verantworten. Er kommt ins Coaching zu mir, weil er gestresst ist und nicht mehr mit den ständigen Spitzenzeiten zurechtkommt. Seinem Chef hat er bereits gesagt, dass er nicht mehr könne und unter Schlaflosigkeit leide. Auch seine vier Wochen Elternzeit vor Kurzem haben seine Erschöpfung nur kurzfristig kuriert. Er hat ein starkes, von klein auf währendes Augenproblem (Grauer Star) und trägt eine extrem starke Brille. Sein Selbstvertrauen ist unter anderem deswegen stark erschüttert, weil er als Kind wegen seiner Brille stark gehänselt worden ist. Er hat als Kind gelernt, nicht aufzufallen. Aufgrund seiner Unsicherheit akzeptieren ihn seine Mitarbeiter nicht als Vorgesetzten. Sein geringes Selbstbewusstsein versucht er mit enormer Pflichterfüllung zu kompensieren, mit einem hohen Arbeitspensum und Schnelligkeit. Die Anerkennung seiner Vorgesetzten ist ihm wichtig. Jedoch spürt er, dass er, der sich als offen, ehrlich und oft etwas zu kumpelhaft beschreibt, sich im Beruf professioneller verhalten muss. Seine Ziele: Umgang mit überfordernden Situationen lernen, ausgewogene Work-Life-Balance, Grenzen ziehen, sich weniger mit Anderen vergleichen, mit Rückfällen gut umgehen können und Aufgaben an die beiden Teamleiter delegieren. Schon einmal war er für sechs Wochen in einer Klinik zur Behandlung. Obwohl er gerne möchte, schaffte er bislang eine Umorientierung und den Wechsel der Firma nicht – im Gegenteil, nun droht ihm sein Unternehmen mit dem Aus, hält ihn nur noch wegen seiner genialen fachlichen Kompetenz.

Im Folgenden ein Auszug von mentalen Übungen:

Abb. 5.7 Dankbarkeit (Quelle: Kerstin Diacont)

Dankbarkeit (vgl. Abb. 5.7)

„Dankbarkeit ist der schnellste Weg zum Glück." – Barry Neil Kaufman, Psychologie-Professor

Er führt ab sofort täglich als abendliches Ritual vor dem Schlafengehen ein Dankbarkeitstagebuch. Hier hält er all die schönen, die kleinen und großen, besonderen Dinge und Ereignisse, das Gute in seinem Leben, Dinge, für die er dankbar ist, fest, Dinge, die ihm heute Freude gemacht haben, Namen der Menschen, die heute positiv auf ihn eingewirkt haben, auf. Der Fokus wird auf die angenehmen Dinge des Lebens gelenkt, sein Selbstbewusstsein und Selbstwert werden gestärkt. Auf lange Sicht wird ihn das glücklicher und zufriedener machen. Wenig Aufwand, große Wirkung!

Stärken stärken, Steigerung des Selbstwerts Stärkenarbeit. Durch eine Ressourcenaufstellung, eine Arbeit mit dem Systembrett, konnte sich Herr Konrad seiner Stärken bewusst werden und Ressourcen aktivieren.

Alltags-Rituale schaffen Mit einem ganz persönlichen Arbeitstagesabschluss-Ritual kann er ab sofort sicher stellen, die Arbeit nicht mit nach Hause zu nehmen: Vor Feierabend erkundigt er sich kurz bei den Teamleitern, was war, ob alles okay ist. In seinem Büro notiert er, was morgen zu erledigen ist (Erledigungsliste). Er fährt den Rechner runter, räumt seinen Schreibtisch auf und klopft auf den Tisch. Beim Rausgehen verabschiedet er sich von allen, denen er begegnet. Er steigt auf sein Fahrrad. Mit Verlassen des Firmengeländes spricht er mit niemand mehr über Dienstliches, auch wenn er noch einen Kollegen treffen sollte. Den Weg nach Hause nutzt er bewusst zum weiteren aktiven Abschalten. Am

Ortschild auf dem Heimweg bleibt er kurz stehen und reflektiert seine Gedanken: Denkt er gerade noch an die Arbeit? Wenn ja, setzt er den weiter oben beschriebenen „Gedankenstopp" ein. Zu Hause wechselt er seine Dienstkleidung ein gegen Freizeitdress, nimmt eine Dusche, taucht so förmlich ins Privat- und Freizeitleben ein. Er macht beispielsweise erst mal zehn Minuten Musik und unterhält sich mit seiner Frau und den Kindern. Das gemeinsame Abendessen ist der Höhepunkt seines Feierabends. Er sieht nur noch sehr selten fern, sondern liest stattdessen oder spricht mit seiner Frau. Morgens geht er wieder joggen, wie er es früher auch schon getan hat.

> **Übung** Welche Rituale gibt es in Ihrem Leben?
> Welches Arbeitstagesabschluss-Ritual könnte Ihnen den Übergang von der Arbeit ins Privat- und Freizeitleben erleichtern? Wie könnten Sie „runterfahren"?
> Welche Rituale haben Sie im Laufe der Zeit unter den Tisch fallen lassen, könnten Sie aber wieder zum Leben erwecken?

Als Alternative zum Ritual von Herrn Konrad folgendes Ritual aus dem Golfmentaltraining:

Einrichten eines „mentalen Wohnzimmers" Dieses Ritual kommt ursprünglich aus dem Golfsport und eignet sich sehr gut auch für Situationen im Berufsleben. Gelingt z. B. im Golf etwa ein Schlag nicht so wie geplant und der Golfspieler ärgert sich sehr darüber, kann er im Geiste um den Ball herum – da, wo dieser gerade zum Liegen gekommen ist – einen Radius von ca. einem Meter Durchmesser ziehen. Das ist sein „mentales Wohnzimmer". Innerhalb dieses Kreises darf er seinen Ärger Ausdruck geben, mit dem Fuß aufstampfen oder die Faust ballen. Und er analysiert kurz, was passiert ist. Beim Verlassen des „mentalen Wohnzimmers" jedoch kommt der Golfspieler wieder in die Gegenwart zurück, denn das Schimpfen und Analysieren bezieht sich bereits auf ein Ereignis in der Vergangenheit, selbst wenn der Schlag nur wenige Sekunden her ist. Beim Heraustreten aus dem „mentalen Wohnzimmer" konzentriert er sich wieder auf die Atmung, denn sie bringt ihn ins Hier und Jetzt oder auf die Natur.

Wenn der Golfer einem verlorenen Ball nachtrauert, über „wenn" und „aber", „was passiert, wenn" grübelt, an den möglichen Score (Ergebnis der Golfrunde) und den Gewinn des Turniers denkt, zu lange an einen Termin im Büro oder an Unerledigtes denkt, läuft er Gefahr, seine Konzentration zu verlieren, seine Potenziale zu blockieren, Fehler zu machen und im Turnier abzufallen. Wenn er Angst hat, ist er gedanklich in der Zukunft oder er befürchtet, dass seine Vergangenheit wieder zur Gegenwart werden könnte. Wenn es ihm allerdings gelingt, im Hier und Jetzt zu bleiben, reduzieren sich seine „Horror"-Fantasien und seine Ängstlichkeit beträchtlich und er empfindet keine Angst, z. B. vor Versagen, mehr.

> Das Einzige, was wir wirklich beeinflussen können, ist unsere Gegenwart.

Steht im Beruf etwa ein wichtiges Meeting an und wir ärgern uns jedoch gerade noch über ein Ereignis, etwa einen Telefonanruf oder eine E-Mail, können wir dieses Ritual anwenden: So kann die Türschwelle des Büros die Linie sein, ab der wir beschließen, den Ärger im Raum zurück zu lassen. Den Flur nutzen wir dazu, uns in einen positiven Zustand zu bringen, z. B. mit Atemfokussierung, Erfolgsvisualisierung, positiven Gedanken, Affirmationen oder einer Bewegung (ein Teilnehmer aus Russland erzählte mir in einem Workshop, dass er immer einen Luftsprung vor der Tür mache). So ist unser Kopf frei von negativen Emotionen und wir können uns auf die neue Aufgabe und das Meeting konzentrieren.

Entspannungsatmen Der Zugang zur Entspannung und Gelassenheit geht zunächst über das Atmen. Viele Probleme, Ängste und Unsicherheiten, z. B. in Situationen, die überfordern oder in Spitzenzeiten, entstehen dadurch, dass die Atmung schnell und flach wird. Der Mensch steht mit hoch gezogenen Schultern im Meeting vor seinen Kollegen. Meist fällt einem das selbst nicht auf.

Atemübung: Gürtel, der auf den Bauch drücken könnte, Kragen und Krawatte lockern, Schuhe evtl. ausziehen. Legen Sie sich bequem auf einer Isomatte auf den Rücken, die Beine ausgestreckt oder angewinkelt. Sie können die Übung auch im Sitzen oder Stehen machen. Ihre Hände liegen auf dem Bauch, die Mittelfinger berühren sich über dem Bauchnabel. Schließen Sie die Augen, wenn sie mögen. Atmen Sie ganz langsam durch die Nase ein und zählen sie dabei langsam bis drei. Atmen sie bewusst, langsam und gleichmäßig durch den Mund aus. Beim Einatmen hebt sich Ihr Bauch und die Finger gehen leicht auseinander. Halten Sie den Atem für eine Sekunde an. Atmen Sie nun langsam wieder aus. Die Bauchdecke senkt sich zurück in die Ausgangslage und die Finger berühren sich wieder. Achten Sie darauf, dass das Ausatmen länger dauert als das Einatmen. Wiederholen Sie diese Atmung mehrere Male.

Thymusdrüse klopfen Übung zum Stressabbau: Klopfen Sie etwa eine Minute lang mit den Fingerspitzen oder mit der Faust (sanft) auf die Thymusdrüse. Diese liegt ca. 4 Finger breit unterhalb der Halskuhle hinter dem Brustbein in der Mitte des Brustkorbs. Nehmen Sie zusätzlich Ihre Zunge beim Einatmen hinter die Zähne an den Gaumen. Klopfen Sie ruhig mehrmals am Tag auf die Thymusdrüse. Das Klopfen tut einfach gut. Diese Übung verbessert Ihre Stimmung, trägt zur Entspannung und Lebensfreude bei, reduziert Stress und sorgt für Zentriertheit und Ausgeglichenheit. Besonders unterstützend ist das Klopfen der Thymusdrüse vor einem großen Auftritt z. B. vor einer Präsentation oder vor anstrengenden, wichtigen oder aufregenden Gesprächen.

Zielearbeit (siehe Abb. 5.8) Halten Sie fest, wozu Sie gesund und fit bleiben wollen, und wie das damit verbundene Ziel für Sie (sinnesspezifisch konkret) aussehen könnte. Was sind Sie dafür bereit, zu investieren? Erarbeiten Sie berufliche und persönliche (Gesundheits-)Ziele und erstellen Sie eine Zielcollage. Dazu werden aus Zeitschriften spontan zum Ziel passende Bilder und Fotos von ihnen und ihrer Familie ausgewählt und

Abb. 5.8 (Quelle: Kerstin Diacont)

intuitiv auf ein großes Blatt geklebt. Hängen Sie Ihre Collage gut sichtbar auf, sehen Sie sie oft an, um Ihr Unterbewusstsein zu stimulieren.

Andere Möglichkeit: ein digitaler Bilderrahmen, der z. B. auf Ihrem Schreibtisch steht, über den in Dauerschleife Bilder, die Sie mit ihrem Ziel assoziieren, laufen. Sie können diese Bilder immer wieder leicht be- und überarbeiten und zusätzlich positive Affirmationen und Fotos ihrer Erfolge bzw. schöner Orte (Ruhebilder) einfügen. So haben Sie Ihr Ziel immer vor Augen – Unterbewusstsein und Bewusstsein beschäftigen sich so oft damit.

Ruhebild Gehen Sie in Ihrer Fantasie an einen Ort, an dem Sie sich rundum wohl fühlen. Das kann der Lieblingsplatz aus der Kindheit hoch oben im Baum sein, der Gipfel eines Berges, den man einmal voller Stolz erklommen hat – in meinem Fall war das die Besteigung des Großglockners –, eine Lichtung im Wald, ein Strand, ein schöner Garten, ein Park, eine wunderschöne Landschaft oder eine erfundene Umgebung.

Die Visualisierung eines schönen Ortes bewirkt wohlige Entspannung und beruhigt Nerven. Im Idealfall durchströmt uns ein Gefühl der Stärke und Zuversicht, das wiederum hilft, Entscheidungen zu treffen und in eine neue Richtung aktiv zu werden.

Umgang mit Rückschlägen Hier zitiere ich gerne die Basketball-Legende Michael Jordan, der auf der High School bei der Aufnahme ins Basketballteam scheiterte – weil er nicht groß genug war. Doch er gab nicht auf: „Immer, wenn ich trainierte und müde wurde und dachte, ich sollte aufhören, dann schloss ich meine Augen und sah diese Liste im Umkleideraum, auf der nicht mein Name stand." Er trainierte hart, er scheiterte wieder und wieder – und wurde zum besten Basketballer der Welt. „Ich habe mehr als 9000 Würfe in meiner Karriere verfehlt. Ich habe fast 300 Spiele verloren. 26 Mal wurde mir der spielentscheidende Wurf

Abb. 5.9 (Quelle: Fotolia)

anvertraut … und ich habe verfehlt. Ich habe in meinem Leben wieder und wieder und wieder versagt. Und deswegen bin ich erfolgreich!", ist eines seiner bekanntesten Zitate.

Innere Distanzierung Wenn Sie mit unangenehmen Situationen bzw. einer schwierigen Aufgabe konfrontiert sind, sollten Sie möglichst rasch Abstand gewinnen. Nehmen Sie eine Beobachterperspektive ein oder machen sich zum Zuschauer, der unbehindert von starken Gefühlen das Verhalten eines anderen Ihnen gegenüber beobachtet und analysiert. Atmen Sie tief durch, und tun Sie so, als ob Sie einen Film im Fernsehen anschauen würden. Sie können auch aufstehen und sich hinter Ihren Stuhl stellen und sehen sich selbst vor dem inneren Auge vor sich auf dem Stuhl sitzen. Fragen Sie sich von dieser Metaposition aus: Was passiert hier gerade? Wozu lädt mich mein Gegenüber ein? Will ich dem folgen?

Anfangs oft sehr schwer für meine Klienten in der Umsetzung, daher üben, üben, üben, denn es handelt sich um eine super gute Technik.

wingwave® Mit der wingwave®-Technik, die ich gezielt bei Kurzzeit-Coachings wegen der guten Resultate einsetze, durfte ich erfahren, dass durch eine Nachbearbeitung negativer bzw. angstauslösender Erlebnisse mit schnellen Augenbewegungen die emotionale Erinnerung verblasst, sich Unsicherheiten und Stress auflösen und die Einflüsse negativer Gedanken auf die Muskulatur verschwinden. Wingwave® dient der Stressregulation, stärkt und stabilisiert die eigenen Ressourcen und die innere Balance. Unter anderem basiert die Methode auf Erkenntnissen der Gehirnforschung. Die Methode vereint drei Verfahren: die Stimulation beider Gehirnhälften durch wache REM-Phasen, d. h. schnelle Augenbewegungen, auch auditive oder taktile links-rechts-Impulse durch Berühren; Neurolinguistisches Programmieren sowie den Myostatiktest. Mit der wingwave®-Technik konnte sich auch Herr Konrad rasch und nachhaltig von negativen Emotionen aufgrund früherer Erlebnisse (z. B. Hänseleien wegen seiner Augenproblematik) befreien, und damit von einem Großteil seiner Unsicherheit.

Vorbilder Herr Konrad wollte gelassener und professioneller werden. Er hat sich aus seinem sozialen Umfeld ein Vorbild gesucht, das diese Eigenschaften verkörpert.

▸ **Übung** Suchen auch Sie sich ein Vorbild, ein Idol, das all die gewünschten Eigenschaften ausstrahlt, die Sie selbst gerne hätten. Es ist egal, ob Ihr Idol eine Person, ein Tier, ein Gegenstand, eine Situation oder irgendein Bild ist, solange es Ihnen die Eigenschaft, wie z. B. Gelassenheit, vermittelt, die Sie in Belastungssituationen brauchen. Beispiele sind: erfolgreiche Spieler oder Sportler, Stars, ein Mönch (als jemand, der sein Leben einer Sache widmet und dabei bewusst auf Vieles verzichtet), der Löwe (als Herrscher im Tierreich ohne natürliche Konkurrenz), eine Situation, die Sie als besonders motivierend in Erinnerung haben, usw.
Sich ein Vorbild zu suchen und sich dann dementsprechend zu verhalten, ist ein sehr mächtiges Instrument zur Verhaltensänderung, weil es sich auf das Selbstbild auswirkt. Die Art wie wir uns sehen beeinflusst unser Verhalten.
Nachdem Sie sich ein Vorbild gesucht haben, beantworten Sie sich folgende Fragen:
Wer ist Ihr Vorbild? Welche Eigenschaften hat Ihr Vorbild? Was genau tut Ihr Vorbild? Wie verhält sich Ihr Vorbild in ihrem Alltag, insbesondere in Spitzenzeiten? Wie schaut er/sie/es aus? Was kann es/er/sie? Wie beschreiben Sie es/sie/ihn? Wie bewegt sich Ihr Vorbild? Wie wirkt er/es/sie auf Sie? Welche Fähigkeiten setzt das Modell ein? Was sagt er/sie? Wann und wo handelt Ihr Vorbild so? Aus welchen Gründen tut Ihr Vorbild das? Was macht ihn/sie unverwechselbar? Was können Sie imitieren?
Versetzen Sie sich dann ganz hinein in Ihr Vorbild, nehmen Sie sich Zeit ganz einzusteigen, nehmen Sie die Welt durch deren Augen und Ohren wahr und spüren Sie nach, wie es ist, sich so zu fühlen, zu denken und zu bewegen. Suchen Sie sich die Eigenschaften Ihres Vorbilds heraus, die Sie im Moment benötigen. „Leben" Sie sich in Ihre Vorstellung hinein. Übernehmen Sie die Ressourcen/Fähigkeiten, die Ihnen sonst nicht so leicht zugänglich sind.
Kopfkino, mentaler Probelauf: Und nun bleiben Sie in einer konkreten Belastungssituationen in diesem Zustand.
Was hat sich verändert?
Reflektieren Sie nach der Übung: Was genau hat Ihnen geholfen?
Fassen Sie das Erlebte zusammen, notieren Sie Ihre Erfahrungen und Beobachtungen. Was war interessant? Wie und wann werden Sie das Gelernte zukünftig nutzen? Wie bauen Sie es in Ihr Weltbild ein, so dass es stimmig zu Ihnen gehört?

5.5 Stress: Innere Stressoren sind die inneren Antreiber

In Stresssituationen merken wir, dass uns die Situation immer mehr entgleitet. Unsere „inneren Antreiber", ein Konzept aus der Transaktionsanalyse, also innere Stressquellen, übernehmen dann die Regie: „Sei perfekt!", „Sei beliebt!", „Sei stark!", „Sei vorsichtig!" und „Ich kann nicht!" (auch: „Ich kann das nicht aushalten!") (Abb. 5.10). Diese Antreiber haben wir vor langer Zeit, z. B. in der Kindheit verinnerlicht. Als Erwachsene sollten wir uns darüber bewusst werden, ob und wann wir welche Verhaltensweisen in welchem Maße noch brauchen, denn die Umstände sind inzwischen ganz andere als damals, wann auch immer wir uns unsere Antreiber angeeignet haben.

Entmachtung des inneren Antreibers Unsere Antreiber enthalten immer eine Warnung oder ein Verbot (siehe Tab. 5.2) und brauchen deshalb eine Gegenkraft, einen inneren „Erlauber". Das sind förderliche Gedanken unter Berücksichtigung der Hinweise und des Kerns des Antreibers.

▸ Erlauber sollten immer positiv formuliert sein und oft wiederholt werden.

Umgang mit inneren Antreibern Ziel: Achtsamkeit, achtsames Umgehen mit sich selbst, Psychohygiene

1. Schritt: Analysieren und Bewusstheit schaffen: In welchen Situationen gerate ich unter den Einfluss eines Antreibers? Wann schlägt mein Antreiber zu? Was ist mein Impuls, den Antreiber zu aktivieren?

Abb. 5.10 (Quelle: Kerstin Diacont)

Tab. 5.2 Die Antreiber und ihre Botschaften im Überblick

Antreiber	Merkmale
Sei perfekt!	Perfektionismus und Vollkommenheit, Überexaktheit, Unzufriedenheit, Fehler sind schrecklich. Übermäßige Detailverliebtheit und Übererfüllung der Aufgaben. Führt zu Selbstüberforderung und Erschöpfung.
Sei beliebt!	Wunsch nach Zugehörigkeit, nach Angenommensein und Liebe. Große Hilfsbereitschaft. „Zuviel des Guten". Selbstüberforderung und Burn-out
Sei stark!	Wer sich innerlich immer wieder ermahnt, stark zu sein und bloß keine Schwäche und Gefühle zu zeigen, kann schlecht Hilfe von außen annehmen, überfordert sich zwangsläufig selbst. Unabhängigkeit und Selbstbestimmung. Haltung bewahren, sich keine Blöße geben.
Sei vorsichtig!	Wunsch nach Sicherheit und Kontrolle im Leben, möglichst alles selbst unter Kontrolle haben. Es fällt schwer zu delegieren, man will dabei kein mögliches Risiko eingehen und trifft aus Angst davor möglichst wenig weitreichende Entscheidungen.
Beeil dich!	Wer sich innerlich dazu antreibt, schnell zu sein, bringt meist Aufgaben nicht ganz zu Ende und ist gedanklich immer schon einen Schritt voraus, lebt deshalb nicht im Hier und Jetzt und wirkt auf andere unkonzentriert und gestresst. Sie sind unruhig. Sie können sich schlecht entspannen.
Streng dich an!	Sie können sich nicht über Erfolge freuen. Abmühen bis zum Letzten. Dinge werden in Angriff genommen, doch nie zu Ende gebracht.

2. Schritt: In dieser Situation den gewohnten Ablauf unterbrechen, etwa durch tiefes und bewusstes Ein- und Ausatmen, Ausatmen mit jedem Atemzug verlängern und vielleicht Gespräch mit einem Mitarbeiter suchen.
3. Schritt: Mir innerlich die konkrete „Gegenbotschaft"/Erlaubnis geben – Wie lautet der Erlauber? Positive Erlebnisse mental durchspielen.
4. Schritt: Neues Verhalten oder neue angemessene Aktion in der stressenden Situation zeigen.
5. Schritt: Reaktion des/der Kontaktpartner/s (z. B. Arbeitgeber) beachten. Ist Reaktion tatsächlich so schlimm, wie ich sie befürchte? Umwelt reagiert nicht immer negativ auf neues Verhalten.
6. Schritt: Mit Hilfe einer professionellen Unterstützung oder in einem Coaching folgende Fragenklären, um das eigene Verhalten zu stabilisieren:
Was mache ich für Erfahrungen mit Antreibern? Was erreiche ich damit? Wie geht es mir damit? Wie gehe ich damit um? Welche Ängste und Unsicherheiten muss ich ablegen?
Wann ist es mir bereits gelungen, Erlauber anzuwenden? Was habe ich damals gefühlt, gedacht, getan und wie habe ich mich verhalten? Wie lauten meine Erlauber? Was erreiche ich damit? Wie geht es mir dann damit? (mentaler Probelauf)

> **Beispiel zum inneren Antreiber „Mach's anderen recht!"**
>
> 1. Schritt: Ein potenzieller Kunde ruft an, um wegen der Buchung eines Vortrags anzufragen. Frau Schmidt hat Höllenstress, doch sie sagt trotzdem sofort zu. Sie hat sich in diesem Moment selbst nicht berücksichtigt.
> 2. Schritt: Die Situation wiederholt sich. Doch Frau Schmidt hat daraus gelernt und vor ihrem inneren Auge taucht ein Warnschild auf: „Jetzt aufpassen!" Sie verschafft sich einen Spielraum: „Danke. Ich prüfe meine Termine und rufe Sie morgen an."
> 3. Schritt: Sie erlaubt sich: „Eigene Bedürfnisse zu berücksichtigen, ist okay."
> 4. Schritt: Erneuter Anruf beim Kunden: „Ich habe es mir überlegt. Leider überschreitet der Auftrag meine Kapazitäten. Ich muss Ihnen diesmal absagen." Sie bietet Alternativen an. Sie schützt sich so davor, sich selbst zu überlasten oder brüsk zu sein.
> 5. Schritt: Sie schafft es, die positive Antreiber-Qualität aufrechtzuerhalten.

5.6 Gesunde Führung

„Führungskräfte müssen letztlich nur eine Person führen und diese Person sind sie selbst." Diese Aussage geht auf den ehemaligen Top-Manager Peter F. Drucker zurück.[1]

Diesen Satz äußerte der verstorbene Begründer der modernen Managementlehre schon vor Jahrzehnten und heute ist er so aktuell wie nie. Inzwischen ist die Führungsforschung der Ansicht, dass sich Führung in Richtung Folgschaft entwickelt und Mitarbeiter selbst darüber entscheiden (wollen), wem sie folgen oder nicht. Es ist bekannt, dass Manager, deren Mitarbeiter einen hohen Krankenstand aufweisen, diese Tendenz mit in neue Unternehmen und Standorte nehmen und umgekehrt gute, motivierte Teams auch bei einem Firmenwechsel aufbauen können. Ein Grund dafür liegt in der Art, wie sie sich jeweils selbst führen. Selbstführung ist ein dynamischer Prozess, der einen auch mit anderen Dynamiken und Veränderungen jeglicher Art besser Schritt halten lässt. Wer den Weg der Selbstführung (vgl. Abb. 5.11) eingeschlagen hat, lässt sich nicht oder nur temporär aus der Bahn werfen. Selbstführung und Führung anderer Menschen hängen stark von der Persönlichkeit ab.

„Nichts gesagt, ist genug gelobt" – Lob, Anerkennung und Wertschätzung Im Schwäbischen heißt es: „Nix g'schwätzt isch gnug g'lobt" (zu Deutsch: nichts gesagt ist genug gelobt). Stimmt das Sprichwort? Anerkennung und Wertschätzung stärken unseren Selbstwert. Viele Menschen beklagen, nicht gesehen zu werden. Nur jeder zweite Beschäftigte

---
[1] http://www.managerseminare.de/ms_Artikel/Selbstfuehrung-Der-innere-Lotse, managerseminare 185, August 2013, S. 38–44

Abb. 5.11 (Quelle: Kerstin Diacont)

bescheinigt laut INQA (Initiative Neue Qualität der Arbeit 2006) seinem Vorgesetzten einen wertschätzenden Führungsstil. Wertschätzung erleichtert im Übrigen auch den Ausstieg aus der Stressspirale und ist zudem ein echter Gesundheitsfaktor. Sie steigert das Wohlbefinden und Motivation. Anerkennung senkt das Depressionsrisiko, setzt das Vertrauenshormon Oxytozin frei, ebenso das Leistungshormon Dopamin, reduziert das Risiko für Herz-Kreislauf-Erkrankungen, entspannt auf muskulärer Ebene, verbessert die Arbeitsfähigkeit gerade bei älteren Beschäftigten (aus Vortrag mit Anne Katrin Matyssek[2]).

Fragen zur Selbstreflexion an dieser Stelle: Aus welchen Gründen wird so wenig gelobt? Geben Sie genug Anerkennung? Und bekommen Sie genug Anerkennung? Viele der Führungskräfte, die zu mir ins Coaching kommen, fühlen sich „unterversorgt" in Sachen Anerkennung. Welche Gründe gibt es dafür, vermuten Sie? Bei wem fällt es Ihnen leicht, Anerkennung zu geben? Und bei wem nicht? Aus welchen Gründen? Was war die größte/eine große Anerkennung in Ihrem bisherigen Leben (privat, Berufsleben, Sport)? Und wie hat die auf Sie gewirkt?

Welche Voraussetzungen muss ein Lob erfüllen, damit es wirklich angenommen werden kann (siehe Abb. 5.12)? Wann haben Sie sich zuletzt wertschätzend verhalten? Woran machen Sie Wertschätzung fest? Was wünschen sich Mitarbeiter in Sachen Wertschätzung von Ihrer Führungskraft?

Führungskräfte sollten bedenken, dass alles, was den Selbstwert eines Mitarbeiters stärkt, auch zu dessen Identifikation mit beiträgt.

---

[2] http://www.uk-bund.de/downloads/PODi/Vortr%E4ge_PoDi_2013/MATYSSEK_Vortrag_PoDi-2013.pdf, S. 24.

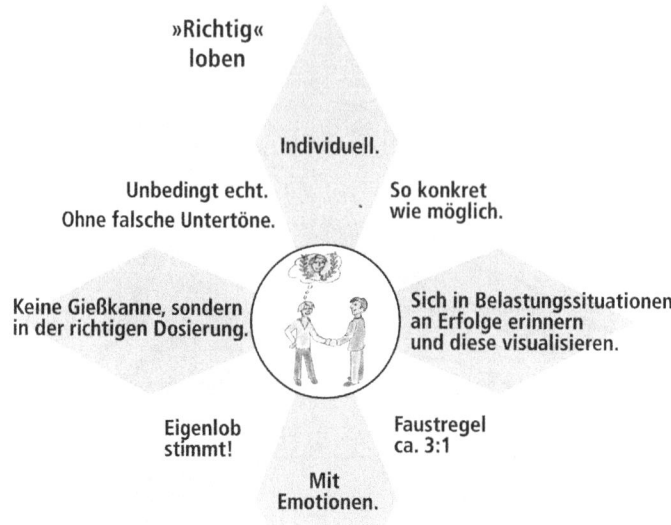

Abb. 5.12 (Quelle: Kerstin Diacont)

> **Fazit**
> Die Forschung bestätigt längst, dass Führungskräfte und Manager zentralen Einfluss haben auf die Belastungssituation ihrer Mitarbeiter und auf deren Wohlbefinden und Gesundheit am Arbeitsplatz.[3,4] Ich möchte dem hinzufügen, dass dieses Thema keinesfalls nur in die Hände der Führungskräfte und Chefs gehört, sondern in die eines jeden Einzelnen.
>
> Für Gesund Führen und Gesundheit in Unternehmen gilt: Kurzfristiges Bemühen und Versuchen wird zu keinem befriedigenden Ergebnis führen. Gesunde Führung sollte in jedem Unternehmen mit der firmeneigenen HR Philosophie verschmelzen. Führungskräfte brauchen hierfür von oben jegliche Unterstützung, Möglichkeiten zur Weiterbildung, Zeit und Geduld zur Umsetzung bereit stehen.

---

[3] Gelesen auf http://www.spiegel.de/spiegelwissen/a-763299.html, abgerufen im Juli 2013.
[4] Siehe z. B. Badura et al. 2000; Bamberg et al. 1999; von Eckardstein et al. 1995; Nieder 2000.

Abb. 5.13 (Quelle: Kerstin Diacont)

5.7 Über die Autorin

Antje Heimsoeth Antje Heimsoeth, Jahrgang 1964, geboren in München, ist Leiterin des von ihr gegründeten renommierten Instituts SportNLPAcademy®, Lehrtrainer, DVNLP,

Coach, DVNLP, zert. LernCoach (nlpaed), ECA Sport Coach (Master Competence), Life Kinetik® Trainerin, Golf Mental Coach, zert. MentalCoach, Sportmentaltrainerin (HAG), wingwave®-Coach, Business Coach, Gesundheitstrainerin, zert. Work Health Balance-Coach für systemische Kurzzeit-Konzepte, Kinesiologin, Reiss Profile Master, Trainerin in Fortbildungsinstituten und Unternehmen. Mit den Erfahrungen aus dem Sportmentaltraining, Intuitions- und Gesundheitstrainings, wingwave®-Coachings, NLP, Klopftechniken (EFT) und Mentaltraining begleitet sie seit Jahren Manager, Personalleiter, Vorstände, Führungskräfte, Coaches, Spitzensportler, Trainer und Teams.

Immer wieder auch wird in Presse und Hörfunk über ihre Tätigkeit berichtet; sie ist zudem selbst Autorin zahlreicher Medienbeiträge.

Weitere Infos unter www.antje-heimsoeth.com

Literatur

Verwendete Literatur

Bandler, R. (1987). *Veränderung des subjektiven Erlebens. Fortgeschrittene Methoden des NLP.* Paderborn: Junfermann.

Eberspächer, H. (2007). *Mentales Training. Das Handbuch für Trainer und Sportler* (7. Aufl.). München: Copress.

Hebb, D. O. (1949). *The organization of behavior. A neuropsychological theory.* New York, NY: Wiley.

Initiative Neue Qualität der Arbeit, INQA-Studie 2006: „Was ist gute Arbeit?"

Prof. Gerald Hüther auf dem Vortrag beim Hauptstadtkongress 2011, Berlin. Im Internet: http://www.hauptstadtkongress.de/2011/eroeffnungsvortrag-von-prof-dr-gerald-huether/; abgerufen im September 2013.

Lazarus, R.S. (1966). *Psychological stress and the coping process.* New York: McGraw-Hill.

Lazarus, R.S., & Launier, R. (1981). Stressbezogene Transaktionen zwischen Person und Umwelt. In J. Nitsch (Hrsg.) *Stress. Theorien, Untersuchungen, Maßnahmen.* Bern.

Martens, A. (2013). Der innere Lotse. *managerSeminare, 185,* 38–44. http://www.managerseminare.de/ms_Artikel/Selbstfuehrung-Der-innere-Lotse,228858; abgerufen am 29.08.2013

Mayer, J., & Hermann, H.-D. (2010). *Mentales Training: Grundlagen und Anwendung in Sport, Rehabilitation, Arbeit und Wirtschaft.* Heidelberg: Springer Medizin Verlag.

Savoie, J. (2009). *Positiv denken – erfolgreich reiten: Mit Mentaltraining zum persönlichen Sieg* (2. Aufl.). Stuttgart: Franckh Kosmos Verlag.

Zerlauth, T. (1996). *Sport im State of Excellence. Mit NLP und mentalen Techniken zu sportlichen Höchstleistungen.* Paderborn: Junfernmann.

Weiterführende Literatur

Corssen (2004). *Der Selbst-Entwickler: Das Corssen-Seminar* (S. 46–57). Wiesbaden: Marixverlag.

Covey, S. (1992). *The 7 habits of highly effective People.* Melbourne: The Business Library.

Frankl, V. E. (1987). *Man's search for meaning.* London.

Frohme, & Schmale-Riedel. *Die Psychodynamik von Antreibern.* http://www.vfp.de/verband/verbandszeitschrift/alle-ausgaben/39-heft-04-2009/190-psychodynamik-von-antreibern.html. Zugegriffen: 27.08.2013.

Heimsoeth, A. (2013). *Mein Kind kann's: Mentaltraining für Schule, Sport und Freizeit.* Stuttgart: Pietsch.

Heimsoeth, A. (2012). *Golf Mental: Pockettraining.* Stuttgart: Pietsch.

http://de.wikipedia.org/wiki/Peter_Drucker#Literatur_%C3%BCber_Peter_Drucker

http://www.karrierehandbuch.de/index.php5?con=291020072&lng=de&clt=kh

http://www.spiegel.de/spiegelwissen/a-763299.html, abgerufen im Juli 2013

Kaluza Stressbewältigung (2011). *Trainingsmanual zur psychologischen Gesundheitsförderung* (2. Aufl., S. 104–118). Berlin, Heidelberg, New York: Springer Verlag.

Längle, A., & Probst, C. (1997). *Süchtig sein. Entstehung, Formen und Behandlung von Abhängigkeiten* (S. 149–169). Wien: Facultas. S. 17 f

Längle, A. (1999). *Was bewegt den Menschen? Die existentielle Motivation der Person.* Existenzanalyse, Bd. 16

Maehrlein, K. (2012). *Die Bambusstrategie – den täglichen Druck mit Resilienz meistern.* Offenbach: Gabal.

Management Challenges for the 21st Century, New York: HarperCollins, 1999. Deutsche Ausgabe: Management im 21. Jahrhundert, Düsseldorf: Econ, 1999, ISBN 3430122384

Projektbericht der Berufsgenossenschaft für Gesundheitsdienst und Wohlfahrtspflege (BGW) „Gesundheitsfördernd führen", Zimber und Gregersen, 2007, S. 5 f.; online: http://www.bgw-online.de/internet/generator/Inhalt/OnlineInhalt/Medientypen/Fachartikel/Projektbericht-Gesundheitsfoe-Fuehren,property=pdfDownload.pdf; abgerufen im Juli 2013

Schlegel, L. *Was ist Transaktionsanalyse?* http://www.dgta-news.de/pdf/was_ist_transaktionsanalyse.pdf. Zugegriffen: 28.08.2013.

Storch, M. et al. (2010). *Embodiment. Die Wechselwirkung von Körper und Psyche verstehen und nutzen* (2. Aufl., S. 37–49). Bern: HUBER. http://www.majastorch.de/download/1106_Embodiment-Forschungsbericht.pdf, S. 5

Studie der Felix-Burda-Stiftung. (2011). Vorteil Vorsorge – Die Rolle der betrieblichen Prävention für die Zukunftsfähigkeit des Wirtschaftsstandortes Deutschland, nachgelesen im August 2013 unter http://www.felix-burda-stiftung.de/projekte/studie-betriebliche-gesundheitsvorsorge/

Du kannst nicht nicht wirken   6

Wie Sie sich bewusst machen, was Sie im Team und bei Geschäftspartnern auslösen

Brigitte Herrmann

Inhaltsverzeichnis

6.1	Karrierepflege oder Manipulation?	108
6.2	Wo Sie stehen	110
6.3	Wo Sie hinwollen	115
6.4	Wie Sie die Brücke bauen	116
6.5	Image-Inspektion	120
6.6	Über die Autorin	122
Literatur		122

„Menschenfeind": Seit heute Morgen prangt die rote Tasse mit diesem provokanten Aufdruck als einzig farbiges Element auf dem weißen Schreibtisch des Abteilungsleiters. Der Chef, Frank Selling[1], findet sie lustig. Eine gute Freundin hat sie ihm als kleine Aufmerksamkeit in die Firma geschickt; als Reaktion auf ein Gespräch vor ein paar Tagen, in dem Selling ihr von den ständigen Querelen mit einigen seiner Mitarbeiter erzählt hatte – endlich einmal hatte der Abteilungsleiter sich aussprechen und seinem Herzen Luft machen können!

Vor einem Jahr hat Herr Selling die von ihm ersehnte Abteilungsleitung übernommen. Mit seinen 36 Jahren ist er ein sehr sachlicher, ordnungsliebender und zielstrebiger Mensch. Er hat es geschafft, in seiner neuen Verantwortung Zeichen zu setzen und mit innovativen Ideen frischen Wind in die Projekte und die Abteilung zu bringen. Bereits zwei größere Projekte wurden unter seiner Leitung erfolgreich abgeschlossen. Sein Einstieg in die Führungsriege des Unternehmens war allerdings alles andere als einfach. Das 20-köpfige, meist aus langjährigen Mitarbeitern bestehende Team ist nicht so einfach zu führen, wie er sich

---

[1] Die Namen in dieser und allen folgenden Geschichten sind geändert.

Brigitte Herrmann ✉
inspiricon, Lessingstraße 7, 76744 Wörth am Rhein, Deutschland

das vorgestellt hatte. Vor allem mit Herrn Wangner, dem dienstältesten Mitarbeiter der Abteilung, gibt es auch heute noch immer wieder Ärger. Weil dieser im Team sehr gut vernetzt ist, konnte er sich unter dem alten Chef immer wieder Extratouren leisten. Wenn er sich z. B. mal wieder nicht an die Kernarbeitszeiten gehalten hatte, kaschierten seine Kollegen sein Fehlverhalten. Diese Unregelmäßigkeiten hat Frank Selling umgehend abgestellt – und sich damit nicht nur Freunde gemacht.

Als Herr Wangner seinem abwesenden Chef das monatliche Reporting auf den Schreibtisch legen will, fällt sein Blick auf die Tasse auf dem Tisch. Ohne lange zu überlegen greift er zu seinem Smartphone, fotografiert sie und versendet das Bild als Mailanhang an die Geschäftsleitung. In der Mail formuliert er kurz und knapp: „Menschen, die sich zu solchen Botschaften bekennen, sind keine geeigneten Führungskräfte."

Das Foto rast wie ein Lauffeuer durch die Abteilung und das gesamte Unternehmen. Es dauert keine zehn Minuten und die unglückselige Tasse ist das Gespräch des Tages. Herr Selling weiß davon zunächst nichts. Er nimmt zwar die angespannte Stimmung wahr, macht sich jedoch keine weiteren Gedanken darüber.

Einen Tag später bittet die Geschäftsleitung ihn zu einem Gespräch. Ihr Vertrauen in den so vielversprechenden Abteilungsleiter ist beschädigt. Auch einige Monate danach spürt Frank Selling, dass er in Geschäftsleitung und im Team keine Fürsprecher mehr hat. Sechs Monate später verlässt Frank Selling schweren Herzens das Unternehmen und nimmt in einer anderen Stadt eine neue Stelle an.

Kleinste Gesten oder Botschaften und aus der Situation heraus erklärbare Handlungen können gewaltigen Schaden anrichten – auch wenn sie ganz anders gemeint und objektiv betrachtet im Grunde unverfänglich sind. Unüberlegtes Auftreten und Verhalten schadet daher nicht nur dem eigenen Image sondern auch dem des Unternehmens.

Das Bewusstsein für die eigene Wirkung zu schaffen und einen Überblick über die Möglichkeiten zu geben, sie einzusteuern – das ist das Ziel dieses Artikels.

Die eigene Wirkung zu kennen ist ein maßgeblicher Erfolgsfaktor im Berufsleben. Nicht nur unsere messbare Leistung entscheidet über unseren Erfolg oder Nichterfolg, sondern auch unser Image und unsere Reputation. Das gilt für junge Menschen, die am Anfang ihrer beruflichen Entwicklung stehen, genauso wie für gestandene Führungskräfte und Topmanager.

Wenn wir bewusst kommunizieren, achten wir in der Regel auf diese Wirkung. In unzähligen Seminaren und Coachings wird Führungskräften das Wissen vermittelt, wie sie ihre tatsächliche Wirkung mit ihren Absichten möglichst in Deckung bringen. Was die meisten Menschen allerdings nicht auf dem Schirm haben, ist, dass sie auch dann wirken, wenn sie meinen, nicht zu kommunizieren. Beispiele für typische Situationen, in denen Führungskräfte viel über sich verraten, ohne es zu merken:

- Ausstattung des Büros – sachlich, persönlich oder eine Ansammlung von Machtsymbolen oder Geschmacksverirrungen?
- Umgang mit Mitarbeitern – kumpelhaft, wertschätzend, freundlich oder dominant?
- Verhalten bei Vorgesetzten – souverän, gelassen, opportunistisch oder angespannt?

- Kleidungsstil – traditionell oder modern, ausgeleiert oder gepflegt, teuer oder billig?
- Persönliche Accessoires – pragmatisch, nützlich oder prominente Statussymbole?
- Benehmen in der Kantine – formvollendet oder mangelnde Tischsitten?
- Verhalten am Steuer – verantwortungsvoller oder drängelnder Fahrstil?
- Verhalten in der Öffentlichkeit – lautstark, arrogant oder vornehm und respektvoll?

Das sind nur einige Beispiele, in denen Mitarbeiter, Vorgesetzte, Kollegen und Kunden sehr wohl Augen offen und Ohren gespitzt haben. Vielleicht meinen Sie, dass peinliche Fehler wie unpassende Kleidung oder Ellenbogenaufstützen während eines Geschäftsessens nur Anfängern vorbehalten sind und Ihnen nicht passieren könnten.

Aber sind Sie wirklich sicher, dass auf Ihrem Schreibtisch nicht die falsche Tasse steht?

Eines der prominentesten Beispiele für einen Imageabsturz durch eine Nichtigkeit ist Josef Ackermann. Als der damalige Vorstandschef der Deutschen Bank im Januar 2004 zum Auftakt des Mannesmann-Prozesses siegessicher in die laufenden Kameras lachte und das V-Zeichen für Victory zeigte, liefen die Medien Sturm. Wie die Geier fielen sie über die eigentlich harmlose Geste her und übertrumpften sich gegenseitig in der Kommentierung des Vorfalls. Ackermann hatte fortan das Image eines arroganten, respektlosen und überheblichen Bankers. Genauso wenig wie seine unbestreitbaren Erfolge als Bankchef konnten Stellungnahme und öffentliche Entschuldigung das Imagedesaster auffangen. Josef Ackermanns Ruf war dahin. Die unüberlegte Geste und das daraus entstandene negative Image haften ihm bis heute an.

George W. Bush stiftete weltweit Verwirrung, als er immer wieder mit erhobener Hand und ausgestrecktem Zeige- und kleinen Finger die Gangway von seiner Air Force One herunterstieg oder Journalisten bei Presseveranstaltungen begrüßte. Die Geste – auch „Pommesgabel" oder „Metal Horns" genannt und eher auf Heavy-Metal-Konzerten beheimatet – sorgte im Ausland für Unverständnis, bis auch den internationalen Berichterstattern bekannt wurde, dass sie im Süden der USA für die Rinderart „Texas Longhorn" steht und texanischen Lokalpatrioten das Herz höher schlagen lässt. Aber eben auch nur denen.

Bush und Ackermann sind Vollblut-Profis und sind sich mit Sicherheit bewusst, dass sie mit ihrem Verhalten auf die Öffentlichkeit wirken. Und trotzdem haben sie Fehler gemacht.

Im Nachgang argumentierte Ackermann, dass seine Geste gedankenlos gewesen sei. Genau das ist der Knackpunkt!

Das Problem ist die offensichtliche Diskrepanz zwischen dem, was ein Mensch meint auszusenden (im Fall Ackermann war das eine lustig gemeinte Imitation einer Geste, die der zur gleichen Zeit in den USA vor Gericht stehende Popstar Michael Jackson gemacht hatte) und dem, was die anderen darin sehen.

Mir geht es allerdings weder um den Chef der Deutschen Bank noch um den US-amerikanischen Präsidenten. Sondern um die hunderttausend Führungskräfte, die im Normalfall ihre Wirkung auf andere fokussiert im Blick haben, und doch in manchen Situationen vollkommen ahnungslos sind, welche Wirkung sie erzielen. So laufen sie nicht nur jeden Tag Gefahr, in Fettnäpfchen zu treten. Oft haben sie durch ihre unbeabsichtigte Wirkung bereits Vertrauen verspielt und Beziehungen aufs Spiel gesetzt.

Die Vorgesetzte, die von ihren Mitarbeitern als eiskalt und berechnend eingeschätzt wird, und für die zu ihrer Verwunderung niemand bereit ist, freiwillig Wochenenddienste zu machen.

Der Teamleiter, der in Diskussionen abwertend und beleidigend argumentiert und sich fragt, warum denn keiner mehr bereit ist, sich in Meetings mit Ideen einzubringen.

Der Vorstand, von dem man der Meinung ist, er würde sich auf dem Golfplatz am wohlsten fühlen und der nicht versteht, warum ihn immer wieder wichtige Informationen nicht erreichen.

Die Büroleiterin, die absolut akkurat arbeitet, nur für ihre Arbeit lebt und tief getroffen ist, weil niemand an ihren Geburtstag gedacht hat.

Sie alle können nicht einschätzen, wie sie wirken, weil sie noch nicht einmal erkennen, dass sie wirken. Ratlos stehen sie den Folgen dieses Wirkens gegenüber.

Sie treten nicht in Erscheinung – sie stolpern in Erscheinung.

Ziel ist, dass wir in dem Umfeld, das für uns wichtig und zielführend ist, ein souveränes, professionelles, kompetentes und authentisches Standing erreichen und so das Vertrauen derer gewinnen, mit denen wir gemeinsam zum Erfolg gelangen können.

> Wer sich seiner Wirkung bewusst ist, tritt anders auf – Verhaltenssicherheit, Selbstbewusstsein und Selbstwertgefühl steigen.
> Wer seine Wirkung zielorientiert optimiert, ist erfolgreicher – durch eine positive Wirkung erhält er mehr Aufmerksamkeit, seine Botschaften werden gehört und sein Einfluss nimmt zu.

Mit anderen Worten: Wer das bessere Image hat, wird eher akzeptiert, wirkt glaubwürdiger, ist attraktiver. Ein guter Imagewert erzeugt mehr Zustimmung und verbessert auch den Marktwert. Dies alles wird mit dem bewussten Modulieren der eigenen Wirkung erreicht.

Hört sich ganz schön berechnend an, nicht wahr?

Soll hier etwa für die trickreiche Beeinflussung anderer zum Zwecke des eigenen Wohllebens eine Lanze gebrochen werden?

6.1 Karrierepflege oder Manipulation?

Die Wirkung, die wir erzielen – privat oder beruflich – entsteht stets in der Interaktion mit anderen. Wenn wir also einen bestimmten Effekt erzeugen wollen, dann müssen wir immer auch unser Umfeld im Auge haben. „Jede Art der Selbstdarstellung wird von den anderen stets durch einen Filter von Normen, Wertvorstellungen, Vorurteilen, festen Meinungen u. a. wahrgenommen", schrieben Helmut Ebert und Manfred Piwinger schon 2007 in ihrem Handbuch Unternehmenskommunikation. Deshalb sind die Erwartungen der anderen eine mächtige Variable in der Gleichung, die die eigene Wirkung beschreibt. Und die eigenen Werte? Die eigene Persönlichkeit? Wie passen die ins Bild?

Um es klar zu sagen: Den eigenen Werten treu zu sein, reicht nicht immer.

Manchmal ist ein Erfolg allein mit den Werten, die man hat, nicht möglich. Dann muss das Persönlichkeits-Portfolio um weitere Werte erweitert werden. Manche Menschen z. B. sind der Meinung, Lob und Wertschätzung sei nur bei besonders guten Leistungen angebracht. Ihr Umfeld reagiert mit Frust und Gleichgültigkeit und es gelingt ihnen nicht, andere für eigene Ideen zu gewinnen. Deutlich erfolgreicher sind hier das Erzeugen von Sympathie und Optimismus, denn das ist es, wodurch die erwünschte Handlungs- und Kooperationsbereitschaft anderer Menschen entsteht. So lange diese Führungskraft ihre Persönlichkeit nicht justiert, wird sie keinen Schritt weiter kommen, wenn sie beispielsweise das volle Vertrauen und Engagement von Mitarbeitern, Kunden, Vorgesetzten und externen Geschäftspartnern gewinnen möchte.

Diese Justierung hat nichts mit einem Sich-Verbiegen zu tun, sie kann nur in einem gewissen Rahmen, sozusagen in „Sichtweite" der eigenen Persönlichkeit stattfinden. Die dominante Führungskraft, die sich Gewalt antut und sich als Kumpeltyp oder gar Wattebausch gerieren will, wird erst recht scheitern. Denn sie wird nicht authentisch wirken können – Ihre Gesprächspartner haben ein sehr gutes Gespür dafür, welches Verhalten zur Persönlichkeit passt und welches aufgesetzt ist. Bei der Steuerung von Wirkung geht es also weder um Schauspielerei noch um eiskaltes taktisches Verhalten. Sondern darum, Persönlichkeit und Wirkung aufeinander abzustimmen. Nichts, was uns völlig fremd ist, können wir auf Dauer nach außen hin darstellen.

Vielmehr kommt es darauf an, dass es der Führungskraft gelingt, ihre gewünschte Wirkung mit ihrer tatsächlichen Wirkung und den individuellen Grundmotiven in Einklang zu bringen.

Es gibt ja auch nicht das erfolgreiche Führungsimage; genauso wenig wie es die erfolgreiche Führungspersönlichkeit gibt. Jede Führungspersönlichkeit, vom Hardliner bis zum Empathiegenie, von der Rampensau bis zur Grauen Eminenz, kann durch das strategische, zielorientierte Einsteuern seiner Wirkung eine gute Motivations- und Engagement-Atmosphäre schaffen und souverän überzeugen. Wichtig ist hierbei, dass hier auch die unbewusste Wirkung auf das Umfeld ins Bewusstsein geholt wird.

Es ist nicht mein Anliegen, Menschen Werkzeuge in die Hand zu geben, damit sie andere zu eigensüchtigen Zwecken an Marionettenfäden zappeln lassen können. So in der Art: „Mal schauen, wie ich es hinbekomme, dass meine Freundin heute für mich den Einkauf erledigt. Werde ich mit Dackelblick oder ermattetem Jammern mehr Erfolg haben?" Auch soll selbstverliebten Blendern und Dampfplauderern hier keine Anleitung zur Selbstdarstellung gegeben werden. Der Grundgedanke ist ein anderer: Die Wirkungsoptimierung befähigt Menschen, die eigene Persönlichkeit zu erkennen und stärkenorientiert authentisch im Außen zu präsentieren, damit sie selbst und auch andere davon profitieren können.

Jetzt, wo dieser Punkt geklärt ist, sollten wir uns auf den Weg machen, mittels unterschiedlicher Techniken und Methoden unsere Wirkung zu erkennen, zu reflektieren und einzusteuern.

▸ Drei Schritte:

6.2 Wo Sie stehen
6.3 Wo Sie hinwollen
6.4 Wie Sie die Brücke bauen

Fangen wir mit dem ersten an.

6.2 Wo Sie stehen

„Selbsterkenntnis ist der erste Weg zur Besserung" besagt schon ein bekanntes Sprichwort. Eine erhöhte Selbstaufmerksamkeit an sich stellt bereits einen Reifeprozess der eigenen Persönlichkeit dar. Aber wie fängt man damit an? Der effektivste Weg ist, eine IST-Analyse zu machen. Diese IST-Analyse ist die wichtigste Voraussetzung dafür, zukünftig die eigene Wirkung auf andere klarer einschätzen und steuern zu können.

Zum Einstieg benötigen Sie vor allem eines: Ruhe. Suchen Sie sich einen Zeitpunkt, in dem Sie entspannt sind. Abende ohne Verpflichtungen, Wochenenden und der Urlaub sind Gelegenheiten, die Sie nutzen sollten, um mit der nötigen Muße drei Fragen zu beantworten:

Wie sieht mein Selbstbild aus?
Was glaube ich, wie mich andere sehen?
Wie sehen mich andere tatsächlich?

6.2.1 Frage 1: Wie sieht Ihr Selbstbild aus?

Ihr Selbstbild besteht aus drei Teilbereichen:

Ihre Werte und Bedürfnisse ...
... sind der Motor für Ihr Denken, Verhalten und Handeln und verraten, was Ihnen wirklich wichtig ist im Leben. Über Werte kann man ein ganzes Buch schreiben. Deshalb an dieser Stelle nur ein Tipp: Einen wichtigen Hinweis auf Ihre Werte und Bedürfnisse geben Ihnen die Rollen, mit denen Sie sich in Ihrem Leben stark identifizieren. Sie sind ein wichtiger Bestandteil Ihres Selbstbildes. Verschaffen Sie sich einen Überblick über Ihre Funktionen! Sie sind:

- Sohn/Tochter oder Vater/Mutter
- Vorgesetzter/Kollege
- Vereinsmitglied
- Freund/Freundin
- Wahrheitssucher

- Helfer
- Mediator
- Vorantreiber
- Bewahrer etc.

Versetzen Sie sich gedanklich in jede einzelne Ihrer Rollen und nehmen Sie Ihre damit verbundenen Gedanken und inneren Bilder wahr. Benennen Sie die Gedanken und Gefühle, die Sie in diesen Rollen verspüren. Es geht nicht darum, sie mit „gut" oder „schlecht" zu bewerten, sondern allein um ihre Bestandsaufnahme der Werte und Bedürfnisse, die diese Rollen über Sie aussagen.

Ein Familienvater versteht sich eher als Sohn seiner Eltern als Vater seiner Kinder. Das kann mehrere Gründe haben: Wenn er gerne am Sonntagnachmittag mit Kaffee und Kuchen traktiert wird, dann könnte ihm das einen Hinweis darauf geben, dass ihm Geborgenheit und Sicherheit wichtig sind. Wenn er sich um seine pflegebedürftigen Eltern kümmert, heißt das, dass für ihn die Wert Zuverlässigkeit und Fürsorge im Vordergrund stehen. Es kann aber auch sein, dass er einfach nur stolz auf die Leistungen seiner Eltern ist. Das würde heißen, dass ihm die soziale Anerkennung anderer wichtig ist.

Ihre Stärken und Kompetenzen ...
... haben einen wesentlichen Anteil an Erfolg, Zufriedenheit und Wohlbefinden. Das Ziel ist es, sich Ihre am stärksten ausgeprägten Talente bewusst zu machen, so dass Sie diese vermehrt in Ihrem Leben etablieren können. Neben dem Bewusstsein der eigenen fachlichen Kompetenzen und Fähigkeiten geht es hier vielmehr um die persönlichen Eigenschaften, die uns auszeichnen und einzigartig machen. Denn Ihre Persönlichkeitsstärken sind es, die Sie zur Optimierung Ihrer Wirkung einsetzen werden. Zum Beispiel:

- Organisationstalent
- Soziale Intelligenz
- Ausdauer
- Enthusiasmus
- Gründlichkeit
- Kreativität
- Durchsetzungsvermögen
- analytisches Denken
- Hoffnung
- Bindungsfähigkeit
- Kommunikationstalent
- Humor
- Dankbarkeit etc.

Es kann gut sein, dass Ihnen Ihre Schokoladenseiten gar nicht bewusst sind. Das liegt daran, dass wir uns in unserem Kulturkreis vornehmlich mit Fehlern und persönlichen

Mängeln beschäftigen und defizitorientiert denken. Mit zwei kleinen Tricks kommen Sie den Stärken trotzdem auf die Spur.

1. Lassen Sie Ihre Erfolge und Herausforderungen der Vergangenheit an Ihrem inneren Auge vorbeiziehen: Welche Eigenschaften haben Ihnen dabei geholfen, sie zu erzielen und zu meistern? Konnten Sie beispielsweise einem heiklen Kundengespräch eine neue Richtung geben, indem Sie neue interessante Impulse setzen konnten und Ihr Kunde nun zuversichtlich ist, haben Sie in diesem Fall Ihre Stärken Kreativität und Soziale Intelligenz eingesetzt.
2. Bei welchen Tätigkeiten vergessen Sie Raum und Zeit? Sie geben Ihnen ein Hinweis darauf, woraus Sie Ihre Energie ziehen. Wenn sie z. B. hibbelig werden, wenn Sie seitenweise Zahlenkolonnen produzieren müssen, aber im Gegensatz zu Ihren Kollegen mühelos ellenlange Kundenlisten abtelefonieren, dann liegt hier eindeutig eine besondere Stärke vor – Ihre Kontaktfreude. Oder wenn allein der Gedanke an langweilige Routinearbeiten bei Ihnen ein Schaudern hervorruft, sie aber jederzeit voller Begeisterung Probleme aus unterschiedlichen Perspektiven betrachten, kritisch hinterfragen und Lösungen entwickeln, ist das ein deutlicher Hinweis auf die Stärke Urteilsvermögen.

Ihre Schattenseiten zu Entwicklungsfeldern machen …

… werden Sie dann, wenn Sie verstehen, dass diese Bereiche Ihnen ein großes Entwicklungspotenzial bieten. Wenn Sie Ihrer Assistentin immer erst kurz vor Feierabend die wichtigen Aufgaben zur Bearbeitung geben, könnte das mit einer wenig ausgeprägten Selbstorganisation zusammen hängen. Wenn es Ihnen nach einem Zeitmanagement-Seminar jedoch gelingt, die Aufgaben früher zu delegieren, wird Ihre Assistentin dies positiv werten. Oder aber es liegt an Ihrer eher egozentrischen Denkweise. In diesem Fall beziehen Sie das Bedürfnis Ihrer Mitarbeiterin auf Feierabend in Ihre Planungen mit ein. In beiden Fällen wird sich dann auch Ihre Wirkung verändern.

Ihre Entwicklungsfelder gehören ganz klar zu einer Bestandsaufnahme Ihres Selbstbildes dazu. Sie finden Sie dort, wo Sie erlebte Situationen als Misserfolg, als problematisch oder schwierig empfunden haben.

Wenn Ihnen im Rahmen der Reflexion auffällt, dass Sie häufiger vor dem gleichen Problem stehen, dann kann das an Ihren inneren Glaubenssätzen liegen. Hat sich beispielsweise in Ihnen der Gedanke „Ich will perfekt sein!" etabliert, haben Sie die Eigenschaft hohe persönliche Standards zu setzen und wollen Fehler auf jeden Fall vermeiden. Je ausgeprägter dieser Glaubenssatz dann ist, desto eher laufen Sie jedoch Gefahr, dass Sie Ihre Arbeiten ständig verbessern und nur mit großem Zeitverzug zu Ende bringen. Gleichzeitig erwarten Sie auch von Ihrem Umfeld, dass dieses genauso perfekt arbeitet um Ihren Ansprüchen gerecht zu werden. Dies kann auf Dauer ziemlich anstrengend sein und nutzt niemandem – am wenigsten Ihnen selbst.

Wenn Sie die Entwicklungsfelder Ihrer Persönlichkeit auflisten, werden Sie feststellen, dass die Liste nicht besonders lang ist. Es ist in der Regel eine zutiefst menschliche Eigenschaft, dass das Bild, das wir von uns haben, meistens allzu positiv ausfällt. Das ist einerseits gut, weil diese Eigenschaft zur seelischen Stabilität beiträgt. Aber auch hinderlich, wenn es darum geht, die eigene Wirkung auf andere objektiv einzuschätzen.

Gehören Sie zu den Menschen, die besonders selbstkritisch sind, ist die Liste zwar meist deutlich länger, mit Ihrer realen Wirkung auf andere hat das aber genauso wenig zu tun.

Sich selbst aus der Eigenperspektive zu beurteilen, reicht also nicht; die Frage: „Wie bin ich?" können Sie nicht allein beantworten. Um ein vollständiges Bild von sich zu erhalten, brauchen Sie auch die Perspektive von außen.

6.2.2 Frage 2: Was glauben Sie, wie Sie auf andere wirken?

Diese Frage können Sie beantworten, indem Sie in eine externe Beobachterrolle wechseln. Wenn es Ihnen schwer fällt, sich selbst aus der Vogelperspektive zu betrachten, dann stellen Sie sich vor, Sie schauen einen Film an – mit Ihnen in der Hauptrolle. Dabei denken Sie sich nicht ein Drehbuch aus, sondern Sie erleben eine reale Situation, die Sie gerade besonders beschäftigt, noch einmal. Das kann eine Besprechung, ein Zusammentreffen mit Kunden, ein Mitarbeitergespräch gewesen sein.

Beantworten Sie die folgenden fünf Fragen:

1) Um welche Situation handelt es sich?
2) In welcher Rolle befinden Sie sich?
3) Wie nehmen Sie sich selbst wahr?
4) Wie haben Sie sich in der Situation gefühlt?
5) Wie reagierte Ihr Umfeld in der Situation auf Sie?

Sie sehen sich z. B., wie Sie einen Mitarbeiter auf einen Fehler in seiner Arbeit hinweisen (1). Sie sind also in der Rolle des Kritikers (2). Sie nehmen sich selbst als erfolgsorientiert wahr (3): Sie wollen, dass die Prozesse in Ihrem Team reibungslos ablaufen und die Projekte in Ihrem Verantwortungsbereich mit Erfolg abgeschlossen werden können. Also stellen Sie den Mitarbeiter, der Mist gebaut hat, zur Rede. Angenehm ist Ihnen das nicht gerade (4), aber es muss sein. Nach langjähriger Führungserfahrung ist Ihnen klar, dass es zu Ihren Aufgaben gehört, den Mitarbeitern Leitplanken zu setzen.

In der Vogelperspektive wird es Ihnen leicht fallen, auf diese Fragen möglichst objektiv zu antworten. Überprüfen Sie Ihre Meinung oder Einstellung zur Situation, indem Sie sich fragen: „War die Situation wirklich genauso, wie ich sie einschätze?" Oder: „Was werde ich in fünf Jahren darüber denken?" Oder auch: „Wie hätte ein Freund diese Situation gelöst?"

Halt! Wo bleibt die Antwort auf die letzte, die wichtigste Frage? „Wie reagierte der Mitarbeiter auf Ihre Kritik?"

Die fünfte Frage ist meist am schwierigsten zu beantworten, denn genau hier liegt ja das Problem: Die Wirkung auf das Gegenüber haben viele Menschen nicht auf dem Schirm. Versuchen Sie, sich auch an die Reaktionen und Wahrnehmungen in der gewählten Situation zu erinnern. Wie war die Stimmung? Herrschten z. B. Sicherheit/Unsicherheit, Freude/Ärger, Wertschätzung/Abwertung, Zufriedenheit/Unzufriedenheit? Wenn Sie nicht auf einen Einzelnen, sondern auf eine Gruppe gewirkt haben: Haben Sie unterschiedliche Reaktionen wahrgenommen?

Indem Sie eine Situation Revue passieren lassen, bekommen Sie eine Momentaufnahme Ihrer Wirkung. 1 Moment = 1 Wirkung. Was Sie brauchen, ist aber mehr. Sie müssen wissen, wie Sie allgemein auf andere wirken. Deshalb müssen Sie eine ganze Reihe an vergangenen Situationen reflektieren. Analysieren Sie jede anhand der fünf Fragen. Bestimmt erkennen Sie dann spezifische Verhaltens- und Handlungsmuster. Sie erkennen z. B., dass Ihre Mitarbeiter kein Problem damit haben, von Ihnen kritisiert zu werden, dass es aber immer zu Spannungen kommt, wenn Sie Arbeitsvorgaben machen.

Solche Feststellungen geben Ihnen wertvolle Hinweise darauf, wie Sie auf andere wirken. Aber ohne das Einholen von Fremdmeinungen werden Sie Ihre IST-Analyse nicht umfassend abschließen können. Bis hierher hat sich alles in Ihrem Kopf abgespielt. Nun kommt Ihr Umfeld ins Spiel.

6.2.3 Frage 3: Wie werden Sie tatsächlich von anderen gesehen?

Wie kommen Sie an die Meinungen anderer über Sie? Sie können doch nicht einfach umherlaufen und fragen: „Welche Eigenschaften sind Ihrer Meinung nach charakteristisch für mich?"

Doch. Können Sie! Fragen Sie Ihr Umfeld und lassen Sie sich Feedback geben!

Mindestens zehn Menschen aus privatem und beruflichem Bereich sollten Ihnen Rede und Antwort stehen, wofür Sie bekannt sind. Nutzen Sie Meetingpausen, gemeinsame Abende bei einem Glas Wein. Sie können auch einen Kurz-Fragebogen versenden – warum nicht?

Sie werden überrascht sein, wie viele Aussagen ausgesprochen bestärkend wirken! Wo Sie vielleicht nur Kritik oder Mäkeleien erwarten würden, erfahren Sie plötzlich, dass Sie wegen Ihrer Unvoreingenommenheit, Fröhlichkeit oder Ihrer Durchsetzungskraft geschätzt werden. Aber auch für Entwicklungsfelder werden Ihnen die Augen geöffnet: „Was? Ich wirke dominant/unfreundlich/anspruchsvoll/zurückhaltend? Das wusste ich ja gar nicht!"

Auch, wenn Sie einiges zu hören bekommen, was Ihnen vielleicht nicht so sehr gefällt, dürfen Sie für die wertvollen Erkenntnisse dankbar sein. Denn wenn Ihnen weiter verborgen geblieben wäre, dass andere Sie für geizig halten oder für jemanden, dem es an Bodenhaftung fehlt – wie könnten Sie dann auf diesen Gebieten wachsen?

Nun wissen Sie, wie der Status quo aussieht. Die nächste Frage ist: Wie hätten Sie es denn gerne?

6.3 Wo Sie hinwollen

Indem Sie das bestehende Selbst- und Fremdbild analysiert haben, ist Ihnen Ihre momentane Wirkung auf andere bereits klarer geworden. Nun geht es darum, wie Sie wirken wollen. Das scheint eine einfache Frage zu sein. Ist es aber nicht.

Eine freie Mitarbeiterin will ihre Auftraggeber besser als zuvor zufrieden stellen.

Ein Vertriebsingenieur will einen guten Ruf in seiner Branche genießen.

Ein Teamleiter möchte, dass seine Mitarbeiter endlich das tun, was er sagt.

Sie alle haben über sich nachgedacht und ein Zielbild definiert, indem sie sich fragten: Welche Wirkung will ich erzielen? Das hört sich logisch an, ist aber der völlig falsche Ansatz. Um zu erkennen, warum er nicht funktionieren kann, müssen wir einen Schritt zurück gehen.

Warum hat sich die freie Mitarbeiterin das Ziel gesetzt, ihre Auftraggeber besser als zuvor zufrieden zu stellen? Weil sie es im Moment noch nicht erreicht hat. Ihre Arbeit reißt die Auftraggeber nicht vom Hocker. Das liegt nicht daran, dass sie schlechte Arbeit liefert, sondern daran, dass ihre Ergebnisse nicht mit dem Stellenwert wahrgenommen werden, den sie verdient hätten. Und der Grund hierfür wiederum ist, dass die freie Mitarbeiterin es nicht schafft, ihre Arbeit so zu verkaufen, dass sie wertgeschätzt wird. Ihr eigentliches Ziel ist also nicht, ihre Auftraggeber zufrieden zu stellen, sondern als Expertin wahrgenommen zu werden. Mit ihrem vermeintlichen Ziel, ihre Auftraggeber besser als zuvor zufrieden zu stellen, läuft sie Gefahr, dass sie nur alles daran setzen wird, noch bessere und noch genauere Ergebnisse abzuliefern, statt ihre Kommunikation zu überprüfen. Mit dem Effekt, dass sich nichts ändern wird. Falsche Baustelle.

Der Vertriebsingenieur erkennt, dass es einen Grund hat, warum er keinen guten Ruf in der/seiner Branche hat: Er gilt bei seinen Kunden und Zulieferern als unzuverlässig. Sein eigentliches Ziel ist also: Ich will von meinen Kunden und Partnern als zuverlässig wahrgenommen werden, so dass sie gern mit mir arbeiten.

Der Teamleiter erkennt, dass es nicht damit getan ist, den Druck auf sein Team weiter zu erhöhen, sondern dass es seine fehlende Eloquenz ist, die dazu geführt hat, dass sein Team nicht mitzieht. Erst wenn er die Projektziele souverän und tatkräftig vermitteln kann, werden seine Mitarbeiter endlich das tun, was er ihnen sagt. Wie wär's mit einem Rhetorik-Kurs?

Analysieren Sie also Ihre Ziele und legen Sie die dahinter liegenden Absichten und Hoffnungen frei. Erst wenn das Ziel darauf einzahlt, die Wirkung auf das Umfeld zu optimieren, ist der Zielfokus der richtige und die Anstrengungen laufen nicht ins Leere. Dass sich eine klare Zieldefinition wie ein wahrer Wirkungs-Booster entwickeln kann, konnte ich am Beispiel eines jungen Mannes erleben, der im familieneigenen Unternehmen die Nachfolge seines Vaters antreten sollte. Der Mann wirkte in den ersten Wochen noch unsicher; als Hochschul-Absolvent fiel er unter der altgedienten Belegschaft auf wie ein Huhn unter Enten. In der Wahrnehmung seiner Mitarbeiter war er „der Sohn" – und drohte es zu bleiben. Doch in dieser Situation, in der so viele scheitern, schaffte er es, ein ganz neues Bild von sich zu entwerfen. Er setzte sich das klare Ziel, dass er als Unternehmensleiter wahrgenommen werden möchte. Im Laufe der folgenden Monate erweiterte er seine fachlichen Kompetenzen und achtete verstärkt auf sein Auftreten. Dazu gehörte auch, dass sich sein Haarschnitt und sein Kleidungsstil änderten. Er lernte es, seine Worte so zu wählen, dass er bei seinen Leuten, die in der traditionell ausgerichteten Branche sehr konservativ eingestellt waren, punkten konnte.

In Schritt 1 und 2 haben Sie sich ausführlich mit Ihrer Persönlichkeit, dem Status quo Ihrer Wirkung im Außen und Ihren Zielen beschäftigt. So haben Sie sich selbst den Weg in den Veränderungsprozess geebnet. Nun kann der konkrete Prozess beginnen.

6.4 Wie Sie die Brücke bauen

Sie haben durch den Ist-Soll-Abgleich eine klare Richtung für sich definiert, in die Sie sich entwickeln wollen.

Nun geht es darum, diesen Erkenntnissen entsprechend Ihre Wirkung einzusteuern und zu optimieren.

Den Gap zwischen dem Status quo und Ihrer Zielvorstellung zu schließen, bedeutet Veränderung.

Egal, was Sie ändern wollen – es wird sich auf einer der folgenden drei Wirkungsebenen abspielen:

1. Ebene: Wie Sie sich verhalten
2. Ebene: Wie Sie kommunizieren
3. Ebene: Wie Sie auftreten

Oft ist es nur ein kleiner Teilbereich der Wirkung, den eine Führungskraft modulieren muss, um seine Ziele zu erreichen. Da ist die Abteilungsleiterin, die vorbildlich in ihrem Verhalten und Auftreten ist, aber Defizite in der Kommunikation hat, weil sie es nicht schafft, mit ihren Kunden auf Augenhöhe zu verhandeln. Oder der IT-Fachmann, der reibungslos kommuniziert und dessen Verhalten bei seinen Kollegen sehr gut ankommt. Der aber durch sein gewöhnungsbedürftiges Auftreten wertvolle Punkte verschenkt. Manchmal erstrecken sich Veränderungsprozesse von einem dieser Bereiche auch auf die anderen. Eine Geschäftsführerin z. B., die zunächst Unterstützung dabei wünschte, in bestimmten Situationen ihre Verhaltensmuster zu modifizieren, ließ sich in einer späteren Phase durch eine professionelle Stylistin beraten, um auch ihr Auftreten und ihren Stil zu optimieren.

Aber nun der Reihe nach.

6.4.1 1. Wirkungsebene: Ihr Verhalten

Werden Sie z. B. als oberflächlich, arrogant, aufbrausend, wenig berechenbar wahrgenommen, müssen Sie Einfluss auf Ihr Verhalten und damit auf Ihre innere Haltung, Ihr Denken und Fühlen nehmen. Das eigene Verhalten ändern – das ist schwer! Schließlich haben Sie es sich in dreißig, vierzig oder gar sechzig Jahren angewöhnt. In dieser Zeit haben innere Einstellungen, Denkmuster und Gefühle Ihr Verhalten geprägt. Einem alten Hund bringt man keine neuen Kunststücke mehr bei, heißt es nicht ohne Grund. Ist auch gar nicht notwendig!

Denn wenn hier von einer Verhaltensänderung die Rede ist, ist damit nicht eine „persönliche Totaloperation" gemeint. Es sind nicht die ganz großen Veränderungen, die den gewünschten Effekt erzielen.

An unscheinbaren Stellschrauben zu drehen reicht schon.

Auch im Bereich Imagesteuerung gibt es einen persönlichen Tipping Point, an dem bereits mit kleinem Aufwand eine verhältnismäßig große Wirkung erzielt wird.

Der Schlüssel zu dieser Veränderung liegt oft in einer „Neubewertung von Denk- und Wahrnehmungsmustern" – oje! Das hört sich kompliziert an! Aber dieses Wortungetüm heißt eigentlich nur eines: Schmeißen Sie negative Glaubenssätze über Bord!

Beispiel
Fast hinter jedem Glaubenssatz steht eine Grundangst, z. B.:

- „Ich muss immer nett sein, denn … sonst werde ich nicht geliebt."
- „Ich muss hier durchgreifen, denn … sonst erkennen mich die anderen nicht an."
- „Ich muss immer Überstunden machen, denn … sonst verliere ich meine Stelle."
- „Ich muss mein Gegenüber bloßstellen, denn … sonst hält man mich für einen Feigling."
- „Ich muss besser sein als mein Team, denn … sonst werde ich nicht respektiert."

Solche fest in Ihrer Persönlichkeit verankerten Sätze wirken wie ein Gurt, der Sie einzwängt. Hektisch und mit aller Kraft an ihm zu zerren, bringt da rein gar nichts. Mit einem simplen Klick an der richtigen Stelle können Sie ihn leicht lösen. Sanft rollt sich der Gurt dann auf und verschwindet in der Seitenverkleidung des Autos. Der Griff zum Gurtschloss ist ganz einfach:

▶ Formulieren Sie positive Glaubenssätze:
„Ich muss perfekt sein." wird zu „Ich darf auch Fehler machen."
„Ich kann das nicht." wird zu „Ich bin stark genug, um die Aufgabe zu bewältigen."
„Ich muss fleißig sein." wird zu „Ich darf auch faul sein."

Diese positiven Glaubenssätze werden mit der Zeit die negativen neutralisieren und Ihnen den nötigen Freiraum schaffen, um Ihr Verhalten genau an den Stellen modulieren zu können, so dass eine negative Wirkung in eine positive umgewandelt wird.

6.4.2 2. Wirkungsebene: Ihre Kommunikation

Gesprächstaktik, Rhetorik, Stimmlage und Körpersprache: Dass Sie diese Tools in Ihrer Kommunikation einsetzen, ist entscheidend, keine Frage. Noch wichtiger ist aber, sie situationsbedingt einzusetzen. Ist doch klar: Mit Ihrem Vorgesetzten reden Sie ganz anders als mit Ihrem Kunden. Diese Tools sind absolut nutzlos oder sogar kontraproduktiv, so lange Sie sie nicht zielgerichtet einsetzen.

Wirkung definiert sich immer über die Zielgruppe.

Definieren Sie also:

- **Auf welche Zielgruppen wollen Sie wirken?** Im beruflichen Umfeld sind es meist die Gruppen der Mitarbeiter, Kollegen, Vorgesetzten, Geschäftspartner und Kunden, auf die Sie sich einstellen müssen. Nur wenn Sie je nach Zielgruppe die passenden Facetten Ihrer Persönlichkeit authentisch ins rechte Licht rücken, wird Ihre Wirkung Ihre Ziele unterstützen.
- **Welche gesellschaftlichen oder branchenspezifischen Normen herrschen je nach Zielgruppe vor?** Wer zielgerichtet kommunizieren will, muss die Bedürfnisse und Erwartungen jener Personen kennen, die ihm gegenüber stehen. In der Werbebranche herrscht z. B. eine ganz andere Erwartungshaltung als im extrem traditionell eingestellten Maschinenbau. Mit einem Verhalten und Auftreten, das Sie im Umfeld einer Pumpenfirma als seriös wirken lassen würde, werden Sie in einer flippigen PR-Agentur als verknöchert wahrgenommen werden – und gnadenlos scheitern. Überlegen Sie also, welche Botschaften Ihre Zielgruppe braucht, um Sie in beabsichtigter Weise wahrzunehmen, und welches Image, welche Wirkung in der entsprechenden Zielgruppe zielführend ist.
- **Was ist wichtig, um als Teil der Zielgruppe wahrgenommen zu werden?** Gemeinsamkeiten helfen Ihnen, akzeptiert zu werden und das Vertrauen der anderen zu gewinnen. Das können bestimmte Kompetenzen und Meinungen sein, aber auch Statussymbole – ein Faktor, der übrigens von Frauen häufig unterschätzt wird. Es geht nicht darum, sich anzubiedern oder etwas vorzutäuschen, sondern im richtigen Moment die vorhandenen Gemeinsamkeiten sichtbar werden zu lassen.

Mit diesen Überlegungen lassen Sie genau jene Facetten Ihrer Persönlichkeit aufleuchten, die in der jeweiligen Situation den Erfolg Ihrer Kommunikation verstärken. So werden Sie zum Gestalter Ihrer Wirkung.

6.4.3 3. Wirkungsebene: Ihr Auftreten

Der erste Eindruck ist entscheidend – der letzte auch. Ihr Auftreten entscheidet nicht nur im ersten Moment einer Begegnung über Erfolg oder Misserfolg. Auch der letzte Eindruck, der entsteht, bleibt in Erinnerung. Dennoch entscheidet zunächst der erste Eindruck darüber, was Ihnen in Zukunft zugetraut wird.

Ob erster Eindruck oder langfristige Beziehung – ein professioneller, wirkungsvoller Auftritt lebt immer vom Zusammenspiel von drei Bereichen:

- Erscheinungsbild
- Kontext
- Präsenz

Wie Sie Ihr Erscheinungsbild als elementaren Bestandteil Ihrer Wirkung in Szene setzen und Fehler vermeiden, wird in Ratgeberliteratur, die sich nach Metern misst, umfassend behandelt. Eines möchte ich Ihnen jedoch dringend ans Herz legen: Setzen Sie auf Qualität und vermeiden Sie den „Graue-Maus-Stil", der Sie unsichtbar und austauschbar macht und Ihre Wirkung, die Sie an anderer Stelle mühsam erarbeitet haben, verpuffen lässt. Ein persönliches Markenzeichen – ein Key Visual – das Ihrem Umfeld einen Wiedererkennungswert bietet, kann hier Wunder wirken.

Der Bereich Kontext vermittelt Ihnen, dass – wenn es um die Wirkung geht – nichts in Stein gemeißelt ist. Ihr Auftreten sowie Ihr Erscheinungsbild sind stets auf den Anlass ausgerichtet. Ob Sie an einem Teammeeting, einem Kundenkontakt oder an einer Netzwerkveranstaltung teilnehmen – modifizieren Sie Ihr Erscheinungsbild und Ihr Auftreten passend zum Anlass – bleiben Sie jedoch immer authentisch.

Auch geht es darum, **Präsenz** zu zeigen – als Führungskraft sollen Sie auch als solche wahrgenommen werden.

- In einem großen Konzern herrscht die Situation, dass die Mitarbeiter an der Basis die „oberen Führungskräfte" überhaupt nicht kennen. Die Aussage eines Mitarbeiters gibt die Stimmung in der Belegschaft deutlich wieder: „Die feinen Herren da oben lassen sich bei uns nicht blicken!" Der neue F&E-Leiter hat für diese mangelnde Wertschätzung ihm und seinen Kollegen gegenüber ein offenes Ohr. Ab sofort nimmt er einmal im Monat an den Meetings der Entwicklungsteams teil. So erreicht er mit relativ geringem Aufwand, sein Interesse an den Alltagsanforderungen der Menschen in seiner Abteilung zu zeigen. Die Wirkung ist durchschlagend: Die Motivationssteigerung der Mitarbeiter ist messbar und sein deutlicher Imagegewinn gibt ihm mehr Rückhalt seinen Kollegen und Vorgesetzten gegenüber.

Um mehr Präsenz zeigen zu können, definieren und nutzen Sie die für Sie persönlich relevanten Bühnen.

- In welchen Branchengruppen wollen Sie in Erscheinung treten?
- Welche Veranstaltungen – Tagungen, Kongresse etc. – eignen sich dazu, Ihre Präsenz zu erhöhen? Entscheiden Sie, ob Sie als Redner/Aussteller in Erscheinung treten wollen oder „nur" als Teilnehmer.

- Kommen für Sie Fachbeiträge in Branchenzeitschriften in Frage? Ein Artikel wird für Ihren Expertenstatus den Turbo einschalten.
- Netzwerken Sie bewusst: Pflegen Sie nicht nur bestehende Beziehungen, sondern bauen Sie auch neue Beziehungen auf.
- Wollen Sie in XING, Facebook, Twitter mit ausgewählten Beiträgen glänzen? Wichtig ist, dass Sie ein aktuelles und stimmiges Bild im Internet hinterlassen.

Bei zunehmender Präsenz besteht allerdings auch die Gefahr, dass Sie von anderen kritisiert werden. Seien Sie sich dessen bewusst und prüfen Sie möglichen Gegenwind auf Berechtigung. Nehmen Sie mögliche Äußerungen von anderen nicht zu persönlich und werden Sie sich bewusst, je öffentlicher Sie werden … sie werden niemals von allen Zustimmung ernten. Denken Sie nur einen Moment an Prominente oder Politiker.

Sie haben nun erkannt, wo Sie in Ihrer Wirkung stehen, wo Sie hinwollen, und wie Sie die Lücke zwischen Status quo und Zielbild schließen. Damit ist die Arbeit aber noch nicht ganz getan.

6.5 Image-Inspektion

Häufig erlebe ich, dass ein Image gepusht und dadurch eine gewisse Prominenz erreicht wird. Schön. Nur, dass dann Stillstand einsetzt. Der Betreffende lehnt sich zurück, genießt seine Erfolge – und investiert nicht mehr in seine Außenwirkung. Er ist nicht mehr in der Wahrnehmung der anderen präsent und wird ebenso schnell vergessen, wie er aufgestiegen ist. Sein Platz wird schnell von anderen eingenommen. Es ist wie mit einem Ruderer, der aufhört zu rudern und von der Strömung wieder flussabwärts getrieben wird.

Fakt ist: Sie erreichen die beabsichtigte Wirkung nicht durchs Nichtstun, sondern durchs Tun.

Nach dem Imageaufbau folgen also die Imagepflege und -erhalt. Die Reflexion der eigenen Wirkung ist keine einmalige Angelegenheit. Ständige Ergebniskontrolle und damit die permanente Beobachtung der Differenz zwischen Ist und Soll der Fremdbilder ist notwendig. Wenn Sie regelmäßig den eigenen Image-Status-quo reflektieren und Ihre Zielvorstellung überprüfen, können Sie kurzfristig mit geeigneten Maßnahmen nachbessern. Nutzen Sie deshalb die drei Schritte „Wo stehe ich" – „Wo will ich hin" – „Die Lücke schließen" mindestens einmal im Jahr. Nur so erlangen Sie auch über weite Zeiträume hinweg Sicherheit, dass die Richtung stimmt.

▶ **7 gute Gründe, warum Sie jetzt loslegen sollten** Am besten fangen Sie gleich nach der Lektüre dieses Artikels damit an, Ihre Wirkung zu reflektieren. Sie werden langfristig nur profitieren. Ihre Vorteile:

- Die ausführliche Selbstreflexion stärkt Ihr Selbstwahrnehmung und Ihr Selbstvertrauen. Ihr Bewusstsein für die eigene Wirkung ist geweckt. Die

- Sensoren sind auf Empfang. Das schützt sie zukünftig vor allzu gravierenden Fehlern.
- Die erhöhte Selbstwirksamkeit wiederum hat einen positiven Effekt auf Ihre Ausstrahlung. Durch die Sicherheit, die Sie ausstrahlen, werden Sie als Mensch attraktiver und auch sonst positiv eingeschätzt. Denn Menschen neigen dazu, in einem Bereich erlebte Eigenschaften auf die ganze Persönlichkeit zu übertragen.
- Je greifbarer Ihre Persönlichkeit, je besser Ihr Image wird für Ihre Vorgesetzten, Kollegen, Mitarbeiter und Geschäftspartner, desto lieber werden diese mit Ihnen zusammenarbeiten. Somit erhöhen sich das Volumen und die Qualität Ihrer Interaktionen und Kontakte.
- Das, was Sie sagen, verpufft nicht, sondern wird auch gehört. Und das, was Sie tun, wird auch gesehen – auch von den Menschen, deren Aufmerksamkeit Sie sich wünschen. Ihre Botschaften kommen an. Mit anderen Worten: Sie werden wirksam.
- Ihr gutes Image wird dazu führen, dass sich Ihr Umfeld, Ihre Mitarbeiter an Ihnen orientieren. Sie erzeugen Vertrauen, gewinnen an Glaubwürdigkeit, bieten die Möglichkeit zur Identifikation. So haben Sie das Zeug zum Vorbild.
- Ihr guter Ruf ist förderlich für Ihre Karriere, denn er erhöht Ihren Marktwert. Je besser Ihr Marktwert, desto eher werden Sie empfohlen sowohl im jetzigen Unternehmen, als auch am freien Markt. Daraus resultieren durchaus auch finanzielle Vorteile.
- Durch die gute Reputation, die Sie genießen, steigt Ihr Einfluss und Ihre Prominenz im Unternehmen und in Ihrer Branche. Ihr Image wirkt somit auch auf das Unternehmen, das Sie repräsentieren. Fallen Sie Außenstehenden positiv auf, speichern diese auch ein positives Bild Ihrer Firma in ihrem Gedächtnis.

Wirken Sie. Ich wünsche Ihnen von Herzen viel Erfolg!

6.6 Über die Autorin

Brigitte Herrmann Brigitte Herrmann arbeitete nach mehreren Jahren in Marketing und Werbung 15 Jahre als selbstständiger Executive Search Consultant im Bereich Headhunting. Für renommierte Mittelstandsunternehmen und internationale Konzerne aus Industrie und Dienstleistung suchte sie im Auftrag von Personalberatungen Spezialisten und Führungskräfte – im Topmanagement vom Geschäftsführer bis zum Vorstand.

In mehr als 7000 Bewerber-Interviews sammelte sie Erfahrungen, wie Menschen sich präsentieren, wie sie auftreten und wirken. Wie wichtig die eigene Wirkung für beruflichen Erfolg ist, weiß Brigitte Herrmann auch ganz persönlich als langjährige selbstständige Unternehmerin.

Als Inhaberin von inspirocon.Beratung.Coaching.Training. begleitet Brigitte Herrmann heute als Beraterin und Business Coach Fach- und Führungskräfte und Unternehmer/innen in den Bereichen Selbstmarketing, Positionierung sowie in beruflichen Entwicklungsprozessen. Auch in Keynote- und Impulsvorträgen gibt Brigitte Herrmann dieses Wissen und ihre Erfahrungen weiter.

Weitere Infos unter www.brigitte-herrmann.de

Literatur

Piwinger, M. & Zerfass, A. (Hrsg.). (2007). *Handbuch Unternehmenskommunikation* (S. 208). Wiesbaden: Springer Gabler.

„Wartungsvertrag für mich selbst"

Michael von Kunhardt

Inhaltsverzeichnis

7.1 Wartungsvertrag für meinen Körper 125
7.2 Wartungsvertrag für meinen Geist 128
7.3 Wartungsvertrag für meine Seele 134
7.4 Über den Autor 138
Literatur 139

Wir machen für alles Wartungsverträge, für unser Auto, für die Software, wir schließen private Rentenvorsorgeverträge und vieles mehr ab – in materiellen Dingen kümmern wir uns richtig gut um uns. Doch wie sieht es für uns selbst aus, für uns ganz persönlich? Es besteht nahezu keine aktive Aufmerksamkeit für die Frage: wie verhalte ich mich heute, damit es mir in fünf, zehn, zwanzig oder mehr Jahren gut geht – und zwar physisch und mental. Wenn ich in meinen Vorträgen und Seminaren diese Frage stelle, blicke ich meist in ratlose und überfragte Gesichter. Wie sieht es bei Ihnen in dieser Hinsicht aus? Haben Sie einen Wartungsvertrag für Ihren Körper, Ihren Geist und Ihre Seele? Wissen Sie, was Ihnen wirklich gut tut und wenn Sie schon zu den Glücklichen zählen, die es wissen – leben Sie entsprechend und setzen Sie es um?

Es gibt drei große Bereiche, die wir im Lot zu halten haben und die gleichzeitig auch miteinander vernetzt sind.

Arbeits- & Finanzwelt – Beruf/Berufung/Einkommen Die meisten Menschen gehen in Deutschland einer Beschäftigung nach. Spätestens, sobald es sich um eine Vollzeitstelle handelt, bestimmt diese in entscheidendem Maße unseren Tagesrhythmus. Der Job ist die Zentralinstanz, um die alles andere herum geplant wird. Er ist sozusagen zeitlich gesetzt,

Michael von Kunhardt ✉
Plötze 13, 65549 Limburg, Deutschland

um negative Konsequenzen wie Ärger, Abmahnung oder Kündigung präventiv zu vermeiden. Die Arbeit nimmt viele Menschen heute immens ein, zumal immer mehr Bürger einen Zweitjob haben, um die wachsenden Lebensansprüche zu bezahlen und die Anforderungen finanzieren zu können. Einige wenige können sich glücklich schätzen, den Beruf, den Job als Berufung zu leben. Ich zähle mich persönlich dazu und bin dafür sehr dankbar. Die Arbeitswelt bietet zudem den Rahmen für die moderne Beutejagd. Die Beute ist neben dem inhaltlichen und kommunikativen Gewinn vor allem das Gehalt, der Lohn, das Honorar.

Bindungen & Beziehungen – Familie/Partnerschaft/Freunde/Kollegen Wir leben natürlich im Job auch in Bindungen und Beziehungen, das bringt die Tätigkeit und die übliche Schnittstellenkommunikation mit sich. Außerhalb der Arbeitswelt machen wir das ebenfalls, oft sogar noch stärker und sind auch hier häufig in Pflichten eingebunden. Wir haben erneut Termine mit Menschen, nehmen Rücksicht, machen ganz oft was wir eigentlich gar nicht so gerne tun und machen es dennoch, um das große Ganze nicht zu gefährden. Wir gehen auf Geburtstagsfeiern, auf die wir keine Lust haben, besuchen Verwandte, die wir lieber nicht sehen wollen und entfernen uns später als wir eigentlich wollen von Menschen, die wir nicht mögen und die uns nicht gut tun. Und wir machen das ganze Spielchen dennoch immer wieder mit, Tag für Tag, Jahr für Jahr. Sicher – es gibt zweifelsfrei sehr viele schöne Momente, die wir mit anderen erleben. Was aber in dem Feld Bindungen/Beziehungen immer bleibt, ob gut oder schlecht – es ist stets mit anderen.

Die Ich-Welt – Gesundheit/Entwicklung/Interessen In der Ich-Welt kommen wir in Kontakt mit uns ganz alleine, hier gibt es keine Ablenkung, wenig Fremdbestimmung, hier haben wir die Chance zu leben, was wir wirklich wollen, wer wir sind und hier haben wir die Chance das zu leben, was uns ureigen so richtig gut tut. Und genau hier liegt der Hase im Pfeffer. Durch die übliche Priorisierungskette – *Platz 1: Arbeitswelt, Platz 2: Beziehungen, Platz 3: Ich-Welt* – sind die Ressourcen spätestens nach Abschluss von Bereich 2 meistens verbraucht. Da dies sehr häufig passiert, wissen viele überhaupt nicht mehr, was ihnen wirklich gut tut – die Frage stellt sich erst gar nicht. Wir wissen vielleicht noch was uns nicht gut tut, machen es trotzdem aus Feigheit und Trägheit weiter so, ändern nichts und marschieren von Jahr zu Jahr in der Opferrolle durch das zeitlich und inhaltlich begrenzte Leben. In diesem Zustand ist eine kreative und vor allem selbstschätzende Haltung überhaupt nicht mehr möglich. Und dadurch kommen die wenigsten erst recht nicht auf den Gedanken, sich nicht nur heute etwas Gutes zu tun, sondern in die Zukunft präventiv für sich selbst zu blicken. Und genau hier stelle ich Ihnen nochmals die Frage: Haben Sie einen Wartungsvertrag für Ihren Körper, Ihren Geist und Ihre Seele? Ich wünsche es Ihnen, dann benötigen Sie dieses Kapitel zumindest nicht akut und können jetzt etwas anderes machen. Falls Sie noch keinen Wartungsvertrag für sich haben oder an dem einen oder anderen zusätzlichen Impuls interessiert sind, dann lesen Sie nun gerne weiter.

7.1 Wartungsvertrag für meinen Körper

Hatten Sie schon einmal Rückenschmerzen? Dann sind Sie in guter Gesellschaft, denn die Volkskrankheit Nr. 1 hat sich in Deutschland nicht nur etabliert, sondern weist auch noch eine steigende Tendenz auf. Und der ganz große Patienten-Schub besteht uns ohnehin noch bevor, da bereits zwei von drei Kindern zwischen zehn und sechzehn Jahren heute über Rückenbeschwerden klagen.

Häufigste Ursachen: Übergewicht und Bewegungsmangel.

Die fatale Entwicklung ist bekannt, doch es wird noch nicht angemessen interveniert, obwohl immer mehr namhafte Vorausdenker deutlich werden. So appelliert Prof. Gradinger, der Ärztliche Direktor des Klinikums rechts der Isar (hier wurde der Autor dieses Kapitels 1965 geboren), an die Politiker, sich für eine rückenfreundliche Schule einzusetzen und den Sportunterricht zu fördern (Bayerischer Rundfunk 2012). Ich unterstütze ausdrücklich dieses lobenswerte Postulat nicht nur aus gesundheitlicher, sondern auch aus finanzieller Sicht! Denn allein die Volkskrankheit „Rückenschmerzen", und auch darauf verweist Prof. Gradinger, kostet die Krankenkassen und somit uns Beitragszahler jedes Jahr Milliardensummen.

7.1.1 Die Informationen des Körpers gut interpretieren

Zurück zu Ihnen: Wenn es Ihnen im Kreuz mächtig weh tut, dann machen Sie höchstwahrscheinlich etwas falsch – Sie leben aktiv gegen sich. Rückenschmerzen sind in erster Linie eine Folge von persönlichem Fehlverhalten. Das wird Ihnen nicht gefallen, es ist frontal – aber gehen Sie bitte zunächst einmal davon aus, dass es stimmt. Ich weiß wovon ich schreibe – ich hatte sie auch, dann habe ich irgendwann verstanden, dass nur ich es ändern kann, dann habe ich die Verantwortung nicht nur erkannt und gekannt, sondern auch übernommen, dann habe ich gehandelt und geändert. Heute habe ich keinerlei Rückenbeschwerden mehr. Das ist der entscheidende Punkt – wenn der Rücken schmerzt, machen sie mit großer Sicherheit etwas falsch! Konfrontieren Sie sich bitte mit dieser Wahrheit, entscheiden Sie sich bewusst, gesund werden zu wollen, gesund zu sein und gesund zu bleiben und Sie haben beste Chancen, den Weg dahin zu finden. Und so ist es fast immer: Sofern es sich nicht um einen Unfall oder Geburtsdefekt handelt, ist ein körperlicher Schmerz in den allermeisten Fällen das Ergebnis eines vorangegangenen individuellen Fehlverhaltens oder Geringschätzung sich selbst gegenüber. Letztlich gibt der Körper uns nur den Hinweis, dass wir etwas zu beachten haben, bevor es bald noch mehr schmerzen wird. Wir verfügen damit über ein sehr gutes hauseigenes Warnsystem, das allerdings immer mehr Menschen überhaupt nicht mehr adäquat interpretieren, weil sie das Bewusstsein dafür nicht mehr haben und erst recht nicht die Verantwortung für sich tragen wollen. Dann kann es auch nicht funktionieren. Hier setzt der Wartungsvertrag aktiv ein. Wenn ich es nun endlich verstanden habe, was für meinen Körper gut ist und was ich besser ändern soll, dann gilt das nicht nur für die Gesundung. Sondern natürlich auch für die Gesunderhaltung. Und das ist gelebte Prävention.

7.1.2 Bewegung und Elastizität sind der Schlüssel

Weil ich weiß, dass wir am Tag gut 10.000 Schritte unternehmen sollten, um uns gesund zu erhalten und weil ich weiß, dass ein normaler Büroalltag mit abschließendem Stundenmarathon auf der Couch vor dem TV im Schnitt nur 3000 Schritte pro Tag bereit hält, gehe ich jeden Tag aktiv in die Bewegung, trainiere sozusagen „en passant" im Alltag und mache es mir auf den ersten Blick ein Stück weit unbequem. Ich putze mir die Zähne in der Abfahrtshocke, knöpfe mein Hemd auf einem Bein stehend, binde meine Schuhe entweder kniend oder auf einem Bein stehend, parke mein Auto meist ca. 1 km vom Büro entfernt, ignoriere alle Aufzüge dieser Erde mindestens bis zum 4. Stock, stehe immer auf, wenn das Telefon klingelt – kurz: ich setze mir Standards, um zusätzliche Bewegung in den Alltag zu bringen.

Mittlerweile habe ich ein ganz starkes Bewusstsein dafür entwickelt, das permanente Sitzen stark zu reduzieren, weil es deutlich ungesünder als Gehen oder Liegen für uns ist. Und obwohl wir es doch genau wissen, sitzen wir deutlich mehr als wir gehen oder liegen. Verschieben Sie Ihren persönlichen Sitzregler hin zu einem besseren Haltungs-Mix. Reduzieren Sie die Sitzstunden in Ihrem Alltag radikal. „Wir sitzen lebenslänglich ohne jemals dafür verurteilt zu sein" (Quelle: Gert von Kunhardt „Keine Zeit und trotzdem fit"). Unsere Wirbelsäule ist für diese immense Zahl an Sitzstunden nicht gemacht – dann lassen Sie es doch auch!

Ich verlasse niemals das Haus ohne den „Sonnengruß", eine wunderbare Übung aus dem Yoga zur Rundumstärkung und Ganzköperelastizität. Man kann den Sonnengruß so oft wiederholen wie man möchte – ich mache ihn meistens morgens nur 2 mal, und das dauert keine 60 Sekunden. Seitdem ich mir die vorgenannten Standards gesetzt habe, kenne ich keine Rückenschmerzen mehr. Es ist bewältigt, ich bin heute mit 48 Jahren deutlich elastischer als mit 40, 30 und wahrscheinlich auch als ich es mit 20 Jahren war. Und ich wende im Schnitt keine 5 Minuten zusätzlich am Tag dafür auf. Selbstverständlich treibe ich auch Sport, das habe ich immer gemacht – nur heute mache ich es wohl etwas klüger. Denn seit ich ganz bewusst die Verantwortung für meine Gesundheit übernommen habe, werde ich jedes Jahr gesünder und vitaler. Es ist fantastisch und ich freue mich schon auf die nächsten Jahre.

Bewegung und Elastizität sind der Schlüssel. Das ist das Allerwichtigste! Es ist definitiv sogar besser sich schlecht zu ernähren als sich nicht zu bewegen! Beobachten Sie Kinder, die noch nicht verlernt haben, sich zu bewegen. Sie sind aktiv, krabbeln am Boden, schlagen im Garten ein Rad, testen permanent Neues aus, tanzen, hüpfen, springen, rennen, klettern auf Bäume und vieles mehr. Wir Erwachsene machen all das im Alltag meistens nicht mehr. Elastizität wird nicht mehr benötigt und geübt, der Körper steift dementsprechend ein, wir bekommen für unsere aus gesundheitlicher Sicht katastrophale Prioritätensetzung die Quittung und erhalten als Ergebnis z. B. Rückenschmerzen.

Fangen Sie noch heute an, nicht nur die Bewegung, sondern auch gezielt die Elastizität im Alltag zu suchen. Strecken und recken Sie sich, bücken Sie sich, um Dinge vom Boden aufzuheben, seien Sie kreativ, wie Sie im Alltag bereits Ihren Körper, Ihre Mus-

Abb. 7.1 Der körperliche Frischemix

keln, Ihre Sehnen stretchen, also „lang machen" können. Setzen Sie es sich ab sofort als unverzichtbaren Standard und Sie haben einen ganz großen Schritt für das Unternehmen „Wartungsvertrag für meinen Körper" und somit zur körperlichen Frische gemäß Abb. 7.1 geschafft. Wenn Sie zu den wunderbaren Bewegungs- und Elastizitätsangeboten im Alltag dann auch noch ein separates moderates Sporttraining ergänzen, das idealerweise die Elemente Ausdauer, Elastizität und Kraft aufweist, dann haben Sie gewonnen. Sie haben nun die Verantwortung für sich aus körperlicher Sicht vollumfänglich übernommen. Bringen Sie dazu immer wieder Abwechslung und Neues in Ihren Wartungsvertrag, das inspiriert, motiviert und hält die Sache spannend. Wenn Sie morgens immer mit der rechten Hand die Zahnbürste führen, nehmen sie mal die linke. Achten Sie darauf mit welchem Fuß Sie die erste Treppenstufe nehmen. Ist es üblicherweise der linke, dann nehmen Sie mal zur Abwechslung zuerst den rechten Fuß. Wenn Sie Ihre Finger geschmeidig halten wollen, fangen Sie das Klavierspiel an. Dazu benötigt es nicht zwangsläufig ein teures Klavier, ein elektronisches, gebrauchtes Keyboard tut es auch für den Anfang. Und wenn Sie mit Kopfhörern und somit für die Umgebung lautlos spielen, dann laufen Sie auch nicht in Lautstärken- und Qualitäts-Diskussionen mit Ihren Nachbarn oder Ihrer Familie.

Achten Sie darauf wie viele Kalorien Sie täglich wirklich in etwa verbrennen und ob sie Ihre Nahrungsaufnahme entsprechend Ihrer Bewegung auch wirklich ausgewogen gestalten. Sie und Ihr Körper können nur dann wirklich gut im Fluss sein, wenn Sie sich auch adäquat mit Flüssigkeit versorgen. Sie wissen es doch sicherlich: zwei bis drei Liter sollten es schon am Tag sein. Wenn Sie Schwitzsport oder anstrengende körperliche Arbeit betreiben, natürlich mehr. Sie merken dann schon, dass Sie Durst bekommen – trinken Sie auch! Wenn Sie nicht wissen was Sie trinken sollen, mit stillem Wasser können Sie überhaupt nichts falsch machen! Das geht immer.

7.1.3 Der richtige Mix aus Beschleunigung und Entschleunigung

Aufgrund der zahlreichen verlockenden Angebote zur Bewegungsverhinderung und Bewegungsvermeidung leben eben vor allem in den Ländern der Industrienationen die meisten Menschen in deutlicher Bewegungsarmut. Wenn Sie jedoch zu den Menschen gehören, die im Beruf ehrgeizig und ambitioniert unterwegs sind und so auch noch Ihren Sport ausüben, dann achten Sie bitte unbedingt darauf, dass Sie Ihre Pausen und Regeneration nicht vergessen. Ich war so ein Kandidat und habe die Regeneration früher ganz oft viel zu kurz gehalten. Ich war mir selbst gegenüber zu ignorant, zu blöd oder sogar beides, um die körperlichen Informationen und Rückmeldungen aufmerksam und selbstverantwortlich zu interpretieren. Das ging solange, bis mein Körper mir unter anderem schmerzhafte Entzündungen zur Zwangsentschleunigung zunächst vorgeschlagen und schließlich, damit auch ich es endlich kapiere, brachiale Verletzungen deutlich vorgeschrieben hat. Heute mit 48 Jahren, nach acht Operationen zwischen 23 und 37 Jahren, geht es mir so gut wie seit Jahrzehnten nicht mehr.

Ihre bewusste Haltung, Ihren Körper wert zu schätzen, gut und klug mit ihm umzugehen, seine Bedürfnisse wahrzunehmen und zu nähren, ihn auch ein Stück weit wie ein Bildhauer als ein Werk zu betrachten und zu bearbeiten – all das wird Ihnen nicht nur Gesundheit, sondern auch ein wohltuendes und erhabenes Gefühl geben. Und was meinen Sie wie gut es erst tut, wenn Sie merken, dass Sie zwar jedes Jahr älter, aber eben auch von Jahr zu Jahr gesünder werden.

7.2 Wartungsvertrag für meinen Geist

Wie halten Sie sich mental lebendig und vor allem auf Wachstumskurs? In der Natur gilt das Prinzip: wenn etwas nicht mehr wächst, dann stagniert es zunächst und dann stirbt es schließlich ab. Es ist überaus wichtig, sich nicht nur körperlich in der Spur zu halten, sondern auch immer wieder mentale Fortschritte zu erzielen. Denn wenn Sie es nicht tun, stagniert entsprechend des beschriebenen Naturgesetzes zunächst Ihre geistige Leistungsfähigkeit, bevor sie sich stark reduziert und dann komplett verabschiedet. Bei unzureichender Nutzung wird das Hirn nicht mehr wirklich gefordert, weil zu wenige Anreize vorhanden sind. Der Denkapparat wird bei zu starker Unterforderung schlicht und einfach nicht trainiert.

Und wenn wir schon beim Stichwort Training sind: die Trainingslehre aus dem Sport liefert hier eine sehr gute inhaltliche Brücke. Denn: das nächste Leistungslevel wird nur erreicht, wenn wir einen klugen Mix aus Anforderungen und Pausen setzen. Das gilt für Körper *und* Geist. Unglücklicherweise funktioniert dieses Prinzip auch im umgekehrten Fall. Alles, was wir nicht nutzen, wird zunächst in den Energiesparmodus gesetzt und dann abgestoßen, rausgeschmissen (Müller-Wohlfahrt 2004). Wenn Sie geistig frisch bleiben oder wieder frischer werden wollen, dann haben Sie keine andere Wahl als Ihr Hirn zu fordern, zu trainieren.

Welches geistige Leistungslevel Sie dabei erreichen, haben Sie zu einem sehr großen Teil selbst in der Hand. Somit halte ich hier ein Plädoyer für die aktive, fordernde Nutzung Ihres Gehirns. Nicht nur für den Spitzensport gilt: „Gewonnen und verloren wird zwischen den Ohren". Je früher Sie damit beginnen, umso weniger müssen Sie aufholen, um bis ins hohe Alter denkfrisch und mental agil zu bleiben. Wie für die körperliche Frische steht auch hier zunächst eine bewusste Entscheidung an. Überprüfen Sie sich jetzt bitte: Wollen Sie wirklich eine neue geistige Frische und möchten Sie so lange wie irgendwie möglich geistig frisch und agil bleiben? Wenn dem so ist, dann entscheiden Sie sich jetzt bewusst dafür und sprechen Sie zunächst leise und dann laut zu sich: „Ja, ich will geistig frischer, fitter und besser werden und stets mit Freude mental agil bleiben."

Wenn Sie das nun sich selbst gegenüber erklärt haben, können Sie vom Entschluss zur dauerhaften Umsetzung weiterschreiten:

Öffnen Sie sich ab sofort Neuem und behalten Sie diese Grundhaltung bei. Wie sagt Hermann Scherer, einer der erfolgreichsten und inspirierendsten deutschen Redner, so treffend: „nur weil ich etwas nicht kenne, muss es nicht schwierig sein" (Scherer 2013). Also ran an die neuen Themen. Alles Neue fordert das Hirn, weil wir unseren Weg zur Orientierung und Handlungssicherheit erst einmal bauen müssen. Neues bringt Inspiration, nährt unseren Geist. Sie haben keine Chance zu verblöden, wenn Sie viel qualitative Abwechslung in Ihre Gedankenwelt bringen. Richard Branson, Selfmade-Milliardär und Abenteurer, postuliert fröhlich auf einem Foto für seine Airline Virgin Atlantic: „Wache jeden Morgen auf und freue Dich darauf, etwas Neues zu lernen. Was hast Du heute gelernt?"

7.2.1 Jahresmotto als Erinnerungsstütze

Der Jahreswechsel führt oftmals dazu, unsere Einstellungen und Haltungen zu überdenken und uns für das neue Jahr spezielle Dinge und Handlungen vorzunehmen. Diese Vorsätze sind aufgrund der Loslass- und Begrüßungsatmosphäre des Jahreswechsels zum einen oft emotional behaftet und werden zum anderen meistens sowieso nicht eingehalten. Das sind dann Themen wie „ich möchte mich entschleunigen und mehr Zeit für mich und meine Familie haben, möchte mehr Sport treiben, öfters Tanzen gehen, auf meine Gesundheit achten, Freundschaften pflegen" und viele andere gute Vorsätze. Meistens nimmt man sich gleich mehrere Dinge vor. Machen Sie sich mal den Spaß und überprüfen Sie den Vorsatz zum Jahresanfang und das Ergebnis zum Jahresende bei sich selbst oder bei anderen. Ich habe es immer wieder gemacht, bei mir selbst und bei vielen anderen und konnte mit großer Deutlichkeit feststellen, dass es meistens nicht greift, schlimmer noch – im Laufe des Jahres werden die guten Vorsätze vergessen und am Jahresende weiß man überhaupt nicht mehr, was man sich eigentlich für das abgelaufene Jahr vorgenommen hatte.

Ein klassischer Vorsatz mit Allgemeinplatzcharakter ist offensichtlich nicht kraftvoll genug und da zum Jahreswechsel in der Regel gleich mehrere Dinge vorgenommen werden, haben wir es dann auch noch mit Verwässerung und eventuellen Zielkonflikten zu tun. Aufgrund dieser Erkenntnis habe ich mich vor einigen Jahren für eine andere Strategie entschieden, die wunderbar funktioniert – ich stelle das neue Jahr einfach komplett unter ein **Motto**. Das ausgelobte Motto teile ich auch anderen mit, um mich während des laufenden Jahres erinnern zu lassen und Anstöße von außen zu erhalten.

> **Beispiel**
> Ein Beispiel:
> Mein Jahresmotto lautete einmal: „Wenn ich nicht weiß ob ja oder nein – dann sage ich JA!"
> Nun geschah es, dass am Abend eines arbeitsreichen und intensiven Tages, ich war sehr geneigt, diesen ganz entspannt ruhig ausplätschern zu lassen, mich ein Freund anrief und mich zur körperlichen Aktivität animieren wollte.
> „Michael, willst Du mit mir gleich Tennis spielen?
> *Das ist ja schön, dass Du fragst. Prinzipiell natürlich immer gerne, das weißt Du – nur, ich bin heute wirklich mal so richtig platt und jetzt rufst Du wegen Tennis an. Ich bin nun hin- und hergerissen."*
> Ohne einen weiteren Satz noch sagen zu können, antwortete mein Kumpel wie aus der Pistole geschossen: „Prima, dann ist es ja klar. Dein Jahresmotto lautet doch ‚wenn ich nicht weiß, ob ja oder nein, dann sage ich ja!' Also, wann soll ich dich abholen?"
> Es wurde ein wunderbarer Abend, ich konnte durch die Bewegung den Tagesstress abbauen und wir hatten zusätzlich noch eine inspirierende Unterhaltung. Und ich habe zusätzlich die Rückmeldung erhalten, meine Fähigkeit zur Reflexion meines eigenen Mottos noch weiter zu verbessern.

Ein anderes persönliches Motto-Beispiel: „2013 ist für mich das Jahr des Speakings".
Ich lege einen ganz starken Fokus darauf, meine Redner-Karriere voran zu treiben. Durch die Fokussierung und thematische Permanent-Präsenz gab es in 2013 hier für mich deutlich positive Entwicklungen. Im Zweifel priorisierte ich den zeitlichen Input für das Speaking, es war ja für mich „das Jahr des Speakings".

▸ Nochmals: Vorsatz ja, aber nur einen und den auch deutlicher:
Stellen Sie das neue Jahr komplett unter ein Motto.

Übrigens: die „JA-Entscheidungs-Strategie" ist ein grandioser, positiver Lebensbeschleuniger. Wenn uns die Möglichkeiten doch schon auf einem Silbertablett serviert werden, warum greifen wir denn nicht zu? Damit meine ich nicht, dass wir verlernen sollen „Nein" zu sagen und wie ein Fähnlein im Winde uns nach jedem Impuls durch andere völlig fremdbestimmt hin und her drehen. Ganz und gar nicht! Nur, wenn ich mir nicht im Klaren bin, ob rechts herum oder links herum, dann entscheide ich mich eben für die Möglichkeit, die das Leben aktuell an mich heran trägt. Wenn man Initiativen mehr ablehnt als zustimmt (ein Lob für die Person, die überhaupt eine Initiative ergreift), Vorschläge madig redet, das letzte Haar in der Suppe sucht, das sich immer mit Leichtigkeit finden lässt – ja dann kommt das Ganze entsprechend des Gesetzes der Resonanz selbstverständlich auf einen zurück. Den inneren Barrieren folgen äußere Blockaden, Ablehnung und Isolierung sind irgendwann die zwangsläufige Folge.

Wenn Sie für Ihre Entscheidungsfindung dennoch etwas mehr Sicherheit verspüren möchten, dann probieren Sie mal die somatische (körperliche) Überprüfungsstrategie aus,

Abb. 7.2 Der mentale Frischemix

die ich an dem obigen Tennis-Beispiel erläutern möchte. Nehmen wir mal den sehr ungewöhnlichen Fall an, dass ich trotz der „JA-Entscheidungs-Strategie" immer noch nicht sicher bin, ob ich den Tennis-Vorschlag meines Kumpels annehmen soll oder an dem Abend lieber die Couch mit meiner Präsenz würdige. Dann versetze ich mich in die fiktive Zukunfts-Situation und spüre dabei bewusst ich mich hinein wie ich mich damit fühle, wenn ich

(a) zuhause bleibe
(b) Tennis spiele.

Spätestens an dieser Stelle, wäre es mir dann wirklich klar geworden, dass das Tennis die für mich stimmigere Entscheidung ist. Ansonsten hätte ich ja aktiv gegen mein Jahresmotto gelebt, wäre also wortbrüchig gegenüber mir selbst geworden und das fühlt sich überhaupt nicht gut an. Das hätte ich bei bewusstem somatischem Einfühlen mit Sicherheit entsprechend gespürt. Sollten Sie selbst damit noch nicht handlungs- und entscheidungsfreudiger sein, dann empfehle ich Ihnen ein professionelles und ganz persönliches Entscheidungs-Coaching – und zwar so schnell wie möglich.

Meine „JA-Entscheidungs-Strategie" habe ich mittlerweile so verinnerlicht, dass sie sich vom Jahresmotto zum völlig selbstverständlichen Lebensmotto weiter entwickelt hat, sie ist ein Standard geworden. Alle Fortschritte der Welt sind immer dann eingetreten, wenn etwas Neues probiert wurde. Die Bewahrungsstrategie hat noch niemanden weit nach vorne gebracht. Unsere Einstellung zu Neuem spiegelt unsere gedankliche Haltung wieder. Leben Sie offen, positiv neugierig, setzen Sie es sich als einen Standard, im Zweifel deutlich mehr JA als Nein zu sagen.

Gehen wir mal davon aus, dass Sie nun also die Aufmerksamkeit gewonnen haben, Neues bewusst zu suchen, zu lernen und sich in den Lebensstrom positiv einzuklinken. Dabei bleiben Sie immer neugierig auf die vielen Möglichkeiten und Chancen, die permanent für Sie gegeben sind und Sie sind ambitioniert, diese zu identifizieren und zu nutzen. Ist es das, was Sie wollen? Ich erlaube mir anzunehmen, dass Sie es wollen – denn, wenn es nicht der Fall wäre, hätten Sie höchstwahrscheinlich dieses Kapitel im Buch schon längst zugeklappt.

Machen wir es uns nochmals anhand der Abb. 7.2 deutlich.

Impulse für mentale Frische erhalten wir also über Hirntraining und Inspiration. Welche Möglichkeiten haben wir für aktives Hirntraining? Ich gebe Ihnen nachfolgend einige

Anstöße. Sie finden darüber hinaus sicherlich, wenn Sie Ihr Hirn fordern und dadurch automatisch schon trainieren, noch weitere.

7.2.2 Ein Lob auf das Kopfrechnen

Taschenrechner oder Kopfrechnen? **Kopfrechnen! So oft wie möglich!**

Wer kann denn heute noch Prozentrechnen im Kopf? Hier hat in den letzten 20 Jahren ein massiver Gesellschafts-Switch zu Ungunsten der jungen Generation stattgefunden. Vor 20–30 Jahren konnten die meisten Zwanzigjährigen ähnlich gut Prozentrechnen wie die meisten Sechzigjährigen. Machen Sie heute nochmals den Test – erschütternd! Eine erschreckend große Anzahl von jungen Menschen kann überhaupt kein Prozentrechnen mehr und scheitert auch ansonsten an den einfachsten Kopfrechnungen. Rechnen Sie, wo und wann Sie können alles oder so viel wie möglich im Kopf. Unbedingt! Überschlagen Sie beispielsweise im Supermarkt beim Einkauf wo Sie in etwa preislich landen, die Probe erfolgt an der Kasse. Nutzen und suchen Sie Gelegenheiten, mit den Zahlen zu spielen.

Lassen Sie uns das direkt mal machen und dabei gleichzeitig einen kleinen rechnerischen Leistungs-Check durchführen. Bitte legen Sie sich jetzt eine Stoppuhr bereit, wenn Sie keine haben, Ihr Smartphone wird schon eine aufweisen. Haben Sie die Stoppuhr parat? O.K., dann Finger weg von der Taschenrechnerfunktion, ehrlich zu sich selbst, nur im Kopf und los geht's:

Lesen Sie bitte gleich die nachstehende Aufgabe. Starten sie bitte direkt vor dem Lesen die Stoppuhr und stoppen Sie, wenn Sie das Ergebnis haben. Sie dürfen sich eine Ergebnis-Abweichung von großzügigen 20 % erlauben. Wenn Sie mehr als eine Minute benötigen, können Sie aufgeben.

> **Aufgabe:**
> Bei der Bundestagswahl 2013 haben 8,4 % Bündnis 90/Die Grünen gewählt. Bei einer Wahlbeteiligung von 71,5 % und 61,8 Millionen Wahlberechtigten sind das ca. wie viele Menschen? Ungefähr? Schnell Ihr Ergebnis!
> ?????????
> Das Ergebnis steht noch nicht hier, sondern disziplinieren Sie sich bitte, erst zu Ende zu rechnen.
> Und wenn Sie jetzt diesen absichtlich etwas länger gehaltenen Satz als nächstes lesen, um das Ergebnis wie aus einem Reflex erhaschen und um sich aus der Selbstverantwortung heraus nehmen zu wollen, dann werden Sie es bedauerlicherweise auch noch nicht finden – ihre Zeit läuft aber weiter.
> Nun, wie lautet denn Ihr Ergebnis?
> Zumindest annäherungsweise bekommt man das doch flott im Kopf hin, wenn Sie sich erlauben, zu runden und schließlich feststellen, dass 70 % von 60 Millionen eben 42 Millionen (Rechenbrücke 7 × 6) sind und wenn von 42 Millionen (gerundet 40 Millionen) ca. 8 % Bündnis 90/Die Grünen wählen, dann gibt es in Deutschland, ganz

schnell überschlagen, 3,2 Millionen Bürger (Rechenbrücke 8 × 4), die Bündnis 90/Die Grünen wählen. Und da Sie zur Vereinfachung 3 mal abgerundet haben, muss die tatsächliche Zahl also etwas höher liegen und wir werden nach dem Komma nochmals etwas korrigieren müssen, also könnten wir in etwa bei 3,5 Millionen landen. Mit dieser Rechnung haben wir es uns jetzt noch ziemlich einfach gemacht und haben dennoch auf spielerische Art und Weise einen recht guten Überblick zu einer Frage, die sich die meisten Menschen so noch nie gestellt haben. Wenn Sie genau nachrechnen und überprüfen wollen, wie gut Sie im Kopf mathematisch „unterwegs" sind, dürfen Sie jetzt auch mal mit einem Taschenrechner nachrechnen. Sie erhalten dann als Ergebnis, dass es entsprechend der vorliegenden Zahlen tatsächlich 3,71 Millionen Bürger sind, die Bündnis 90/Die Grünen gewählt haben. Da waren wir gar nicht so schlecht mit einem ganz simplen Rechenverfahren im Kopf.

Wenn Sie inklusive Lesen der Aufgabe weniger als 15 Sekunden benötigen und innerhalb der Ergebnistoleranzgrenze von 20 % liegen (rechnen Sie bitte die Grenzen selbst nach, bitte erst im Kopf und dann zur Probe gerne auch elektronisch oder mechanisch), dann sind Sie rechnerisch bärenstark. Wenn Sie weniger als 30 Sekunden benötigen, dann ist das auch noch eine wirklich gute mathematische Leistung. Bis 45 Sekunden bekommen Sie die Note 3, bis 60 Sekunden noch die Note 4, immer vorausgesetzt, dass Sie die 20 % Toleranz nicht überschreiten. Liegen Sie zeitlich darüber oder liegen Sie außerhalb der Ergebnisgrenzen, dann wäre es für die rechnerische Tauglichkeit Ihrs Hirns sehr vorteilhaft, wenn Sie zeitnah das aktive Rechentraining aufnehmen. Als Resultat für mathematische Spielereien werden Sie sich zukünftig zahlenmäßig besser orientieren, können es jeden Tag einsetzen und Ihr Hirn bleibt schlicht und einfach länger frisch. Bitte nehmen Sie dieses Rechen-Beispiel vor allem als Impuls, sich dem Hirntraining spielerisch zu widmen. Ob Sie das auf dem mathematischen Weg oder auf eine andere Art machen, ist dabei zunächst sekundär. Entscheidend ist, dass Sie sich immer wieder neu fordern und es sich mental bewusst ein wenig unbequem machen.

7.2.3 Permanente geistige Herausforderungen

Was möchten Sie denn auf geistiger Ebene gerne mal lernen, gestalten, anwenden können oder wissen?

Hier einige weitere Vorschläge:

- Lernen Sie eine neue Sprache
- Gestalten Sie Ihr Büro, Ihre Wohnung/Ihr Haus neu (Fantasie!). Goethe hat mal gesagt „alles, was in der Welt geschieht, muss zunächst im Kopf entstehen"
- Lernen Sie Schach oder verbessern Sie Ihr Schachspiel
- Befassen Sie sich bewusst mit etwas Technischem
- Lernen Sie ein Instrument. Sie lernen hier geistig und auch körperlich.
- Trainieren Sie für „Wer wird Millionär" und räumen Sie die Million ab!

Das Hirn will sozusagen immer wieder geschmiert werden, damit es gut und rund läuft und die Synapsenschaltung optimiert wird. Rechnerisches Kombinieren, Erlernen und Memorieren, also Erinnern, trägt deutlich zur qualitativen, geistigen Entwicklung und längeren Jungerhaltung bei. Dabei sind Sie Ihr eigener Regisseur, Sie bestimmen Ihr Tempo und die Inhalte ganz alleine. Hauptsache, Sie machen etwas und fangen an. Ab sofort! Und gehen Sie die Sache vor allem mit Spaß und Freude an.

7.3 Wartungsvertrag für meine Seele

„Die Seele verhökert, alles sinnentleert, keine innere Heimat, keine Heimat mehr" singt Herbert Grönemeyer in seinem grandiosen Song „Keine Heimat". Was gibt Ihnen Ihre innere Heimat? Ihre Familie, Partnerschaft, Freunde, der Beruf als Berufung, finanzielle Sicherheit, Ihre Wohnung, Ihre geografische Herkunft, ein anderer Ort, an dem sie heute leben – oder etwas ganz anderes? Hand aufs Herz: Haben Sie eine innere Heimat? Ich bin absolut überzeugt, dass die meisten Menschen in Deutschland keine innere Heimat haben. Und wer keine innere Heimat hat, kann auch nicht tiefenglücklich sein, sondern ist bestenfalls temporär bei sich zuhause. Das gelingt dann immerhin ab und zu durch externe Kurzfrist-Hilfestellungen wie z. B. Alkohol.

Glück wird jetzt mittlerweile messbar und vergleichbar gemacht, es gibt den Happiness-Faktor, anhand dessen nun ermittelt wird, in welchen Ländern die glücklichsten Menschen leben. Überlegen Sie mal eben, was denken Sie – wo leben die glücklichsten Menschen? Einem Bericht der Vereinten Nationen zufolge, dem World Happiness Report, leben in Dänemark die glücklichsten Menschen. Ebenfalls in den Top Ten sind die weiteren skandinavischen Länder Norwegen, Schweden und Finnland sowie die Schweiz, die Niederlande, Kanada, Österreich, Island und Australien. Deutschland nimmt Platz 26 ein und konnte sich gegenüber dem Vorjahr um vier Plätze verbessern. Unter den Schlusslichtern der 160 Nationen umfassenden Studie befinden sich fast ausschließlich afrikanische Länder. Die Zentralafrikanische Republik, Benin und Togo liegen ganz hinten. Syrien landete auf Platz 148. Das Earth Institute der renommierten Columbia-Universität in New York wertete für die Studie Daten von Sozialsystemen und dem Arbeitsmarkt sowie Befragungen von Bewohnern aus. Lebenserwartung und das Bruttoinlandsprodukt pro Kopf spielt demnach eine große Rolle beim Glücksempfinden der Menschen. Freundschaften und die Freiheit eigene Entscheidungen über sein Leben zu treffen, seien ebenfalls wichtig. Je mehr Korruption in einem Land herrscht, desto unglücklicher sind seine Bewohner (Zeit online 2013). Also ganz so schlimm steht es gar nicht um uns, wir reden uns oft unglücklicher als wir sind – zumindest im Vergleich zu den anderen Nationen. Dennoch ist es bei genauem Hinsehen und Nachspüren sehr auffällig, dass sehr viele Menschen den Kontakt zu Ihrer Seele, zur inneren Heimat, leider doch nicht wirklich haben und das gilt nun mal für die meisten Nationen auf der Erde.

7.3.1 Glück und Selbstverantwortung

Über das Thema „Glück" wurde bereits sehr viel geschrieben und ich möchte jetzt nicht die berühmte Tasse Kaffee am Morgen oder den romantischen Sonnenuntergang als überstrapaziertes Glück-Beispiel bemühen, sondern vielmehr das Thema Verantwortung mit Glück in Verbindung bringen.

Glück ist unmittelbar mit einer genährten Seele verbunden. Und was nährt Ihre Seele? Das wissen Sie selbst am besten, sollten Sie zumindest, und ich wünsche Ihnen von Herzen, dass es Ihnen nicht so wie bei diesem Psychologenwitz geht. Treffen sich zwei Psychologen. Sagt der eine zum anderen: „Kannst Du mir mal sagen, wie es mir geht?"

Ich halte Glück für das alleroberste Lebensziel und strebe es gezielt seit meiner Kindheit als Top-Fokus an. Das gelingt mal besser, mal schlechter – es ist aber definitiv mein oberstes Ziel und ich erachte es auch als eine Selbstverständlichkeit, mich jeden Tag aufs Neue aktiv dafür einzusetzen, dass es mir gut geht und ich Freude am Leben habe. Wenn ich schon das unfassbare Glück habe, aus einer nicht vorstellbaren Zahl an möglichen Chromosomen-Kombinationen als menschgewordenes Ergebnis in die Welt geboren zu sein, dann ist doch wohl das Mindeste, dass ich aus diesem Geschenk das mir Bestmögliche permanent anstrebe und mich dafür massiv engagiere, selbst glücklich zu sein. Und zwar mache ich das nicht nur für mich, sondern vor allem auch aus Respekt vor meinen Mitmenschen. Denn nur, weil es Ihnen oder mir gut geht und wir dabei nicht aktiv bösartig gegen andere Menschen handeln, muss es ja deswegen niemandem schlechter gehen. Es sei denn, es ist Neid, Missgunst oder Opferrolle bei anderen im Spiel – für diese Form der seelischen Unterentwicklungen sind wir aber nicht unmittelbar zuständig. Wir können gerne helfen und benötigen sicherlich auch hin und wieder Hilfe – aber Sie und ich haben ein absolutes Recht auf seelisches Glück so wie jeder Mensch – also lassen Sie uns danach permanent streben, so lange wir hier sind.

Ich stehe jeden Morgen auf und überlege mir dann sehr bald, was mir heute Freude bereitet, womit ich mir selbst eine Freude machen kann. Ich überlege mir das auch für andere, aber eben natürlich auch für mich. Ich muss doch erst einmal dafür sorgen, dass ich selbst im Lot bin. Erst dann kann ich anderen wirklich qualitativ helfen und für andere stabil wertvoll sein. Sonst ist es doch sowieso nur eine künstliche Balance, das eventuelle, innere Gleichgewicht nur auf Sand gebaut und der kleinste Windstoß bringt alles zum Einsturz und von einer scheinbaren Hilfe für das Umfeld wird man zu einer Belastung und ganz schnell auch zu einer Zumutung. Das habe ich als Teenie meiner Mutter schon gesagt, was interessante Diskussionen nach sich zog. An dieser Stelle freue ich mich sehr zu erwähnen, dass meine Mutter ein wunderbarer, positiver und äußerst optimistischer Mensch ist und ich ihr ganz viel in dieser Richtung zu verdanken habe.

Die Einstellung, sich selbst erst mal im Lot zu halten, könnte man jetzt, wenn man das so möchte, als egoistisch bezeichnen. Ist es ja auch – vor allem im positiven Sinne und hat sehr viel mit Verantwortung zu tun. Wenn jeder dafür Sorge und Verantwortung trägt, sich selbst – als erste Bürgerpflicht sozusagen – im Lot zu halten, dann gibt es weltweit deutlich weniger Ärger und mit Sicherheit auch weniger Kriege. Da sehr viele Menschen das aber eben nicht schaffen (wie soll es auch gelingen, wenn man nicht wirklich lösungsorientiert zu sich hin sieht) und keine innere Heimat haben, muss die Umwelt dafür herhalten und sieht sich immer wieder mit Konflikten konfrontiert, die durch seelisch Heimatlose initiiert werden. Es ist mir beispielsweise deutlich lieber, wenn Menschen scheinheilige und emotional verlogene Hilfestellungen unterlassen – entweder ich helfe auf irgendeine Art und Weise gerne oder ich lasse es, sonst wird es sehr schnell unerträglich. Aber wenn man das Argument findet oder es einfach nur spürt, dass man es, warum auch immer, ein Stück weit gerne mache, dann sollte man auch dafür sorgen, sich im Lot zu halten und wirklich ein Gewinn für andere zu sein.

Viele Menschen gehen davon aus, dass andere sie glücklich zu machen haben – ich halte das, vor allem bei erwachsenen Menschen, für verantwortungslos, faul und auch für „Energiezockerei". Das ist Chefsache, dafür bin ich absolut selbst hauptverantwortlich und sonst niemand. Ich kann mir gerne helfen lassen, die Hauptverantwortung trage ich aber selbst. Jeder hat es mal etwas schwerer, jeder hat es auch mal etwas leichter, sicher: manche beutelt es wirklich gewaltig oder es kommt einfach mal alles zusammen. In meiner langjährigen Coaching-Arbeit ist mir bewusst geworden: **jeder hat irgendetwas**. Irgendetwas, das nicht ganz flutscht, irgendeinen Ärger, Stress, Druck, gesundheitliche Probleme (die in der Regel aus Bewegungsmangel, also Verantwortungslosigkeit sich und anderen gegenüber, resultieren) und so weiter und so fort. Wenn man das mal ganz nüchtern überblickt, dann scheint das die Gesetzmäßigkeit des Lebens zu sein. Es gibt keine dauerhafte Seelenruhe, kein Nonstop-Glück von Geburt bis zum Tod. Der Baum steht auch nicht zeitlebens im wohltemperierten Sonnenstrahl, angereichert mit leichtem Halbschatten, damit es noch etwas angenehmer ist. Es gibt furchteinflößende Stürme, sintflutartige Regenfälle, unerträgliche Hitze, barbarische Kälte, fremde Äste und Stämme, die ihm ins Gebälk krachen und wenn es ganz unglücklich kommt, dann gibt es noch einen, meist finalen, Konflikt mit einer Motorsäge. So ist es eben – und das gilt für die meisten von uns. Wir haben alle das gleiche Top-Thema und sind in einem permanenten Optimierungsprozess eingebunden, der irgendwann zwangsläufig ein Ende hat, mal früher mal später, irgendwann zwischen 0 und 130 Jahren – gemessen an der Existenz des Lebens eine unglaublich kurze und völlig belanglose Zeit wie ich finde. Also lassen Sie uns nicht so viel Theater um Kleinigkeiten machen, die nur unsere und andere Seelen „zumüllen".

Der entscheidende Punkt ist: übernehme ich bewusst Verantwortung für mein Seelenheil oder delegiere ich das? Da kann ich dann allerdings lange warten – das wird niemals jemand für mich regeln. Meine Seele und die Verantwortung für deren Heil trage ich selbst, genauso wie für meinen Körper und meinen Geist. Und wenn Sie spätestens jetzt bewusst entschieden haben, die Verantwortung für Ihr Seelenheil zu übernehmen, dann gehen Sie diesem Ziel bitte auch ab sofort engagiert hinterher!

Abb. 7.3 Der seelische Frischemix

7.3.2 Positive Emotionalisierung

Der Wartungsvertrag für die Seele hat immer etwas mit Emotionalisierung zu tun. Natürlich sind es vor allem die positiven Emotionen, die unsere Seele nähren. Ich habe jeden Tag das Ziel, mindestens eine positive Emotionalisierung bewusst zu leben und vor allem auch mit wachem Verstand dankbar mitzubekommen, dass ich die positive Emotionalisierung eben jetzt erlebe. An einem normalen Tag ist es glücklicherweise deutlich mehr als nur eine positive Emotionalisierung. Übrigens: es ist erwiesen, dass Schreiben glücklich macht. Ich spüre es auch beim Schreiben dieser Zeilen. Schreiben Sie mal wieder einen Brief, einen Bericht oder sogar einen Artikel für eine Zeitung. Journalisten sind froh, wenn sie etwas vorgeschrieben erhalten – das spart ihnen Arbeit und Zeit und das Honorar erhalten sie trotzdem.

Neben dem kleinen Alltagsglück darf es dann natürlich auch gerne mal mit etwas mehr Endorphinen, mit mehr Glückshormonen hergehen. Wo holen Sie sich Ihre Extraportion Endorphine? Durch sportliche oder berufliche Erfolge, auf einem grandiosen Rockkonzert, beim Sex, im Shoppingrausch, wenn Sie ein größeres Werk fertig gestellt haben, beim Holzhacken, in der Achterbahn, auf einer Harley Davidson, beim Rafting auf dem Zambesi, beim Ausmisten, in einem intelligenten Streitgespräch, beim Bergsteigen, beim White-Shark-Diving oder wo und wann kommen Ihre Endorphine so richtig gut in Wallung? Suchen Sie bewusst diese Situationen – es müssen ja nicht alle sein und es darf gerne auch hier und da noch etwas Verstand mit im Spiel sein. Aber bleiben Sie an dem Thema unbedingt dran. Das ist das sprichwörtliche Salz in der Suppe.

> **Gut gewartet durch Ihr Leben**
> Ich verwehre mich gegen jegliche Form von Monotonie. Wir brauchen Abwechslung und Genuss, Lachen und Freude, ehrliches Helfen und rauschende Feste, knisternde Spannung und Erlösung, Staunen und Neugierde, Lampenfieber und Mut, Schaffen und auch das Scheitern, um es beim nächsten Mal besser zu machen. Ich wünsche Ihnen, dass Sie mit Interesse und positiver Neugierde, Selbstverantwortung und viel Freude durch Ihr Leben schreiten, um, wie in Abb. 7.3 dargestellt, seelisch frisch zu sein. Setzen Sie sich kluge körperliche, mentale und seelische gesundheitsfördernde Standards, über die Sie irgendwann nicht mehr nachdenken müssen. Nehmen sie sich immer zum Ziel,

jeweils nächstes Jahr noch gesünder zu sein. Achten Sie auf sich, wertschätzen Sie sich und bleiben Sie für Ihre Balance stets ambitioniert. Erheben Sie dabei den Anspruch, stets einen sehr guten Wartungsvertrag mit sich selbst zu haben und investieren Sie immer wieder kreativ in Ihre eigene Wartung.

Ich wünsche Ihnen dabei bestes Gelingen und viel Freude.

7.4 Über den Autor

Michael von Kunhardt Michael von Kunhardt ist ein hochqualifizierter, gefragter Redner und Trainer für Business, Profisport und Prävention. Er verbindet und lebt seit Jahrzehnten Business, Sport und Gesundheit auf einzigartige Art und Weise. Der Bank- und Diplom-Kaufmann (Goethe-Universität Frankfurt) wurde 1984 als 19-jähriger Bundesligaspieler mit seinem Team zum ersten Mal Deutscher Meister im Hockey und erzielte das Siegtor im Finale. Nach 15 Jahren Bundesliga und acht Operationen entschied er bewusst, die Verantwortung für seine Gesundheit selbst zu übernehmen.

Neben Betriebswirtschaft studierte er noch Soziologie und Sport. Ausbildungen zum A-Lizenz-Trainer des Deutschen Olympischen Sportbundes, Sportmentaltrainer, NLP und Gesundheitstrainer folgten. Er veranstaltete exklusive Aktivierungs-Incentives, über die z. B. Focus, Handelsblatt, Wirtschaftswoche und das ZDF berichteten. Seit 2003 ist er Dozent an der Fachschule für Wirtschaft in Weilburg. 2012 wurde er mit der Deutschen Ü-45-Hockey-Nationalmannschaft Vizeweltmeister.

In seinen begeisternden Vorträgen und Seminaren vermittelt von Kunhardt leidenschaftlich, wie er es geschafft hat, mit zunehmendem Alter jedes Jahr gesünder zu werden, und was das Business vom Spitzensport lernen kann. Im Jahr 2014 hat er eine Dozententätigkeit beim Deutschen Berufsverband der Präventologen übernommen.

Weitere Infos unter www.vonkunhardt.de

Literatur

Bayerischer Rundfunk (2012). Interview [mit Prof. Gradinger].
Dr. H.-W. Müller-Wohlfahrt (2004). „Mensch, beweg Dich!" Zabert Sandmann.
Scherer, H. (2013). *Grenzen überwinden*. Hamburg.
Zeit online, 09. September 2013

8 Erfolgsfaktor Mensch – Mit Beziehungen für unternehmerischen Erfolg vorsorgen

Barbara Liebermeister

Inhaltsverzeichnis

8.1 Die Gesellschaft von heute – Werden wir nur noch von Nullen und Einsern gesteuert? . 141
8.2 Der Erfolg der Emotion – die Sympathie 144
8.3 Werte in unserer Gesellschaft – Wie sehen sie heute aus? 147
8.4 Über die Autorin 158
Literatur 158

8.1 Die Gesellschaft von heute – Werden wir nur noch von Nullen und Einsern gesteuert?

8.1.1 ZDF – Die Relevanz von Zahlen, Daten, Fakten

Beispiel

Kürzlich im Café beobachtet: ein Pärchen am Nachbartisch im digitalen Kommunikationsrausch. Nach einem kurzen Gespräch klingelte bei ihm das Mobiltelefon, er nahm den Anruf an und telefonierte eine Weile, während sein weibliches Gegenüber offenbar ihre E-Mails las und bearbeitete. Als der Herr sein Telefonat beendet hatte, nahm er sein iPad aus der Tasche und fing seinerseits an zu arbeiten. Während der folgenden Stunde kam es zu keinem weiteren verbalen Austausch der beiden. Dann gesellte sich ein weiterer Bekannter zu den beiden, kramte nach kurzem Intro ebenfalls seinen Laptop aus der Tasche und begann zu tippen. Bis ich das Café verließ, war eine weitere Stunde vergangen. Nach meiner Schätzung haben sich die drei innerhalb von zwei Stunden maximal 15 Minuten unterhalten. Ähnliches sah ich abends im Hotel: An der Bar saßen fünf Menschen, jeder von ihnen vertieft in Mobiltelefon, iPad oder Computer.

Barbara Liebermeister ✉
Obere Römerhofstr. 53, 61381 Friedrichsdorf, Deutschland

Heutzutage offenbar business as usual – wir werden mehr und mehr Sklaven der technischen Geräte und der digitalen Datenflut. Und das wird uns in den Medien gern als Fortschritt verkauft, wie beispielsweise in folgender Rekordmeldung: „BigData verbessern Marktchancen: Weltweit generieren Personen und Prozesse neue Daten und stellen damit Rekorde auf: 350 Billionen Meter Dokumente, 5 Millionen abgeschlossene Transaktionen pro Sekunde, 500 Millionen Online-Verbindungen und mehr noch." (Abolhassan 2013)

Wir lassen uns vom programmierten Smartphone wecken, lesen die ersten E-Mails beim Frühstück, können Heizungen, Rollläden oder Kühlschränke elektronisch steuern, Roboter mähen Rasen, saugen oder putzen Fenster, Brillen leiten mit eingebauten Navigationssystemen sicher durch die Fußgängerzone, Konferenzen werden online via Bildschirm ohne persönlichen Kontakt abgehalten, Weiterbildung erfolgt über Webinare und Online-Vorlesungen, Online-Shopping ist gesellschaftsfähig.

Die Augsburger Allgemeine Zeitung beschreibt in einem Artikel (Schaumann 2013), dass ein Durchschnittshaushalt im Monat etwa 75 Gigabyte Datenvolumen benötigt: Im Bad läuft das Internetradio, zwei Fernseher werden via WLAN gefüttert, telefoniert wird über das Internet – und nicht zu vergessen: Zwei iPads, zwei iPhones, das Galaxy Tab und der gute alte Laptop sind sowieso ständig online. Zum Glück läuft die Kaffeemaschine noch nicht über das Internet.

Der moderne Mensch vertraut auf die Technik und organisiert alles per Mausklick – so sparen wir Zeit – und Zeit ist Geld. Da liegt es nahe, dass der Mensch im 21. Jahrhundert auch seine Kontakte im Internet aufbaut. Wir sind stolz, wenn wir auf Sozialen Plattformen wie z. B. Xing die ersten tausend Kontakte dokumentieren und nach 5000 „Freunden in Facebook" eine Fanpage aufmachen.

Ob Partnersuche und freundschaftlicher Austausch oder Geschäftskontakte: Alles läuft über Soziale Plattformen. Aber reicht das wirklich aus? Was passiert mit uns Menschen, wenn wir mehr chatten und durch Klicks Kontakte sammeln, als uns persönlich zu treffen und zu unterhalten?

8.1.2 Wie viel Mensch braucht man tatsächlich noch?

Können wir auf die persönliche Begegnung verzichten? Reichen uns Mausklicks, um den Menschen in all seinen Facetten und Eigenarten einschätzen zu können? Oder um zu prüfen, ob die Chemie zwischen Geschäftspartnern stimmt? Möchten wir Menschen vielleicht gar nicht mehr tiefergehend kennenlernen?

Als ich in Xing eine Person mit 19.000 Kontakten fand, habe ich kurzerhand eine Umfrage im eigenen Netzwerk gestartet, wie mit den digitalen Plattformen gearbeitet wird und welche Erfolge dabei zu verzeichnen sind. Ergebnis der Umfrage war: Die Kontaktaufnahme digital erweist sich als einfach, ersetzt aber nicht den persönlichen Kontakt. Denn gerade weil ein „Klick" so unkompliziert erfolgt, ist es umso wichtiger, sich mit der Chemie des möglichen Geschäftspartners in der realen Welt auseinanderzusetzen. Grundsätzlich gilt, dass digitale Profile nur Teile der Persönlichkeit abbilden, aber nur einen Baustein im Gesamtpaket darstellen (Liebermeister 2012).

Auch Miriam Meckel (2013) hat sich in ihrem neuesten Werk intensiv mit dieser Frage auseinandergesetzt. „Wir verschwinden – der Mensch im digitalen Zeitalter" lautet der Titel. Ihr Fazit: „Im Internet ist alles transparent. Die neue Offenheit, die das Netz ermöglicht, zeigt aber nur eine Oberfläche, während die entscheidenden Mechanismen unseres Lebens unsichtbar werden."

„Die entscheidenden Mechanismen" – welche sind das für Sie, für uns, für mich? Ich habe mich damit intensiv auseinandergesetzt – in Theorie und Praxis – und möchte Ihnen meine Thesen, Gedanken und Erfahrungen darlegen. Und ich möchte Ihnen zeigen, dass diese Facetten nach wie vor entscheidend bleiben für unseren Erfolg – als Mensch, als Freund, als Gesprächspartner und als Geschäftspartner.

8.1.3 Der Mensch – mehr emotional als digital

Trotz aller digitalen Möglichkeiten und technischen Vereinfachungen bleiben Emotionen der zentrale Bestandteil unseres Lebens. Gefühle steuern die meisten unserer Handlungen – und auch unsere rationalen Entscheidungen haben zumeist eine emotionale Komponente, auch wenn wir uns das gerade im Geschäftsleben oft nicht eingestehen.

Soziobiologen und Evolutionsforscher sind sich einig, dass Emotionen seit Urzeiten unser Überleben sichern. Bei arterhaltenden Entscheidungen und Aufgaben, wie etwa Partnersuche, Familienaufbau oder Gefahrenabwehr, folgen wir unseren Emotionen und Instinkten, die als automatische Reaktion in unser Nervensystem eingebrannt sind. Sie gehören zur elementaren Architektur unseres Seelenlebens. Die uns angeborene neurologische Struktur ist das Ergebnis einer langen Entwicklung. Sie beinhaltet Erfahrungen von über 500 Generationen im Laufe von Millionen von Jahren. So greifen wir in bestimmten emotionalen Situationen nicht nur auf unsere eigenen Erkenntnisse, sondern auch auf die unserer Vorfahren zurück.In unserem Gehirn wird das Gefühlsleben einem bestimmten Bereich zugeordnet, dem limbischen System (Krämer 2011). Dort wird reagiert, wenn wir verliebt sind, wenn wir wütend sind, entsetzt zurückweichen. Dieses System ermöglichte es den Säugetieren, bei denen es erstmalig auftrat, aus ihren Erfahrungen zu lernen.

Gefühl und Vernunft Im Alltag sehen wir uns häufig mit dem Antagonismus Gefühl und Vernunft konfrontiert (Osterath 2012; Goleman 2011).

Stellen Sie sich vor, Sie sitzen im Restaurant mit Ihrem/Ihrer Liebsten und studieren die Speisekarte. Unter rationalen Gesichtspunkten favorisieren Sie den vitaminreichen, kalorienarmen Salat, der zudem noch budgetschonend ist. Was der Kellner später bringen wird, zeugt von anderen Entscheidungsfaktoren: Rinderfilet in Gorgonzolasoße mit nahrhaften Gnocchi und als krönenden Abschluss ein kalorienreiches Tiramisu. Gefühle tragen in diesem Beispiel im wahrsten Sinne des Wortes dazu bei, unser Leben zu versüßen (Kraft 2006).

Wenn es um berufliche und geschäftliche Entscheidungen geht, sind Emotionen allerdings verpönt. Unbestritten ist, dass sie oft Streitgespräche verschlimmern oder Ergebnisse in einer Prüfung verschlechtern (Pontes 2011). Hierbei die reine Vernunft zu fordern ist jedoch ein hehres Ziel, das kaum zu verwirklichen ist. Selbst Aktienkursschwankungen basieren nicht immer auf rationalem Denken (Kraft 2006), sondern lassen sich von Fantasien beflügeln – und das nicht selten sehr erfolgreich. Ebenso sieht es dort aus, wo Produkte vergleichbar, Services austauschbar und Preise weniger ausschlaggebend sind: Während unsere Ratio noch ratlos ist, fungieren unsere Emotionen als blitzschnelles Bewertungssystem, das uns instinktiv bei der Entscheidung hilft – für den Anbieter, der uns gefühlsmäßig besser gefällt. Im Zeitalter der Me-too-Produkte und -Dienstleistungen ist es also von entscheidender Bedeutung, Sympathien beim Gesprächspartner zu wecken, Begeisterung auszulösen, Vertrauen zu gewinnen. Denn wenn wir dort unsere Leistungen verkaufen, verkaufen wir vorrangig unsere Person. Oft können wir nach Abschluss eines Geschäftes kaum beurteilen, ob wir mit einem Mitbewerber besser gefahren wären oder nicht.

Sicher ist: Eine überzeugende und sympathische Persönlichkeit ist das maßgebliche Kriterium für Erfolg.

Fazit

Emotionen machen das Leben lebenswert – bringen Farbe in unsere Welt.
Emotionen machen uns zu Individuen und bestimmen unsere Persönlichkeit.
Sie bilden das Zünglein an der Waage, wenn es im Geschäftsleben um Erfolg geht.
Persönlichkeit lässt sich auch im 21. Jahrhundert noch nicht digitalisieren.

8.2 Der Erfolg der Emotion – die Sympathie

Zweifellos lassen sich Zeit und Kosten durch die digitale Kommunikation sparen, die man aufwenden müsste für gemütliche Cafébesuche, gemeinsame Abendessen, gesprächsintensive Spaziergänge, Eventbesuche oder ähnlich konservative Kommunikationsaktionen. Aber was entgeht uns nicht alles, wenn wir unsere Kommunikation überwiegend über die digitalen Medien abwickeln: angebliche Freunde über Facebook adden, in Chatrooms verkehren, SMS verschicken und über Whatsapp Minimalkonversation betreiben.

Und zudem – ein Punkt, den man nicht unterschätzen sollte: Wie schnell kann man bei der digitalen Konversation Botschaften falschdeuten, sich missverstehen oder einen unzutreffenden Eindruck vom anderen gewinnen. Warum? Weil wir unsere körpersprachlichen Signale nicht einsetzen können, unsere Stimme, unsere Blicke, unsere gesamte Gestik und Mimik. Kurzum: Die Magie der Persönlichkeit geht verloren, denn Persönlichkeit ist „unverxingbar". Da hilft auch keine Armada von Emoticons.

8.2.1 Die fünf Bausteine der Sympathiebildung

Persönlichkeit kann ihre sympathiebildende Wirkung nur im persönlichen Kontakt entfalten. Zahlreiche Studien haben sich mit dieser These beschäftigt und die neueste wissenschaftliche Untersuchung von Brafmann und Brafmann (2013) zum Entstehen von Sympathie beschreibt fünf Bausteine, die nachweislich zur Bildung von Sympathie beitragen:

1. **Synonymität oder Gleichförmigkeit:** Üblicherweise fühlen wir uns Menschen aus unserem engeren Umfeld stärker verbunden: z. B. der eigenen Familie. Wir erkennen Gleichheiten, es gibt ähnliche angeborene Fähigkeiten und Eigenschaften. Mit Menschen aus diesem Kreis gehen wir engere Bindungen ein. Es handelt sich um Personen, die sich um uns kümmern, sich für uns interessieren und uns beschützen. Wir tendieren dazu, Parallelen zu sehen bei Menschen, die Ähnlichkeiten mit uns aufweisen. Sie genießen umgehend unsere „Verbundenheit" und erhalten einen Vertrauensbonus. Wenn wir die Nähe anderer Menschen suchen, ist es deshalb wichtig, nach Gemeinsamkeiten zu suchen, sei es auf sportlicher, kultureller oder kulinarischer Ebene.
2. **Offenheit, aber auch Verletzlichkeit:** Die meisten Menschen vermeiden es, Schwächen zuzugeben, weil sie fürchten, angreifbar zu werden. Genau das Gegenteil ist der Fall. Erstens zeugt es von Souveränität und Mut, zu seinen Schwächen zu stehen. Zweitens ist es ein Vertrauensbeweis, seinem Gegenüber eine Schwäche zu offenbaren. Und drittens macht es menschlich, sympathisch und vertrauenswürdig, denn keiner ist perfekt. Mit dieser Offenheit liefert man dem Gegenüber eine gute Basis für die Erkenntnis „Wir sind ‚gleich' – jeder hat Schwächen": Er kann selbst die Scheu ablegen und sich seinerseits offenbaren.
3. **Nähe:** In einer Zeit, da sich alles an Effizienz orientiert, ist die Nähe zu Kollegen, Bekannten und Geschäftspartnern umso wichtiger. Denn gerade in Zeiten einer minimalistischen Digitalkonversation bedeutet die direkte, persönliche Kommunikation mit Menschen etwas Besonderes, einen Mehrwert, der die Entwicklung tiefergehender Kontakte und damit die Basis für zwischenmenschliche Beziehungen schafft.
4. **Präsenz:** Aktive Zuwendung ist gefragt: Wer aufmerksam zuhört, auf Aussagen einfühlsam reagiert und Gesprächen konzentriert folgt, wirkt auf das Gegenüber als angenehmer Gesprächspartner – ganz im Gegensatz zu Menschen, die mit den Gedanken offensichtlich ganz woanders sind.
Sie kennen sicherlich die Situation: Auf einer Veranstaltung unterhalten Sie sich mit jemandem – doch nach einiger Zeit lässt Ihr Gegenüber den Blick im Saal schweifen. Wie fühlen Sie sich? Überflüssig. Dabei ließe eine solche Situation sich mit Ehrlichkeit und Wertschätzung elegant lösen: „Ich fand unser Kennenlernen sehr spannend und würde mich freuen, wenn wir uns in Kürze wiedertreffen könnten, um den einen oder anderen Punkt zu vertiefen. Gerade habe ich Herrn Wagner entdeckt, mit dem ich aktuell ein Projekt abwickele und den ich deswegen dringend sprechen muss."

5. **Umgebung:** Gemeinsam Pferdestehlen muss es nicht gleich sein – aber nichts bindet mehr als gemeinsame Erlebnisse: durch dick und dünn gehen, Schwierigkeiten gemeinsam meistern. So werden emotionale Barrieren abgebaut.

Wenn Sympathiebildung so gut erforscht ist, stellt sich vielen die Frage: Können wir lernen, empathisch erfolgreich zu agieren und Sympathien zu gewinnen? Ist es einfach möglich, Menschen zu begeistern? Die Antwort lautet: ja! Und es ist gar nicht schwer, denn nichts begeistert uns Menschen mehr als ehrliches Interesse an unserer Person. Um dieses Interesse glaubhaft zu transportieren, gilt es, authentisch zu bleiben und nicht „mit Gewalt gefallen wollen". Nur dann wirken wir echt und selbstsicher. Wer dagegen nur eine Rolle spielt, ist wenig glaub- und vertrauenswürdig.

Fazit der Wissenschaftler Laut Brafmann und Brafman (2013) bringt Vertrautheit die besten Seiten in uns zum Vorschein. Wenn Menschen sich gegenseitig Vertrauen schenken, kommt es zum Austausch auf Augenhöhe und es entsteht ein Klima, in dem man auch mal kontrovers diskutieren und über den Tellerrand hinausdenken kann. Gerade im Projektteam fördert und beschleunigt dies Fortschritt und Innovation.

Das belegt auch eine Studie der Wirtschaftswissenschaftler Keith Murnigham und Donald Conlon (Brafman und Brafman 2013). Sie beobachteten mehrere Streichquartette, um herauszufinden, warum einige von ihnen trotz ähnlichem Talent und ähnlicher Erfahrung erfolgreicher waren als andere.

Hintergrundinformationen
Der Hintergrund: Streichquartette funktionieren wie kleine Projektteams in einem Unternehmen. Eine Person, in diesem Fall der erste Geiger, steht im Fokus, darf die anderen mit seiner Leistung aber nicht überlagern. Eine ähnliche Balance zwischen Harmonie und Selbstdarstellung müssen die zweite Geige, Bratsche und Cello finden. Musiker in einem Orchester verbringen regelmäßig viel Zeit auf engstem Raum miteinander, sie sind vielleicht völlig verschiedene Charaktere, die völlig unterschiedlich mit Stress umgehen – und sie wünschen sich zum einen das beste Ergebnis als Ensemble, möchten sich zum anderen aber auch selbst gut darstellen.

Das Ergebnis der Studie: In den erfolgreicheren Ensembles war eine größere Dynamik zu verzeichnen – es hatte „klick" gemacht. Die Teammitglieder unterstützten sich gegenseitig, zeigten die gegenseitige Wertschätzung durch Applaus und trugen Meinungsverschiedenheiten offen, aber sachlich und fair aus. Damit gab es innerhalb der Gruppe eine deutlich höhere Motivation. Die weniger erfolgreichen Quartette hingegen gingen rein professionell miteinander um: Sie stritten sich zwar weniger – konnten Konflikte so aber auch nie vollständig aus dem Weg räumen.

Fazit
Je mehr Vertrautheit und Austausch in Projektteams, Gruppen oder unter Kollegen und Geschäftspartnern herrschen, desto offener für neue Ideen ist die Gruppe und desto mehr Leidenschaft, Energie, Freude und Begeisterung entsteht in der Zusammenarbeit.

Das schlägt sich natürlich auch in den Ergebnissen nieder. Denn nichts motiviert uns mehr als die wertschätzende und respektvolle Anerkennung unserer Fähigkeiten von anderen. Die Folge: Wir entfalten unser gesamtes Potenzial – und das bringt den Erfolg.

8.3 Werte in unserer Gesellschaft – Wie sehen sie heute aus?

Wir sprechen über nachhaltigen Erfolg im Business – was hat das mit dem Thema Werte zu tun? Dass wir durch Emotionen in vielen unserer Entscheidungen gesteuert sind, haben wir nun gehört, aber inwiefern spielen Werte eine Rolle für den Unternehmenserfolg?

Schon allein unsere Sprache steckt voller „Werte" im buchstäblichen Sinn: So verwerten wir unterschiedliche Informationen, wir bewerten, wir sehen Dinge und Situationen als wertlos oder wertvoll an, geben ohne Unterlass Werturteile ab, investieren in Wertanlagen, versichern Wertgegenstände, sind davon überzeugt, dass unser persönliches Wertgefühl stimmt, erhalten Auswertungen von Tests usw. Bereits diese kleine Aufzählung von „Wertbegriffen" macht deutlich, wie tief verwurzelt das Wort „Wert" in unserem Sprachgebrauch in allen Lebensbereichen ist.

Werte sind aus unserem Leben nicht wegzudenken, auch wenn mancherorts ein Werteverfall beklagt wird. Ich spreche hier lieber von einem kontinuierlichen Wandel. Veränderungen der Lebensumstände – z. B. durch technische Revolutionen wie das Internet – erfordern eine Anpassung des Wertesystems, sei es in dessen politischem, ökonomischem, sozialem, kulturellem oder moralischem Bereich. Allerdings gibt es einige unabdingbaren Grundwerte, ohne die das Zusammenleben von Menschen – auch im Geschäftsleben – nicht erfolgreich funktioniert. Die grundlegenden Menschenrechte und Menschenpflichten werden beispielsweise weltweit verpflichtend von der UN proklamiert (PM 97164). Gerade in Zeiten der Ungewissheit auf den Märkten ist es für Unternehmer wichtig, sich mit Werten auseinanderzusetzen (Stampfl 2013). Ein legendäres Zitat von Mahatma Ghandi lautet: „Geschäft ohne Moral ist Sünde". Treffend ist auch folgende Unternehmerweisheit: „Unmoral ist uns zu teuer".

Über grundsätzliche Werte hinaus gibt es auch in unserer Interaktionskultur Werthaltungen, die unseren persönlichen und geschäftlichen Erfolg fördern.

Unlängst las ich dazu: „Wir haben größere Häuser, aber kleinere Innenräume in uns selbst, eine immer größere Bequemlichkeit, aber weniger Zeit. (…) Viel mehr Informationen, aber immer weniger Interaktionskultur" (Krenz 2013). Das deckt sich mit meinen Beobachtungen: Wenn ich Menschen auf Veranstaltungen miteinander interagieren sehe, bin ich erstaunt, wie wenig Respekt oder Wertschätzung die Gesprächspartner einander entgegenbringen. Anstatt zuzuhören, wird der Raum nach neuen Bekannten gescreent, das Gegenüber wird erbarmungslos zugetextet oder Ähnliches.

Ich konnte vor kurzem auch Anselm Grün (2013) dazu hören, der die Achtung – genau wie ich – als einen der wichtigsten Werte im Wirtschaftsleben proklamiert. Ein Unternehmen, das nicht werteorientiert agiert, verachtet den Menschen und macht die Gemeinschaft wertlos, lautet seine These. Ein Blick auf erfolgreiche Unternehmen zeigt: Ich kann mich in unserer Leistungsgesellschaft auch behaupten, wenn ich für meine Zielgruppen sinnvolle Produkte entwickele, diese zu einem optimalen Preis-Leistungsverhältnis anbiete und gleichzeitig gegenüber Kunden und Mitarbeitern Achtung, Verbindlichkeit und Wertschätzung lebe.

> **Beispiel**
>
> Vor kurzem habe ich mit einem internationalen Unternehmen die neuen Unternehmensleitlinien entwickelt. Wir übersetzten klassische Werte in das Business der Firma. Nach Einführung und Umsetzung haben wir auf Kundenseite eine Zufriedenheitsanalyse durchgeführt. Ergebnis: Steigerung der Messwerte gegenüber dem Vorjahr um 25 %. Die Kunden fühlten sich weit mehr wertgeschätzt als noch vor einem Jahr.

Was am Ende zählt, ist der langfristige Erfolg, nicht der schnelle Gewinn auf Kosten anderer. Und dazu tragen gelebte Werte bei – in der Beziehung zu Kunden ebenso wie zu Mitarbeitern und Lieferanten. Ihnen allen gebührt Achtung, Respekt, Wertschätzung und Freundlichkeit im Umgang, gepaart mit Ehrlichkeit, Zuverlässigkeit und Kompetenz.

„Wer seinen Freunden dient, gewinnt auch für sich selbst", bringen es die Rotarier auf den Punkt.

8.3.1 Kontaktintelligenz – nachhaltig zum Unternehmenserfolg

Die richtige Vernetzung ist der Ausgangspunkt für alles andere (P. Bertuluzzo, vodafone Italy, 2012).

Wenn wir uns mit dem Thema Vernetzung, insbesondere im Kontext von Kontaktintelligenz beschäftigen, sind es nicht nur Personen, deren Beziehungen es zu betrachten gilt. Auch die Möglichkeiten der Unternehmen untereinander sind interessant: Jeder Marktteilnehmer verfügt heute zeitlich unbeschränkt über mehr und mehr Möglichkeiten der Kommunikation. Durch die technischen Innovationen und die daraus resultierenden zusätzlichen Kommunikationskanäle verändern sich die Vernetzungs- und Kooperationsmöglichkeiten – mit Mitarbeitern, mit Kunden und mit anderen Unternehmen. In diesem Zusammenhang gilt es, unsere Perspektive auf die „Konkurrenz" zu überdenken, sowohl auf Unternehmensebene als auch unter Kollegen. Dies bestätigt eine weltweite Studie, die das Unternehmen IBM (2012) alle zwei Jahre durchführt:

> **Beispiel**
>
> Es werden regelmäßig mehr als 1700 CEOs und Führungskräfte zu ihren Ansichten und Aktivitäten befragt. Als Ergebnis der Studie „Führen durch Vernetzung" (IBM 2012) empfiehlt IBM Führungskräften drei strategische Maßnahmen für den nachhaltigen Unternehmenserfolg: Mitarbeiter durch Werte stärken, Kunden als Individuen behandeln und Innovation durch Partnerschaften vorantreiben.

Interessant sind die Angaben zum Thema Kooperationen: Im Jahr 2008 gab etwa ein Drittel der Befragten an, Kooperation mit anderen Unternehmen anzustreben, um erfolgreicher am Markt zu agieren. 2012 waren es bereits mehr als zwei Drittel. Überdies belegt die Studie, dass leistungsfähige Unternehmen offener für Kooperationen sind als weniger erfolgreiche Unternehmen. Ganz wichtig in diesem Zusammenhang: eine ernsthafte und werteorientierte Mitarbeiterkommunikation und die Erkenntnis, dass auch der Kunde nicht nur Umsatzbringer, sondern Partner ist. Schon seit geraumer Zeit erkennen und nutzen intelligente Unternehmen die Kooperations- und Vernetzungsmöglichkeiten mit ihren Dienstleistern und Partnern: So ergeben sich neue Möglichkeiten, es werden beispielsweise Back-Offices zusammengelegt oder Lieferketten rationalisiert, um Prozesse einfacher und wirtschaftlicher zu gestalten.

8.3.2 Zukunftssicher durch Vernetzung

Unternehmen, die in Zukunft erfolgreich sein wollen, stehen heute vor der strategischen Aufgabe, über sinnvolle Kooperationen nachzudenken. Die meisten Unternehmen haben sich heute eine umfangreiche Zusammenarbeit mit Partnern zum Ziel gesetzt (IBM 2012). Gerade im Zeitalter der Globalisierung kann dies die Erschließung neuer Märkte deutlich erleichtern und beschleunigen. Aber wie kann das gelingen?

Wer folgende Regeln für die verstärkte Vernetzung und Kooperation nach innen und außen beherzigt, hat Erfolg:

1. Relationship Management Kompetenz: Erklären Sie das Thema „Kooperationen" zur Chefsache. Führen Sie vor Augen, welche Bedeutung Partnerschaften haben und bündeln Sie Know-how – bereichsabhängig.
2. Pflegen Sie die Beziehungen zu allen Beteiligten innerhalb einer Kooperation. Und zwar auf allen Ebenen, nicht nur auf Führungsebene.
3. Unterschiedliche Unternehmen beinhalten unterschiedliche Menschen und Kulturen. Durch Kooperationen entstehen neue Systeme. Nur kontinuierliche interne Kommunikation lässt die Gruppen zusammenwachsen und gemeinsame Know-how-Pools entstehen.

Agieren Sie selbst als Initiator und Steuerer des neuen Systems sehr offen. Nicht selten erscheinen Ihnen neue Ideen vielleicht fremd oder noch nicht ganz ausgereift. Aber manchmal erweist sich eine Idee beim zweiten Blick und mit etwas Feintuning als innovative Initialzündung.

> **Ein lebendiges Beispiel für eine branchenübergreifende Kooperation**
> In Hamburg existiert ein Projekt „Vernetzte Kinderbetreuung", das Kooperationen zwischen Kitas und Kindertagespflege vorsieht, um die Vereinbarkeit von Beruf und Familie zu verbessern. Mit dem Projekt gelang es, die Betreuung der 3- bis 6-jährigen Kinder in

Hamburg zu 93,6 % sicherzustellen (Stand: 03/2011) (Spielraum – Projekt Vereinbarkeit 2012).

Erfolgreiche Kooperationen auf Unternehmensebene beginnen bei Ihren Mitarbeitern. Denn Ihre Mitarbeiter sind Teil des Ganzen – und auch Ihre Botschafter. Deshalb leben Sie, was werthaltige Vernetzung beinhaltet. Ermutigen Sie Ihre Mitarbeiter zum sinnvollen Vernetzen mit Kollegen und Kunden. So entstehen Allianzen, die nach innen Innovation für Ihr Unternehmen bedeuten und nach außen sinnvolle Kooperationen vorantreiben. Durch Vernetzung machen Sie Ihr Unternehmen zukunftssicher. Und die Vernetzungspunkte sind am Ende die Menschen. Nur Unternehmen, die es verstehen, die Menschen mitzunehmen, werden langfristig erfolgreich sein.

Daraus folgt: Kontaktintelligenz ist eine Schlüsselkompetenz, die jede Führungskraft bei sich pflegen und mit der sie andere anstecken sollte. Denn hinter jedem Kollegen, Kunden, Geschäftspartner – und auch hinter jedem Mitbewerber – steckt ein Mensch mit einem eigenen Netzwerk. Dieses Netzwerk hat gerade heute große Teilhabe an Erlebnissen und Erfahrungen – verbal wie visuell, negativ und positiv. Viele Unternehmen sind sich der Konsequenzen dieser Situation nicht in vollem Ausmaß bewusst. Denn diese immanente Vernetzung beinhaltet einen offeneren Umgang sowohl mit Mitarbeitern, Kunden, Erstkontakten und Geschäftspartnern als auch mit Mitbewerbern. Hierfür muss eine geeignete Infrastruktur geschaffen werden. Damit stellen Sie sicher, dass über Ihr Unternehmen, Ihre Produkte und Leistungen sowie die Menschen, die das Unternehmen ausmachen, Erfahrungen ausgetauscht werden können. Und wenn das Management mit gutem Beispiel vorangeht, was die Nutzung dieser Infrastruktur angeht, wird auch deutlich, welche Priorität dieser Bereich für Sie hat. Es empfiehlt sich die Social Media-Technologien zu nutzen, um Mitarbeiter zum Dialog und dem gemeinsamen Erarbeiten von Lösungen zu motivieren.

Stellen Sie sich ein Unternehmen vor, in dem alle Mitarbeiter mit Kontaktintelligenz ihr Netzwerk spannen: Ein riesiger Pool aus Kontakten, Multiplikatoren und Meinungsträgern entsteht – und trägt wesentlich zum nachhaltigen Unternehmenserfolg bei.

8.3.3 Wie erreiche ich Kontaktintelligenz im Unternehmen?

▶ Grundsätzlich gilt: Erfolgreiches Kontaktmanagement benötigt Zeit. Nehmen Sie nicht an Veranstaltungen teil, schlicht um Präsenz zu zeigen. Ohne strategische Vorbereitung können sie diese kostbare Zeit nicht effizient nutzen. Ich wundere mich immer wieder, wie stark der strategische Netzwerkaufbau unterschätzt wird.

Von Kontaktintelligenz spreche ich, wenn alle Phasen der Kontaktaufnahme und -vertiefung beim Erstkontakt und in Folgegesprächen mit möglichen Kunden, Multiplikatoren und Partnern von Ihnen, Ihren Mitarbeitern und Kollegen durchlaufen werden: von der Prepare Phase bis zur Care Phase.

In diesem Kapitel möchte ich auf diese Systematik eingehen – unabhängig davon, ob Sie gezielt für sich selbst oder für Ihr Unternehmen Kontakte knüpfen. Dazu habe ich die Kontaktaufnahme in fünf Phasen eingeteilt.

1. Prepare- oder Vorbereitungsphase

Machen Sie sich im Vorfeld der Veranstaltung bewusst, wem Sie gegenüber stehen wollen. Welches sind die richtigen Kontakte, die Sie voranbringen können, die Ihnen Türen öffnen oder als Multiplikator dienen können? Aber auch: Welche Position im Markt haben Sie selbst – was unterscheidet Sie von anderen? Wer sind die Nachfrager, wer die Mitbewerber? Wodurch unterscheiden sich Ihre Produkte und Leistungen von denen Ihrer Konkurrenz? Wenn Sie diese Fragen für sich geklärt haben – unabhängig davon, ob Sie angestellt oder selbstständig sind –, können Sie daraus ableiten, welche Zielgruppen für Sie interessant sind und auf welchen Veranstaltungen Sie sie treffen können. So ermitteln Sie zielgerichtet zuerst die richtige Veranstaltung.

Im nächsten Schritt gilt es zu entscheiden, wer Sie Ihren Zielen näherbringen kann. Keine Angst vor der Entscheidung: Selten ist es so, dass ein neuer Kontakt sich bei wertschätzender Pflege nicht als Multiplikator in die eine oder andere Richtung erweist.

An dritter Stelle steht Ihre Zielperson im Fokus. Grundlage ist eine gründliche Recherche und das Zusammentragen von Fakten und Informationen zu Ihrer Zielperson. Je mehr Sie im Vorfeld recherchiert haben, desto mehr Möglichkeiten einer Ansprache ergeben sich für Sie, desto interessanter können Sie den ersten Small Talk steuern. Dabei helfen Ihnen grundsätzlich alle privaten und geschäftlichen Informationen, vom Golfclub bis zu Ausbildungs- und Karrierestationen. Die sozialen Netzwerke wie XING oder LinkedIn sind hier ideale Quellen, ebenso wie digitale Artikel im Internet oder auch aus Fachzeitschriften. Bislang nutzt nur ein geringer Teil der Führungskräfte neue Quellen wie Blogs und Verbraucherbewertungen, um sich über potenzielle Neukunden zu informieren (IBM 2012) – seien Sie einer derer, die die Chancen nutzen, die der technologische Fortschritt bietet! Erstellen Sie aus den gesammelten Angaben ein möglichst exaktes Profil dieser Person für sich. Auch die Branche und das Unternehmen der Person sollten Sie genauer betrachten. Denn die Probleme der Branche und des Unternehmens sind auch die Probleme, die Ihre Zielperson bewegen. Mit diesem Hintergrundwissen wird es ein Einfaches sein, Anknüpfungspunkte für ein Gespräch zu finden – und schließlich eine Schnittstelle zu Ihrer Leistung, Ihrer Person oder Ihrem Unternehmen.

> **Tipp** In manchen Fällen ist es sogar möglich und sinnvoll, bereits im Vorfeld einen Termin mit Ihrer Zielperson zu vereinbaren. Oft erweist sich hier ein wertschätzender Umgang mit dem „Torhüter" – einer Person, die in engem Kontakt mit der Schlüsselperson steht, beispielsweise der Assistentin – als wertvoll und zielführend.

2. Arrival- oder Ankommensphase

Es ist wichtig, mit der richtigen Einstellung zu einer Veranstaltung zu kommen. Vergessen Sie den Auftrag im Kopf! Menschen, die Veranstaltungen besuchen, um Aufträge zu schreiben, sind als Vertriebler unterwegs. Das mag bei Ordermessen zielführend sein, aber Sie sind als Networker unterwegs. Freuen Sie sich darauf, spannende Menschen kennenzulernen und vor allem: den Menschen hinter dem potenziellen Geschäftspartner zu sehen. Lernen Sie seine Bedürfnisse kennen und seine Art zu denken. Finden Sie heraus, was ihn motiviert.

Und zögern Sie nicht, den ersten Schritt auf den anderen zuzugehen. Die meisten Menschen freuen sich, angesprochen zu werden und nicht aktiv werden zu müssen.

3. Warming-up- oder Aufwärmphase

Hier ist Ihre Small-Talk-Kompetenz gefragt, eine nicht zu unterschätzende Herausforderung. Denn Small Talk bedeutet nicht Small Brain, sondern erfordert Ihre ganze geistige Präsenz, intellektuelle Flexibilität und Sozialkompetenz. Aber keine Angst, es gibt eine einfache Regel, um mit jemandem unkompliziert ins Gespräch zu kommen: Stellen Sie bereits im ersten Satz eine Brücke her, die Sie beide verbindet (siehe Grundpfeiler 1 beim Sympathieaufbau):

Überlegen Sie z. B., wie Sie morgens zur Veranstaltung gefahren sind und knüpfen Sie gegebenenfalls an das Verkehrschaos an, fragen Sie Ihre Zielperson, ob sie das erste Mal auf der Veranstaltung ist, wie die vergangenen Veranstaltungen waren oder wie sie die Organisation und die Referenten findet.

Wenn erst der Anfang gemacht ist, kann man sich entspannt dem Thema Business annähern. In welcher Branche sind Sie zu Hause? Oder, wenn es eine Branchenveranstaltung ist. Wie gehen Sie mit der aktuellen Lage um? Unter Umständen ergeben sich dann bereits erste Anhaltspunkte, welche Vorleistung man der Person anbieten kann, die sich im besten Falle mit dem eigenen Kompetenzfeld überschneidet.

▸ **Tipp** Profis machen sich bereits in der Vorbereitungsphase Gedanken, welche Synergien sich ergeben können und welche Vorleistung daraus abgeleitet werden kann: anhand der Marktsituation des möglichen Gesprächspartners.

Im besten Fall ist die Vorleistung so interessant, dass Ihr Gegenüber sofort Interesse an der Fortsetzung der Unterhaltung hat und man sich über einen Folgegesprächstermin unterhält.

Ein schönes Beispiel
Unlängst hatte ich einen Gesprächstermin mit einem Human Ressources-Spezialisten. Unser dritter Gesprächspartner, der Geschäftsführer eines mittelständischen Unternehmens, entschuldigte sich direkt zu Beginn: Er hatte wenig Zeit, da er eine Stunde später ein Bewerbungsgespräch führen musste, das er noch nicht vorbereitet hatte. Der HR-Experte schlug vor, den Nachfolgetermin um einige Zeit nach hinten zu verschieben und bot sich an, das Bewerbungsgespräch gemeinsam mit dem Geschäftsführer vorzubereiten – und sogar daran teilzunehmen, um den Geschäftsführer mit seiner Expertise zu unterstützen.

Kurze Zeit später war er in verschiedenen HR-Projekten des Unternehmens tätig. Ein gelungener Auftritt zum Thema „Vorleistung".

Ein beliebter Fehler: das erste Gespräch als Akquise betrachten. Ein Erstgespräch kann jedoch nur ein Kennenlernen sein, bei dem deutlich wird, ob die Chemie stimmt und ob man sich Geschäfte mit der Person vorstellen kann. Ziel dieser ersten Unterhaltung ist es, einen sympathischen, offenen und am Gesprächspartner interessierten Eindruck zu hinterlassen.

4. Connect- oder Anknüpfungsphase

Wenn Ihre Persönlichkeit und Ihre Lösung/Leistung so spannend ist, dass ihr Gegenüber die Bereitschaft signalisiert, das Gespräch mit Ihnen bei nächster Gelegenheit fortzusetzen, treten Sie in die Connect- oder Anknüpfungsphase ein. Und auch wenn es nicht sofort zu einem Folgetermin kommt, haben Sie idealerweise ausreichend weitere Informationen gesammelt, um der Person in Kürze einen Mehrwert liefern zu können. Ist dieser Augenblick gekommen, melden Sie sich mit einem interessanten Vorschlag bei Ihrem Gesprächspartner.

Ein Beispiel

Angenommen, die Person hat Ihnen im Gespräch verraten, dass sie eine offene Stelle in der Abteilung/im Unternehmen hat, die sie bisher aus Mangel an geeigneten Bewerbern nicht besetzen konnte. Fällt Ihnen nun im Nachgang oder kurze Zeit später eine passende Besetzung ein, ist dies eine hervorragende Gelegenheit, um sich – diesmal mit einem Lösungsvorschlag – in Erinnerung bringen.

5. Care-Phase

Die letzte Phase – die Care-Phase – hat begonnen. Sie erstreckt sich bis zu dem Zeitpunkt, da Ihr Kontakt zum Kunden geworden ist. In dieser Phase ist jede Form von intelligenter Kreativität erlaubt, um Ihren Gesprächspartner von sich und den möglichen Synergien, die sich durch eine Zusammenarbeit ergeben können, zu überzeugen.

Wichtig: regelmäßiger Kontakt. Darunter fällt heute bereits ein Kontakt von zwei- bis dreimal im Jahr. Hier sind Ihrer Kreativität keine Grenzen gesetzt.

Nehmen wir an, Ihr Gesprächspartner hat im ersten Kontakt erwähnt, dass er gerade für einen Marathon trainiert. Daran können Sie anknüpfen, z. B. durch eine Karte mit einem Laufschuh, die Sie ihm nach dem Lauf schicken: „Na, Bestzeit unterschritten?"

Ein anderes Beispiel

Ein Seminarteilnehmer von mir kam mit einem sehr interessanten Herrn ins Gespräch und übte sich erstmalig im Small Talk. Er erfuhr, dass sein Kunde an Heuschnupfen litt – einige Tage später schickte er ihm einen aktuellen Artikel über ein Antiallergikum. Beim Folgegespräch kam es zum Auftrag.

Die erste Voraussetzung, die Sie erfüllen müssen, um aus einem Kontakt eine Beziehung zu entwickeln, ist es, Vertrauen aufzubauen. Wenn Sie jemanden kennenlernen, ist zunächst keine Vertrauensbasis vorhanden. Diese entsteht erst, wenn Sie sich dem Gegenüber positiv und empathisch präsentieren, wenn Ihr Gesprächspartner registriert, dass Sie sich Gedanken um seine Beweggründe, seine Motivation, seine Bedürfnisse und Problemfelder machen. Deswegen: Zeigen Sie authentisches Interesse an seiner Person, unabhängig von den Zielen, die Sie verfolgen. Durch aufmerksames Zuhören (Achtsamkeit) und kreative Ideen zeigen Sie, wie viel Engagement und Zeit Sie in diese Beziehung zu investieren bereit sind. Ihr Gesprächspartner fühlt sich unterschwellig geschmeichelt und erkennt, dass Sie jemand sind, der verbindlich reagiert und nicht nur heiße Luft von sich gibt, für den das Interesse nicht mit diesem Erstgespräch endet. Mit jeder Maßnahme, die in diese Richtung führt, gewinnt Ihr Gesprächspartner mehr Vertrauen in Ihre Person. Überschneidet sich dieses sukzessiv entstehende Vertrauensverhältnis mit Ihrer Kompetenz, wird es nicht lange dauern und Ihr Kontakt möchte Geschäfte mit Ihnen machen – und nicht mit Ihren Mitbewerbern.

Entscheidend ist die Beziehung, nicht der Kontakt. Sie arbeiten mit den Menschen zusammen, denen Sie vertrauen und die Ihnen sympathisch sind. Diese Sympathie und dieses Vertrauen gilt es im Umkehrschluss selbst zu erarbeiten.

8.3.4 Wie führen Kontakte zum unternehmerischen Erfolg?

Ihnen ist nun bewusst geworden, welche Regeln es beim werthaltigen Kontaktmanagement zu beachten gilt – aber was ist mit Ihren Mitarbeitern und Kollegen? Wenn ein Unternehmen nachhaltig werthaltige Kontakte knüpfen und Beziehungen pflegen möchte, müssen alle Ebenen eingebunden werden. Denken Sie an die Vernetzung in der digitalen Welt. Kommunizieren Sie deswegen Ihre Einstellungen und die Regeln, die beim Pflegen von Geschäftskontakten einzuhalten sind. Pflegen Sie ein wertschätzendes Miteinander nicht nur nach außen, sondern auch nach innen: Richten Sie beispielsweise in regelmäßigen Abständen Meetings mit Ihren Mitarbeitern und Kollegen ein, die von den gemeinsamen Erfahrungen im wertschätzenden Umgang mit Kontakten berichten können. So ergibt sich ein regelmäßiger Austausch von Möglichkeiten und jeder bleibt kontinuierlich motiviert.

Achten Sie beim Umgang mit Kollegen und Mitarbeitern auf Ihre Körpersprache: Wenden Sie sich den Menschen zu, mit denen Sie sprechen und arbeiten, bringen Sie Zeit mit, üben Sie sich in Verbindlichkeit – gerade in Zeiten der Schnelllebigkeit. Zeigen Sie durch Souveränität und Selbstsicherheit, dass man sich auf Sie verlassen kann. Das bedeutet: Agieren Sie in jeder Situation ruhig und besonnen, behandeln Sie Ihre Mitarbeiter mit Respekt und Wertschätzung. So stellt sich bei Ihren Mitarbeitern Achtung und Respekt Ihnen gegenüber ein, denn Respekt wirkt gegenseitig und bedingt Motivation. Ihre Mitarbeiter fühlen, dass sie erkannt und ihre Bedürfnisse ernst genommen werden. Und dieses Gefühl geben sie weiter, indem sie ebenso agieren – auch gegenüber Kunden oder Geschäftspartnern.

Beispiel

Vor einem halben Jahr habe ich ein großes Unternehmen aus dem Finanzsektor dabei unterstützt, das Thema Vernetzung nachhaltig ins Unternehmen zu integrieren. Ziel des Unternehmens war es, Kooperationspartner für den Vertrieb von Kreditkarten zu finden.

Im ersten Schritt wurde das Projekt zur Chefsache – und zur Umsetzung eine neue Abteilung gegründet: Relationship Management. Für diese Abteilung wurde ein Team von acht Personen zusammengestellt. Jede Person war für einen konkreten Bereich im Projekt zuständig.

Die Kriterien bzw. Persönlichkeitsaspekte, die ich für jedes Teammitglied definierte, waren ganz unterschiedlich. Im ersten Schritt suchte ich mir im Unternehmen eine Person, die kreative Intelligenz mitbrachte. Sie sollte das klassische Profil eines Business Developers aufzeigen: open-minded, fähig über den Tellerrand zu schauen, frische Ideen zu entwickeln und ausgetretene Pfade zu verlassen. Diese Person war wichtig für die Überlegung, welche Branchen und Unternehmen für eine Kooperation in Frage kamen – ohne uns an dieser Stelle bereits erste Grenzen aufzuzeigen. Nur so war es gewährleistet, offen für neue und vielleicht unkonventionelle Wege zu sein.

Bei der zweiten Person handelte es sich um jemanden, der die aktuelle Situation des Unternehmens objektiv und wertfrei darlegen konnte. Der innerhalb des Teams sachliche Fragen aufwarf: Was macht uns als Team bei der Kooperation aus? Welche Ziele wollen wir erreichen? Über welche Netzwerke verfügen wir? Von welchen unserer Leistungen kann unser Partner profitieren?

Die Aufgabe des dritten Teammitglieds bestand darin, das Team zu analysieren: Über welche Stärken verfügt es? Welche Konflikte können intern und nach außen auftreten? Welche Herausforderungen haben wir innerhalb des Teams zu bewältigen, wenn wir passende Kooperationspartner suchen? Die vierte Person definierte exakt mögliche Kooperationspartner und legte die Gründe dafür dar, der nächste Verantwortliche entwickelte daraufhin für beide Partner mögliche Kooperationsansatzpunkte, die Synergien für beide Seiten offen legte. Der sechste aus dem Stab machte sich Gedanken über mögliche Risiken, die auftreten konnten, der siebte agierte operativ und initialisierte die Kooperationsgespräche. Das achte Teammitglied koordinierte die Termine und zeichnete für die nachfolgenden Schritte verantwortlich.

So war jedes der acht Teammitglieder für einen Bereich des Projektes maßgeblich verantwortlich: eine große Verantwortung, die großes Vertrauen zeigte und auf die Teammitglieder sehr motivierend wirkte.

Dank dieser Methode konnte die Vertriebsstrategie innerhalb kurzer Zeit geändert werden: Das Unternehmen vertrieb seine Produkte nicht mehr nur als Standardkreditkarte an Endkunden, sondern entwickelte für jeden Kooperationspartner individuelle Kundenkarten mit Zahlungsfunktion. Die Integration von Vernetzung auf verschiedenen Ebenen des Unternehmens war gelungen.

8.3.5 Ihre Zukunft – Ihr Unternehmenserfolg

Kunden, Mitarbeiter, Lieferanten, es sind immer die Menschen mit denen wir Geschäfte machen und zusammenarbeiten. Es ist am Ende die zwischenmenschliche Beziehung, die über Erfolg und Misserfolg entscheidet.

Demotivierte und ausgebrannte Mitarbeiter sind nicht das Human Kapital eines Unternehmens, im Gegenteil, es ist ein zusätzlicher Kostenblock. Wie viel Potenzial und Leistungen geht in den Unternehmen heute verloren, weil Mitarbeiter zum Großteil damit beschäftigt sind, sich abzusichern und möglichen Angriffen vorzubeugen. Politik und Mobbing untereinander sind heute nachweislich zwei entscheidende Faktoren für Burn-out Syndrome und dadurch bedingte Krankheitsausfälle. Ein Klima der Angst führt immer dazu, dass Mitarbeiter keine Entscheidungen treffen und Arbeitsaufträge vor sich her schieben. Die Zahl der Abstimmungsprozesse und Meetings in Unternehmen hat teilweise bedenkliche Ausmaße angenommen. In einem solchen Klima nimmt die Performance signifikant ab und wirkt sich auf die Rendite eines Unternehmens nachhaltig aus.

Schon ein unzufriedener Mitarbeiter kann sich auf die Stimmung in einem Team oder im gesamten Unternehmen negativ auswirken. Es ist wie in einer Obstschale in der ein fauler Apfel liegt, schon nach kurzer Zeit ist die ganze Obstschale von der Fäulnis betroffen. In vielen Fällen ist sich das Management darüber oftmals gar nicht im Klaren, hier ist man mit sich selbst so sehr beschäftigt, dass man die Befindlichkeiten und Gemütszustände der Mitarbeiter gar nicht so ernst nimmt. Meistens wird eine solche Stimmung durch das Management noch verstärkt, wenn sie selbst unter Leistungsdruck stehen oder ihre privaten Sorgen und Probleme in das Unternehmen hineintragen – wenn sie schlechte Stimmung haben. Der Fisch stinkt immer vom Kopf her, sagt der Volksmund, und da ist viel Wahrheit drin. Weniger per E-Mail kommunizieren, mehr persönliche Gespräche führen, schneller Feedback geben, Mitarbeiter loben, auch wenn es scheinbar selbstverständliche Leistungen sind, auch mal Schwäche zeigen und signalisieren, dass man auch nur ein Mensch ist, Mitarbeiter in Schutz nehmen, Missstimmungen im Team frühzeitig erkennen. Dazu gehört auch „Verhinderer" und Nörgler identifizieren und separieren, gute Leistungen intensivieren und Teambildung fördern, um nur einige Maßnahmen zu nennen. Alles dies verstehe ich unter menschlichem Management oder „Humanized Management".

Motivierte Mitarbeiter sind das wichtigste Unternehmenskapital, denn wo früher Maschinen und Software im Mittelpunkt standen, steht heute die „Brainware" im Vordergrund. Das Wissen der Firma ist in den Köpfen der Mitarbeiter. Sie haben Kontakt zu den Kunden und müssen diese begeistern können. Nur Mitarbeiter die loyal und emotional zu Ihrem Unternehmen stehen, können begeistern und außerordentliche Leistung bringen. Das ist es, was bei den Kunden ankommt und wodurch sich ein Unternehmen differenzieren kann von seinen Wettbewerbern. In einer Zeit wo es immer schwieriger wird Preise zu senken und Produkte zu verbessern, wo eine globale Transparenz herrscht und sich jeder Kunde überall auf dem Weltmarkt bedienen kann, sind es am Ende die Persönlichkeit und die Beziehungsebene, die den Unterschied ausmachen.

Diese zwischenmenschliche Beziehung zu einem Kunden muss langsam aufgebaut werden. Vertrauen ist die Basis für nachhaltig und langfristig gute und profitable Geschäftsbeziehungen. Die Entwicklung, die unsere digitale Gesellschaft nimmt, wird immer bedenklicher: Kommunikation wird immer anonymer, der persönliche Kontakt geht zunehmend verloren, Menschen werden dadurch austauschbar, alles wird durch Preis und Geschwindigkeit reguliert. Dem Kunden ist es heute egal, ob ein Lieferant aus der Nähe oder Ferne kommt, ob er Blau oder Rot ist, denn gefertigt wird doch vielfach ohnehin meist nicht mehr im eigenen Land. Der Einkauf und das Controlling regieren in den Konzernzentralen, der Druck auf jeden im Markt nimmt zu, nur durch den persönlichen Kontakt und das persönliches Gespräch lassen sich Verhandlungspositionen entschärfen und das Klima harmonisieren. Greifen Sie zum Telefon und suchen Sie das persönliche Gespräch mit Ihrem Kunden, bevor Sie eine E-Mail schicken. Pflegen Sie die Kundenbeziehung – persönlich. Sicher investieren Sie mehr Zeit, aber es zeigt auch deutlich mehr Wirkung als jede anonyme E-Mail.

Auch ein harmonisches Verhältnis zu Ihren Lieferanten ist von großer Bedeutung, denn jeder ist Lieferant von jemand anderes, irgendwo in der langen Wertschöpfungskette von Herstellung bis zum Verkauf. Lieferanten sind Multiplikatoren mit Kontakten im Markt. Pflegen Sie hier eine gute Beziehung, kann Sie das ebenfalls als herausragender Leistungsträger im Vergleich zu Ihren Mitbewerbern zeigen.

Als Lieferant sind Sie dankbar für Kontakte, die ihnen ein Kunde macht. Lieferanten, die fair behandelt werden, setzen sich für ihre Kunden ein. So schließt sich der Kreis zwischen Käufer, Lieferant und Kunde und schafft ein positives Verhältnis und eine positive Reputation. Es ist das ständige Spiel zwischen Geben und Nehmen, wie unsere Wirtschaft funktioniert: Wer nur nimmt, verliert langfristig das Vertrauen seiner Geschäftspartner.

Gerade bei der Digitalisierung unserer Gesellschaft darf ein humanistisches Management nicht verloren gehen. Die persönlichen Beziehungen spielen die zentrale Rolle in unserem Wirtschaftssystem und verschaffen demjenigen, der sie beherrscht eindeutige Vorteile. Leben Sie Werte wie Zuverlässigkeit, Verbindlichkeit und Wertschätzung gegenüber Ihren Mitarbeitern und Geschäftspartner – schaffen Sie den Beginn für fruchtbare Beziehungen. So bilden die Motivation Ihrer Mitarbeiter und Loyalität Ihrer Geschäftspartner die Basis für Ihren langfristigen Geschäftserfolg.

8.4 Über die Autorin

Barbara Liebermeister Die Managementberaterin Barbara Liebermeister unterstützt Unternehmen sowie Entscheidungsträger in Unternehmen beim Auf- und Ausbau werthaltiger Geschäftsbeziehungen. Die Karriere der Wirtschaftswissenschaftlerin begann im Marketing und Vertrieb internationaler Konzerne wie Christian Dior, L'OREAL und Hoechst; später leitete sie Projekte als Interimsmanagerin für die Royal Bank of Scotland, die Deutsche Bank, Merck und Fidelity International u.v.m.

Als Managementberaterin, Buchautorin und Vortragsrednerin beschäftigt sich Liebermeister mit den speziellen Fähigkeiten von Siegertypen und Outperformern, die sie unter dem Begriff Alpha Intelligence gebündelt hat. Insbesondere findet sie individuelle Antworten auf Fragen des Kontakt- und Beziehungsmarketings und unterstützt Unternehmer und Führungskräfte beim Aufbau von strategischen Netzwerken und erfolgreicher Selbstvermarktung. Kurz: Sie hilft anderen, Menschen zu gewinnen. Denn es sind immer Menschen, durch die man seine Ziele erreicht. In ihrem Buch („EffizientesNetworking", F.A.Z.-Verlag) legte sie dies erfolgreich dar.

Als Speaker engagiert sie sich bundesweit für mehr Werteorientierung im Business. Barbara Liebermeister berät Unternehmen im Kontakt- und Beziehungsmanagement und strategischen Netzwerken. Sie ist zertifizierte Businesstrainerin und Mitglied im Verband deutscher Unternehmerinnen. Weitere Infos unter www.barbara-liebermeister.com

Literatur

Abolhassan, F. (2013). *Big Data verbessert Marktchancen. Computerwoche.* http://www.computerwoche.de/a/big-data-verbessert-marktchancen,2539092. Zugegriffen: 30. September 2013.

Brafman, O., & Brafman, R. (2013). Auf Anhieb sympathisch. *Psychologie heute compact, 34,* 32–39.

Goleman, D. (2011). *Emotionale Intelligenz* (22. Aufl.). München: Carl Hanser Verlag.

Grün, A. (2013). *Führen mit Werten. Die Bedeutung der Werte in einer globalisierten Welt*. http://www.muk-it.com/BI-System/48_Mitarbeiter_gewinnen/Gruen.pdf. Zugegriffen: 30. September 2013.

IBM (2012). *Führen durch Vernetzung. Ergebnisse der Global Chief Executive Officer (CEO) Study*. http://www-935.ibm.com/services/de/ceo/ceostudy. Zugegriffen: 30. September 2013.

Kraft, U. (2006). *Der Mensch – das emotionale Wesen*. http://www.handelsblatt.com/technologie/forschung-medizin/forschung-innovation/neurologieforschung-der-mensch-das-emotionale-wesen/2632378.html. Zugegriffen: 30. September 2013.

Krämer, T. (2011). *Das limbische System*. http://dasgehirn.info/entdecken/anatomie/das-limbische-system. Zugegriffen: 30. September 2013.

Krenz, A. (2013). *Wie wertvoll sind unsere Wert? Die hohe Bedeutung einer werteorientierten Pädagogik in einer zunehmend werteirritierten Welt*. http://www.lernwelt.at/downloads/bildungsgut-werte-_2_.pdf. Zugegriffen: 30. September 2013.

Liebermeister, B. (2012). *Effizientes Networking – Wie Sie aus einem Geschäftskontakt eine werthaltige Geschäftsbeziehung entwickeln*. Frankfurt am Main: Frankfurter Allgemeine Buch.

Meckel, M. (2013). *Wir verschwinden – der Mensch im digitalen Zeitalter*. Zürich: Kein & Aber.

Osterath, B. (2012). *Verstand gegen Gefühl?* http://dasgehirn.info/denken/emotion/verstand-gegen-gefuehl. Zugegriffen: 30. September 2013.

Pontes, U. (2011). *Was sind Emotionen?* http://www.dasgehirn.info. Zugegriffen: 30. September 2013.

Schaumann, T. (2013). Wie viel Gigabyte braucht der Mensch? *Augsburger Allgemeine Zeitung* 23. Juni 2013.

Spielraum Projekt Vereinbarkeit (2012). *Es passt! Zusammenarbeit in der Kinderbetreuung*. https://www.hamburg.de/contentblob/3544958/data/leitfaden-vernetzte-kinderbetreuung-barrierefrei.pdf. Zugegriffen: 30. September 2013.

Stampfl, N. (2013). *Werte im 21. Jahrhundert: Werte-Monitoring als Erfolgsfaktor für die Zukunft*. http://www.perspektive-blau.de/artikel/0902b/0902b.htm. Zugegriffen: 30. September 2013.

Adler fliegen nicht im Rudel – Die Kraft der Positionierung und des Markenaufbaus

9

Paul Misar

Inhaltsverzeichnis

9.1	Lassen Sie uns mit Erfolgsformel Nr. 1 beginnen	165
9.2	Beispiel 1: Positionierung im oberen Luxussegment mit Stilwintergärten	167
9.3	Beispiel 2: Positionierung im Immobilienbereich – Mach aus alten Backsteingebäuden nutzbaren Wohnraum und aus Büros hippe LOFTS	170
9.4	Design Your Company Basic für Positionierung 1: Finden sie ihren USP	174
9.5	Design Your Company Basic für Positionierung 2: Verkaufen sie Kundennutzen oder noch immer Produkte?	175
9.6	Design Your Company Basic für Positionierung 3: Sind sie sexy und spannend?	176
9.7	Design Your Company Basic 4: Die Kraft von Positionierung und Branding	177
9.8	Design Your Company Basic 5: Branding bedeutet – „Sog statt Druck"	179
9.9	Die Frage ist immer wieder: Wie sexy sind Sie für Ihre Kunden in Ihrem Geschäft?	181
9.10	Design Your Company Positionierungsregel Nr. 1: Nicht besser, sondern anders sein	182
9.11	Design Your Company Positionierungsregel Nr. 2 – Authentisch bleiben und Mut zur Polarisierung	184
9.12	Design Your Company Positionierungsregel Nr. 3: Nicht exzellent, sondern außergewöhnlich	185
9.13	IKEA	186
9.14	Über den Autor	190
Literatur		191

Können Sie sich noch an den 26.12.2004 erinnern? Das war jener Tag, an dem die schrecklichen Bilder des Tsunamis mitten in den Weihnachtsfeiertagen die Welt erschütterten.

Rund 230.000 Menschen verloren damals das Leben und weit über 1,7 Mio. Küstenbewohner rund um den indischen Ozean wurden obdachlos. Warum erinnere ich Sie an diese schrecklichen Bilder?

Paul Misar ✉
Lifedesignacademy, Badener Str. 9-11, 2514 Traiskirchen, Österreich

P. Buchenau (Hrsg.), *Chefsache Prävention I*, DOI 10.1007/978-3-658-03612-6_9,
© Springer Fachmedien Wiesbaden 2014

Um Sie wach zu rütteln!

Sind Sie sich bewusst, dass wir in einer *Zeit des wirtschaftlichen Tsunamis* leben? Wir stehen am Strand und die Welle kommt auf uns zu oder besser gesagt, sie ist eigentlich schon da. Es gibt nur zwei Möglichkeiten für uns – Wie viele? Definitiv nur zwei:

Möglichkeit Nr. 1: Sie erkennen die Kraft der Welle und reiten auf ihr wie ein Wellenreiter am Strand von Malibu – das bedeutet aber noch im richtigen Moment auf die Welle aufzuspringen oder wenn Sie das nicht tun, dann verspreche ich Ihnen, dann und das ist die zweite und unattraktivere Variante, werden Sie genau mit dieser Welle untergehen.

Es wird definitiv keine dritte Alternative geben. Die Welle kann man nicht mehr aufhalten. Sie ist schon da! Noch eine zweite Metapher gefällig, die Sie nie mehr loslassen wird?

Wer von Ihnen glaubt immer noch nicht, dass wir heute in einem Zeitalter der Revolution leben?

Wenn Ihnen jetzt Bilder der russischen Revolution von 1917 in den Sinn kommen oder die französische mit Ihrem legendären Revolutionsruf „liberté, égalité, fraternité," (Freiheit, Gleichheit, Brüderlichkeit) einfallen. Keine Angst! Die heutige Revolution verläuft ohne Blut. Das ist die kurze gute Nachricht. Sie verläuft aber für viele trotzdem nicht schmerzfrei. Das ist die schlechte Nachricht.

Die Revolution, von der ich spreche, ist eine wirtschaftliche Revolution. Produkte und Dienstleistungen werden immer ähnlicher und durch das Internet ist jeder nationale und regionale Marktplatz zu einem internationalen Marktplatz geworden. Produkte werden immer vergleichbarer – das ist für viele Produzenten eine Bedrohung, vor allem für jene, welche die letzten Jahre ihre Hausaufgaben nicht gemacht haben. Aber gleichzeitig ist diese Veränderung für viele auch eine riesige Chance. Eine Chance ganz speziell für kleine und flexible Unternehmen mit Nischenpolitik den Weltmarkt zu erschließen und zwar ganz einfach mit dem World Wide Web. Wer diese Chance versäumt, für den gibt es kein Mitleid – er ist selber schuld.

Letztlich bringt jede Revolution Gewinner und Verlierer hervor. Glücklicherweise landen die Verlierer heute nicht mehr vor der Guillotine, aber im übertragenen Sinne kann ein „Kopf in den Sand stecken" vor allen neuen Entwicklungen auch Ihren symbolischen Kopf bzw. Ihre Firma kosten.

> Wenn der Wind des Wandels weht, bauen die einen Schutzmauern und die anderen Windmühlen (chinesisches Sprichwort).

Lassen Sie uns gemeinsam ansehen, wie diese Revolution, diese Welle, ins Rollen kam, ähnlich einem kleinen Schneeball, aus dem letztlich eine riesige Lawine wurde, die alles niederrollt.

Der großen Veränderungswelle, dem Tsunami sozusagen, gingen viele kleine Wellen der Veränderung voraus:

Es begann alles mit der Veränderung unserer Gesellschaft in eine Informationsgesellschaft basierend auf der Welle des Internets. Plötzlich gab es einen globalen Marktplatz für jedermann. Was das bedeutet, werden wir uns gleich ansehen.

Es folgten die Wellen des Social Media und die Welle des Guerilla-Marketing, die dadurch erst so richtig möglich wurde.

Zwischenresümee: Die größte Gefahr für viele Firmen, die Angst vor der Veränderung haben, ist aber gleichzeitig auch die größte Chance in der Geschichte der Menschheit für viele andere Unternehmen.

Dabei ist eines wichtig zu wissen: Jede Veränderung bedeutet zunächst einmal, die Komfortzone des gewohnten Denkens und Handelns zu verlassen. Dieses dadurch notwendige Ausbrechen von Routinen, alten Gewohnheiten und Denkmustern bringt aber auch riesige neue Möglichkeiten und Chancen mit sich. Die Generation, die jetzt lebt, hat die einmalige Chance so erfolgreich zu werden, wie keine Generation zuvor. Nie zuvor in der Menschheitsgeschichte war es so leicht binnen kürzester Zeit Millionär zu werden wie heute. Wer von Ihnen ist schon Millionär? Sie alle, jeder von Ihnen. Genau genommen stimmt das so auch gar nicht, weil eigentlich sind Sie alle sogar Milliardäre.

Jeder, meine Damen und Herren, hat ein Gehirn, welches zwischen durchschnittlich 1250–1600 g, wiegt?

Besonders interessant ist: Männer haben im Durchschnitt 23 Mrd. Gehirnzellen und Frauen nur 19 Mrd. (Quelle: http://de.wikipedia.org/wiki/Gehirn)

Bevor die Damen jetzt aufschreien und sagen – Ja, kann stimmen, aber Qualität geht vor Quantität! Die gute Nachricht für Sie, meine Leserinnen: Intelligenz hat nichts mit der Anzahl der Gehirnzellen zu tun, sondern mit der Anzahl der Verbindungen zwischen den Zellen.

Viele fragen mich immer bei meinen Vorträgen und Seminaren – ja ok, aber ist es nicht bereits zu spät, jetzt auf Züge wie das Internetbusiness etc. aufzuspringen? Ich werde Ihnen heute beweisen, dass das durchaus nicht der Fall ist. Ich hatte 2011 gemeinsam mit meinem lieben Speaker- und Autorenkollegen und früheren Mentor Edgar Geffroy unter anderem auch in London für ein gemeinsames Seminar zum Thema „Passives Geld verdienen im Internet" recherchiert, einige Internetmillionäre interviewt und deren Erfolge analysiert. Die Kernaussage aller Internetexperten der Oberliga war kurz und knackig: das Internet ist gerade einmal im Entwicklungsstadium, vergleichbar mit dem eines fünfjährigen Kindes.

Was können wir davon ableiten? Selbst wenn wir annehmen, dass dieses Kind jetzt Ende 2013 schon die zweite Klasse besucht und mittlerweile sieben Jahre alt wäre, sollte jedem sofort klar sein, was diese Aussage bedeutet. Die Entwicklung des Internets und allem was dazu gehört wie Social Media, steht demzufolge noch immer sehr am Anfang.

So viel zur Vorgeschichte. In diesem Kapitel wollen wir uns aber ganz speziell mit der Kraft der Positionierung befassen und mit Branding. Warum diese beiden Dinge so wichtig sind, wird Ihnen sofort offensichtlich werden, wenn wir die Problemanalyse des Marketings etwas vertiefen.

Aber zunächst einmal, warum fühle ich mich überhaupt befugt, mit Ihnen über Marketing im allgemeinen und über deren wirkungsvollste Tools Positionierung und Branding zu sprechen? Viele von Ihnen wissen, dass ich vor etwas mehr als 20 Jahren, noch vor meiner Karriere als Investor und Entrepreneur, Marketingleiter in einem internationalen Großkonzern war, der damals 167.000 Mitarbeiter weltweit beschäftigte. Ich belegte diese

Position damals als jüngster Marketingleiter, den der Konzern je beschäftigt hatte, nachdem ich zuvor schon zwei Jahre Vertriebsleiter eines relativ wichtigen Geschäftsbereiches beim gleichen Multi war. Mein damaliger Verantwortungsbereich umfasste einen dreistelligen Millionenbetrag. Ich habe damals alle klassischen Marketingtools gelernt, wie auch schon davor alle schlauen Verkaufsspielchen von Soft Selling über Hard Selling wieder zurück zu Love Selling, alle Arten Abschlusstechniken, durfte 150 verschiedene Körpersprache- und Kommunikationsseminare besuchen und kann Ihnen relativ viel über LOLA- und LALA-Prinzip und Einordnung aller Mitmenschen in drei oder vier Farbkategorien erzählen. Ich will all diese Methoden und Theorien nicht verurteilen und branchenabhängig wird die eine oder andere auch noch immer funktionieren. Trotzdem sind meiner Meinung nach heute andere Kenntnisse gefragt, um wirklich erfolgreich zu sein.

Meine ganz großen Erfolge habe ich jedoch danach in meiner Selbstständigkeit gefeiert mit mehr als 20 verschiedenen Firmen in mehr als zwölf verschiedenen Branchen und alle im Wesentlichen mit nur zwei Werkzeugen, die ich hier näher erläutern möchte:

1. Positionierung
2. Branding

Wenn Sie übrigens jetzt glauben, die Konzepte funktionieren nur bei Kleinunternehmen oder mittelgroßen Unternehmen, kann ich Sie beruhigen. Zu meinen Geschäftspartnern im Laufe der Jahre zählten auch viele Großkonzerne wie General Electric, BASF, Lanxess, Bayer AG, OMV, Brenntag, T-Mobile und Apple und überall hat es funktioniert bzw. alle wirklich erfolgreichen arbeiten danach. Bevor ich aber näher in die Tiefe gehe, will ich gleich zu Beginn gleich eine kritische Frage stellen: Warum funktioniert herkömmliche Werbung und klassisches Marketing in den meisten Branchen heute nicht mehr?

Die Antwort liegt auf der Hand. Wir leben heute in einem Zeitalter, in dem wir hier in Westeuropa – ganz speziell auch im deutschsprachigen Raum Deutschland, Schweiz und Österreich – mit einer Übersättigung der Märkte zu kämpfen haben. Der durchschnittliche Supermarkt umfasst ca. 40.000 Artikel, wobei die durchschnittliche Familie 90 % ihres täglichen Bedarfes aus nur rund 150 verschiedenen Produkten deckt. Das an sich ist schon eine riesige Diskrepanz.

Diametral dazu aber haben wir noch folgende Entwicklung:

Alle 30 Minuten kommt ein neues Produkt in die Regale. Die Frage lautet daher schlicht und ergreifend: Wie viele von diesen Produkten gibt es nach einem Jahr noch?

Bitte schließen Sie kurz die Augen und raten Sie?

60 % ?

40 % ?

Leider nein. Tatsächlich sind es nur ca. 8 %.

Zusatzfrage: Wie viele dieser Produkte denken Sie, existieren noch nach 3 Jahren?

Mit knapp 5 % der ursprünglich am Markt eingeführten Produkte liegen Sie ziemlich exakt richtig. Das bedeutet im Umkehrschluss: 95 % der Produkte, die mit Engagement und Begeisterung am Markt eingeführt wurden unter Mitwirkung von Werbeagenturen und klassischen Marketingexperten gibt es dann nicht mehr. Das ist doch erschreckend oder? Haben die Fachleute, die Experten für Werbung und PR denn ihre Hausaufgaben nicht gemacht? Tatsächlich lautet die kurze und knappe Antwort – NEIN. 95 % von denen nicht. 95 % der Werbe-, Verkaufs- und Marketingstrategen arbeiten mit alten Tools, alten Überzeugungen, und alten Theorien – aber in neuen Märkten funktionieren diese nicht mehr.

Wir werden uns daher jetzt mit der Frage beschäftigen, was man anders machen muss, um zu den 5 % der erfolgreichen Unternehmer zu gehören, die im Gegensatz zu den anderen 95 % Erfolge haben, während ihre Kollegen kläglich scheitern. Die einfache Antwortet – SO ZIEMLICH ALLES! Sie werden jedenfalls unter anderem kreativ und flexibel sein müssen – so viel kann ich schon mal vorab sagen.

> Manche Menschen sehen die Dinge, wie sie sind und fragen: Warum? Ich träume von Dingen, die es noch nicht gegeben hat, und frage: Warum nicht? (George Bernard Shaw).

Lassen Sie uns am Beginn der Frage nachgehen, was man tun muss, um trotz dieser Übersättigung der Märkte vom Kunden wahrgenommen zu werden. Dazu gibt es zwei Zauberformeln, um die es auf den nächsten Seiten gehen wird und die in engem Zusammenhang stehen. Die Design-your-Company-Zauberformeln des 21. Jahrhunderts für Firmen und Einzelpersonen lauten:

▸ **Definition**

Erfolgsformel 1: **Positionierung + USP + Branding = MARKE**
Erfolgsformel 2: **Marktbeobachtung + Kreativität + Kraft der Marke = MARKTFÜHRERSCHAFT**
Erfolgsformel 3: **Kundennutzen schlägt Mitbewerbsdenken**

9.1 Lassen Sie uns mit Erfolgsformel Nr. 1 beginnen

Im Laufe meiner persönlichen Erfolgsgeschichte habe ich, wie viele von Ihnen wissen, mehr als 20 Unternehmen zur Poleposition in ihrer jeweiligen Branche geführt und immer waren die Erfolgsrezepte Positionierung, USP und Branding daran beteiligt. Es spielt dabei keine Rolle, ob Sie eine Firma neu gründen oder ein bereits länger am Markt befindliches, aber wirtschaftlich angeschlagenes, sanierungsbedürftiges Unternehmen übernehmen. Das Zauberwort für Turnaround heißt die richtige Positionierung finden, sowie in weiterer Folge Spezialisierung (eines der wichtigsten Positionierungstools) und letztlich gutes Branding in Kombination mit USP (unique selling proposition), also ihren Alleinstellungsmerkmalen, die Sie von Ihrem Wettbewerb unterscheiden.

Ich behaupte sogar, wenn Sie den Inhalt und die Spielregeln der richtigen Positionierung und des Brandings begriffen haben, werden Sie nicht nur überleben – sie werden sogar dabei reich werden. Ich wage sogar zu behaupten: Positionierung und Branding sind die wichtigsten Erfolgstools überhaupt und entscheidend dafür, ob Einzelpersonen oder Firmen scheitern oder Erfolg haben. Wenn Sie die Erfolgsregeln, die ich Ihnen hier an die Hand gebe, ernsthaft umsetzen und befolgen, werden Sie nicht verhindern können, erfolgreich zu sein. Unabhängig davon, ob Sie ein neues Produkt, eine neue Dienstleistung oder sich selbst als Marke einführen – die beschriebenen Erfolgsregeln funktionieren immer, wenn Sie diese kompromisslos umsetzen.

Sie werden selbst erstaunt sein, wie leicht es ist, Ihren Ertrag in nur drei Jahren um über 300 % zu steigern.

Warum bin ich mir dabei so sicher? Weil ich es wie bereits erwähnt, schon wiederholt ausprobiert und selbst gelebt habe.

Die nächste gute Nachricht: Es ist möglich in den unterschiedlichsten Branchen.

Da ich von meinen Zuhörern bei meinen Vorträgen und meinen Consulting-Kunden immer wieder gefragt werde, möchte ich Ihnen nachfolgend einen Auszug der Branchen geben, in denen ich selbst gute Erfahrungen mit Positionierung gesammelt habe:

- Wintergarten,
- Chemiehandel,
- Wasseraufbereitungsindustrie,
- Lebensmittelrohstoffe,
- Silikone,
- Bau- und Bauträgergewerbe,
- Immobilienentwicklung und Immobilienvertrieb,
- Designatelier,
- Werbeagentur,
- Fundraising Agentur für Formel 1,
- Fundraising für eine Filmproduktion,
- Consultingunternehmen,
- u. v. m.

Lassen Sie uns einige der Positionierungs-Beispiele genauer analysieren und dabei auch gleich die Erfolgsformel Nr. 2 einfließen. Achten Sie bitte beim Lesen bewusst darauf, wie viel mein Erfolg, eine einmalige Geschäftsmöglichkeit für mich zu entdecken, mit den Komponenten Marktbeobachtung, Kreativität und Flexibilität in Zusammenhang stand:

9.2 Beispiel 1: Positionierung im oberen Luxussegment mit Stilwintergärten

1992 gründete ich meine erste Firma aus einem Interesse für Stil und Design heraus.

Mein damaliger Hauptwohnsitz war eine nette kleine Villa im Süden von Wien. Das Haus war stuckverziert mit edlen Marmor- und Parkettböden, venezianischen Spachteltechniken an den Wänden, englischen Bücherwänden mit offenem Kamin und lag in der Nähe eines Golfplatzes. Rund um das Haus gab es einen wunderschönen Garten mit wunderschöner englischer Gartengestaltung und Swimmingpool. Es gab im Haus alle Möglichkeiten wie Sauna, Solarium, Fitnessraum. Ich hatte alles so perfektioniert, dass der Rasen automatisch gemäht wurde und die automatische Gartenbewässerung sich je nach Bedarf selbst einschaltete, um den Bedarf an Personal zu reduzieren. Ich war rundum zufrieden. Nur ein Traum fehlte mir noch: ein Wintergarten.

Die Renaissance des Wintergartens hatte Anfang der 90er in unseren Breiten gerade eingesetzt, und die Branche, die sich mit dem Thema beschäftigte, war noch relativ jung. Die meisten selbst ernannten Wintergartenexperten waren Tischler und Fensterbauer, die einen neuen „Goldgräber-Markt" entdeckt hatten, ohne sich ernsthaft mit der Materie zu beschäftigen. Nachdem ich eine Reihe von Fachbüchern zu dem Thema gelesen hatte und mich die Thematik immer mehr interessierte, begann ich mich auf Messen zu informieren und lud mir einige Firmen zu mir nach Hause ein, um Angebote für den Zubau eines Wintergartens ausarbeiten zu lassen.

Schon nach kurzer Zeit und dem Studium weiterer Fachliteratur stellte ich fest, dass ich bald mehr Ahnung vom Thema hatte, als so mancher sogenannte „Wintergartentechniker" oder Verkäufer. Allerdings bemerkte ich auch, dass die Kunststoff- und Alugebilde, die mir die Firmen verkaufen wollten, keinerlei Stil hatten. Ich hatte sogar das Gefühl, all diese Wintergartenpläne und Entwürfe, die mir vorgeschlagen wurden von sogenannten Wintergartenexperten, einen Stilbruch zum Haus darstellten und mir meine „nette Hütte", wie wir in Wien sagen, „verschandeln", also auf Hochdeutsch unansehnlich machen oder optisch verunstalten würde.

Durch meine Reisen nach England, meine Vorliebe für Design, Stil und Architektur und einschlägige Wintergartenliteratur wusste ich natürlich, dass England das Mutterland des Wintergartens war. Wo wenn nicht dort würde ich fündig werden? Die wunderschönen viktorianischen Wintergärten und Orangerien, die meist an Schlösser oder Herrschaftshäuser im 19. Jahrhundert gebaut wurden, standen in extremem Gegensatz zu den „verglasten Vogelhäusern", die man mir offeriert hatte. Schon nach kurzer Zeit hatte ich den englischen Marktführer ausfindig gemacht, eine Firma, die seit 1874 Wintergärten produzierte. Zu den weltweiten Kunden zählten nicht nur Popstars wie Michael Jackson und Madonna, sondern halb Hollywood sowie Formel-1-Fahrer, bekannte Profigolfer sowie das englische Königshaus – also eine Basis, auf der man aufbauen konnte, wie ich meinte – frei nach dem Motto: „Das Beste ist gerade gut genug" oder „man gönnt sich ja sonst nichts".

Nachdem ich herausgefunden hatte, dass die Firma innerhalb Europas im Gegensatz zu den USA erst ganz wenige Geschäftspartner hatte, war mir klar die Gunst des Augenblicks passte – Kairos, der für die „Gunst des Augenblicks" verantwortlich war, war mir offensichtlich hold.

Ich bewegte mich daher sehr schnell aus meiner Komfortzone der führenden Angestelltenposition und traf eine Entscheidung. Schon wenige Wochen und einige Verhandlungsrunden später, hatte ich die Vertriebsrechte der englischen Firma für Österreich gesichert. Einige Zeit sollte noch verstreichen, bis ich dann auch noch die Verkaufsrepräsentanz für Deutschland und Teile Osteuropas übertragen bekommen sollte.

Die Positionierung, die ich anstrebte, passend zum Produkt, zur edlen Werbung und Tradition der Firma in England, war klar. Unsere Firma würde sich ab sofort mit dem Verkauf englischer Stil-Wintergärten im obersten Topsegment beschäftigen, mit dem Ziel positionierungstechnisch der Rolls-Royce oder Bentley der Wintergartenbranche zu werden. Genau das sollte mir sehr schnell gelingen.

Schon damals hatten wir zu einer Zeit, als unsere Mitbewerber Wintergärten zu 25.000 € bis 20.000 € (umgerechnet nach heutigem Geld) verkauften, keinen Wintergarten unter 50.000 € im Programm. Kurze Zeit später positionierte ich mein Unternehmen sogar als Anbieter nur für Wintergärten ab 100.000 €. Zum damaligen Zeitpunkt konnte man bereits ein kleines Fertighaus in dieser Preisliga erstehen, jedenfalls aber eine mittelgroße Eigentumswohnung in mittlerer Lage. Bevor ich die Firma einige Jahre später verkaufte, war der durchschnittliche Wert der letzten abgeschlossenen Aufträge sogar jeweils zwischen 150.000 € bis 200.000 €. Wir waren innerhalb weniger Jahre tatsächlich zum Bentley unter den Wintergärten geworden.

Man kann sich also vorstellen, dass ich mich samt der Preisgestaltung meiner Wintergärten etwas abseits vom üblichen Marktdenken bewegte. Jeder, mit dem ich anfänglich über diese Geschäftsidee gesprochen hatte, insbesondere meine Verwandten, hatten mir abgeraten.

Trotzdem zog ich mein Ding durch, wie auch später noch in meinem Leben ALLES, wenn ich von etwas überzeugt war, unabhängig davon, was die Leute um mich herum dachten oder sagten.

Dass ich mit meinen Luxuswintergärten natürlich nur ein relativ kleines Segment, also ganz besondere Kunden der absoluten Oberschicht ansprach, war offensichtlich. Ein anderer Kunde könnte sich schwer eine Orangerie oder einen Wintergarten leisten, der so viel kostet, wie ein kleines Fertighaus. Aber genau das war mein USP. Damit musste ich aber auch bewusst auf den Massenmarkt, auf dem sich alle anderen Mitbewerber prügelten, verzichten.

Mit dem extravaganten pompösen Baustil unserer Wintergärten veränderte ich natürlich die ganze Branche. Anfänglich waren unsere besonders stilvollen und außergewöhnlichen Glaspaläste mit teilweise 6- oder 8-eckigen Grundrissen, manchmal handgemachten Bleisprossenfenstern und jeder Menge individueller Stilelemente nicht nur einmal am Titelblatt der klassischen Wohn- und Einrichtungsmagazine und in Gartenzeitschriften. Unser Produkt und die eleganten Messestände mit teilweise mehreren Wintergärten waren Gesprächsthema auf jeder Wohn- und Garten-Ausstellung. Wenn Du anders bist als alle anderen (Mein AAAAA-Prinzip – mach ALLES ANDERS ALS ALLE ANDEREN), dann lockst Du damit natürlich auch automatisch die Presse an. So kam ich nicht nur auf die Titelseiten diverser Wohnzeitschriften, sondern war auch ein gefragter Experte für Interviews rund um das Thema.

Viele Jahre verkauften sich diese Luxuswintergärten blendend. Zu unseren Kunden zählten Besitzer von Luxusvillen in Wien, Kitzbühel, Salzburg, München, Frankfurt, Sofia und Moskau, Inhaber stilvoller Herrschaftshäuser und Schlossherrn sowie der Bereich der gehobenen Gastronomie und Hotellerie. Natürlich verkauften sich diese Wintergärten auch besonders gut in den damals stark aufstrebenden osteuropäischen Märkten, wo so mancher Oligarch seine mehrere Tausend Quadratmeter große Prachtvilla um ein bis manchmal sogar zwei Stilwintergärten ergänzte. Schlossbesitzer im In- und Ausland, Filmschauspieler, Prominente aus Fernsehen und Politik und Spitzensportler zählten ebenso zu meinen Kunden wie reiche Zahnärzte, Rechtsanwälte und Großunternehmer bis hin zu großen Medienbossen und Zeitungsverlegern. Ich war, obwohl ich nie Architektur studiert hatte, aufgrund meines Talents für Design zum Topdesigner der Wintergartenbranche geworden und bestimmte die Trends. Die Zeit war reif und ich schmiedete das Eisen, so lange es heiß war. Insgesamt sollte ich knapp zwei Jahrzehnte diesen Markt entscheidend beeinflussen, obwohl ich mich schon sehr bald noch an weiteren Firmen in anderen Segmenten beteiligte.

Wie immer im Leben, ist aber nichts statisch und auch nicht der Erfolg in einem Segment wie diesem.

Es dauerte einige Jahre, aber dann begannen der eine oder andere unserer Mitbewerber unsere Wintergärten im Stil nachzubauen. Nicht in vergleichbarer Qualität und nicht in dem hochwertigen Western-Red-Cedar-Holz (kanadische Rotzeder), sondern meistens aus normalem Fichtenleimholz, Aluminium oder teilweise sogar Kunststoff und auch nicht annähernd so schön. Die meisten Kunden bauen aber nur einmal im Leben einen Wintergarten und hatten daher nicht wirklich immer das Wissen und Verständnis, den großen Preisunterschied zu unserem „Handmade-Premiumprodukt" in der ältesten Wintergartenmanufaktur in England gefertigt zu verstehen und manche konnten auch unsere schönen handgezeichneten Entwürfe nicht wirklich würdigen gegenüber den Computeranimationen der Mitbewerber. Da halfen auch stundenlange Erklärungen nicht immer weiter. Leider muss man auch sagen, dass unser Lieferant, der weit über 130 Jahre Marktführer im Mutterland des Wintergartens war, nicht gerade innovativ war, was technische Neuerungen und gesetzliche Entwicklungen in Europa betraf. Das ist übrigens die große Gefahr von Marktführern wie ich in meiner langjährigen Tätigkeit als Unternehmer aber auch Berater von Firmen festgestellt habe. Die Gefahr des Sonnenkönigssyndroms, wie ich es gerne nenne.

Man hat viele Jahre etwas richtig gemacht und glaubt, was 30–40 Jahre funktioniert hat, muss weiterhin funktionieren und genau das tut es nicht seit Ende des 20. Jahrhunderts und im 21. Jahrhundert schon gar nicht mehr. Umdenken ist daher angesagt! Die konservativen Denker, die sich Innovationen verschließen, sind eine aussterbende Spezies wie einst die mächtigen Saurier. Das haben später auch meine Lieferanten erleben müssen.

Aber nochmals zurück zu meiner Erfahrung mit den Wintergärten und warum es Zeit war, Überlegungen anzustellen, mich von meinem Baby, welches „ins Rentenalter" gekommen war, zu trennen. Ich habe das „Niki-Lauda-Prinzip" befolgt: DU MUSST NICHT NUR WISSEN, WANN DU IN EINE BRANCHE EINSTEIGST, SONDERN AUCH WANN DU WIEDER AUSSTEIGST!

Der augenscheinliche USP verschwand immer mehr. Es hatte sich herumgesprochen, dass der anfänglich weitgehend nur von uns propagierte englische viktorianische Stil, die gesamte Branche stilmäßig verändert hatte und wach rüttelte.

Irgendwann kopierten dann alle, sprich die gesamte Branche der Wintergartenbauer inklusive dem Schreiner ums Eck, der sich als Wintergartenspezialist fühlte, obwohl er keinerlei Ahnung von Be- und Entlüftung, Klimatisierung, richtiger Beheizung im Winter und anderen wichtigen technischen Details rund um den Wintergarten hatte, optisch unseren ursprünglich so einzigartigen Stil.

Zu den niedrigpreisigen Kunststoff-, Aluminium- oder Fichtenholzkonstruktionen passte dieser Stil allerdings gar nicht und wirkte eher wie: „Ich will, aber ich kann nicht", wie man bei uns sagt. Der pompöse Stil zu den billigen Materialien sah für mich als Fachmann schrecklich aus.

Obwohl ich dieses Geschäft ursprünglich noch nicht mit dem Wunsch gründete, es später zu verkaufen, kam der Zeitpunkt, wo ich bereit war, auf ein Übernahmeangebot einzusteigen und den Laden zu veräußern, zumal ich parallel dazu auch ein erfolgreiches Spezialgeschäft im Bereich der Wasseraufbereitung aufgebaut hatte, wo ich in sieben Ländern Marktführer war. Leider fehlt mir die Möglichkeit hier in diesem Buch über alle Details zu berichten, aber wen das Thema interessiert, der kann hierzu mehr in meinem Buch Lebenssanierung aus der Reihe „Design your life" nachlesen.

Aber die Wintergartenbranche war nicht die einzige, die ich mit meinem individuellen Stil revolutionieren sollte. Bitte achten Sie auch diesmal wieder darauf, wie ich mich durch meine Reisen und Marktbeobachtungen inspirieren ließ, ein bereits in anderen Ländern funktionierendes Modell durch Modelling of Excellence gepaart mit der nötigen Individualität für mich zu entdecken.

9.3 Beispiel 2: Positionierung im Immobilienbereich – Mach aus alten Backsteingebäuden nutzbaren Wohnraum und aus Büros hippe LOFTS

Eine Lagerhalle erzielte in der Gegend, wo ich meinen Firmensitz vor knapp zehn Jahren hatte, Mieterträge von ca. 3,50 bis 4,50 € pro Quadratmeter, eine Loftwohnung ca. 12 bis 16 € je Quadratmeter. Im Verkauf war der Quadratmeter Lagerfläche ca. 250 bis 350 € wert. Der Verkauf eines Quadratmeters bezugsfertigen Lofts zwischen 2000 bis 3000 €. Unzählige Lagerhallen stehen leer. Die Nachfrage nach Loftwohnungen kann normalerweise nur mit Wartelisten von ein bis drei Jahren befriedigt werden. Können Sie sich vorstellen, dass Investitionskosten von 600 bis 1000 € je Quadratmeter Loft gut angelegt waren?

Bevor ich berichte, wie ich zum Thema Loft kam, vielleicht noch einige Erklärungen zur Vorgeschichte zwecks besseren Verständnisses. Der Begriff Loft war damals Ende der 90er

Jahre noch nicht so „in" und „cool" wie heute, jedenfalls nicht im ursprünglichen Sinn und vor allem nicht in Deutschland oder Österreich.

In den USA war das natürlich etwas anderes. Dort waren es in New York bereits in den frühen 40er- Jahren des letzten Jahrhunderts speziell die mittellosen Künstler, die in alten Fabrikgebäuden und Lagerhallen einzogen. Wie kam es dazu?

Viele der Industriebetriebe in New York waren in den 30er und 40er Jahren des 20. Jahrhunderts in größere Gebäude am Stadtrand gezogen. Die ursprünglich industriell genutzten Backsteingebäude blieben dadurch leer stehen. Damit war dann auch das Schicksal des Finanzbezirks Soho besiegelt, da nun die Geldgeschäfte immer mehr an die Wall Street und Greenwich Village abwanderten. So kam es, dass ganze Künstlerkolonien ihre Ateliers und auch ihren Lebensmittelpunkt in alte Fabrikhallen verlegten und dort ihre Zelte aufschlugen. Die ersten Lofts waren spartanisch ausgestattet, viele verfügten über keine Wasseranschlüsse und keine Heizung und es war eher die progressive Künstlerszene und die abstrakten Expressionisten, die die Lofts als Schaffensstätte und parallel dazu als Wohnort wählten.

Den Weg in die Upper-Class schaffte das Loft durch bekannte Künstler wie Andy Warhol, der in THE FACTORY, 231 East, 47. Straße lebte. Durch seine bekannten Partys dort wurde in den USA bereits Mitte der 60er Jahre Wohnen im Loft in New York und anderen Weltstädten wie Paris und London erstmals salonreif und hipp. Nur die wirklich Wohlhabenden konnten es sich dann leisten, auf mehreren Hundert Quadratmetern in Räumen mit 6–15 Metern Raumhöhe in ehemaligen Fabrikhallen zu leben und diese auch im Winter zu beheizen. Als dann die große Energiekrise der 70er Jahre kam, war dieser Trend kurzfristig für einige Jahre wieder etwas eingeschlafen.

Aber spätestens Ende des vergangenen Jahrhunderts erlebte dieser Trend eine Renaissance, speziell seitdem der Retrostyle hipp wurde und zwar in den späten 90er Jahren.

Bekannte Persönlichkeiten wie Bill Clinton investierten plötzlich in Soho und begannen alte Fabrikhallen zu kaufen. Plötzlich war nicht nur Samantha in der damaligen Kultserie „Sex in the City" stolze Loftbesitzerin, sondern in nahezu jedem zweiten amerikanischen Film, der ab 1995 produziert wurde, lebte oder arbeitete irgendeiner der Hauptdarsteller im Loft. Es war plötzlich für Ärzte, Rechtsanwälte, Filmstars und Unternehmer „in" geworden, in ehemaligen riesigen Lagerhallen zu wohnen und zu arbeiten.

In Europa gilt London als Zentrum der Weiterentwicklung der Lofts. Dort führten die ökonomischen Umbrüche der „Nach-Thatcher-Ära" in den 1980er Jahren dazu, dass viele Industriegebäude plötzlich leer standen und verwaisten. Es war nur eine Frage der Zeit, bis findige Architekten auch hier durch Modelling of Excellence einzelne Ideen aus den USA adaptierten und bei einigen an den Themseufern gelegenen Lagerhäusern und später auch bei Fabriken von Manchester bis Bradford umsetzten.

Mir kam die Idee, eine Firma im Bereich „Loftentwicklung" zu eröffnen, nach einer Reise in die USA, welche ich dann weiter durch „Beobachtungsreisen" nach London, Paris und Berlin-Kreuzberg verfeinert hatte. Das Ergebnis: ich wurde Vorreiter in Österreich auf dem Sektor der Loftentwicklung und besitze bis heute die Firma, die in diesem sehr speziellen Sektor, innerhalb der Immobilien-Branche, tätig ist.

Mit welchem Geschäftskonzept und was war die Positionierung, wollen Sie jetzt berechtigterweise wissen? Und natürlich auch immer interessant: aus welchem Anlass heraus beschäftigte mich dieses Thema? Die meisten unserer Geschäftsideen resultieren ja letztendlich aus persönlichem Interesse für eine Sache. Erst das Interesse sensibilisiert uns mit offenen Augen durch die Welt zu gehen.

Ich arbeitete als Investor seit einigen Jahren speziell im Bereich der Firmensanierung und sehr oft wurden dabei Betriebe übersiedelt oder auch unrentable Teile des Betriebes geschlossen. Im Anschluss ärgerte ich mich oft, dass es leere Fabrikhallen gab, die ungenutzt blieben. Außerdem hatte ich zum Zeitpunkt, als ich in dieses Segment einstieg, auch noch mehrere Hallen aus dem Verkauf einer meiner Firmen übrig, die der Firmenkäufer, der nur am Kundenstamm interessiert war, nicht mitkaufen wollte.

Die ersten Gebäude und Fabrikhallen, um die es ging, waren kleinere Hallen mit 500 bis 600 m^2 Nutzfläche. Damit Sie sehen, was daraus werden kann: Mein aktuell größtes Loftprojekt, welches ich gerade entwickle, umfasst eine Fläche von ca. 26.000 m^2.

Aber wie alles im Leben, begann es sehr einfach – mit einem Gedanken. Mir ließ das Bild der ungenutzten alten Backsteingebäude keine Ruhe und ich musste dann immer wieder an die schönen Lofts in Soho und an Londons Themse denken. Warum sollte so etwas in Österreich nicht funktionieren? Zugegeben eine Reihe von Problemen wie mögliche Bodenaltlasten, Umwidmungsthematik und vieles mehr unterschätzte ich anfangs massiv, aber niemand ist als Meister vom Himmel gefallen.

Mir war auch klar, dass im Loftbereich nicht die üblichen Gesetze von „ausschlaggebend für einen guten Immobiliendeal ist ausschließlich die LAGE, die LAGE und nur die LAGE" gelten. Hier galten in erster Linie drei Dinge und zwar

1. der EINKAUFSPREIS,
2. der EINKAUFSPREIS und
3. der EINKAUFSPREIS.

Denn nur wenn der Einkaufspreis stimmt und man einigermaßen preisgünstig umbauen kann, rechnet sich die Sache. Aber als Firmensanierer und Investor kam ich immer relativ günstig an die Immobilien und hatte daher eine Ausgangsposition, die vergleichbar war mit der Poleposition von Sebastian Vettel in Monaco. Aber alles hätte nichts genützt, wenn ich nicht vom ersten Tag an mich in den Kopf meines potenziellen Kunden hätte versetzen können. Das Wichtigste in vielen Bereichen aber ganz speziell im Immobilienbereich ist es dem potenziellen Käufer ein Gefühl zu verkaufen. Die Botschaft an den potenziellen Loftkunden im speziellen ist dabei: „Sei kein Konformist! Du bist anders als alle anderen – du bist ein Individualist! Wenn du dir deine eigene Identität schaffen willst und sie durch deine Wohnung ausdrücken möchtest, dann helfe ich dir gerne beim Designen deines LOFTS."

Tatsache ist, dass ich im Wesentlichen alte Lagerhallen mit 6 m Raumhöhe und Backsteingebäude mit dazugehöriger Planung und genau diesem Gefühl der Individualität in einer Preisgrößenordnung verkaufte, die über dem Preis von durchschnittlichen Neubauwohnungen lag. Mein Alleinstellungsmerkmal war aber auch: ich und meine Innenarchitekten und Projektanten investierten viel Zeit im Umgang mit den Kunden bei der Planung und wir gingen auf nahezu alle individuellen Wünsche ein. Wenn jemand seinen Ferrari oder seine Harley in der Garage über eine Glaswand im Wohnzimmer sehen wollte, wurde der Wunsch nicht abgeblockt, sondern erfüllt und wenn es noch so viel Zeitaufwand erforderte, eine Lösung zu finden.

Vorgabe an unsere Architekten war, fast alles möglich zu machen, genauso wenn jemand einen eigenen Grillplatz im Wohnzimmer haben wollte oder wenn jemand vom Schlafzimmer aus nur Glas im Dachbereich haben wollte, um die Sterne zu beobachten bei der schönsten Nebenbeschäftigung der Welt.

Welche Eigenschaften halfen mir individuell bei dieser Art von Geschäft: Erstens war da meine Kreativität und mein ausgesprochen gutes Vorstellungsvermögen, welches ich im Laufe der Jahre entsprechend geschult hatte. Daher hatte ich in meinem Kopf bereits immer im Vorfeld die Vision der fertigen Lofts. Auch Sie können diese Fähigkeit lernen, wenn Sie wieder mit offenen Augen durchs Leben gehen.

Ich hatte mir in New York, London und anderen Städten, wo es diese Form des Wohnens bereits gab, viele erfolgreiche Projekte angesehen und begann einmal mehr Modelling of Excellence zu betreiben. „Modelling of Excellence" bedeutet aus meiner Sicht – „Sieh dir an wie und wo es funktioniert und adaptiere es so, dass es individuell anders ist, du aber das Rad trotzdem nicht hundertprozentig neu erfinden musst". Es bedeutet also definitiv nicht, einfallslos zu kopieren, sondern das Bewährte durch den Einsatz der eigenen Kreativität und neuen Ideen zu ergänzen, übrigens eine Eigenschaft, die alle Erfolgreichen dieser Welt besitzen, wie ich bald bemerkt hatte.

Im konkreten Fall hatte ich mir eine Vielzahl von Ideen geholt, indem ich erfolgreiche Projekte in anderen Ländern besichtigte und dabei immer überlegte, was ich noch besser machen könnte. Natürlich hatte ich auch unzählige Bildbände gekauft zum Thema Loft und Loftumbau und bei meinen Besichtigungen in anderen Ländern viele Fotos gemacht, deren permanentes Studium meine Kreativität angeregt hatte.

Wenn es darum ging, den USP zu finden, war es das Wichtigste, immer herauszufinden, was will der Kunde genau? Was ist sein Kaufmotiv? Und was kann ich besser machen als alle anderen, die in dem Segment bereits tätig sind – was zugegebenermaßen in meinem Land noch nicht allzu viele waren, weil der Bereich noch neu war. Ich stellte mir als erstes immer die Frage (branchenunabhängig): **Was kann ich besser oder zumindest anders machen als meine wichtigsten Mitbewerber?** Was würden diese künftig von mir abschauen und „nachkupfern"? Immer wenn ich merkte, die „alten Branchenkaiser" beginnen mir Dinge abzuschauen und nachzumachen, wusste ich, dass ich sehr bald die Branche dominieren würde. Das war übrigens im Bereich der Wasseraufbereitung so, bei den Wintergärten und später genauso im Bereich der Sanierung und dann auch bei den Lofts und heute auf dem Gebiet der Wissensvermittlung bei den Seminaren und Events meiner Best of Best Akademie. Leider kann ich hier nicht auf alle Beispiele eingehen, aber ich beschreibe weitere Beispiele in meinem Buch Lebensdrehbuch aus der Serie „Design your life".

Aufgrund der Wichtigkeit des Themas noch einige wertvolle Punkte zum Thema USP:

9.4 Design Your Company Basic für Positionierung 1: Finden sie ihren USP

USP steht für Unique Selling Proposition und bedeutet so viel wie einzigartiges Alleinstellungsmerkmal.

1. Es geht darum, für jeden Kunden eine sehr klare Botschaft rüberzubringen und zwar: „Kaufe dieses Produkt und du wirst diesen oder jenen spezifischen Nutzen daraus ziehen."
2. Der Vorteil oder Nutzen für den Kunden muss oder sollte etwas sein, was Ihre Mitbewerber nicht in dieser Einzigartigkeit offerieren können. Es kann unter Umständen auch sein, dass die Einzigartigkeit ganz einfach in Ihrer Marke besteht oder in der Art und Weise, wie dieses Produkt entstanden ist oder bei Ihnen beworben wird.
3. Die Definition oder der USP muss so stark sein, dass er unzählige Menschen dazu bewegt, Ihr Produkt zu kaufen.

Wenn wir über USP sprechen, dann ist es immer wichtig, dass Sie neue Wege gehen. Es liegt in der Natur der Tatsache, dass meistens die Pioniere diejenigen sind, die es schaffen, einen perfekten USP aufzubauen. Wenn Sie überprüfen wollen, ob Sie einen guten USP haben oder nicht, dann bietet sich der Elevator Pitch oder zu Deutsch „Aufzugstest" an. Stellen Sie sich vor, Sie treffen Ihren Wunsch-Geschäftspartner, mit dem Sie schon lange ein Projekt gemeinsam machen würden – ich setze hier einmal den Virgin-Gründer und Visionär Richard Branson dafür ein, den ich jahrelang kennen lernen wollte und jetzt in einigen Wochen mit ihm gemeinsam auf einer Bühne stehen werde im Rahmen einer Veranstaltung.

Sie treffen also Ihren „Richard Branson", wer immer das auch sein mag, im Eingangsbereich eines Bürogebäudes mit sechs Stockwerken. Sie steigen mit ihm im Erdgeschoss in den Lift. Während Sie nun nach oben ins letzte Geschoß fahren, haben Sie jetzt nur wenige Sekunden – ich sage jetzt einmal 30 bis max. 60 Sekunden – Zeit (oder die Dauer des Abbrennen eines Streichholzes), bis Sie oben im OG angekommen sind. Sie müssen also mit wenigen Worten kurz und einprägsam der anderen Person deutlich machen, wofür Sie und/oder Ihr Produkt stehen. Wenn Ihnen das gelingt, dann wird Ihr Produkt oder werden Sie selbst eine gute, attraktive Marke sein. Wenn es Ihnen nicht gelingt und Sie „rumlabern" müssen und der/die Andere am Ende eigentlich überhaupt nicht weiß, was Sie genau machen und warum er sie anrufen soll, dann haben Sie das Thema verfehlt und müssen nochmals zurück zum Start. Es ist wie in der Schule.

> **Tipp** Stellen Sie sich also folgende drei Fragen:
>
> 1. Was mache ich persönlich besser oder anders als die anderen?
> 2. Wo liegt meine Leidenschaft?
> 3. Worin könnte ich die Nummer 1 sein?

Ich will Ihnen ein praktisches Beispiel bringen. Diejenigen, die mich näher kennen, wissen, dass ich in der Formel 1 zu tun hatte und auch jetzt wieder einen Rennfahrer coache, der sich auf dem Weg dorthin befindet. Ich möchte gerne am Beispiel von Michael Schuhmacher (trotz Vettel noch immer der Meister der Formel 1) verdeutlichen, wie Sie die Antworten auf diese drei Fragen auf einen Punkt bringen können und damit einen einzigartigen USP schaffen. Michael Schuhmacher hatte zweifelsohne von frühester Jugend an einige Talente. Er war beispielsweise guter Fußballer und spielte gerne Fußball – zum Leidwesen seiner Manager. Tatsache war jedoch, dass er – als er auf der Go-Kart-Bahn des Vaters herausfand, dass er einen guten Grundspeed hatte – diese Leidenschaft des Go-Kart-Fahrens solange übte und zelebrierte, bis er darin tatsächlich nahezu unschlagbar war.

Er hätte sich vermutlich natürlich auch dafür entscheiden können, bei einem Fußballverein – so wie viele hunderte oder tausende andere Burschen in Deutschland – Profifußballer zu werden, und vielleicht wäre er es sogar geworden. Er hat es jedoch in der sehr schwierigen, aber zahlenmäßig weniger umkämpften Motorsport-Branche von Anfang an geschafft, sich eine gute Ausgangsbasis zu schaffen über diese persönlichen Möglichkeiten, die er mit der Kart-Bahn seines Vaters hatte. Darüber hinaus hat er sich selbst sehr viel technisches Know-how angelernt, was letztlich auch dazu führte, dass er sich für eine Mechaniker-Lehre entschied.

Last but not least war es dann so, dass Michael Schuhmacher sich auch noch extrem auf dem Gebiet der mentalen Stärke, der Eigenmotivation aber auch der Fremdmotivation als Autodidakt schulte und weiter bildete und damit immer wieder gerade mit dieser mentalen Stärke auch tatsächlich am Ende punktete. Das alles in Kombination war dafür verantwortlich, dass Michael Schuhmacher es siebenmal zum Weltmeistertitel gebracht hat und damit mit Abstand noch immer die Liga der besten Formel 1-Fahrer aller Zeiten anführt. Stellen Sie sich an dieser Stelle einige Fragen:

Was sind Ihre individuellen Talente und Fähigkeiten?

Was sind Ihre einzigartigen Möglichkeiten, die andere nicht in dieser Form haben (siehe Michael Schumacher Vaters Kart-Bahn, Bill Gates, der in der Nähe eines der ersten Rechenzentren mit Computer wohnte ...) – aber noch eine ganz wichtige Frage sollte am Anfang der Kette stehen:

9.5 Design Your Company Basic für Positionierung 2: Verkaufen sie Kundennutzen oder noch immer Produkte?

Die Frage, egal in welche Branche Sie tätig sind, ist immer: Verkaufen Sie immer noch Produkte oder Kundennutzen? Ich muss Ihnen dringend empfehlen, diesem Punkt den Schwerpunkt Ihrer Marketingüberlegungen zu widmen.

Wenn es Ihnen gelingt, Kundennutzen zu verkaufen, so wie mir das mit der Wasseraufbereitung, den Wintergärten, den Sanierungen und später auch bei den Lofts und auch in den meisten anderen Branchen gelungen ist, dann haben Sie die Nase am Markt vorne. Welchen Kundennutzen habe ich beispielsweise bei den Wintergärten meinen Kunden verkauft? Erstens, einen Ort der Behaglichkeit und Entspannung, zweitens eine Oase zwischen Haus und Garten, die dem Kunden das Gefühl ins Haus gebracht hat, im Grünen zu sitzen und dies wetterunabhängig. Drittens, ein Urlaubsfeeling und zwar mitten im Winter, wenn es draußen schneit, das Tanzen der Schneeflocken zu beobachten, während man umgeben ist von Orangenbäumchen, Bananenpalmen und möglicherweise noch im Hintergrund das Zwitschern eines südländischen Vogels sowie das Rauschen des Wassers des Brunnens im Wintergarten. Und last but not least eine deutliche Wertsteigerung des Hauses im Falle eines späteren Wiederverkaufes. Die richtige Positionierung lautete hier – Super elitär, hochpreisig, exklusiv.

Das Motiv hinter dem offiziellen Motiv für viele Kunden war, einen Gartenpavillon oder Wintergarten zu besitzen aus der gleichen Wintergartenmanufaktur wie die englische Queen, damals Diana oder so mancher Hollywoodschauspieler.

Ähnlich war es auch mit den Lofts. Auch hier hatte ich mich in die Kunden hineinversetzt, was nicht schwer fiel, weil ich ein von mir selbst umgebautes Loft mit sieben Meter Raumhöhe und wunderschöner Glasgalerie, damals selbst als Büro nutzte. Mit den Lofts habe ich Kunden unter anderem das amerikanische Lebensgefühl verkauft. Auf der anderen Seite war ich einer der ersten, der nach Fabriken im Grünen Ausschau gehalten hat, weil ich gemerkt habe, dass es Lofts davor eigentlich nur mitten in der Stadt gab, oftmals in den nicht so angesagten Stadtteilen, einige Kunden aber den Wunsch verspürten, das Wohnloft-Gefühl mit einem Garten zu verbinden. Lofts im Grünen war also mein neuer USP. Wieder einmal war ich, obwohl ich nie Architektur studiert habe, derjenige, an dem sich bald die gesamte Branche meines Landes orientierte. Das war übrigens eines der wenigen Male, wo ich mich bei einem Geschäft auf eine kleine Region beschränkte, frei nach dem Motto von Julius Cäsar: „Besser der Erste im Dorf als der Zweite in der Stadt." Die meisten meiner anderen Projekte waren viel internationaler.

Aber unabhängig von der Region, wo ich ein Geschäft betrieb, stand für mich eines immer an erster Stelle: Der Kundennutzen. Was kann ich tun, um diesen zu steigern und wie kann ich mein Produkt für meine Kunden spannend machen?

9.6 Design Your Company Basic für Positionierung 3: Sind sie sexy und spannend?

Folgende Frage war mir immer wichtig: Wie kann ich mit meinen Produkten und Dienstleistungen für meine Kunden spannend oder sexy sein? Ich hatte z. B. einmal eine Firma, die Lebensmittel-Zusatzstoffe (Was gibt es, was noch weniger sexy ist?) verkaufte. Letztendlich stellt sich mir die Frage: Verkaufe ich Lebensmittel-Zusatzstoffe und Vitamine oder verkaufen wir den Menschen mehr Gesundheit, mehr Fitness und ein besseres Leben?

Gleich die zweite Firma, an der ich mich beteiligte handelte mit Chemikalien.

Wenn ich vorher sagte, was gibt es Unattraktiveres oder etwas, das noch weniger sexy ist als Vitamine und Lebensmittel-Zusatzstoffe, dann sind es sicher Chemikalien. Also was konnte ich in diesem Fall tun?

Im Laufe der Jahre positionierte ich die Firma durch Ausrichtung auf Kundennutzen zu einem Nischenplayer für hochwertige Wasseraufbereitungsprodukte und wurde zum Shooting-Star der Branche durch Positionierung als Fachunternehmen für Wasseraufbereitungschemikalien. In einer von Weltkonzernen wie Bayer AG, DOW Chemicals und anderen Weltkonzernen dominierten Branche, wurde ich als Nischenplayer zum Marktführer in einem kleinen, aber feinen Segment. Plötzlich wollte die halbe Branche unseren Laden übernehmen, selbst die großen Mitspieler.

Aber wie kam es dazu? Das Zauberwort war: Klare Positionierung und Spezialisierung auf einen der Zukunftsmärkte und zwar WASSER.

Was gibt es in der heutigen Zeit attraktiveres als hochwertiges Trinkwasser, möchte ich Sie an dieser Stelle fragen? Es wird der Tag kommen, da wird vermutlich hochwertiges Trinkwasser mehr wert sein als heute Erdöl.

Was immer Sie heute verkaufen, versuchen Sie sich immer in die Lage des Kunden hineinzuversetzen, und überlegen Sie immer, welchen Kundennutzen können Sie Ihrem Kunden bringen.

9.7 Design Your Company Basic 4: Die Kraft von Positionierung und Branding

Wenn ich Ihnen hier in diesem Kapitel Tipps gebe, wie Sie Ihre Firma noch attraktiver machen können, dann gibt es dafür zwei wichtige Tools zum Erfolg. Sie gehen Hand in Hand. Sie gehören zusammen wie Mann und Frau, Ying und Yang, Ebbe und Flut. Eines ist ohne das andere nicht denkbar und eines ergibt sich aus dem anderen. Wir sprechen über Positionierung und Branding also Markenbildung.

Bedauerlicherweise wird das Thema Positionierung in den meisten Marketingbüchern der letzten 30 Jahre streng vernachlässigt, obwohl es der Schlüssel zum Erfolg ist.

Was ist Positionierung eigentlich? Wie kann man den Begriff einfach und einprägsam erklären?

> **Beispiel**
> Stellen Sie sich bitte folgendes Beispiel vor: Bei einer Routineuntersuchung wird Ihr Hausarzt plötzlich sehr ernst und fragt Sie, welche Erfahrungen Sie mit Fango-Gesichtsmasken haben? Er will Ihnen damit nur zu charmant zu verstehen geben, dass Sie sich schon mal an den Umgang mit feuchter Erde im Gesicht gewöhnen sollten. In weiterer Folge erfahren Sie, dass Sie einen gravierenden Herzklappenfehler haben und eine Operation am offenen Herzen unausweichlich ist. Ihr Hausarzt sagt Ihnen dann noch zur Krönung, er hat in jungen Jahren auch eine Chirurgenausbildung gemacht, damals vor beinahe dreißig Jahren und eine ähnliche Operation schon mal vor knapp über 15 Jahren gemeinsam mit einem Kollegen durchgeführt. Gerne könnten Sie von ihm operiert werden. Sie sollen sich nicht zu viele Sorgen machen …

„70 % der Patienten überleben die OP und mehr als 50 % leben auch noch drei Jahre danach" erwähnt er noch bei der Verabschiedung, während er Ihnen lächelnd zum Abschied die Hand drückt. Sie sind sich nachher nicht mehr ganz sicher ob die Worte „Auf Wiedersehen" in diesem Fall wirklich ernst gemeint waren.

Sie beschäftigt die Sache natürlich und Sie sprechen mit jedem, den Sie kennen darüber, unabhängig ob derjenige will oder nicht. Von einem guten Bekannten erfahren Sie schlussendlich von einem hervorragenden Herzspezialisten in Übersee, der allerdings nicht ganz billig sein soll. Allerdings hat er eine Erfolgsquote von 95 % und sein Kundenstock ist das „who is who" der Politik sowie der Medien- und Unterhaltungsindustrie und auch einige bekannte Ex-Sportler zählen dazu. Vorausgesetzt Sie könnten es sich finanziell gerade noch irgendwie leisten, zu wem würden Sie gehen, um die OP durchführen zu lassen? Zum praktischen Arzt, der vor über 15 Jahren diese OP durchgeführt hat? Oder zum Spezialisten, der eine Erfolgsquote von 95 % hat, Artikel in vielen Fachmedien schreibt, weltbekannt ist und mehrmals am Tag Operationen wie diese durchführt, weil Menschen aus aller Welt zu ihm kommen?

Ich denke, die Antwort ist für Sie nicht allzu schwer zu finden. Sie gehen sicher lieber zum gut positionierten Experten, dem Spezialisten, als zum Universalisten und sind sogar bereit, deutlich mehr dafür zu bezahlen. Umso größer das Problem, welches der Spezialist für uns löst, desto höher der Preis. Das scheint uns plötzlich selbstverständlich und stört uns im gegenständlichen Fall nur dann, wenn wir uns den Spezialisten nicht leisten können. Spezialisierung ist also die Königsliga der Positionierung auf dieses Thema werde ich später noch eingehen.

Warum sind Positionierung und in weiterer Folge Spezialisierung so wichtig?

Diejenigen, die mich näher kennen, wissen, dass ich viele Jahre damit zugebracht habe, Firmen, die in wirtschaftlichen Turbulenzen waren, zu sanieren. Meine Positionierung war klar „Der Sanierer und Investor". Ich wurde dann eingeladen, wenn der Hut brannte, zu helfen. Gegenüber anderen Betriebsberatern verdiente ich ein 20–30-faches an Stundenlohn und mehr. Natürlich verrechnete ich kein Stundenhonorar (außer in ganz wenigen Ausnahmefällen), sondern in der Regel offerierte ich Erfolgsbeteiligungsmodelle im Falle, dass ich die Firma vor dem Untergang rette. Wenn jemand knapp vor dem Ertrinken ist und Du bietest ihm auf reiner Erfolgsbasis ein Überlebensmodell, ist er auch gerne bereit mit Dir zu teilen.

Mein Stundenlohn nach Umrechnung war also extrem gut, obwohl ich kaum jemals Stundenlohn verrechnet habe. Soweit klar, liebe Kollegen aus der Firmenberatung?

Also nochmals zur Verinnerlichung – die Honorare waren nicht so hoch, weil ich es so wollte, sondern weil der Kundennutzen entsprechend hoch war. Es ging dabei de facto um „Leben oder Tod" für die Firmen, die Arbeitsplätze und manchmal auch für die Finanzen der Inhaber. Noch etwas sehr wichtiges – die besten Sanierungen gelangen damals nicht durch Einsparungen und Kündigungen, sondern durch Neu-Positionierung und oftmals durch Spezialisierung und Erarbeitung eines umfassenden Branding-Konzeptes und Aufbau einer Marke.

9.8 Design Your Company Basic 5: Branding bedeutet – „Sog statt Druck"

Positionierung ist der wichtigste Schritt am Weg eine Marke aufzubauen. Es ist ein Tool. Aber eine starke Marke zu sein, muss Ihr Ziel sein. Warum der Aufbau einer starken Marke so wichtig ist, will ich Ihnen anhand einer kurzen amüsanten Geschichte schildern:

Nehmen wir an, Sie, lieber Leser, sind ein Mann (Frauen bitte mit umgekehrten Geschlechtern denken). Sie sind also ein Mann, seit einiger Zeit Single und zu einer Dinnerparty eingeladen. Sie stehen gerade beim Smalltalk mit zwei alten Freunden und entdecken in diesem Moment eine äußerst attraktive Frau am anderen Saalende, die Ihr Interesse weckt, wie schon lange kein weibliches Wesen mehr. Es gibt nun mehrere Möglichkeiten mit der Situation umzugehen.

Variante 1: Sie geben einem Ihrer Freunde Ihre Visitenkarte und bitten ihn, diese der Lady zu übergeben mit folgenden Worten: „Das ist die Visitenkarte meines Freundes. Sein Name ist …" (hier bitte Ihren Namen einsetzen. Da aber nicht alle anderen Leser wissen wie Sie heißen, wollen wir den Mann, der Einfachheit wegen, in unserer Geschichte Paul nennen. Mir tut es nicht weh und Sie haben Ihren Spaß, ok?) – Also ihr Freund erzählt der Dame: „Ich kann Ihnen nur sagen er (also in unserem Beispiel Paul, sonst natürlich Sie) ist ein ganz toller Typ. Sie sind ihm sofort aufgefallen als Sie den Raum betreten haben und er würde Sie um Ihre Visitenkarte bitten, damit er Sie zum Dinner einladen kann. Ganz im Vertrauen kann ich Ihnen nur sagen – er ist unheimlich begehrt und ein richtiger Traumprinz." **Diese Variante nennt man KLASSISCHE WERBUNG.**

Variante 2: Sie bitten zwei Ihrer Freunde bestückt mit ihren Visitenkarten ans andere Ende des Saals zu gehen, wo sich die Lady Ihrer Begierde befindet und ganz in der Nähe der Dame folgenden Dialog zu starten, in einer Lautstärke, welche die Lady gut hören kann: „Hast Du eigentlich mitbekommen, wie begehrt Paul bei den Frauen ist, seitdem er geschieden ist? Von seiner Ex hab ich gehört er soll ein unheimlich toller Liebhaber gewesen sein. Sie trauert heute noch um ihn. Selbst schuld! So einen tollen Mann, der nicht nur Charme und Standfestigkeit, sondern auch noch Geld hat, sollte man einfach nicht gehen lassen. Übrigens hat er zu mir gesagt, die bezaubernde Lady neben uns würde ihm gut gefallen. Hoffentlich hat sie das jetzt nicht gehört" – Natürlich war es die Absicht, dass es die Dame hört. **Diese Variante nennt man PR.**

Variante 3: Paul geht selbst zur Dame und beginnt mit ihr folgendes Gespräch: „Wir kennen uns irgendwo her, ich kann mich allerdings nicht mehr genau erinnern woher. Sie etwa? Kann es sein, dass wir uns auf einem Speed-Dating kennen gelernt haben? Nein sorry, wie dumm von mir. Wir kennen uns wahrscheinlich von ganz wo anders her, ich kann mich aber leider wirklich nicht mehr erinnern. Waren Sie die Dame bei meiner Autogrammstunde, die meine Nummer haben wollte? Nein sorry – auch falsch. Mein Name ist Paul, falls ich es nicht schon erwähnt habe. Darf ich sie als kleine Entschuldigung für meine Vergesslichkeit auf einen Drink an die Bar einladen? Womöglich sind Sie vielleicht sogar verheiratet und ich sage so etwas? Nein, Gott sei Dank, na dann lassen Sie uns rüber gehen …" **Das nennt man Costumer Relationship.**

Variante 4: Paul fährt schnell nach Hause zieht sich seinen besten Anzug an, kauft in der Blumenhandlung eine rote Rose, fährt zurück zur Party und geht auf die Dame zu. Er erzählt ihr, er hätte noch nie im Leben so etwas Wunderbares getroffen wie sie, er sei hin und hergerissen. Er erzählt ihr den ganzen Abend Witze, lässt als Kavalier Juppie Heesters, Peter Alexander samt Gottschalk schlecht aussehen, lächelt bis ihm die Gesichtsmuskel einfrieren, um danach der Dame ins Ohr zu flüstern: „Zu dir oder zu mir Darling?" **Das ist Hardselling pur.**

Variante 5: Die Dame kommt von der anderen Seite des Saals herüber, stellt sich Paul vor und sagt: „Sorry, es ist normalerweise nicht meine Art Männer anzusprechen, aber ich hab viel von Ihnen gehört und Sie interessieren mich außerordentlich. Haben Sie Lust mit mir diese langweilige Party zu verlassen und miteinander etwas Spaß zu haben – vielleicht kann ja auch noch mehr daraus werden, lass uns mal gemeinsam sehen – übrigens mein Name ist …?" **Das, meine Damen und Herren, ist die Kraft einer Marke.**

Männer lieben Automarken – und die meisten Männer lieben schnelle Sportwagen (und natürlich auch so manche Frauen). Da bin ich nicht anders. Egal ob Porsche, Ferrari, ein Bentley-Cabrio oder ein Lamborghini – je mehr PS, desto schneller schlägt das Männerherz.

Aber mein besonderer Liebling, der es geschafft hat über Jahrzehnte hinweg ein Bubentraum zu bleiben (Sie wissen ja, Männer werden nie erwachsen, nur die Spielzeuge größer, sagt man), ist noch immer der Aston Martin. Aston Martin ist eine ganz besondere Marke, weil sie speziell in den letzten 50 Jahren, u. a. auch durch die Bond-Filme so bekannt wurde wie sie heute ist. Im Übrigen ein wunderbares Beispiel für Product Placement, welches in Kinofilmen sehr oft benutzt wird und wahrscheinlich in keinem Film so intensiv wie in James Bond.

Was ist das Besondere an der Marke „James Bond" und was lässt drei Generationen vom Opa über den Vater bis hin zum Enkel miteinander ins Kino gehen oder nebeneinander vor dem Fernseher sitzen und begeistert die Bond-Filme schauen? Eine Sache ist sicherlich der Aston Martin und andere schnelle und schöne Fortbewegungsmittel und die Spannung vom Anfang bis zum Schluss. Wenn Sie sich beispielsweise nur „Casino Royal" anschauen und dort die erste Szene, wie in über drei Minuten eine Verfolgungsjagd am Gardasee stattfindet, wo am Ende ein wunderschöner Aston Martin zertrümmert wird. An Dramatik kaum zu überbieten.

Zurück zu Bond. Warum zeigen die Macher von „Casino Royal" eine Szene wie diese, bevor der Film noch so richtig begonnen hat und noch bevor der eigentliche Vorspann kommt? Ganz einfach. Das bedeutet Spannung von der ersten Minute an.

Wenn die Fernsehsender in immer stärkerer Konkurrenz zueinander stehen, dann ist es einfach wichtig, den Kunden auf dem jeweiligen Sender zu halten, wenn er sich am Beginn der Hauptsendezeit in das Programm einklickt. Daher muss die Spannung vom ersten Moment an präsent sein.

In diesem Zusammenhang möchte ich Sie etwas fragen. Was glauben Sie, macht James Bond tatsächlich für drei Generationen von Männern und auch für so manche Frau attraktiv außer den schönen Autos, dem Lifestyle und der Spannung? Ok, die Filme hatten immer hellseherische prophetische Qualitäten wie früher nur die Bücher von Jules Verne.

Nachdem der kalte Krieg vorbei war und russische Gegenspieler nicht mehr das Thema waren wie noch zur Zeit der Kubakrise, als noch Sean Connery Bond war, musste ein neuer Bösewicht her. Nachdem im wirklichen Leben die Industriegesellschaft von der Wissensgesellschaft abgelöst wurde, war nichts besser als mögliches Feindbild als ein „böser Medienmogul".

Der Medienmogul hieß übrigens nicht Silvio und seine Gegenspielerin war nicht Bonga Bonga – ich glaube sie verwechseln gerade etwas.

Übrigens Bonga Bonga – ja, natürlich, die schönen Frauen und James Bond, beides in unseren Gedankengängen untrennbar verbunden und beides gehört zusammen wie Ying und Yang, vielleicht auch eines der Erfolgsrezepte – das ist unleugbar. Schon zu dem Zeitpunkt, als Ursula Andress das erste Mal aus dem Wasser stieg bei „James Bond jagt Dr. No", ließ das die Männerherzen höher schlagen und seitdem ist Bond eine gelungene Mischung aus Spannung, zeitlichem Vordenken und einer Prise Sex (oder zumindest sexy moments) und jeder Menge Abenteuer. Nicht umsonst sagt man „sex sells". Was könnte uns das sagen für unser Business?

9.9 Die Frage ist immer wieder: Wie sexy sind Sie für Ihre Kunden in Ihrem Geschäft?

Diese Frage wird von viel zu wenigen Unternehmern gestellt und daher floppen auch so viele Unternehmer. An diesem Punkt stelle ich in meinen Vorträgen immer gerne die Frage, wer von den Anwesenden Single ist oder „Wer war schon irgendwann einmal im Leben Single?" Spätestens dann zeigen schon mehr auf.

Nahezu jeder Single dated sich mehr oder weniger regelmäßig und jedes Mal nach dem Date stellt sich eine einzige Frage, ich nenne sie die „After-Date-Frage": Gibt es ein Wiedersehen? Ja oder Nein? Und genauso wie Sie sich nach dem Single-Date fragen, ob es ein Wiedersehen gibt, genauso stellt sich diese Frage Ihr Kunde. Ihr Kunde stellt sich diese Frage, wenn er auf Ihre Homepage kommt, Ihr Kunde stellt sich diese Frage, wenn er mit Ihrem Verkäufer spricht, Ihrem Kunden stellt sich diese Frage, wenn er in Ihrer Firma anruft und möglicherweise eine sehr unfreundliche Telefonistin am anderen Ende der Leitung antwortet und Ihr Kunde stellt sich diese Frage, wenn er wegen einer Reklamation bei Ihnen im Büro bei Ihrer Assistentin anruft und unfreundlich abgewiesen wird.

Also – bei allem was Sie tun, stellen Sie sich immer wieder die Frage, ob Sie noch spannend für Ihre Kunden sind und auch als sympathisch wahrgenommen werden als Person und/oder als Firma. Denn eines können Sie mir glauben: Wenn Sie Produkte oder Dienstleistungen anbieten, die nicht 1:1 vergleichbar sind mit denen, die bereits am Markt angeboten werden, dann gibt es sehr wohl noch Platz für neue Produkte auf dieser Welt. Nicht zuletzt haben iPhone, iPad und eine ganze Reihe anderer Produkte bewiesen, dass dieser Platz noch vorhanden ist. Denken Sie einmal darüber nach, welches Mobiltelefon Sie vor einigen Jahren besessen haben, sagen wir in 2007 oder 2008? Möglicherweise war es ein Nokia? Wenn ich bei meinen Vorträgen diese Frage stelle, dann erhalte ich nahezu immer die Rückbestätigung, dass 80 % der Leute damals Nokia hatten. Wer hatte im 1. Jahr, als das iPhone auf den Markt kam, ein iPhone? Die wenigsten, oder?

Schauen Sie sich an, wo Nokia heute steht, und schauen Sie sich an, wer heute alles iPhone benutzt? Noch irgendwelche Fragen?

In Summe gesehen habe ich eine Vielzahl von Erfolgsregeln entwickelt, die ich jedoch leider nicht alle in diesem Kapitel anführen kann. Ich werde aber drei der wichtigsten DESIGNREGELN für Ihr Business weitergeben (alle Erfolgsregeln können Sie sich gerne kostenlos herunterladen auf meiner Homepage unter www.lifedesigner.info/DESIGNYOURBUSINESS/Erfolgsregeln). Bisher haben wir über die Basic-Regeln gesprochen. Jetzt geht es in die Tiefe und zwar mit den Design your Company Positionierungsregeln, die aus Ihnen eine unverwechselbare Marke machen. Wir sprechen also jetzt über Branding. Das richtige Branding entscheidet am Ende des Tages, ob Sie als Topmarke oder als einer/eine von vielen am Markt wahr genommen werden.

9.10 Design Your Company Positionierungsregel Nr. 1: Nicht besser, sondern anders sein

„Wer das macht, was alle machen, ist ungefähr so wertvoll wie Sand in der Wüste." Haben Sie diesen Spruch schon einmal gehört? Dann achten Sie auf folgende Geschichte:

> **Beispiel**
> Mit bürgerlichem Namen heißt sie Stefanie Germanotta. Sie war in der Schulzeit ein unscheinbares Mädel wie viele andere auch. Ihr Vater ist Internetunternehmer, ihre Mutter Assistentin in einer Telekommunikationsfirma. Als Kind lernt sie Klavierspielen und Tanzen. Ihr Umfeld bezeichnet Sie als eher langweilig. Das würde sich einige Jahre später ändern.
>
> Noch im Jahr 2007 – sie ist jetzt 21, ist sie in erster Linie Songwriterin für andere Bands u. a. Pussycat Dolls und mit ihrer eigenen Musik erst beschränkt bekannt. Auch Anfang 2008 behaupteten einige Kritiker sie würde nie an eine Madonna herankommen, die sie zu kopieren versuche. Sie erhält sogar den Spitznamen „Madonna jr." Aber dann plötzlich kommt die große Wende im August 2008 mit ihrem ersten Album „THE FAME". Seit damals ist sie aus den Charts nicht mehr weg zu denken. Sie ist für manche sehr schrill, aber sie hat es geschafft, durch „anders sein" binnen knapp vier Jahren die gesamte Musikbranche aufzumischen.
>
> Hat Sie die Musik neu erfunden? Nein, Sie macht richtig gute Musik und hat sich stilmäßig bei einigen ihrer Vorbilder angelehnt und hat gut modelliert. Aber viel wichtiger: Sie hat das Internet und speziell Social Media genutzt. Noch heute twittert Lady Gaga gerne vor Konzerten oder fünf Minuten vor einer Award-Verleihung und Sie macht es, übrigens wie auch Rihanna, die auf Social Media ebenfalls sehr erfolgreich unterwegs

ist, weitgehend selbst. Den feinen Unterschied erkennt eben nicht nur der Fachmann, sondern auch so mancher ihrer Fans. Diese nennt sie liebevoll „meine kleinen Monster". Lady Gaga kennt die Knöpfe, die sie drücken muss und das nicht nur, weil ihr Vater, wie ich eingangs schon erwähnte, Internetunternehmer ist. Und last but not least, mit ihren schrillen Outfits hat sie nicht nur auf sich aufmerksam gemacht, sondern hatte auch niemals Angst vor Polarisierung. Das klappt übrigens nicht nur bei Frauen. Harald Glööckler, auch „Mr. Pompöööös" genannt, beweist, dass das auch bei Jungs funktioniert.

An den beiden vorangegangenen Beispielen kann man den normalen Weg beobachten, wenn Menschen in einer Branche etwas NEU und ANDERS machen. Jeder, der neue Wege geht und dabei ANDERS ist als die Masse, macht folgende Schritte durch:

1. Am Anfang wird man von Kritikern und Insidern belächelt.
2. Danach wird man bekämpft – auch Stefanie Germanotta machte diese Phase durch.
3. Dann kommt normalerweise die Phase des Neids (so mancher behauptet, es ist die höchste Form der Bewunderung) und schlussendlich
4. die Phase der offiziellen Bewunderung, in der die ärgsten Kritiker von einst behaupten, sie hätten den Erfolg ohne dies von Anfang an vorausgesehen.

Genauso war es übrigens auch in unserem Beispiel mit Lady Gaga. Heute wird sie bewundert und selbst ihre größten Kritiker und Mitbewerber holen sich mittlerweile die Ideen von ihr und nicht umgekehrt. Wie könnte es sonst passieren, dass 2012 die ehemalige „Queen of Pop" Madonna gemeinsam mit ihrer Tochter bei eben dieser Dame im Konzert saß, um sich für ihre eigene Tournee Ideen zu holen.

Beispiel
Ok, sagen Sie, aber Sie hätten doch lieber ein Beispiel aus der Wirtschaft. Gerne. Haben Sie schon einmal von Muhammad Yunus gehört, dem Gründer der Grameen Bank? Er war als das dritte von neun Kindern am 28. Juni 1940 in einer Moslem-Familie geboren worden, und zwar in dem kleinen Dorf von Bathua in Bangladesch als Sohn eines Juweliers. Seine früheste Kindheit hat er in diesem Dorf verbracht und die extreme Armut hautnah erlebt.

Viele Jahre später erinnerte er sich wieder an die extreme Armut der Leute, deren Existenz oft von wenigen Dollar abhing, um Rohstoffe für ihr Handwerk einkaufen zu können. Muhammad Yunus startete sein Projekt 1982/83 mit dem Ziel, möglichst vielen Menschen – vorwiegend Frauen – Dollarkredite an Hand zu geben, mit denen sie ihr eigenes Geschäftsmodell umsetzen konnten. Haben Sie schon einmal bei einer herkömmlichen Bank versucht, einen Kredit zu bekommen? Jeder, der es versucht hat, wird bestätigen können, dass Sie normalerweise über Ihr gesamtes Leben, mindestens über dieses, manchmal aber auch über frühere Auskunft geben müssen, inklusive der Lebensläufe sämtlicher Ex-Schwiegermütter und unehelicher Kinder. Tatsache ist, dass

Muhammad Yunus mit der Grameen Bank Mikrokredite (meist unbesicherte Kleinstkredite im Dollarbereich) verliehen hat, ohne dabei jemals größere Summen zu verlieren. Dafür erhielt er 2006 sogar den Friedensnobelpreis.

9.11 Design Your Company Positionierungsregel Nr. 2 – Authentisch bleiben und Mut zur Polarisierung

Wir schreiben den 12. April 2009. Der private Sender VOX strahlt erstmals ein Format „Auf und davon – das Auslandstagebuch" mit einem sympathischen „Pfälzer-Mädel" aus, das bis dahin kaum jemand kennt.

Wenige Wochen zuvor war die gelernte Kosmetikerin aus Ludwigshafen aufgebrochen in die große weite Welt, um diese zu erobern und bei „Hooters" in USA zum Hooters-Girl gewählt zu werden oder wenigstens ein Praktikum zu erhalten. Auch der Versuch mit dem Film-Team, noch mal kurz vor der Rückreise bei „Onkel" Hugh Hefner vorbei zu schauen und sich als erstes Playmate zu bewerben, welches sich aber nicht wirklich ausziehen will, scheitert leider kläglich. Der arrogante Onkel Hugh öffnet nicht mal die Türe, wo „die selbst ernannte Fleisch gewordene Barbie" doch so hartnäckig vor laufender Kamera anläutet. Aber auch das vermeintliche Scheitern vor der Playboy-Mansion wird nichts daran ändern, dass genau diese Aktion der Beginn einer großartigen Karriere ist.

Ab Januar 2010 war „Deutschlands Katze", wie sie mittlerweile genannt wird, auf Goodbye Deutschland zu sehen, bevor Sie in einer Sondersendung von „Goodbye Deutschland – Die Auswanderer", die von der Saisoneröffnung des „Café Katzenberger" auf Santa Ponsa berichtete, erstmals alle Rekorde auf VOX brach und über 2,2 Mio. Zuschauer vor den Fernseher lockte.

Drei Jahre und einige Dokus-Soaps wie u. a. „Natürlich Blond" später, bespaßt Daniela mit ihrer ungezwungenen Art nicht nur regelmäßig mehrere Mio. TV-Zuseher und hat über 1,5 Mio. Follower auf Facebook, sondern auch eine Reihe anderer erfolgreicher Geschäfte. Das bereits erwähnte Café Katzenberger auf Santa Ponsa lief so gut, dass es 2013 in eine größere Location in der Nähe übersiedeln musste. 2012 brachte sie gemeinsam mit den Schuhmarken Romika und Ladystar eine eigene Schuhkollektion heraus. Badezimmeraccessoires folgten im gleichen Jahr, ebenso wie das erste Buch „Sei schlau, stell dich dumm", welches wochenlang die Spiegel-Bestsellerliste anführte. 2013 folgen ihr zweites Parfüm in Kooperation mit der Drogeriemarktkette Müller und eine Reihe anderer Projekte wie Buch Nummer zwei „Katze sucht Kater" und ein Browserspiel.

Während Sie die eine Hälfte der Deutschen über alles liebt und es angeblich kleine Mädchen geben soll, die gerne nicht mehr Prinzessinnen, so wie das früher üblich war , sondern „Katzenbergerinnen" werden wollen, zerreißt sich die andere Hälfte den Mund über sie. Meistens sind die Kritiker, wie ich festgestellt habe, jene, die sich nicht ernsthaft mit dem „Phänomen Katzenberger" beschäftigt haben, sondern sie nur vom Hörensagen kennen. Jedenfalls hat das Polarisieren ihr bisher nicht wirklich geschadet, sondern Ihrer Popularität meiner Meinung nach nur sehr geholfen. Dass Sie Komponenten von Veronika Feldbusch modelliert hat, bringt ihr durchaus keinen Schaden, sondern zusätzlichen Erfolg.

Schon Salvador Dali hat gesagt: „Sollen doch die Leute über mich reden, was sie wollen. Hauptsache es ist viel."

Letztlich ist auch Dieter Bohlen ein lebender Beweis dafür, dass dieses Konzept funktioniert, weil wenn er immer nur der angepasste Junge gewesen wäre, dann würde er heute nicht dort stehen, wo er tatsächlich steht, sondern würde genauso im Bewusstsein der Allgemeinheit verschwunden sein, wie sein angepasster „Modern Talking"-Partner Thomas Anders, von dem heute im deutschen Sprachraum kaum mehr jemand spricht.

Wenn Sie jetzt sagen, das funktioniert nur bei Menschen aus der Medienszene und der Musikbranche, dann muss ich Ihnen leider widersprechen:

Denken Sie bitte zurück an Ihre Kindheit und Pubertät. Was war noch lange vor dem ersten Bier oder ersten Alkohol, dass spannendste, weil vermutlich „verbotenste" Getränk?

Also je nachdem, liebe Leserin/lieber Leser, wie alt Sie gerade sind, vermutlich Coca Cola oder Red Bull. Ich kann mich nur zu gut an die „Schauergeschichten" meiner Großmutter erinnern, wie gefährlich Coca Cola sei und wie sich ein Stück Fleisch in kürzester Zeit darin auflösen würde. Alleine schon dieses dadurch entstehende Verbot war für mich mehr als spannend, und entscheidend dafür heimlich Cola zu trinken, besonders dann, wenn man die ersten Male alleine mit Freunden wegging.

Einer der ersten großen Erfolge zum Durchbruch für Red Bull war, dass die Zulassungen innerhalb Europas unterschiedlich schnell vorangingen, was letztlich dazu führte, dass das Produkt heimlich über die deutsch-österreichische Grenze geschmuggelt wurde wie Rauschgift. Bis heute scheint speziell für viele Jugendliche interessant und spannend die Aufschrift auf den Dosen zu wirken: „Darf nicht mit Alkohol gemischt werden"

Eine Firma, die es provokant aber erfolgreich von Anfang an geschafft hat, zu polarisieren war die Autovermietung Sixt. Schon die Farbe Orange ist als Signalfarbe provokant. Aber noch besser die Werbung. Z. B. zwei bekannte Sixt Motive aus 2001, welche Angela Merkel zeigen. Eines mit biederer Frisur und dem Text „Lust auf eine neue Frisur?" und dann im zweiten Bild, wo ihr die Haare zu Berge stehen mit der Aussage: „Mieten Sie sich ein Cabrio". Auch ihr Vorgänger Schröder war schon ein nettes Motiv, als er mit nachdenklichem Blick gezeigt wird und dem Satz: „Sixt hat Autos für Leute, die noch nicht genau wissen, wo sie hin wollen".

Oder anlässlich der Beinahe-Pleite der Griechen ein BMW-1er Cabrio vor der Akropolis abgebildet mit dem Text: „Liebe Griechen, Sixt akzeptiert wieder Drachmen"

9.12 Design Your Company Positionierungsregel Nr. 3: Nicht exzellent, sondern außergewöhnlich

Jack Welch sagte einmal: „Der Kunde vergleicht uns mit der Konkurrenz und stuft uns entweder als besser oder schlechter ein. Das geht nicht besonders wissenschaftlich vor sich, ist jedoch verheerend für denjenigen, der dabei schlechter abschneidet".

Einer, der es geschafft hat, „outstanding" zu sein und außergewöhnliche Produkte zu produzieren, war Steve Jobs. Mit einem Marktwert von 418,19 Milliarden Dollar hat er das teuerste Unternehmen der Welt geschaffen (Börsenkurier-Express 2013).

Als Garagenunternehmen begonnen, dann mit allen nur möglichen Problemen gekämpft bis zum Hinausschmiss des ehemaligen Gründers aus seiner eigenen Firma. Und dann nach ca. 30 Jahren der ganz große Durchbruch. Wie? Indem Steve Jobs „außergewöhnlich" dachte. Indem er unterschiedliche Welten wie die Computerwelt, die Welt des Telefons oder Handhelds mit der Musikwelt verknüpft hat, war er nicht nur außergewöhnlich, sondern hat damit auch noch eine neue Kategorie erschaffen.

Wer außergewöhnlich sein will, muss meistens bereits erahnen, womit er seine Kunden verblüffen kann, bevor diese noch selbst eine Ahnung davon haben. Er muss seiner Zeit voraus sein. Das bedeutet, er muss Pionier sein und nicht Siedler. Gute Beispiele hierfür sind die Google Gründer Larry Page und Sergey Brin. Google wurde binnen weniger Jahre „zum Türsteher der Wirtschaft". Die Marktmacht des Unternehmens Google ist gigantisch und wird durch Tochterunternehmen wie YouTube noch unterstützt. Dank Google ist es heute tatsächlich möglich, so wie von Wirtschaftsvordenkern vor 20 Jahren vorausgesagt, an jedem Ort der Welt über das Internet jede beliebige Information zu beschaffen. Märkte haben sich dadurch verändert, aber ebenso hat das Internet auch die Partnersuche und Suche nach Freunden total verändert.

Daran hatte auch folgender junge Student einen maßgeblichen Anteil. Der Sohn eines New Yorker Zahnarztes und einer Psychotherapeutin, ist gerade mal 20 Jahre alt, als er mit drei Freunden zusammen ein soziales Netzwerk im Internet gründet. Bereits 5 Jahre später im Jahre 2009 ist dieser junge Mann der jüngste, lebende Selfmade-Milliardär der Welt. 2011 wird er von Forbes auf 17,5 Mrd. US-Dollar Vermögen geschätzt. Sie ahnen es schon, von wem ich spreche. Es ist kein geringerer als der Facebook-Begründer Mark Zuckerberg.

9.13 IKEA

Aber natürlich sprechen wir hier nicht nur über New Technology. Lassen Sie uns kurz einen Mann analysieren, der erst 17 Jahre alt war, als er inmitten der Wirren des zweiten Weltkrieges in Schweden ein Unternehmen gründete, welches mit Streichhölzern und Kugelschreibern handelte. Dass er einige Jahre später zu einem der reichsten Männer der Welt (kurzzeitig sogar einmal zum allerreichsten) zählen würde, wusste er damals selbst noch nicht. Weder Kugelschreiber noch die Streichhölzer waren der große Renner.

Wie ich immer wieder erwähnte, dürfen Sie nicht das tun, was alle anderen machen.

Daher begann dieser junge Mann nachzudenken, wie er neue Wege gehen könnte. Kurze Zeit später und zwar 1947 hatte er dann eine Idee:

Er fragte damals eine Reihe von Freunden: „Was haltet Ihr von der Geschäftsidee, billige Selbstbau-Möbel für Leute als Abholware zu fertigen mit Selbstbauanleitung?" Nahezu alle seiner Freunde rieten ihm von dieser Idee ab mit dem Hinweis, es handele sich um absoluten Unsinn. Aber wenn eine Idee einmal weit genug gereift ist und ein Entrepreneur dahinter steht, der bereit ist, etwas zu erschaffen, dann ist diese Idee nicht mehr aufzuhalten. Das war auch bei Ikea so und deshalb erwirtschaftete Ikea Mitte 2012 mit 139.000 Mitarbeitern in 298 Einrichtungshäusern verteilt auf 26 Länder einen Gesamtumsatz von 27 Milliarden Euro. 5 % des Umsatzes macht man übrigens nur im Food-Bereich.

Von Ingvar Kamprad kann man auch lernen, wie man es schafft hohe Markenloyalität aufzubauen und ein Image. Beginnen wir beim Image. Das Schwedenmöbel. Mit einer meiner ersten Firmen belieferte ich österreichische Sägewerke, welche das Rotholz aus Tschechien und Russland in Österreich schnitten, um es dann nach Italien weiterzuliefern für die Verarbeitung zu günstigen Möbeln. Der Kunde: IKEA

Er machte immer alles anders als alle anderen.

Zu einer Zeit als alle Kunden Möbel nur in Natura ansehen wollten, um dann die Kaufentscheidung zu treffen, begann er mit Katalogen. Als alle Möbelhändler auf Service und Hauszustellung setzten, sagte er: „Nein, du musst die Möbel selbst abholen und darfst dir diese sogar selbst zusammenbauen."

Aber er traf trotzdem den Nerv, indem er aus dem Möbelauswahlverfahren ein Familien-Event machte. Sei es zu Hause mit Katalog oder im IKEA-Möbelhaus, welches mit 1 € Hot Dogs, günstigem Lachs-Mittagstisch und Cola die Leute köderte. Beim Familienausflug am Samstagvormittag durfte natürlich auch der Kinderspielplatz mit Aufsichtsmöglichkeit während des Einkaufs nicht fehlen. IKEA hat es geschafft, eine hohe Kundenloyalität aufzubauen und der klassische IKEA-Kunde ist dankbar und froh dafür, dass er seine Bücherwand selbst in den 5. Stock schleppen darf, um dort dann die Teile selbst zusammenzubauen. Sollte mal ein Schräubchen fehlen, ist das nur ein Grund in der Folgewoche nochmals zu IKEA zu flitzen und wieder das leckere preiswerte Lachssteak im familienfreundlichen Restaurant zu konsumieren.

Es gibt in Summe mindestens zwölf wichtige Design Your Company-Erfolgsregeln für Ihre Positionierung und leider konnte ich Ihnen hier nur drei nahe bringen. Aber wenn Sie beginnen, diese auf dem Weg zu Ihrer Positionierung und im Aufbau Ihrer Person und/oder Ihrer Firma zur Marke zu beachten, dann wird Ihr Marktwert in den nächsten Monaten um mindestens 300 % steigen. Das verspreche ich Ihnen. Übrigens: natürlich können Sie die anderen auch wieder gratis downloaden von meiner Seite www.lifedesigner.info/Positionierung.

Lassen Sie uns rekapitulieren:

Was haben Muhamad Ali, Arnold Schwarzenegger, Lady Gaga, Dieter Bohlen, Daniela Katzenberger, Niki Lauda, Louis Vuitton und Rolex gemeinsam?

Genau – Sie alle sind unverwechselbare Originale.

Und auch Sie sollten ein Original bleiben. Jeder auf dieser Welt kommt als Original zur Welt und sie sollten diese auch als noch unverwechselbares Original wieder verlassen. Nutzen Sie Ihre Individualität, Ihre Einzigartigkeit, Ihre ganz persönlichen Talente und Fähigkeiten, um eine unverwechselbare Marke aufzubauen.

Eine echte Lous Vuitton Tasche kostet zwischen 1000 und 10.000 €. Eine Fälschung oder Nachahmung bekommen Sie schon um die 30 € in Bangkok auf der Straße von Straßenhändlern angeboten.

Eine echte Rolex Oyster kostet Sie je nach Ausführung ab ca. 10.000 bis 100.000 € und eine sogenannte „Schweinerolex" wird man Ihnen am Strand von Phuket für 20 € offerieren. Wollen Sie ein Original sein oder eine Replica? Ich will, ehrlich gesagt, keine billige Nachahmung am Handgelenk tragen, Sie etwa?

Noch ein Beispiel gefällig? Der Mann, ohne dessen engagierten Einsatz im deutschen Organisationskomitees für die WM-Schlussrunde 2006 das „Fußball-Sommermärchen 2006" nicht möglich gewesen wäre. Ich spreche von niemand geringerem als dem „Kaiser" Franz Beckenbauer. Übrigens, für diejenigen, die nicht wissen, wie „Der Kaiser" zum heutigen Ehrentitel kam, er hat es einmal selbst erzählt:

Alles begann Ende der sechziger Jahre bei einem Freundschaftsspiel in Wien. Dort war eine Versicherungsgesellschaft als Sponsor aufgetreten und hatte die Mannschaft ins Versicherungsgebäude eingeladen. Im Foyer stand eine Büste von Kaiser Franz Josef und ein Journalist sagte plötzlich: „Stell dich doch mal daneben". Das erste „Kaiser-Franz-Bild" ging kurz darauf zu allen Agenturen und eine neue Story war geboren.

Der Sohn eines Oberpostsekretärs aus München-Giesing ist seit Jahrzehnten Deutschlands Werbe-Ikone schlechthin. Nachdem er die Erfolgsmarke FC Bayern München mit aufgebaut hatte, war der Weg als eigene Marke vorgezeichnet und eines ist dabei klar: Als Marke ist der in 2007/2008 sogar als „Superbrand Germany" ausgezeichnete eine Ausnahmeerscheinung. Die Bewertungskriterien der Jury aus Führungspersönlichkeiten namhafter Medien und Beratungsgesellschaften waren unter anderem (Presseportal 2007a, 2007b):

- Markendominanz
- Kundenbindung und Goodwill
- Langlebigkeit
- Markenakzeptanz

In Sachen Werbung und Markenaufbau macht man dem „Kaiser" nichts vor. Ob Adidas, Aral, Deutsche Post, E-Plus, Erdinger Weißbier, Mitsubishi oder der schwäbische Stern auf vier Rädern Mercedes-Benz: Seit knapp 50 Jahren schwört die Werbeindustrie auf Franz Beckenbauer und zwar nicht erst, seit er seine Karrieren als Spieler und Trainer beendet hat (SZ 2012; Wala 2011).

> **Wir fassen an dieser Stelle zusammen:**
> Der Markenaufbau beginnt mit Positionierung. Positionierung hat zu tun mit USP und Einzigartigkeit. Übrigens, wer auch noch die anderen Geheimnisse der Positionierung erfahren möchte, die ich aus Platzgründen hier nicht unterbringen konnte, kontaktiert mich bitte unter www.lifedesigner.info und geht auf Download der „15 wichtigsten Positionierungsregeln".

Die wichtigsten Kriterien für eine erfolgreiche Marke sind:

1. Klare Positionierung inkl. USP
2. Spannend sein – eine gute Marke bleibt immer spannend und zeigt Dynamik
3. Authentizität und Werte
4. Emotional aufgeladen – besitzt ESP (Emotional Selling Proposition)
5. Storytelling – eine gute Marke ist von spannenden Geschichten umgeben
6. Schafft Nähe und Vertrauen
7. Baut Zusammengehörigkeitsgefühl auf
8. Weckt Begehrlichkeit

Ich wünsche Ihnen an dieser Stelle, dass die Themen Positionierung und Markenbildung ab jetzt nicht mehr aus Ihrem Leben wegzudenken sind. Unabhängig davon, ob Sie ein Unternehmen mit 100 oder mehr Mitarbeitern besitzen oder als „One-Man-Show" agieren. Sobald Sie erkannt haben, dass alle Erfolgreichen die Prinzipien der Positionierung und der Markenbildung perfekt beherrschen, wird das auch Ihr Leben auf ein neues Level bringen. Arbeiten Sie an Ihrer ICH-Marke und hören Sie niemals damit auf. Falls Sie eine Firma besitzen, dann werden Sie sich bewusst, dass eine der wenigen Aufgaben, die Sie als Inhaber nicht delegieren sollten, die Markenbildung und das Thema Positionierung sind. Diese beiden Themen werden über Ihren Erfolg oder Ihre Niederlage entscheiden. Diese beiden Themen werden entscheiden, ob Sie auf der Welle reiten oder mit ihr untergehen.

Happy Surfing! Es liegt nur an Ihnen – Design your Company! Design your life!

9.14 Über den Autor

Paul Misar, von der Presse auch „Europas 1. Lifedesigner" genannt und zum Speaker of the Year 2013 ausgezeichnet, ist nicht nur einer der aktuell gefragtesten Mental- und Motivationscoaches der neuen Generation, sondern seit zwei Jahrzehnten erfolgreicher Entrepreneur, Unternehmer und Investor und damit ein Mann der Praxis. Als gefragter Speaker bei Kongressen, Tagungen und sonstigen Großveranstaltungen mit teilweise mehreren tausend Besuchern begeistert Paul Misar das Publikum regelmäßig.

Paul Misar ist Initiator und Gründer der Best of Best Akademie mit Niederlassungen in Frankfurt, München und Wien.

Als Investor hat sich Paul Misar seit 1992 an insgesamt mehr als 25 Unternehmen unterschiedlicher Branchen und Länder beteiligt und die meisten von ihnen durch Neupositionierung und Konzentration auf Marktnischen zur Branchenführerschaft geführt. Seine Consulting-Büros in Wien und München betreuen Kunden in Deutschland, Österreich, Schweiz, Osteuropa und den USA.

Als seit Jahren anerkannter Marketing- und Positionierungsfachmann und Branding-Spezialist coacht er persönlich mit seinem Team, mit einer Mischung aus gekonntem Marketing und den modernsten Mentaltechniken, Prominente und deren Management. Seine Leidenschaft gehört der Vermittlung von mentaler Fitness, gepaart mit Optimierung der individuellen Eigenmarke sowie rascher Marktsteigerung durch besseren Verkauf der Marke nach außen. In jüngster Zeit feiert Paul Misar auch in einer SAT-1-Produktion als Seriendarsteller Erfolge.

Das Lebensmotto von „Europas 1. Lifedesigner": „MAKE YOUR LIFE A MASTERPIECE!"

Weitere Infos unter www.lifedesigner.at

Literatur

Börsenkurier-Express 3.5.2013

Presseportal (2007a). Pressemitteilung unter www.presseportal.de „Franz Beckenbauer und 76 Marken zur Superbrand Germany 2007/2008 ausgezeichnet". http://www.presseportal.de/pm/54850/1070157/franz-beckenbauer-zur-superbrand-germany-2007-2008-gewaehlt

Presseportal (2007b). Pressemitteilung unter www.presseportal.de „Franz Beckenbauer zur Superbrand Germany 2007/2008 gewählt". http://www.presseportal.de/pm/54850/1070157/franz-beckenbauer-zur-superbrand-germany-2007-2008-gewaehlt

SZ vom 10.07.2012/soli/gba

Wala, H. H. (2011). *Meine Marke*. München: REDLINE VERLAG/Münchner Verlagsgruppe.

Körperliche Prävention

10

Jörg Schneider

Inhaltsverzeichnis

10.1	Betriebliches Gesundheitsmanagement	196
10.2	Prävention im körperlichen Bereich	198
10.3	Prävention im Alltag	199
10.4	Schlechte Gewohnheiten	200
10.5	Ernährung	201
10.6	Bewegung	202
10.7	Denken	205
10.8	Was können wir tun?	206
10.9	Über den Autor	209

Im folgenden Beitrag möchte ich im Einstieg beschreiben, was Prävention überhaupt ist und warum es sinnvoll sein kann, präventiv tätig zu werden. Im Hauptteil beschäftige ich mich damit, wie sich Prävention im Alltag unterbringen lässt und was es dazu braucht. Zum Schluss fasse ich in einem 11-Punkte-Plan zusammen, was Sie persönlich tun können.

Allgemein gesprochen versteht man unter Prävention vorbeugende Strategien, Maßnahmen, Programme oder Projekte, um ein unerwünschtes Ereignis oder eine unerwünschte Entwicklung zu vermeiden. Nun kann diese Begrifflichkeit in einem Buch wie diesem auf verschiedenste Weise ausgelegt werden. Ich möchte mich – basierend auf meinem Expertenthema Spitzenleistung – auf die Vermeidung von Leistungseinbußen konzentrieren. Diese können sich sowohl auf körperlicher, als auch auf mentaler Ebene zeigen. Zudem spielt das Thema allgemeine Lebensqualität und die Auswirkungen auf unser Wohlbefinden im Allgemeinen und unsere berufliche Leistungsfähigkeit im Speziellen mit hinein. Gesundheit möchte ich hier nicht einfach als Abwesenheit von Krankheit verstanden wissen. Genauso sehe ich hier Gesundheit weniger als Zustand oder als Ziel, sondern vielmehr

Jörg Schneider ✉
Silcherstraße 2, 72657 Altenriet, Deutschland

als eine Ressource, mit der wir einerseits verantwortlich umgehen sollten und die uns andererseits Ziele in unserem Leben verfolgen und erreichen lässt. Dieser Logik folgend fokussiere ich mich in diesem Beitrag auf die Erhaltung und den Ausbau von Gesundheit und Fitness und nicht auf die Entstehung von Krankheit. Leider fokussieren Mediziner in ihrer Ausbildung und täglichen Praxis fast ausschließlich auf die Behebung von Problemen (Wiederherstellung vom Status Quo „Krankheit"), als auf die Erhaltung von Gesundheit. Wie der berühmte Wellness-Papst Dr. Ulrich Strunz so schön zu sagen pflegt: „Wir lernen zehntausend Krankheiten im Medizinstudium kennen, aber keine einzige Gesundheit."

Wichtig in diesem Zusammenhang ist die Erfahrung, dass es stets einfacher ist, das Bestehende zu erhalten, als etwas Verlorenes wieder zu erlangen. Wer z. B. schon einmal ein gutes Trainingsniveau erreicht hat und dann wegen Krankheit oder anderer Faktoren ein paar Wochen aussetzen musste, weiß genau, wovon ich rede. Nach dreiwöchiger Pause stellt man bereits eine signifikanten Leistungseinbuße fest und tut sich zu Beginn des Wiedereinstiegs schwer. Nun stellen wir uns vor wie es ist, wenn wir über Jahre hinweg den Körper nicht oder nur unterschwellig fordern. Unglücklich ist in diesem Zusammenhang, dass wir Menschen diese langfristigen, minimalen Veränderungen kaum spüren und dann ganz überrascht sind, wenn es ganz plötzlich weh tut. Ganz plötzlich passiert diesbezüglich überhaupt nichts. Wir wollen nur die vielen Dinge nicht sehen, die vorher abgelaufen sind.

Wir alle starten mit 100 % Vitalfunktion. Von einigen Ausnahmen abgesehen, beginnen wir unser Leben kerngesund und alle Organe funktionieren tadellos. Als Kinder bewegen wir uns natürlicherweise ständig, weil das unserer Natur entspricht. Irgendwann gewöhnen wir uns das ab und der Niedergang beginnt. Dann gönnen wir uns regelmäßig zu wenig Schlaf und der Verfall nimmt seinen Lauf. Irgendwann beginnen wir, zu Suchtmitteln zu greifen und sagen uns „Och, die eine Zigarette macht doch nichts" oder „Och, der eine Schnaps macht doch keinen Unterschied". Genau das ist einer der größten Fehler in unserem Denken: Jede einzelne Zigarette macht einen Unterschied. Genau wie jeder einzelne Schnaps. Glücklicherweise für uns ist der Körper ein faszinierender Organismus und vergibt uns tatsächlich viele Sünden. Er kann einige Pannen ausgleichen und einige Wunden heilen. Aber eben nicht alle und nicht ständig. Von daher erscheint es mir sinnvoll, den radikaleren Weg als Grundsatz zu wählen und jede Übertretung bewusst als solche wahrzunehmen. Die Bewusstmachung an sich ist bereits ein zentraler Schritt. In dem Moment, wo ich bewusst dieses eine Glas Wein in vollen Zügen genieße, passt ja alles. Problematisch ist die Flasche Wein, die nebenbei – ohne sie wenigstens richtig zu genießen – hineingeschüttet wird. Problematisch sind die zwei Tüten Chips jeden Abend die sinnlos neben der Fernsehsendung reingestopft werden. Problematisch ist die Packung Zigaretten jeden Tag, die nebenbei – ohne jeden Genuss – geraucht wird.

Wie im Rest des Lebens sind meist deutlich zwei verschiedene Typen von Mensch zu erkennen. Ich überzeichne diese zwei Typen und polarisiere, um den Punkt zu machen – die Wahrheit liegt wohl meist irgendwo zwischen diesen Polen.

Die einen leiden unter Prokrastination (im Volksmund „Aufschieberitis") und sagen sich: „Heute geht's mir gut – warum soll ich mir über morgen Sorgen machen?" Menschen, die so gestrickt sind, sind tendenziell auch solche, die die Fehler nicht erkennen wollen, wenn sie offenbar werden. Sie verschließen selbst dann noch die Augen, wenn die Konsequenzen unausweichlich und für alle anderen offensichtlich sind. Es handelt sich hier um die 70-Stunden-pro-Woche-Manager, die erst nach dem zweiten Herzinfarkt, entsprechenden körperlichen Einschränkungen (wenn sie ihn denn überlebt haben) und eindringlichen Worten seitens der Mediziner ihr Leben überdenken und Veränderungen einleiten.

Auf der anderen Seite gibt es den Typus Mensch, der all' diese Signale nicht braucht, sich rechtzeitig über diese Themen informiert, ein Buch wie dieses hier liest und entsprechende Entscheidungen bewusst und frühzeitig trifft. Dieser Typus wird alles daran setzen, nie in einen solchen Bereich vorzustoßen. Er glaubt dem Doktor (oder anderen Experten) und muss sich nicht erst selbst die Hand an der Herdplatte verbrennen, um zu lernen. Dieser Mensch hört ständig feinfühlig in sich hinein, um auch die leisesten Signale des Körpers zu entdecken und entsprechend rechtzeitig gegensteuern zu können. Er hat die Herausforderung, vielleicht manchmal zu viel hören zu wollen und „hört das Gras wachsen". Die extreme Ausprägung wäre hier der Hypochonder, der unter ausgeprägten Ängsten leidet, eine Erkrankung zu haben, ohne dass sich hierfür ein objektiver Befund finden lässt.

Die grundsätzliche Frage ist doch: Was ist die bessere Lösung? Zur Auswahl stehen: Jeden Tag eine Pille schlucken oder regelmäßig und gezielt Sport treiben. Die aktuelle medizinische Forschung ist sich da einig und formuliert erschreckend klar: Ja, Sport kann die bessere Präventionsmaßnahme sein! Forscher (Huseyin Naci von der Harvard University und John Ioannidis von der Stanford University) haben nach Überprüfung von 305 Meta-Studien anhand der Daten von 339.274 Menschen analysiert, ob gezielte Bewegung im Frühstadium von Erkrankungen wie Diabetes oder Herzproblemen besser vor dem Tod schützen kann als gängige Medikamente wie etwa die beliebten Blutdrucksenker (aktuelle wissenschaftliche Veröffentlichung im renommierten British Medical Journal: http://www.bmj.com/content/347/bmj.f5577). Für ihre Analyse trugen sie alle verfügbaren klinischen Daten zum Effekt von Sport auf die Krankheitsprävention zusammen. Insgesamt stießen sie in ihrer Längsschnitt-Studie über einen Zeitraum von 10 Jahren auf vier Übersichtsstudien, die sich jeweils mit einem eigenen Krankheitsbild beschäftigen. Ähnliche Untersuchungen liegen für die ganze Vielfalt der üblichen Zivilisationskrankheiten vor. Alle Erhebungen scheinen momentan darauf hinzuweisen, dass Patienten vom verordneten Training deutlich profitierten. Bewegen sie sich regelmäßig, haben sie ein geringeres Risiko im Zeitraum der Studie zu sterben, als Patienten ohne Sportprogramm.

Um die Erfolge mit den Effekten vorbeugender Medikamente zu vergleichen, durchforsteten die Forscher anschließend erneut die medizinischen Datenbanken. Dieses Mal suchten sie nach Studien, in denen die Wirkung von Arzneimittel auf die vier zentralen Krankheitsbilder analysiert worden war. Das Ergebnis: Zwar können auch Medikamente vor einem frühzeitigen Tod durch die Krankheiten schützen. Allerdings ist der Schutz – abgesehen von Diabetes – nicht besser als der durch Bewegung: Bei Erkrankungen der Herzkranzgefäße war Sport ähnlich effektiv wie häufig verordnete Medikamente. Und gerade die Gruppe der Erkrankungen von Herzkranzgefäßen ist weltweit die ungeschlagene Nummer eins der Todesursachen mit momentan jährlich 17 Millionen Toten. Diese Zahl soll bis 2030 auf 23 Millionen Opfer pro Jahr steigen. Bei der Behandlung der Schlaganfallpatienten übertraf der Effekt der Bewegung sogar die Medikamente, bei einem Herzversagen wirkten Diuretika etwas besser als das verordnete Training.

„Die herausragende Stärke dieser groß angelegten Metaanalyse ist, dass sie erstmals alle weltweit verfügbaren Daten aus kontrollierten klinischen Studien zusammengeführt und den Effekt körperlicher Aktivität auf das Sterberisiko mit dem von medikamentöser Therapie verglichen hat", schreibt Michael Leitzmann, der das Institut für Epidemiologie und Präventivmedizin an der Universität Regensburg leitet und nicht selbst an der Studie beteiligt war. Leider gibt es deutlich mehr Daten zu den Effekten von Arzneimitteln, als dem Effekt von sportlichem Training. Beim Problem Schlaganfall etwa wurden die Erfolge durch Bewegung nur bei 227 Patienten untersucht, die Ergebnisse sind deshalb sehr vorsichtig zu interpretieren. Die Wirkung von blutverdünnenden Mitteln hingegen wurde beim selben Krankheitsbild bei mehr als 70.000 Menschen getestet. Das dürfte allerdings kaum überraschend sein, hat die pharmazeutische Industrie doch allergrößtes Interesse, die Wirkung ihrer meist teuren Medikamente klinisch zu testen und ihre Wirkung entsprechend positiv darzustellen.

„Die einseitige, auf Medikamente konzentrierte Forschung führt möglicherweise dazu, dass die effektivsten Therapien für Krankheitsbilder unerkannt bleiben, falls es sich dabei nicht um eine Behandlung mit Arzneimitteln handelt", warnen die Wissenschaftler. Aufgrund der fehlenden Datenbasis und der ungleichen statistischen Grundlagen fordern sie zu einem Umdenken in der aktuellen Forschung auf. Dadurch könnte noch ein weiteres Problem der aktuellen Studie behoben werden: Die Patientengruppen bei den Medikamenten- und den Bewegungsstudien unterschieden sich zum Teil deutlich. Dies kann die Ergebnisse solcher Studien natürlich signifikant beeinflussen.

Einen Vorteil haben wir auf jeden Fall, wenn wir uns bewegen anstatt Pillen zu schlucken: Körperliche Aktivität bringt nach derzeitigem Kenntnisstand keine kritischen Nebenwirkungen. Dennoch wird von medizinischer Seite in aller Regel zur Pille gegriffen. Die Logik ist einfach wie verständlich zugleich: „Mit der Pille bin ich auf der sicheren Seite als Arzt." Es gibt jede Menge ausreichend guter kontrollierter Doppelblind-Studien, eine Ausgangsposition, von der die Befürworter von Bewegung als Präventionsmaßnahme weit entfernt sind.

Eine weitere bahnbrechende Studie wurde von Dean Ornish vom Preventive Medicine Research Institute im kalifornischen Sausalito durchgeführt. Seine Kombination aus Stress-Management, vegetarischer Kost und sportlichem Training schlägt seit Jahren immer wieder jede Behandlung nach westlich-traditioneller Medizin. Sogar die US-amerikanische Krankenkasse Medicare bezahlt die Art der Behandlung seit 2011.

10.1 Betriebliches Gesundheitsmanagement

In einem Business-Buch darf in diesem Zusammenhang natürlich nicht das Thema „Betriebliches Gesundheitsmanagement" (BGM) fehlen. Denn laut Wikipedia ist die Aufgabe von BGM die „Gestaltung, Lenkung und Entwicklung betrieblicher Strukturen und Prozesse, um Arbeit, Organisation und Verhalten am Arbeitsplatz gesundheitsförderlich zu gestalten."

Eine der Grundannahmen ist, dass nur gesunde und motivierte Mitarbeiter leistungsfähig sind. Die Heerscharen von unmotivierten (siehe regelmäßige Gallup-Studie) und ungesunden (Menschen, die kaum eine Treppe ohne Keuchen hochkommen) Mitarbeitern zeigt, dass dies nicht der Fall ist. Die entscheidende Frage wäre hier: Was definieren wir als leistungsfähig? Ist jemand leistungsfähig, der mit Ach und Krach seine 37,5-Stunden-Woche durchsteht und dann ein Wochenende Erholung braucht, um am kommenden Montag wieder einsatzfähig zu sein? Und auch hier die sich daraus ableitende Frage: Wollen wir eine Schar von ausführenden Arbeitern, die einfach nur ihren Job machen? Oder wollen wir statt dessen hochmotivierte, kreative, außerordentlich produktive Mitarbeiter, die die berühmte Extra-Meile gehen? Das erscheint vor allem immer dann interessant, wenn diese sich im direkten Kundenkontakt befinden. Der CNC-Maschine ist es wahrscheinlich egal, ob der Bediener in bester körperlicher, mentaler und emotionaler Verfassung ist. Aber ein anspruchsvoller Premium-Kunde möchte sich möglicherweise nicht mit einem lustlosen, mürrischen Dienstleister abgeben, der nach Zigarettenqualm stinkt.

Was aber sicherlich ohne Zweifel der Fall ist: Gesündere und motiviertere Mitarbeiter sind leistungsfähiger. Eine Steigerung der Leistungsfähigkeit ist – genau wie im Leistungssport – praktisch immer möglich und sinnvoll.

Wie in anderen innerbetrieblichen Themen auch, ist es von zentraler Wichtigkeit, dass von der Führungsebene ein authentisches Interesse an BGM ausgeht und dies entsprechend vorgelebt und kommuniziert wird. In aller Regel werden Unternehmen bei der Einführung eines BGM von externen Experten begleitet. Denn die meisten Mitarbeiter (und auch Führungskräfte) verfügen nicht über ein ausreichendes Fachwissen in diesem Gebiet. Oder, was noch schlimmer ist, verfügen meist über ein gefährliches Halbwissen, einer Ignoranz zweiter Ordnung (wir glauben mehr zu wissen, als tatsächlich der Fall ist). Sinnvoll erscheint daher, zu Beginn neben einem Gesundheitscheck mit individuellen sportmedizinischen Gesprächen auch Seminare zu Themen wie Bewegung, Ernährung, Denken, Stressmanagement und Burn-out anzubieten. Ebenfalls wichtig für den Erfolg solcher Maßnahmen ist, wie einfach sie in den beruflichen und privaten Alltag zu integrieren sind.

Eine kurze Vorab-Checkliste kann hilfreich sein:

- Schaffen Sie Bewusstsein für Gesundheit.
- Fordern Sie alle Mitarbeiter auf, mitzumachen und verankern Sie die Maßnahmen in der Unternehmenskultur. Auf diese Weise erreichen Sie Nachhaltigkeit.
- Nutzen Sie die Arbeitspausen für bewusst gesundes Verhalten (Obst und Bewegung anstatt Rumstehen und Rauchen). Wie sehen Ihre Pausenplätze aus?
- Die Kantine sollte gesundes, vollwertiges Essen anbieten. Zumindest ein vegetarisches oder gar veganes Gericht sind ein Muss.

- Initiativen für mehr Bewegung in der Pause können auch hilfreich sein. Warum nicht die Kollegen dazu animieren, öfter mal die Treppen statt den Lift zu nehmen oder sich nicht bei jeder Gelegenheit hinzusetzen?

Um konkrete Maßnahmen zu entwickeln, sollten Sie strategisch vorgehen. Das heißt, zuerst einmal den Ist-Zustand ermitteln. Dann ein klares Ziel definieren, in welcher Zeit man wo genau hin möchte. Und dann eine Strategie definieren, wie man von A nach B kommt. Dazu gehört, die Daten zur Krankheitsquote und Fluktuation auszuwerten. Gegebenenfalls können Sie Mitarbeiterbefragungen durchführen. Haben Sie Mitarbeiter, die wegen einer schweren Krankheit oder wegen psychischer Belastung sehr lange ausgefallen sind, können Sie Krankenrückkehrgespräche einführen. Schaffen Sie außerdem einen Gesundheitszirkel, in dem Sie das BGM planen und holen Sie dazu unbedingt auch einige Mitarbeiter und Führungskräfte an den Tisch. Andernfalls entsteht gern der Eindruck wie bei anderen Initiativen, das Programm werde den Mitarbeitern übergestülpt.

Schließlich sollten wir bei Projekten solcher Art realistisch bleiben. Ein hoher Krankenstand lässt sich nicht mal eben so nebenbei reduzieren. Wenn Sie so weit sind, entwickeln Sie einen Plan mit erreichbaren Zielen. Dann informieren Sie alle Mitarbeiter ausführlich über die Maßnahmen. Während des gesamten Projekts sollten Sie Feedback-Gespräche festsetzen, um den Erfolg messen zu können. Auch sollten Sie Maßnahmen überlegen, die die Belegschaft motiviert, am Ball zu bleiben (z. B. gemeinsame Kochkurse oder auch ein regelmäßiger Lauftreff). Ein betriebliches Gesundheitsmanagement kann das Vertrauen der Belegschaft steigern und zu einer stärkeren Mitarbeiterbindung führen. Man kann dadurch als attraktiverer Arbeitgeber wahrgenommen werden und allein das ist im aktuellen „War for Talents" ja bereits ein echter Wettbewerbsvorteil.

10.2 Prävention im körperlichen Bereich

Das Wort Prävention stammt vom lateinischen praevenire (zuvorkommen, verhüten) und wird selbst innerhalb des physiologischen Bereichs in sehr unterschiedlichen Ausprägungen verwendet. Das Spektrum reicht von der Gesundheitsförderung (Salutogenese), über die Präventivmedizin, zahnmedizinische Prophylaxe, Empfängnisverhütung bis zur Suchtprävention. Auf den folgenden Seiten möchte ich kurz die Parallelen zwischen dem Sport und dem Business auf hohem Niveau anreißen, parallele Entwicklungen von Leistungseinbußen beschreiben und Möglichkeiten aufzeigen, diesen präventiv vorzubeugen.

Meine Mission ist es ja, möglichst viele Menschen anzustiften, ihr volles Potenzial auszuleben, herauszutreten aus dem Mittelmaß und bemerkenswerte, großartige Dinge mit ihrem Leben anzufangen. Der Weg soll weg vom Amateur und hin zum Profi gehen. Nicht im Sinn, mit allem Geld verdienen zu müssen, sondern mit dem Ideal, sein Leben zu einem Meisterwerk zu machen. Um diese Meisterschaft zu erreichen, braucht es eben jene professionelle Einstellung, die auf den eigenen Stärken und den noch nicht realisierten Möglichkeiten, dem eigenen Potenzial, aufbaut. Sich auf den Weg der Meisterschaft zu begeben, heißt ergo, sich und sein Leben selbstkritisch anzuschauen, die eigenen Stärken und Schwächen, Möglichkeiten und Schatten auszuloten und darauf sein Opus Magnum zu errichten.

Ein wichtiger Baustein auf dem Weg zur Meisterschaft ist es, das Prinzip von Belastung und Erholung zu würdigen. Das klingt banal und ist es auch. Trotzdem: Wo wir hinsehen sind kranke Menschen. Die Wartezimmer der Arztpraxen sind voll mit Leuten, die in irgendeiner Form die Balance nicht hin bekommen. Jeder ernsthafte Leistungssportler ist sich bewusst, dass auf eine Anspannung zwingend eine Entspannung folgen muss. Mehr noch: In der Entspannungsphase findet nicht nur die Erholung statt, sondern die Adaption des Körpers auf ein das Ausgangsniveau übersteigendes Level (die sogenannte Überkompensation). Nur so findet Entwicklung statt. Wenn wir dieses Prinzip auf das restliche Leben und die Berufswelt übertragen, heißt das, dass es nicht sinnvoll sein kann, ständig 60 bis 70 Stunden pro Woche zu arbeiten. Wie im Sport auch, verträgt der durchschnittliche Körper durchaus Phasen von erhöhter Belastung. Wird die intensive Belastung jedoch aufrechterhalten, verliert der Körper stetig an Spannung und bewegt sich in einen Bereich hinein, der von Erkrankungen und Verletzungen geprägt ist. Der Vorteil im Sport ist, dass diese Rückmeldung aufgrund der kurzen, direkten Feedback-Schleife sehr rasch kommt. Man weiß also erstens sehr schnell, dass die zurückliegende Belastung zu hoch war und zweitens kann sich nicht zu viel Überlastung anstauen. Im Berufsleben ist das anders. Hier können wir über Monate und manchmal Jahre ein Zuviel anhäufen, ohne signifikante Einbußen hinnehmen zu müssen. Und wenn dann die Rückmeldung in Form einer Immunschwäche, eines Herzinfarkts, eines Schlaganfalls oder sonstiger Erkrankung kommt, ist es erstens viel zu spät, um rasch korrigierend eingreifen zu können und zweitens sind die Auswirkungen von größerer Tragweite. Sie scheinen überdies völlig überraschend und unverhofft zu kommen, da man meist die davor liegenden Signale des Körpers entweder ignoriert oder doch zumindest fehlgedeutet hat. Außerdem verfügen viele Personen nicht über das nötige Körperbewusstsein, feine Signale wahrzunehmen und sie korrekt zu deuten.

10.3 Prävention im Alltag

Vielleicht kennen Sie den Witz, in dem der Patient in der Apotheke gern 100 Gramm Prävention kaufen möchte. Dass es so einfach nicht ist mit der Vorbeugung ist wohl allen hinlänglich bekannt. Präventiv müssen wir tätig werden, wir können sie nicht käuflich erwerben.

Ein anderer Cartoon zeigt einen Patienten beim Doktor, der nach der Untersuchung fragt, ob er denn in Zukunft noch in der Lage sei, weiterhin nicht Sport zu treiben. Das ist zwar einerseits sehr witzig, beschreibt aber andererseits, wo das Problem für viele Personen liegt. Sie haben einfach keinen Spaß an körperlicher Betätigung.

Aber mit der Gesundheit und Vitalität ist es ungefähr so, wie mit der Motivation: Die täglichen Demotivationen wegzulassen ist schon ein deutlicher Schritt zum Ziel. Gleichermaßen ist die halbe Miete bereits eingefahren, wenn wir wenigstens die „schlechten Sachen" weglassen. Allerdings kommen wir beim Körper um eine intensive Belastung des selben nicht umhin.

Dementsprechend heißt mein erstes Credo: Prävention beginnt damit, ungesunde Verhaltensweisen Schritt für Schritt nachhaltig zu eliminieren. In dem Maße, wie wir in der Lage sind, destruktive Gewohnheiten durch konstruktivere zu ersetzen, machen wir einen gewaltigen Schritt in Richtung Gesundheit und Wohlbefinden. Und damit automatisch in Richtung Abwendung von sich auf unseren Organismus, aber auch auf unsere berufliche Leistungsfähigkeit, negativ auswirkenden Strömungen.

10.4 Schlechte Gewohnheiten

Die Liste der schlechten Angewohnheiten ist lang. Und ebenso ist sie uns allen wahrscheinlich bekannt. Dinge wie Ernährung, Bewegung und unser Denken kommen einem zuerst in den Sinn. In jedem dieser Themenbereiche gibt es eine Unzahl von Experten und Informationsmaterial. Sie fragen hundert Experten und bekommen gern hundertundeine Meinung zum selben Thema.

Ich weiß nicht, wie es Ihnen geht, aber mit folgendem Problem scheine ich nicht allein zu sein. Seit zwischenzeitlich ungefähr zehn Jahren habe ich immer wieder in unregelmäßigen Abständen Rückenprobleme. Um genau zu sein: Schmerzen in der Lendenwirbelsäule. Sehr starke Schmerzen. Was ist der Auslöser? Dieser wird sicherlich individuell verschieden sein, bei mir ist es meist ein (Wind-)Zug in Verbindung mit schweißnasser Haut. Aber, und das ist das Entscheidende, wir sollten uns nicht auf diesen einen Auslöser konzentrieren, sondern zusehen, was rund um dieses Problem passiert. Denn ich bekomme diese Art von Rückenproblemen immer genau dann, wenn ich nachlässig in meinem Rumpfstabilitäts-Krafttraining bin. Wenn ich meinen Körper so belaste, wie ich das tue, muss ich einen sehr stabilen Rumpf haben. Dafür braucht es entsprechendes Krafttraining. Wenn ich dieses vernachlässige, bekomme ich alsbald die Quittung in Form von starken Rückenschmerzen. Was können wir daraus lernen? Ja, natürlich gilt es, die Auslöser (kalter Luftzug, korrektes Beugen und Anheben schwerer Lasten, etc.) weitgehend zu eliminieren. Aber das wird uns einerseits nicht immer gelingen und andererseits würde einer gut trainierten Körpermitte so etwas nichts anhaben können.

Vergleichbares gilt in praktisch allen Bereichen unseres Lebens. Angewandt auf das Thema Prävention gilt es, ein so starkes System zu erschaffen und aufrecht zu erhalten, dass äußere Einflüsse unserem Körper möglichst wenig anhaben können. Das gelingt mir z. B. beim Thema Immunsystem ganz gut: Ich kann mich an meine letzte Erkältung gar nicht mehr erinnern. Sicher kennen auch Sie Menschen, die ständig krank sind. Selbstverständlich sind diese Personen nie selbst schuld; es ist dieser und jener Virus (ein Virus ist eine stets gut anerkannte Ausrede), dieser andere Mensch ist ihnen einfach in die Seite gefahren (wir verschweigen an dieser Stelle den genauen Tathergang) und auch auf das Thema Geld und Finanzen lässt sich das Thema Vorbeugung (hier: Sparen) gut anwenden.

10.5 Ernährung

Ich möchte trotzdem ein paar Worte verlieren zum Thema Ernährung. In den letzten Jahren hat sich immer mehr gezeigt, dass Kohlenhydrate der größte Feind des Menschen sind und nicht die lange gescholtenen Fette. Die dritte Komponente in unserer Nahrung, das Eiweiß, bedarf dagegen wenig Erklärung. Allerdings sollten wir uns darüber bewusst sein, dass es unterschiedliche Eiweiß-Bausteine gibt, die Aminosäuren. Derer gibt es essenzielle und semi-essenzielle, die wir von außen unbedingt in ausreichender Menge zuführen müssen und solche, die der Körper selbst herstellen kann. Aus meiner Sicht nehmen die meisten Menschen eher zu wenig als zu viel Eiweiß zu sich. Wenn Sie aber genug Fleisch, Fisch, Milchprodukte und Eier zu sich nehmen, sollte das nie den Engpass darstellen. Anders sieht es bei Vegetariern und Veganern aus. Allerdings nehme ich an, dass diese spezielle Menschengruppe sich genügend mit diesem Thema beschäftigt und ihre pflanzlichen Eiweißquellen kennt. Zur Not und zur Behebung akuter Engpässe sei zu Substitution geraten.

Kommen wir zu den Fetten. Auch hier gibt es bei ausgewogener und möglichst naturbelassener Ernährung kaum Änderungsbedarf. So lange wir von Fertigprodukten mit zweifelhaften Inhaltsstoffen (Transfette!) absehen und viel kaltgepresste Öle zu uns nehmen, sind wir auf der sicheren Seite.

Schließlich kommen wir zu den Kohlenhydraten. Diese sind in letzter Zeit arg in Verruf geraten, sollen an so ziemlich allem schuld sein, was den Menschen dick und krank macht. Ich würde nicht so weit gehen wollen, wie einige Experten in diesem Thema und diese komplett verteufeln. Kohlenhydrate sind nach wie vor einer der Hauptenergieträger für uns Menschen. Sie als gänzlich schädlich hinstellen zu wollen und ihnen die alleinige Verantwortung für die schlechte Gesundheit der meisten Bürger anzulasten, halte ich für übertrieben. Allerdings gilt für die Kohlenhydrate das, was auch schon für Fett und Eiweiß galt: Es gibt gute und schlechte. Die Grundregel, die uns hier zum Thema Prävention beschäftigen soll, ist folgende: Was nachweislich dramatische negative Folgen für uns hat, ist eine ständige Überflutung mit dem Hormon Insulin. Insulin ist das einzige Hormon im menschlichen Körper, das den Blutzuckerspiegel senken kann. Wenn wir nun ständig viele zuckerhaltige Substanzen zu uns nehmen, wirft der Regelkreis ständig die Bauchspeicheldrüse an und schüttet Insulin aus, um den Blutzuckerspiegel möglichst konstant zu halten. Je schneller der Zucker dabei in die Blutbahn gelangt, desto dramatischer die Ausschüttung des blutzuckersenkenden Hormons. Deshalb sollten wir möglichst Einfachzucker vermeiden. Hier sind alle Süßspeisen zu nennen, Schokolade, Honig, Marmelade, zuckerhaltige Getränke aller Art (auch Obstsäfte und -schorlen, da sie den Einfachzucker Fructose enthalten) und natürlich Haushaltszucker. Je komplexer die Kohlenhydrate (Mehrfachzucker), desto langsamer und flacher ist der Glukose-Anstieg im Blut und desto zurückhaltender die Insulin-Sekretion. Insulin hat daneben den katastrophalen Effekt, die Lipolyse zu unterbinden, also den Fettabbau. Das heißt, dass immer, wenn Sie Zucker oder zuckerhaltige Nahrung zu sich nehmen (insbesondere Einfach- oder Zweifachzucker) und damit eine Insulin-Ausschüttung einsetzt, gleichzeitig eine Verbrennung von Fetten unterbunden wird. Und genau das wollen wir nicht. Die Verbrennung von Fetten sollte ein wichtiges Ziel sein.

Hierzu sollten wir auf der einen Seite für einen möglichst stabilen Blutzuckerspiegel sorgen (s. o.) und auf der anderen Seite Fette durch körperliche Anstrengung verbrennen.

Und warum das Ganze? Weil einerseits zu viel Fett in unserem Körper direkt negative Folgen für uns hat (Herzinfarkt, Schlaganfall und viele weitere Zivilisationskrankheiten), weil andererseits aber auch ein erhöhtes Körpergewicht an sich schon eine Einschränkung des Lebensstandards bedeutet. Und genau das ist ja unser Ziel im Sinne von Prävention im körperlichen Bereich.

Es sei mir erlaubt, an dieser Stelle einmal die korrekte Ernährungspyramide zu erwähnen. Als breite Basis der Pyramide dient die Bewegung. Ohne die regelmäßige Nutzung unseres Bewegungsapparates und ohne entsprechende Verbrennung von Energieträgern, ist alles darüber liegende hinfällig. Dazu später mehr. Auf der ersten Stufe finden wir Gemüse. Gemüse können, ja sollen Sie essen, so viel Sie nur können. Ein Zuviel an Gemüse ist im Grunde nicht vorstellbar. Darüber sind die so wichtigen Eiweißträger (siehe oben): Fleisch, Fisch, Eier, pflanzliche Eiweißträger (Sojaprodukte, Hülsenfrüchte, etc.). Als dritte Stufe gibt es Obst. Bis hierhin kannten das auch unsere Vorfahren. Denken Sie bitte an die Form der Pyramide – von breit und viel bis oben schmal und wenig! Die obersten zwei Stufen waren dem Menschen bis vor kurzer Zeit völlig unbekannt. Hier finden wir so Dinge wie Milchprodukte und Getreide und alle Erzeugnisse daraus (Milch, Quark, Joghurt, Käse, Brot, Müsli, Nudeln, etc.). Und ganz oben auf der letzten Stufe finden wir allen „Süßkram" wie Eiscreme, Kuchen, süße Stückchen, Desserts, Müsliriegel, Genussmittel aller Art. Zwei Daumenregeln von mir hierzu: Wenn möglich lassen Sie die oberen zwei Stufen einfach komplett weg! Ihr Körper braucht den Schrott nicht und wird es Ihnen danken. Wenn Sie allerdings – wie viele Mitmenschen – solche Süßigkeiten brauchen, um andere Defizite in Ihrem Leben zu kompensieren, dann nutzen Sie diese Genussmittel bitte in Maßen. Besser ist es, die eigene Lebenssituation selbstkritisch (ggf. mit externer Hilfe) anzusehen und die Defizite konkret aufzudecken und auszumerzen. Dann brauche ich keine Schokolade (oder ähnliches) mehr essen, um mich gut zu fühlen. Dann kann ich mich einfach so, grundlos, gut fühlen. Dann brauche ich auch keinen Alkohol mehr trinken, um die Sorgen des Tages zu ertränken. Dann kann ich alternativ eine Runde allein im Wald laufen gehen, um die Sorgen des Tages zu verarbeiten.

Aber Obacht: Ich möchte hier keineswegs mit dem erhobenen Zeigefinger daherkommen. Alle diese Dinge in Maßen und bewusst genossen, sind völlig in Ordnung. Die Menge macht das Gift.

10.6 Bewegung

Zum Thema Bewegung gibt es klare Erkenntnisse, was gut und was schlecht für uns ist. Deshalb lasse ich mich hier eindeutig zur Empfehlung „Ausdauersport" hinreißen. Zuerst kommen einem da die Triathlon-Sportarten Schwimmen, Radfahren und Laufen in den Sinn. Daumenregel: Laufen geht immer. Laufsachen dabei haben, kann man immer. Es gibt keine Ausreden, nicht einmal schlechtes Wetter. Und Laufen ist am effektivsten, bringt es doch große Muskelgruppen in Bewegung und verbrennt relativ viel Energie pro Zeiteinheit. Mit einer Stunde Laufen können Sie schon ordentlich was bewegen – für eine Stunde auf das Fahrrad steigen lohnt sich dagegen fast nicht. Mein Tipp also: Gehen Sie laufen! Aber im Grunde sind alle Ausdauersportarten geeignet, unsere Gesundheit vorbeugend auf einem guten Niveau zu halten. Nur sind andere Sportarten nicht ganz so effektiv wie das Laufen (Ausnahme im Winter: Skilanglauf ist hoch-effektiv).

Die schlechte Nachricht: Unterschwellige Reize reichen in aller Regel nicht aus, um die körperlichen Verfallserscheinungen nachhaltig aufzuhalten. Hier ist sich die aktuelle Forschung einig: Um beispielsweise Muskelabbau aufzuhalten, braucht es intensive Reize für jede einzelne Muskelgruppe. Der bekannte englische Satz „Use it or lose it!" (Nutze es oder verliere es!) ist heute genauso wahr wie gestern.

Um diesen Punkt zu unterstreichen, möchte ich ein Bild beschreiben, welches ich letztens begutachten konnte und das das oben genannte Prinzip sehr eindrücklich zeigte. Auf dem Bild sind MRT-Schnitte durch die Oberschenkel-Muskulatur von zwei aktiven Triathleten im Alter von 40 Jahren und 70 Jahren zu sehen, sowie der gleiche Schnitt von einem 74-jährigen Mann, der sich „altersgemäß" bewegte und häufig sitzenden Tätigkeiten nachgegangen war. Die Unterschiede sind dramatisch. Während der 70-jährige, aktive Triathlet trotz seines hohen Alters kaum an Muskulatur eingebüßt hat und die gesamte Struktur sich kaum von seinem 30 Jahre jüngeren Kollegen unterscheidet, ist beim hauptsächlich sitzenden alten Mann die Muskulatur auf ein Minimum geschrumpft. Stattdessen hat sich Fettgewebe wuchernd ausgebreitet und nimmt den Platz der vorher vorhandenen Muskulatur ein. Man kann sich leicht vorstellen, wie schwer es diesem Menschen fallen wird, allein nur aufzustehen und sich normal zu bewegen, geschweige denn Sport zu treiben.

Wann waren Sie das letzte Mal in einem Schwimmbad, vorzugsweise Thermalbad? Was haben Sie da gesehen? Lauter gesunde, vitale, vor Kraft strotzende Menschen in der Altersklasse 50+? Wahrscheinlich eher nicht. Schätzungsweise haben Sie neun von zehn Menschen gesehen, denen man schon von außen ansah, wie viel Fett sie mit sich herumschleppen und wie ungesund wohl der Rest ihres Körpers aussehen muss. Vielleicht kam auch Ihnen schon einmal der Gedanke, dass man einigen Mitmenschen den inneren Verfall schon äußerlich ansieht. Und dann kommen die Kommentare wie „Aber das Altern ist doch normal!" oder „Das ist doch der normale Lauf der Zeit!". Sehen Sie sich bitte nochmals obiges Bild an. Normal? Was genau ist normal? Der Durchschnitt? Nein, am Durchschnitt sollten wir uns tunlichst nicht orientieren. In dem Moment, in dem wir uns am Mittelmaß orientieren, driften wir genau dort hin. Und leider ist mit immer weniger körperlicher Arbeit und statt dessen immer mehr sitzender Tätigkeit der Median immer weiter weg von den Bildern oben und unten hin zum mittleren Foto gerutscht. Und da wollen Sie nicht hin! Wenn, was selten genug vorkommt, ich einmal bei einem Arzt vorbeischaue, sehe ich praktisch immer das Gleiche: Volle Wartezimmer. Ich habe in meinem ganzen Leben noch kein leeres Wartezimmer gesehen. Und die meisten Erkrankungen der dort Wartenden sind Folgen eines ungesunden Lebensstils. Im Angelsächsischen kennt man sogar den Begriff der „lifestyle-related diseases", der lebensstil-basierten Krankheiten.

„Was ist mit Krafttraining?" werden nun einige fragen. Und tatsächlich ist die Abnahme von Kraft ebenfalls ein klassisches altersbedingtes Thema. Aber auch hier gilt: Wir verlieren nicht Muskelmasse, weil wir alt werden. Wir verlieren Muskelmasse, weil wir sie nicht nutzen (vgl. oben). Daraus ergibt sich auch direkt meine Empfehlung: Um einem Abbau ihrer Muskulatur vorzubeugen, ist ein gezieltes Krafttraining angeraten! Lassen Sie sich beim Fitness-Center Ihres Vertrauens fachkundig beraten. Alternativ können Sie das gute, alte Zirkeltraining aufleben lassen. Leider sind ja die meisten Vita-Parcours in den Wäldern ungenutzt am Verrotten. Das war einmal eine vorbildliche Initiative in den 70er und 80er Jahren. Aber im Grunde braucht es gar keine Geräte und kaum externe Hilfsmittel, um ein Maximum am Krafterhalt und damit Muskulatur-Erhalt sicherzustellen. Ein empfehlenswertes Buch in dieser Hinsicht ist maxxF, das Sie für wenig Geld online bestellen können. Am besten zusammen mit einer Yoga-Matte oder ähnlichem. Darin sind ein paar Kraft-Zirkel beschrieben, die sich allein mit dem eigenen Körpergewicht als hocheffektiv erwiesen haben (wissenschaftlich untersucht und belegt). Mit einem zeitlichen Aufwand von 20 Minuten zwei Mal pro Woche, werden Sie spielend einfach Ihre Muskulatur auf einem ordentlichen Niveau halten.

Zurück zum Ausdauersport (dem Kern jedes Gesundheits-Programms): Ab wann können wir denn überhaupt von Ausdauersport sprechen? Hierzu sieben Daumenregeln:

- 1. Daumenregel: Ab ungefähr 30 Minuten Dauerbelastung finden bei Untrainierten erste Anpassungsreaktionen statt. Das heißt nicht, dass dies der Standard sein sollte, den es anzustreben gilt – 30 Minuten stellen das absolute Minimum dar.
- 2. Daumenregel: Besser regelmäßig 30 Minuten, als gar nichts. Jede Bewegung ist aus Präventionssicht besser als nichts!
- 3. Daumenregel: Besser jeden Tag 30 Minuten, als ein Mal pro Woche zwei Stunden.
- 4. Daumenregel: Regelmäßigkeit ist Trumpf! Je regelmäßiger Sie trainieren, desto besser. Und wo wir gerade bei Begrifflichkeiten sind: Ich wäre sehr froh, wenn Sie „Sport treiben", „bewegen" etc., tatsächlich durch das Wort „trainieren" ersetzen. Denn das ist genau, was wir hier tun – wir trainieren den Körper, damit er sich an ein höheres Niveau anpasst bzw. nicht auf ein niedrigeres Niveau absinkt.
- 5. Daumenregel: Nein, hier gilt explizit nicht „weniger ist mehr"! Bis auf wenige Spitzensportler (und dann ist dieses Thema nicht interessant für Sie) gilt viel mehr: Mehr ist mehr! Wenn Sie nicht täglich trainieren, ist noch Luft nach oben.
- 6. Daumenregel: Wer nicht variiert, verliert! Bringen Sie Abwechslung in Ihr Training. Abwechslung beugt einerseits Demotivation und Eintönigkeit vor und lässt andererseits den Körper sich immer wieder auf neue Reize einstellen und bietet damit den besten „Return-on-Investment".

7. Daumenregel: Optimale Relation von Belastung und Erholung. Jede Anstrengung, jede Trainingseinheit muss zwingend von einer genügend langen Ruhepause gefolgt sein. In der Ruhepause erholt sich der Köper (bestenfalls – bei ausreichend starken Reizen) über das Ausgangsniveau hinaus und baut zerstörte Strukturen wieder auf.

Bedauerlicherweise scheint die Mehrzahl unserer Bevölkerung sich lieber in Ausreden und Selbstmitleid zu versenken. Selbstverständlich haben wir selbst nie Schuld an den Dingen, die passieren. So auch nicht, wenn uns Konsequenzen unseres Handelns in der Vergangenheit einholen. Viele Mitmenschen scheinen selbst simple Zusammenhänge zwischen Ursache und Wirkung nicht zu verstehen. Oder sie wollen es nicht verstehen. Unsere Gesellschaft und unser Gesundheitssystem ermutigen und bestärken sie in diesem Glauben. „Wenn Du krank wirst, hast das natürlich nichts mit Dir zu tun. Gehe einfach zum Arzt, der verschreibt Dir dann ein paar Pillen und die Sache wird wieder gut."

In erschreckend vielen Fällen wird aber nichts gut. Krankheiten werden chronisch und kosten alle Beteiligten Unsummen. Ist das ein gerechtes System? Dies zu fragen sollte an dieser Stelle erlaubt sein.

Stattdessen werden Menschen belächelt und „Experten" bescheinigen vor laufenden Kameras, dass alles das, was diese „Extrem-Sportler" treiben (und man ist überrascht, wie schnell man in diese Kategorie rutscht), komplett ungesund ist. „Wenn Sie solche extremen Wettkämpfe (hier beliebige sportliche Aktivität einsetzen) laufen, machen Sie doch nur Ihre Knie (hier beliebiges Körperteil einsetzen) kaputt." Und so haben wir alle zuhause vor dem Fernseher die Gewissheit, genau das Richtige zu tun. „Reiche mir doch bitte mal die Chips-Tüte rüber!"

10.7 Denken

Zum Thema Denken möchte ich auch ein paar Worte verlieren. In letzter Zeit mehren sich die Aussagen mehrerer Menschen in meinem Umfeld, dass ich doch auch ein wenig zurückschrauben und mich „altersgemäß" bewegen solle. Was genau ist „altersgemäß" in diesem Zusammenhang? Noch vor 100 Jahren hatten wir die meisten lifestyle-induzierten Krankheiten nicht, weil körperliche Bewegung bis ins hohe Alter einfach normal war. „Altersgemäß" wird hier also gern als Ausrede genutzt, sich nicht bewegen zu müssen oder „moderat" zu bewegen. Noch einmal: Die aktuelle wissenschaftliche Forschung sagt uns eindeutig etwas anderes! Um Muskulatur zu erhalten, muss diese intensiv genutzt werden. Gleiches gilt für das Herz-Kreislauf-System. Wenn wir die Pumpe nicht nutzen oder nur unterschwellig, nimmt die Sauerstoffaufnahme kontinuierlich ab. Analog gilt das für sämtliche Bereiche des Systems Mensch. Dreimal dürfen Sie raten, wie Ihre Zähne aussehen würden, wenn Sie sie die nächsten sechs Monate nicht nutzen würden.

Wir tun also in aller Regel gut daran, sehr klar zu denken, wo wir hin wollen. Wollen wir uns körperlich und geistig am unteren Ende des Spektrums bewegen, am Durchschnitt orientieren oder wollen wir hin zur Spitzengruppe streben? Wo sehen Sie sich? Wo wollen Sie hin? Und falls Sie sich verändern wollen: Wie kommen Sie vom Status quo hin zu Ihrem Ziel? Praktisch fast jedes von Ihnen vorstellbare Ziel ist erreichbar. Je nachdem, wie weit Ist und Soll voneinander abweichen, kann es sich allerdings um eine lange Reise handeln. Und möglicherweise sind wir nicht in der Lage oder willig, diese Reise allein zu gehen. Manchmal benötigen wir externe Hilfe. Das kann ein Arzt oder Therapeut sein, ein Coach oder einfach nur ein guter Freund, der um 06:00 Uhr mit den Laufschuhen vor der Tür steht.

Letztlich dreht sich beim Thema Prävention – wie bei so vielen anderen Themen, die unser Leben bestimmen – doch alles um unsere Einstellung. Es geht viel weniger um das, was wir tun. Es geht darum, wer wir sind und wie wir leben. Prävention ist in diesem Sinne viel weniger eine Handlungsanleitung, sondern ein „way of life", eine Grundeinstellung zum Leben. Vorbeugende Maßnahmen zu ergreifen ist weniger ein Gebot der Verhinderung von Krankheiten, Verletzungen oder schlechter Lebensqualität. Sie sind vielmehr als das. In dem Moment, wo wir begreifen, dass wir in der Tat Schmied unseres eigenes Glückes sind, begreifen wir ein Thema wie Prävention auch nicht als Bürde. In dem Maße, in dem wir annehmen, dass wir selbst unsere Gesundheit im Griff haben, übernehmen wir Verantwortung für unser eigenes Leben. Dann können wir uns ein paar Fragen stellen:

- Was genau kann ich dafür tun, heute und in Zukunft ein Leben in Gesundheit, mit voller Vitalfunktion und höchster Lebensqualität zu leben?
- Was sollte ich weglassen? Weglassen ist allgemein ein interessantes Thema. Entrümpeln ist eine sinnvolle Tätigkeit in den meisten Garagen, Speichern und ja, auch im Leben. Weniger ist tatsächlich manchmal mehr. Ein aufgeräumtes Leben lässt uns besser fokussieren auf das wirklich Wichtige.
- Was mache ich schon heute gut? Was passt in meinem Leben im Hinblick auf den Erhalt meiner maximalen Leistungsfähigkeit?
- Wie sieht meine Ernährung aus? Perfekt? Was kann ich kurzfristig, rasch und ohne großen Aufwand optimieren?
- Wie sieht meine Bewegung aus? Perfekt? Was kann ich kurzfristig, rasch und ohne großen Aufwand optimieren?
- Wie sieht mein Denken aus? Perfekt? Was kann ich kurzfristig, rasch und ohne großen Aufwand optimieren?
- Welche Routinen, welche Rituale kann ich in meinem Leben integrieren, die mir dabei helfen, nachhaltig gesündere Lebensweisen einzubeziehen?

10.8 Was können wir tun?

1. Der erste und wichtigste Schritt zu anhaltender Gesundheit und Leistungsfähigkeit ist es, ein Bewusstsein dafür zu entwickeln, dass der Körper keine Maschine ist, die einfach in jeder Situation funktioniert. Wir sollten das auch nicht erwarten. Wir haben

alle unsere individuellen Grenzen (nicht nur im körperlichen Bereich), sollten diese kennen und respektieren.
2. Zweitens sind diese Grenzen nicht starr. Auf der einen Seite können sie durch entsprechendes Training weiter hinaus geschoben werden. Auf der anderen Seite nimmt unsere Leistungsfähigkeit (wiederum nicht nur physisch) mit fortschreitendem Alter unweigerlich ab. Diese Abnahme kann durch entsprechendes Training hinausgezögert werden. So finden sich beispielsweise sowohl bei den IRONMAN-Weltmeisterschaften in Hawaii, als auch bei anderen Extrem-Ausdauer-Wettbewerben regelmäßig Athleten in den Altersklassen über 70 Jahre. Analog finden sich viele Menschen über 60 in verantwortlichen beruflichen Kontexten, die geistig und körperlich noch voll auf der Höhe sind.
3. Wenn wir warten, bis es zu spät ist, sind viele Schäden nicht mehr reversibel. In der Tat kann man so weit gehen und behaupten, dass es umso schwerer wird, verlorene Gesundheit und Vitalität zurückzuerobern, je länger wir dieses Thema vor uns hinschieben. Der Appell an dieser Stelle muss also lauten: Warten Sie nicht und tun Sie sofort etwas!
4. Wie oben erwähnt, ist die gute Nachricht: So lange wir zumindest ein regelmäßiges, moderates Ausdauertraining absolvieren, können wir Altern und Krankheit fast unbegrenzt hinauszögern.
5. Wenn wir an einem Punkt angelangt sind, wo eine wie auch immer geartete Dysbalance eingetreten ist (Krankheit, Burn-out, etc.), sollten wir nicht länger warten und sofort „lebenserhaltende Maßnahmen" einleiten. Selbstverständlich sollten Sie das immer in Zusammenarbeit mit einem Doktor tun. Ein regelmäßiges Ausdauertraining ist erfahrungsgemäß das Beste, was Sie sich antun können (Laufen, Radfahren, Schwimmen, Skilanglauf, etc.). Zwei- bis drei Mal pro Woche 45 bis 60 Minuten erscheinen als absolutes Minimum. Diese Zeit kann jeder aufbringen.
6. Von einem schlechten Grundzustand sollten Sie stets mit kleinsten Schritten beginnen! Erstens mindern Sie damit die Schwelle, in Ausreden zu verfallen und erst gar nicht zu beginnen. Zweitens braucht Ihr Körper eine umso längere Anlaufphase, je länger Sie ihn haben verfallen lassen. Wenn wir beispielsweise zehn oder 20 Kilo zu viel auf den Rippen tragen, wird jegliche Form der sportlichen Bewegung zuerst einmal doppelt schwer. Auf der anderen Seite spüren wir mit jedem verlorenen Kilo sofort eine „erleichterte" Form, was zusätzlichen Antrieb bedeutet.
7. Die Grundregel heißt: Mit dem kleinstmöglichen Schritt beginnen, der gerade so einen Unterschied macht und ein Moment erzeugt. Denn was uns nachweislich meistens davon abhält, etwas zu beginnen, ist der überwältigende, erdrückende Berg vor uns!
8. Im Sport ergibt sich für viele ein Grund-Moment daraus, dass sie sich für einen Wettkampf anmelden. Wenn sie genau wissen, dass in drei Monaten das Rennen startet, sie 100 € überwiesen haben, sie – idealerweise – Freunden und Familie davon erzählt haben, vielleicht gar im Internet darüber bloggen oder in den sozialen Medien ihre Ziele bekannt geben … dann gibt es kaum noch ein zurück.

9. Interessanterweise können Sie alle Menschen fragen, die schon „da" sind: Wenn man es schafft, für 4 Wochen konsistent zu sein, haben wir eine neue Gewohnheit geformt. Jetzt bedarf es schon fast einer aktiven Anstrengung, vom neuen Verhalten abzuweichen.
10. Überdies kommt nun dazu, dass mit einer Gewohnheitsänderung gleich weitere kommen. Wir spüren, dass wir bestimmte Ernährungsgewohnheiten so nicht weiter aufrechterhalten wollen. Wir fangen beispielsweise an, uns gesünder zu ernähren. Das war nicht unser originäres Ziel, ist jetzt aber eine Konsequenz. Und allein mit diesen zwei Veränderungen (Bewegung, Ernährung) sehen wir recht schnell einen Umbruch im Metabolismus (Stoffwechsel) und im Körperaufbau (mehr Muskulatur – weniger Fett) – was uns weiter antreibt, am Ball zu bleiben.
11. Durch die oben genannten Wirkmechanismen befinden wir uns recht schnell in einer positiven, sich selbst verstärkenden Spirale, die uns hilft, schlechte Gewohnheiten zurückzulassen und neue, konstruktive anzunehmen.

Fazit

Zum Abschluss ein guter Tipp meines Kollegen Eckhard von Hirschhausen: „Wenn Sie sich mal nicht wohlfühlen, gibt es fünf Fragen, die Sie sich stellen können, um Ihr Befinden zu verbessern: Erstens: Habe ich genug gegessen? Zweitens: Habe ich mich genug bewegt? Drittens: Habe ich genug geschlafen? Viertens: Mit wem? Und fünftens: Warum?"

Das große Zauberwort, dass aller präventiven Gedanken zugrunde liegt, heißt Selbstverantwortung. Ohne selbst für unser Leben, unser Handeln und die daraus folgenden Konsequenzen Verantwortung zu übernehmen, verharren wir auf der Stufe von Kleinkindern. Ich möchte Sie ermutigen, Selbstverantwortung zu übernehmen und Ihre Einstellung dahingehend zu ändern, dass Sie Ihr Leben und Ihre Gesundheit im Griff haben, indem Sie heute und in jedem Augenblick das tun, was Ihre Lebensqualität erhöht und Ihre Körperfunktionen für möglichst lange Zeit auf einem Top-Niveau hält. Use it or lose it. Ohne unsere geistige und körperliche Gesundheit ist alles andere nicht viel wert.

10.9 Über den Autor

Jörg Schneider Jörg Schneider zählt zu den führenden Experten für Spitzenleistung im deutschsprachigen Markt. Er erbringt auf der einen Seite selbst nachprüfbare, messbare Spitzenleistungen (vornehmlich im Sport), auf der anderen Seite vermittelt er aber auch in einzigartiger Weise, was Spitzenleistung ausmacht und was sie abgrenzt zu banalen Ziele- und Erfolgsplattitüden. Dank seiner persönlichen Begeisterung für das Thema macht er klar, wie jeder Einzelne Spitzenleistungen erbringen kann, warum das sinnvoll ist und wie viel Spaß man dabei haben kann.

Mit seinem humorvoll-mitreißenden Erzählstil, seiner klaren Sprache und seiner leidenschaftlichen Art versteht es Jörg Schneider wie kaum ein anderer, das Publikum zu inspirieren und emotional zu berühren. Durch seine begeisternde und manchmal provokative Art versteht er es, konkret umsetzbare, praxisrelevante Inhalte auf einfache, verständliche Weise zu vermitteln.

So wird für die Zuhörer eine bereichernde Lernatmosphäre geschaffen, in der durch leicht nachvollziehbare Geschichten (be-)merkenswerte Aha-Erlebnisse erzeugt und wertvolle Impulse nachhaltig verankert werden. Jörg Schneider schafft es, die volle Aufmerksamkeit des Publikums zu erlangen und neben den wichtigen Kernbotschaften großartige Unterhaltung zu bieten.

Weitere Infos unter www.joergschneidertraining.de

Achtsamkeit – der Schlüssel zu nachhaltigen Erfolgen

11

Roland Schraut

Inhaltsverzeichnis

11.1 Der Blick auf die Unternehmerpersönlichkeit 212
11.2 Der Blick auf das Unternehmen – der Blick nach innen 215
11.3 Der Blick auf das Unternehmen – der Blick nach außen 223
11.4 Über den Autor 228
Weiterführende Literatur 229

Achtsamkeit klingt unspektakulär und einfach. Fast so wie Rohkost aus der Bio-Ecke: Längst bekannt, nicht jedermanns Geschmack, aber nachweisbar wirksam und sehr gesund. Jeder weiß das. Dennoch steht Rohkost viel zu selten auf dem Speiseplan. Und wie sieht das mit Achtsamkeit aus? Es ist keineswegs eine Neuheit oder ein Geheimrezept. Dennoch taucht der Begriff immer häufiger auf, hat Hochkonjunktur. Doch inwieweit kann Achtsamkeit Einfluss auf unternehmerisch wirksames Handeln und auf dauerhaften Erfolg haben?

Das Konzept Achtsamkeit hat seinen Ursprung in der östlichen Meditationslehre und bezeichnet vereinfacht ausgedrückt die Aktivität der bewussten, offenen Wahrnehmung. Im Ergebnis kann der Geübte tiefgehende Einsichten darüber gewinnen, was ihn bremst oder antreibt, wovor er sich fürchtet oder was ihn begeistert. In letzter Konsequenz geht es für den Achtsamen darum zu erkennen, was ihm wertvoll ist, wer und wie er ist.

Dieses Prinzip lässt sich direkt auf die Unternehmenswelt übertragen. Achtsamkeit bedeutet für den Unternehmer in regelmäßigen Zeitabständen den Blick bewusst und wachsam auf sich selbst zu richten: auf die eigene Persönlichkeit ebenso wie auf die Persönlichkeit und Identität des gewachsenen Unternehmens; auf die Tatsache inwieweit eigene Motive und Werte im täglichen Handeln noch eine Rolle spielen.

Roland Schraut ✉
Gsteinacher Straße 47, 90592 Schwarzenbruck, Deutschland

Die Universitätsklinik Freiburg beschreibt Achtsamkeit als universelles und alltägliches Phänomen, als eine grundlegende und angeborene Fähigkeit des menschlichen Geistes. Das bedeutet: jeder kann es, jeder Unternehmer kann Achtsamkeit praktizieren. Die Frage ist, inwieweit er bereit dazu ist. Sind sie bereit? Dann lassen Sie uns beginnen und ein paar elementare Aspekte nachhaltiger Erfolge achtsam unter die Lupe nehmen:

11.1 Der Blick auf die Unternehmerpersönlichkeit

11.1.1 Des Glückes eigener Schmied?

In der Beratung und in Seminaren stelle ich Unternehmern gerne folgende Frage:
Wie zufrieden sind Sie mit der Zeit, die Sie sich nehmen für

- Beruf + Leistung
- Körper + Gesundheit
- Familie + Soziales
- Kultur + Sinn?

Man muss kein Prophet sein, um zu ahnen, wie dieses Spiel ausgeht. Natürlich investiert die Mehrheit viel Zeit für den Betrieb und das Unternehmen. Unzufriedenheit herrscht allemal in den drei anderen Bereichen – und zwar im Schnitt bei über 80 %! Interessant ist für mich immer wieder das Gespräch, die Diskussion im Anschluss. Auf die Frage ob die Situation von außen bestimmt wäre oder inwieweit sie möglicherweise selbst beeinflusst werden könnte, kommen immer wieder ähnliche Antworten: Der Markt gibt das vor, anders ginge das in der Branche nicht, die Kunden fordern diesen Einsatz, die Unternehmensstruktur zwingt dazu, es sind nicht die nötigen Mitarbeiter auf dem Markt verfügbar, der Wettbewerb lässt nichts anderes zu oder in der Region ist es besonders schwierig. Es ist immer wieder erstaunlich, wie erfahrene und gestandene Unternehmerpersönlichkeiten die Verantwortung für eigenes Verhalten unbewusst abgeben und von sich schieben. Sind es denn wirklich die äußeren Umstände, die sogenannten Sachzwänge, die beispielsweise dafür sorgen, dass ein Unternehmer nicht „dazu kommt", sich um seine Gesundheit oder um sein soziales Umfeld zu kümmern? Natürlich nicht! Es gibt keine Sachzwänge. Eine Sache kann zu nichts zwingen. Es gibt nur die Folgen eigener Entscheidungen:

▸ Dort, wo ein Unternehmer heute steht, steht er aufgrund seiner eigenen Entscheidungen!

Die Aussage ist auch keinesfalls neu, aber enorm in Ihrer Wirkung. Vor allem für diejenigen, die für Ihr eigenes Tun bisher unbewusst Andere verantwortlich gemacht haben. Wir alle treffen täglich eine Vielzahl an Entscheidungen und führen dabei Preisvergleiche durch. Wir wägen bei Entscheidungen ab, welchen Preis wir bereit sind, dafür zu bezahlen. Wenn Sie sich heute als Unternehmer zu wenig Zeit für ihr familiäres Umfeld nehmen, haben Sie entschieden, dass Ihnen Anderes wichtiger ist und nehmen in Kauf, dass Beziehungen darunter leiden. Wenn Sie zu wenig Zeit für ausreichend Bewegung haben, haben Sie entschieden, dass Ihnen Anderes wichtiger ist und nehmen in Kauf, dass Ihre Gesundheit leidet. Da, wo wir heute stehen, stehen wir aufgrund unserer eigenen Entscheidungen. Für den, der sich diese Tatsache nicht bewusst macht und die Verantwortung weiter nach außen gibt, mag es sich vordergründig leichter anfühlen, denn er selbst kann ja nichts ändern. Die Krux an dieser Haltung ist, dass dieser Glaube dann auch zutrifft – es ist keine persönliche Veränderung möglich.

▸ Erst wenn die Akzeptanz da ist, für die aktuelle Situation, für das Hier und Jetzt selbst verantwortlich zu sein, können wir aktiv werden, Veränderungen anstoßen und steuern.

11.1.2 Getriebener oder Treiber?

Es gibt sie natürlich, die kreativen Unternehmerpersönlichkeiten, die Visionäre und Pioniere. Unternehmer, die für Ihre Ideen ein Leben lang brennen und die sich vor allem dadurch auszeichnen, dass sie immer wieder dort neue Chancen und Märkte erkennen, wo andere Probleme sehen. Sie holen sich so früh wie möglich Fachleute ins Boot, die ihre Ideen und Visionen realisieren können und es scheint so, als würden sie ihre Erfolge mit einer beneidenswerten Leichtigkeit erreichen. Gehören Sie zu dieser Kategorie?

Machen Sie sich keinen Kopf, falls es nicht so sein sollte. Denn erfahrungsgemäß sind es eben nur Wenige, die über diese Eigenschaften verfügen. Für die meisten Unternehmer ist es harte, teilweise beschwerliche Arbeit, ihr Unternehmen dauerhaft erfolgreich auf Kurs zu halten. Ein entscheidender Erfolgsfaktor ist für diese Unternehmer die Bereitschaft Dinge loszulassen, Veränderungen aktiv anzustreben und innovative Einflüsse zuzulassen.

▸ Das Ziel muss sein, am Unternehmen statt im Unternehmen zu arbeiten.

Aber wie? Schauen wir uns die Kernaufgaben eines Unternehmers kurz an. Idealerweise kümmert er sich darum, dass

- eine große Unternehmensidee existiert,
- der Weg dahin, eine Strategie beschrieben wird,
- die nötigen Energien (Mitarbeit, Kapital, Bekanntheit) verfügbar sind,
- eine Erfolgskontrolle und laufende Erneuerung stattfindet,
- er die eigene Persönlichkeit dauerhaft weiterentwickelt.

Wir können gerne über den einen oder anderen Begriff in dieser Aufzählung diskutieren, was jedoch in keinem Fall dauerhafte Unternehmeraufgabe sein darf, ist direktes

Tagesgeschäft. Und genau damit tun sich viele Unternehmer schwer. Gerade in mittelständischen Unternehmen. Kennen Sie solche Beispiele?

- Der Besitzer des IT-Unternehmens, der selbst programmiert.
- Der Inhaber der Tischlerei, der selbst an der Maschine steht.
- Der Chef eines Handelsunternehmens, der selbst einkauft.

Je mehr ein Unternehmer selbst in das aktuelle Tagesgeschäft eingebunden ist, desto weniger wird im Aufbau und in der Struktur eines Unternehmens passieren. Je mehr ein Unternehmer selbst in das aktuelle Tagesgeschäft eingebunden ist, desto weniger wird im Aufbau von Kundenbeziehungen passieren. Doch das ist nur die eine Seite der Medaille. In aller Regel begleitet solche Unternehmer ein kontinuierliches Gefühl der Anspannung, der Last. Es fehlt die Zeit sich Orientierung, Überblick und Transparenz zu verschaffen. Der Unternehmer spannt sich sozusagen selbst vor den eigenen Karren, den er zwar steuern möchte, aber dazu nicht kommt, weil er ständig selbst am Ziehen ist. Er findet nicht die richtigen Wege, geschweige denn eine Möglichkeit, einmal einen größeren Karren zu fahren. Er steigt ohne es zu merken in ein Hamsterrad ein und gibt Gas. Mit aller Kraft und Leidenschaft und kommt dennoch keinen Meter voran. Unternehmer, die auf diese Art und Weise agieren, machen sich selbst zum Getriebenen. Sie verhindern eine vorausschauende Entwicklung und ein gesundes erfolgreiches Wachstum. Die einzige Chance in diesen Fällen heißt loslassen von der geliebten Aktivität im Tagesgeschäft. Steigen Sie aus dem Hamsterrad aus und beginnen Sie am Betrieb statt im Betrieb zu arbeiten.

11.1.3 Wo denken Sie hin?

Wenn man Erfolgsgeschichten näher betrachtet, so hatten die Unternehmer zu Beginn in den seltensten Fällen eine wirkliche Vorstellung, einen genauen Plan oder ein konkretes Bild davon, was sich aus Ihrer Idee jemals wird entwickeln können. Es gibt allerdings Eigenschaften oder Merkmale, die man bei genauer Betrachtung häufiger bei erfolgreichen Unternehmern finden kann. Steven Covey, der als einer der bedeutendsten Vordenker für nichttechnisches Management-Wissen gilt, hat eines dieser Merkmale einmal als „Überfluss-Mentalität" bezeichnet. Er beschreibt diese Mentalität als „… Überzeugung, dass es genug Ressourcen und Gewinne für alle gibt." Damit trifft er den Nagel auf den Kopf.

In Situationen, in denen Unternehmen stagnieren, in denen Betriebe über Jahre an einer Umsatz- und Ertragsgröße hängen bleiben, erlebe ich häufig eine Gemeinsamkeit: den Unternehmern ist die Überfluss-Mentalität verloren gegangen oder sie waren noch nie dieser Überzeugung. In dem Moment wo diese Unternehmer ihre Gedanken achtsam reflektieren, wo sie es zulassen, bewusst nach innen zu blicken, wird deutlich: Sie zweifeln, es fehlt ihnen heute der Glaube daran, dass morgen die gewünschte Ertragssteigerung möglich ist! Ausgesprochene Zielvorgaben sind müde Hoffnungen, niedergeschriebene Zielumsätze sind leidige Pflichterfüllung.

Gedanken beeinflussen unsere Empfindungen, unsere Gefühle, unsere Haltung und unser Handeln. Die entscheidende Frage lautet: Was sind Ihre Gedanken im Hinblick auf Ressourcen und Gewinne Ihres Unternehmens? Wie denken Sie über Ihre eigenen Erfolgschancen?

11.2 Der Blick auf das Unternehmen – der Blick nach innen

11.2.1 Kommt, sagt es allen Leuten!

Wir können so viele Daten speichern wie nie zuvor, uns stehen immer mehr technische Möglichkeiten und Medien zur Informationsübermittlung zur Verfügung, aber eines bleibt scheinbar seit Jahren gleich: Die Informationskultur innerhalb deutscher Unternehmen lässt häufig zu wünschen übrig. In nur wenigen Vorstands- und Führungsetagen ist man sich scheinbar bewusst, welche positiven Auswirkungen von einer sorgsam gestalteten und dauerhaft gepflegten Informationskultur ausgehen.

Es gibt zwei Dinge in Unternehmen, die vom Wettbewerb nur schwer zu kopieren sind:

- Was wir unseren Mitarbeitern sagen und wie wir es sagen
- Was wir unseren Kunden sagen und wie wir es sagen

Eine wirksame Informationskultur innerhalb eines Unternehmens kann also Alleinstellungscharakter haben. Diese Chance sollten wir nutzen.

Dazu eine kurze Geschichte:

Beispiel

Ein Mitarbeiter – nennen wir ihn Tom – hat heute seinen ersten Tag in einem neuen Werbeunternehmen. Er ist 21 Jahre jung, Mediendesigner und natürlich schon etwas aufgeregt. Im modern gestalteten Besprechungsraum wartet er auf den Inhaber, Herrn Merk.

Herr Merk betritt den Raum, begrüßt Tom herzlich, schenkt ihm für einen kurzen Small Talk fünf Minuten seiner Aufmerksamkeit und übergibt Tom an die Sekretärin mit dem Hinweis: „Sie wird Ihnen gleich Ihren Platz zeigen und natürlich den wichtigsten Ort – die Kaffeeküche – alles weitere gibt sich dann bzw. werden Ihnen die Kollegen schon noch sagen. Also einen guten Start und viel Spaß. Schön, dass Sie bei uns sind." Die Sekretärin führt Tom wie angekündigt an der Kaffeeküche vorbei, an seinen Platz, stellt ihn den anderen Kollegen vor, und geht ihres Weges. Tom fängt dann mal an und fragt sich bei den Kollegen in den folgenden Tagen durch, wie es hier so läuft.

Die Geschichte könnte auch einen etwas anderen Verlauf nehmen:

> **Beispiel**
> Ein Mitarbeiter – nennen wir ihn Tom – hat heute seinen ersten Tag in einem neuen Werbeunternehmen. Er ist 21 Jahre jung, Mediendesigner und natürlich schon etwas aufgeregt. Im modern gestalteten Besprechungsraum wartet er auf den Inhaber, Herrn Merk. Herr Merk betritt den Raum, begrüßt Tom herzlich und erklärt ihm nach ein paar privaten Sätzen, dass er, bevor sich Herr Kuhnle. aus der Grafik im Anschluss weiter um ihn kümmern wird, Tom zunächst einige Grundlagen über das Unternehmen, die interne Zusammenarbeit und über die Kunden erfahren wird. Herr Merk schlägt eine Mappe auf und präsentiert Tom eine Reihe bildhaft gestalteter Materialien. Nachdem er alles soweit vorgestellt hat, machen die beiden eine Pause in der Tom die Gelegenheit hat, die Unterlagen in Ruhe durchzusehen. In der Mappe findet er
>
> - eine Kurzbeschreibung des Unternehmenswerdegangs,
> - eine Imagebroschüre,
> - ein Leistungsbild, in dem gemeinsame Werte definiert wurden,
> - ein Organigramm mit allen Mitarbeitern,
> - eine Zusammenstellung ausgewählter Werbemaßnahmen und veröffentlichter Pressemeldungen.
>
> Herr Merk kommt zurück und nachdem Tom erst einmal keine Fragen mehr zu den Unterlagen hat, bringt ihn Herr Merk persönlich in die Grafikabteilung, stellt ihn dort den Mitarbeitern vor und bittet Herrn Kuhnle sich entsprechend weiter um Tom zu kümmern.
>
> Nachdem Herr Kuhnle Tom von oben bis unten durch das Firmengebäude geführt hat, seinen persönlichen Arbeitsplatz inklusive Toms Satzstation umfassend erklärt hat, packt auch er wieder eine Mappe aus und geht den Inhalt gemeinsam mit Tom durch. Tom ist angenehm überrascht, auch wenn es inzwischen viele Informationen sind. Vom gewünschten Meldetext am Telefon, über einen Jobablaufplan, eine Kunden- und Partnerliste bis hin zum Besprechungsplan findet er jede Menge nützlicher Anleitungen und Erklärungen. Bis er das alles intus hat, wird es wohl etwas dauern. Aber nach alldem was er bisher gesehen hat, ist er definitiv überzeugt davon, sich richtig entschieden zu haben.

Irgendwo dazwischen wird die Realität zu finden sein. An diesem kleinen Beispiel wird deutlich, was in einem Unternehmen brach liegt, wenn es zu wenig oder zu bruchstückhaft informiert. Positiv formuliert:

▸ Information ist ein wertvolles, enorm wirksames Instrument.

Und Information darf keine Holschuld der Mitarbeiter sein. Dabei spielt es keine Rolle, ob wir von einem Kleinbetrieb oder Konzern sprechen. Es muss vereinbart und für alle gewünschten Teilnehmer klar erkennbar sein, wann welche Besprechungen stattfinden. Noch einfacher ausgedrückt: Es muss klar sein, wer wann mit wem über was spricht.

Tab. 11.1 Beispiel Strukturplan

Termin	Dauer (ca.)	Inhalt
Ende der Woche	30 min.	Planung Auftragswesen und Auslastung folgende Woche
Täglich	5 min.	Meeting im Stehen – prüfen, ob jeder alle nötigen Informationen für diesen Tag hat
Monatlich	30 min.	Kurzinfo Entwicklung zurückliegender Monat – Vorausschau folgender Monat
Vierteljährlich	60 min.	Kurzinfo Entwicklung zurückliegendes Quartal – Vorausschau folgender Monat
Halbjährlich	60 min.	Mitarbeitergespräch
Jährlich	ohne Limit	Mitarbeitergespräch
Jährlich	2 Tage	Jahresauftaktveranstaltung

Dazu braucht es einen Plan, eine Struktur, die alle Beteiligten kennen und mittragen. Tabelle 11.1 zeigt ein einfaches Beispiel, wie so eine Struktur aussehen kann.

In dieser Form ist die Struktur natürlich nur in Betrieben mit nur einer Hierarchieebene einsetzbar: beispielsweise in einem klassischen Handwerksbetrieb der vom Inhaber geführt wird und keine weiteren Führungspositionen besetzt hat. Dennoch kann diese Struktur geringfügig verändert schnell und einfach weiterhelfen. In dem Moment, in dem ein Unternehmen beispielsweise 100 Mitarbeiter und davon 10 Führungskräfte beschäftigt, käme die Notwendigkeit einer Führungsrunde dazu. Entscheiden Sie bitte selbst, wie häufig sich das Führungsteam treffen muss. Erfahrungsgemäß wird man sich monatlich treffen, vermutlich auch abhängig davon, inwieweit alle Führungskräfte an einem Standort anzutreffen sind.

Es gibt zwei immer wiederkehrende Beschreibungen über Informationsfluss in Form von Meetings: Die erste Aussage lautet: „Wir hatten schon wieder so eine lähmende und völlig überflüssige Endlos-Besprechung." Der zweite Kommentar lautet: „Es ist so viel zu tun, wir haben keine Zeit für Besprechungen." Die erste Aussage kommt häufig von Mitarbeitern aus großen Unternehmenseinheiten, die zweite Aussage kommt in der Regel von Unternehmern klein- und mittelständischer Betriebe. Beides ist bedenklich und in beiden Fällen besteht akuter Handlungsbedarf.

Es gibt ein paar Voraussetzungen, die dafür sorgen dass Besprechungen wirkungsvoll und ergebnisorientiert bleiben:

- es braucht einen Verantwortlichen, jemanden der einlädt, moderiert und beendet,
- im Vorfeld sollte Art, Dauer, Inhalt und Ziel der Besprechung definiert sein,
- es sollte ein Protokoll geben,
- ein Resultat (wer macht was bis wann) sollte eindeutig formuliert sein,
- es braucht einen Verantwortlichen, der die Durchführung kontrolliert.

Viele Unternehmer und Chefs glauben, ihre Mitarbeiter wüssten ausreichend über das eigene Unternehmen Bescheid, sie glauben ihre Leute würden über genügend Informationen verfügen. Das ist ein Trugschluss. Die Realität sieht anders aus. Während auf Internetseiten werblich schmackhaft formulierte Aussagen getroffen werden, sieht es innerhalb der Unternehmen in Sachen Wertedefinition häufig relativ düster aus. Natürlich ist es keine einfache und schon gar keine schnelle Angelegenheit, zu definieren, was innerhalb eines Unternehmens im Leistungsverhalten zur Norm werden soll oder wie die Erwartungshaltung an das eigene Verhalten grundsätzlich beschrieben werden kann. Überall dort, wo dies nicht passiert, wo nicht definiert und darüber informiert wird, wie man sich eine gemeinsame Leistungsausführung vorstellt, herrscht nur das Prinzip Hoffnung. Man hofft, die Mitarbeiter würden irgendwie im Lauf der Zeit erkennen, auf welche Wertevorstellungen es ankommt. Der Idealfall wäre, Unternehmensleitung und Chefs würden sich gemeinsam mit den Mitarbeitern an einen Tisch setzen und in Workshops oder Kreativveranstaltungen sich erarbeiten, was sie im Hinblick auf Ihre Kunden auszeichnet, auf welche tragfähige Wertevorstellungen man sich verständigen kann.

▸ Sprechen Sie mit Ihren Mitarbeitern über Zahlen.

Es schadet keinem, wenn Mitarbeiter Umsatzzahlen hören, wenn Sie über Entwicklungen in Form von prozentualen Verlusten oder Steigerungen informiert werden. Wenn Sie eine TopTen-Kundenliste sehen, wenn sie erfahren, wie eine Stunde Ihrer Leistung fakturiert wird oder wenn sie hören, was ein Leistungsaufwand von X Stunden in diesem Projekt an Euro bedeutet. Ganz im Gegenteil. Durch diese Informationen können Mitarbeiter überhaupt erst ein entsprechendes Verständnis entwickeln. Beispielsweise dafür, was es das Unternehmen kostet, wenn ein bestimmter Fehler passiert. Geben Sie Ihren Leuten ein Gefühl dafür, in welchem Zug sie sitzen, welche Geschwindigkeit sie fahren und was ein Ticket kostet. Ich sage nicht: Sprechen Sie offen über Gehälter oder über einen erzielten Reingewinn! Aber ich sage aus voller Überzeugung: Haben Sie keine Scheu davor, beschriebene Zahlen und Daten zu kommunizieren. Zeigen Sie auf, wo Sie im Vergleich zu Wettbewerbsunternehmen stehen, wie sich das Unternehmen insgesamt entwickelt, geben Sie den Mitarbeitern einen Eindruck, bei welchem Unternehmen sie aktiv sind.

11.2.2 Der Prophet im eigenen Land

Information ist in Unternehmen ein wertvolles Instrument. Vor allem dann wenn der Informationsfluss keine Einbahnstraße bleibt. Schön, wenn ein offener und wertschätzender Informationsfluss vom Unternehmer zum Mitarbeiter hin aktiv betrieben und gepflegt wird. Doch auch die andere Richtung, vom Mitarbeiter zum Unternehmer hin sollten wir beachten.

Dabei geht es mir nicht um den regelmäßigen Austausch und die Gespräche, die zwischen Führungskraft und Mitarbeiter sowieso stattfinden sollten. Es geht mir vielmehr um die Tatsache, dass Mitarbeiter häufig sehr genau spüren und erkennen, wo es in einem Arbeitsablauf hakt, wo man etwas aufwendiger betreibt als es nötig wäre oder wo eine entsprechende Korrektur möglicherweise Zusatzaufwand und Mehrkosten verhindern könnte.

▸ Die Frage ist, inwieweit ein Unternehmen echtes Interesse an solchen Informationen zeigt!

Was meinen Sie? Müsste nicht ein Mitarbeiter von sich aus in jedem Fall ihm bekannte Gründe für Mehraufwand melden? Im Prinzip ja. Nur hat nicht jeder Mitarbeiter das Selbstvertrauen, die Position und den Mut einfach mal loszugehen und darauf hinzuweisen, dass man hier etwas verbessern könnte. Die entscheidende Frage ist: Wie ging und wie geht man im Unternehmen mit derartigen Informationen um?

Schauen wir kurz, wie es unserem Mediendesigner Tom erging:

Beispiel
Tom ist inzwischen vier Wochen im neuen Unternehmen aktiv und hat sich richtig gut eingelebt. Die Aufgaben sind interessant und im Umfeld der neuen Kollegen fühlt er sich wohl. Heute gab es eine interessante Besprechung: Vor zwei Monaten wurden alle Mitarbeiter gebeten, alles was einen optimalen Ablauf in Ihrem Umfeld hindert oder bremst, oder auch Ideen, wie der Ablauf noch besser sein könnte auf Moderationskarten aufzuschreiben. Die Abteilungsleiter bekamen im Anschluss alle Ergebnisse. Herr Merk präsentierte heute viele dieser Vorschläge und stellte einige Veränderungen konkret vor. Er teilte eine Liste aus, auf der alle einzelnen Vorschläge mit Hinweisen aufgeführt waren, inwieweit sie weiterverfolgt werden und zur Umsetzung kommen können. Da waren natürlich auch einige Dinge dabei, die einfach zu kompliziert oder zu teuer sind, aber vieles davon waren richtig gute Ideen. In drei Monaten soll wieder so ein Meeting sein.

Mit gemischten Gefühlen denkt Tom an seinen vorherigen Arbeitsplatz im Verlag zurück. Dort hatte sein Chef aus einer gefühlten Not heraus auch mal so eine Besprechung einberufen, in der dann alle Mitarbeiter auf die Schnelle Verbesserungsmöglichkeiten finden sollten. Manches wurde gar nicht erst aufgeschrieben und das was man notiert hatte, hing ein halbes Jahr später immer noch an der gleichen Stelle im Büro, ohne dass man sich je noch einmal darum gekümmert hätte. Diese Aktion fand Tom ziemlich frustrierend.

11.2.3 Wo gehobelt wird, fallen Späne

Überall dort wo Menschen am Werk sind, wird es eines immer geben: Fehler. Daran können weder Null-Fehler-Programme noch kontinuierliche Verbesserungsprozesse je etwas ändern. Fehler sind menschlich und aus Fehlern lernen wir. Wir werden also nicht verhindern können, dass auch weiterhin Fehler in Unternehmen passieren. Was wir aber beeinflussen können, ist die Tatsache, für welche Handlungsweise Mitarbeiter sich persönlich entscheiden. Im Grunde geht es um diese beiden Möglichkeiten: Der eine Mitarbeiter weiß um den Fehler und schweigt. Der andere Mitarbeiter spricht den Fehler offen an und kümmert sich um eine Lösung. Fehler nicht sofort zu benennen ist menschlich. Mal ehrlich – wer gibt schon gerne eigene Fehler zu? Und dann ist da noch die Frage nach den bisherigen Erfahrungen, nach der Erziehung und der Prägung. Jeder Mitarbeiter bringt seine eigene persönliche Geschichte und seine Erlebnisse im Umgang mit Fehlern mit. Wie waren diese Erlebnisse? Haben diese Erfahrungen in Fehlersituationen häufiger mit Strafe, Druckempfinden oder Angst zu tun, wird es vermutlich schwer werden, den Mitarbeiter dazu zu bringen, Fehler offen einzugestehen. Dennoch sollten wir es versuchen und aktiv angehen.

Die Chance, dass Fehler offen benannt werden und zur Sprache kommen, ist umso größer, je mehr es im Unternehmen gelingt, die gewünschte Verhaltensweise vorzuleben und durch eine respektvolle Kommunikation untereinander einen positiven Nährboden zu schaffen.

Der gewünschte Umgang mit Fehlern muss offen erklärt werden. Unternehmer und Chefs sollten Ihre Mitarbeiter entsprechend informieren und darum bitten, Fehler jederzeit offen anzusprechen. Sie sollten deutlich machen, wie wichtig Ihnen dieses Verhalten ist.

▸ Wer? = Suche nach Schuld
Wie? = Suche nach Ursache

Zunächst spielt es keine Rolle, wer einen Fehler gemacht hat, außer ein Mitarbeiter macht den gleichen Fehler zum wiederholten Mal. Die Fragestellung „Wer war es?" sucht einen Schuldigen und keine Lösung. Darüber hinaus macht kein Mitarbeiter absichtlich Fehler. Die Frage bringt also niemanden weiter. Wesentlich hilfreicher ist die Fragestellung nach der Sache – und zwar nach der Ursache: Wie ist der Fehler entstanden oder was hat dazu geführt? Dem Mitarbeiter, dem der Fehler passiert ist, wird es deswegen nicht minder unangenehm sein nur weil die Frage anders formuliert ist. Ein engagierter Mitarbeiter wird sich dennoch etwas schuldig fühlen. Der Unterschied liegt in der Antwort auf die Fragestellung. Denn die Antworten werden definitiv zielführend und lösungsorientiert sein.

Die Art und Weise, wie in einem Unternehmen mit Fehlern umgegangen wird, ist ein Stück weit Gradmesser für den Stil und für die Atmosphäre, die in einem Unternehmen herrscht.

11.2.4 Darf es etwas mehr sein?

Beispiel

Toms Abteilung geht alle acht Wochen abends gemeinsam weg. Heute haben sie sich in einer Pizzeria getroffen. Man hatte einen Tisch für 12 Personen reserviert. Es ist laut im

Raum der kahl, fast steril wirkt und aus der Küche ist eine intensive Mischung schwer definierbarer Gerüche wahrzunehmen. Tom sitzt neben Silvia, die schon vier Jahre als Mediendesignerin arbeitet. Er mag sie, Silvia hat eine unkomplizierte Art und eine natürliche Ausstrahlung. Sie hat Tom bei der Einarbeitung sehr geholfen und er vertraut ihr. Die Pizzeria findet Tom jetzt nicht wirklich gut, was er Silvia gegenüber auch deutlich macht: „Du, die Pizzeria hier ist nicht wirklich der Brüller, oder? Warum sind wir nicht zu dem Italiener in der Hahnstraße gegangen? Diese Osteria oder so, die sieht doch zumindest von außen ganz vernünftig aus?" „Ah, die Osteria – ja, da waren wir mal gewesen, ziemlich oft sogar. Vor drei Jahren hatte Herr Merk die Osteria entdeckt und daraufhin gleich unsere Weihnachtsfeier dort gebucht. Die hat zwar auch nur einen Raum, der ist dafür aber angenehm hell und geschmackvoll eingerichtet. Damals war die Einrichtung jedenfalls richtig modern, stilvoll und mit sehr viel Liebe zum Detail ausgewählt. Es gab immer frische Blumen, abgestimmt auf die übrigen Farben und Formen im Raum. Die Mitarbeiter im Service waren zuvorkommend und herzlich. Der Chef – ich glaube Enzo hieß er – ließ es sich nicht nehmen uns alle mit Handschlag zu begrüßen und zu verabschieden. Er gab jedem das Gefühl, als würde man ihn bereits seit Jahren kennen, auch wenn es der erste Besuch war. Was mich selbst begeisterte, war die Vielfalt und die Fantasie mit der er Gerichte, unabhängig davon, ob sie auf der Karte standen oder nicht, frisch zubereitete und zelebrierte. Enzo war aber nicht nur ein hervorragender Koch, sondern er konnte auch noch richtig gut singen und ab und zu, wenn die Stimmung passte, sang er während er hinter der Theke stand. Während das Repertoire seiner Lieder doch erkennbar limitiert war, schien er in der Erfindung schmackhafter Gerichte eine nicht enden wollende Kreativität zu besitzen. Immer wieder kam er mit überraschenden Kleinigkeiten, raffinierten Ideen und ausgefallenen Details, die wir natürlich gerne kosteten. Bei Enzo war es angenehm anders als in vielen italienischen Restaurants. Irgendwie hatte man das Gefühl, bei ihm mehr zu bekommen. Im Lauf der Zeit änderte sich dies jedoch. Irgendwann fiel auf, dass es keine frischen Blumen mehr gab. Der Gesang wurde weniger und von den bekannten Servicemitarbeitern waren auch plötzlich zwei weg. Die kreativen Kleinigkeiten wurden zusehends seltener. Zum Schluss gab es keinerlei Veränderung mehr auf der Karte. Was geblieben ist, sind die Preise. Und irgendwann kam dann vom Chef die Order, keine Firmenveranstaltung mehr in der Osteria zu buchen."

Es gibt sehr viele Unternehmen, die mit ähnlichen Dienstleistungen und vergleichbaren Produkten insgesamt eine gute Leistung abliefern. Gut ist aber nicht gut genug, denn gut bedeutet Standard, bedeutet Durchschnitt. Durchschnitt fällt nicht auf, hebt sich nicht ab von der Masse, verschwimmt und wird kaum wahrgenommen.

Prüfen Sie bitte achtsam, wie Sie anders agieren und wirken können als andere. Was ist außergewöhnlich und einzigartig an Ihnen? Was kann ein Kunde nur mit Ihnen oder ausschließlich mit Ihrer Leistung, Ihren Produkten oder Ihren Mitarbeitern in positive Verbindung bringen? Wie könnte man Dinge emotionaler gestalten, wirkungsvoller inszenieren, spannender verpacken? Was könnte kreativer aussehen, mehr enthalten, stärker beeindrucken? Dieses Streben nach Einzigartigkeit, das Forschen nach Unterscheidungsmerkmalen, nach Profil und Markanz fordert intensive Achtsamkeit und Ausdauer. Es kostet Konzentration und Kraft, aber es ist eine lohnenswerte Investition Ihrer Energie. Die Energie und Leistungsbereitschaft ist in den Anfängen oft groß. Beispielsweise wenn es für ein Unternehmen darum geht, neue Kunden zu gewinnen. Sind die Kunden dann eine Zeit lang da, schleicht sich leicht Gewohnheit ein, bemüht man sich nicht mehr so stark um sie, sinkt die Aufmerksamkeit. Man zahlt nichts mehr auf das Emotionskonto ein.

Eine Kernfrage lautet: Was können Sie Ihren Kunden und vor allem Ihren langjährigen Kunden immer wieder Neues anbieten? Was tun Sie konkret dafür, um neue Ideen, neue Produkte oder umfangreichere Dienstleistungen zu entwickeln und Zusatznutzen zu generieren?

Erhalten Kunden keine neuen Impulse, verlieren wir Ihre Aufmerksamkeit. Erhalten Kunden keine neuen Signale, wird die Verbindung im Lauf der Zeit schwächer und die Empfänglichkeit für andere Signale und Wettbewerber steigt! Bieten Sie nichts Neues an, wird es ein Anderer tun.

Für Verkaufsregale in Kaufhäusern gilt: das Produktangebot und die Präsentation muss von Zeit zu Zeit Veränderungen erfahren. Es muss ein neues Produkt integriert, die Reihenfolge getauscht oder eine andere Farbe ergänzt werden, damit die Aufmerksamkeit der Kunden erhalten bleibt und weiterhin gekauft wird. Erfolgt keine Veränderung, gehen die gleichen Kunden achtlos an diesem Regal vorbei!

▸ Bieten wir keine neuen Impulse an, gehen auch unsere Kunden irgendwann achtlos an uns vorbei.

Verhindern Sie das und sorgen Sie rechtzeitig vor. Bleiben Sie achtsam und wirken Sie der Trägheit und Gewohnheit entgegen. Durchbrechen Sie den Kreislauf von Selbstzufriedenheit und Gewohnheit, indem Sie unabhängig davon wie erfolgreich Sie sind, den aktuellen Zustand immer wieder in Frage stellen. Ich sage nicht, zweifeln Sie daran oder reden Sie es schlecht, keineswegs! Ich sage: stellen Sie in Frage! Es ist sehr gut, wie es bisher lief – aber es ist noch lohnenswerter, das jetzt Erreichte durchaus kritisch zu hinterfragen: Ginge es noch besser.

▸ Eine produktive Unzufriedenheit ist lohnenswert.

Sie ist der Antrieb dafür, immer wieder Neues anzustreben und zu entwickeln und den zähen Klebstoff „Gewohnheit" abzuschütteln. Sie ist der Antrieb für Wachsamkeit und den Ehrgeiz, auch oder gerade den langjährigen Kunden zu überraschen.

11.3 Der Blick auf das Unternehmen – der Blick nach außen

11.3.1 Lust oder Last?

Das Kaufverhalten von Endverbrauchern hat sich in den letzten Jahren stark verändert. Interessenten nutzen die Möglichkeiten der Online-Medien immer mehr und kommen heute wesentlich aufgeklärter, mit umfangreichen Grundlageninformationen ausgestattet auf uns zu. Es ist ein Leichtes, sich im Internet Preise, Produktdaten oder Kundenmeinungen zu besorgen. Einkäufe werden mit wachsender Zustimmung einfach per Mausklick erledigt, denn der Online-Handel wächst kontinuierlich und hat inzwischen die Steigerung der mobilen Kaufaktivitäten über Tablets oder Smartphones im Visier.

Parallel dazu ist für viele Unternehmen der direkte Kontakt, der persönliche Ansprechpartner im Verkauf nach wie vor von existenzieller Bedeutung. Mehr noch: Gerade weil es so einfach ist, sich auf der einen Seite online anonym Informationen und Angebote zu beschaffen, gewinnt auf der anderen Seite der persönliche Kontakt wieder enorm an Bedeutung. Ein warmherziges Lächeln löst nun einmal wesentlich stärkere Emotionen aus und wirkt auf einen Kunden intensiver als es Zeichenkombinationen in E-Mails jemals zustande bringen werden. Über den Aufbau einer persönlichen Beziehung zum Kunden haben wir eine sehr große Chance aus Kunden aktive Empfehlungsgeber und Stammkunden zu machen. Ein Lächeln alleine reicht natürlich dazu längst nicht aus, aber es ist schon mal ein guter Anfang!

Was kaufen Kunden bei Ihnen? Ein technisches Produkt, eine Dienstleistung, ein Jahresabo, eine Versicherung oder vielleicht eine Immobilie?

▸ Es spielt keine Rolle, denn in jedem Fall kaufen Kunden in letzter Konsequenz eines: gute Gefühle.

Natürlich ist der Antrieb eine Versicherung zu erwerben ein anderer, als beim Kauf einer Designerlampe. Bei der Versicherung will der Kunde ein bestimmtes Risiko abgesichert wissen, er will sicher sein, im Bedarfsfall einen zuverlässigen Schutz zu genießen und diese Gewissheit, diese Sicherheit fühlt sich für ihn beruhigend und gut an. Bei der Designerlampe kann es die Freude über die schöne Optik sein oder z. B. der Stolz, etwas Außergewöhnliches zu besitzen. Beides erzeugt ein positives Empfinden. Kaufen muss angenehm sein, muss Spaß machen und das idealerweise vom ersten Moment an.

11.3.2 Wer nicht hören will

Ob es einem Kunden im Verkaufsgespräch wirklich Spaß macht, hängt natürlich von verschiedenen Faktoren ab. Ein Aspekt ist die Tatsache, inwieweit Kunden zu Wort kommen. Man sollte meinen, dass dies eine Selbstverständlichkeit wäre, ist es aber nicht. Der Begriff „Aktives Zuhören" wird zwar in der Trainingsliteratur rund um Verkauf oft bemüht, in der Praxis erfahrungsgemäß viel zu selten in seiner eigentlichen Bedeutung angewandt. Die grundsätzlich positive Absicht, ein Gespräch führen und zu einem gewünschten Ziel lenken zu wollen, verleitet Verkäufer häufig zu einer verhängnisvollen Aktivität: Sie reden, und reden und reden. Und reden sich damit um Kopf und Kragen!

Die Ursachen können vielfältiger Natur sein: Da ist der Newcomer im Verkauf, der über wenig Gesprächserfahrung verfügt. Seine Unsicherheit führt dazu, dass er die Argumente, die er kennt, ausführlich und intensiv vorträgt, um ja keine Gesprächslücke entstehen zu lassen. Denn eine Pause im Gespräch wäre für ihn gefühlt das Ende. Da ist der Experte, jemand der alle technischen Details und Eigenschaften seines Produktes in- und auswendig kennt und natürlich mit Inbrunst erklären und überzeugen will. Oder wir hätten beispielsweise noch den erfahrenen Verkäufer, der so viele Gespräche schon geführt hat, dass er alleine bei einem Stichwort des Kunden bereits glaubt zu wissen, worauf dieser hinaus will und seinerseits loslegt.

Alle drei beispielhaft genannten Verkäufertypen haben im Endergebnis eines gemeinsam: Sie verlieren den Kunden aus dem Zentrum Ihrer Aufmerksamkeit. Sie verlieren den Menschen aus dem Zentrum Ihrer Aufmerksamkeit, weil sie zu stark auf Ihr eigenes Anliegen und Ziel und damit auf sich selbst fokussiert sind.

In einem guten Verkaufsgespräch hat der Kunde den wesentlich größeren Gesprächsanteil. Diese Tatsache gibt bereits einen deutlichen Hinweis auf das simple aber wirkungsvolle Werkzeug, das es braucht, um den Kunden wieder in den Mittelpunkt des Geschehens zu rücken: Stellen Sie Fragen.

Die Entscheidung ob wir einen Auftrag bekommen, fällt nicht erst wenn wir um die Unterschrift bitten – sie wird zum Großteil bereits davon beeinflusst, wie aufmerksam wir von Beginn an auf einen Kunden eingehen und in welchem Maße es uns gelingt, seine Wünsche zu erfahren und seinen Bedarf herauszufinden. Ein Kunde spürt sehr genau, inwieweit ein Verkäufer mit seinen Fragen ziellos umherstreift oder ob er mit einer klaren Struktur in seiner Fragestellung den Kunden wie an einem roten Faden zu seinen eigenen Bedürfnissen hinführt. Die Fähigkeit, eine Bedarfsanalyse konzeptionell zu gestalten, gepaart mit Einfühlungsvermögen ist eine äußerst Erfolg versprechende Kombination.

▶   Hören und Fühlen heißt Gespräche erfolgreich führen.

Jeder Verkäufer entwickelt seine eigene Art und sein individuelles Vorgehen im Verkauf. Dennoch gibt es zwei grundsätzliche Gesprächsausrichtungen, die ich bei der Begleitung von Verkäufern immer wieder erlebe. Ich nenne sie den Produkttyp und den Menschentyp.

Der Produkttyp kommt mit dem Kunden sehr schnell und direkt auf das Produkt oder die Dienstleistung zu sprechen. Er hält sich nicht lange mit Vorgesprächen oder anderen Geschichten auf. Er ist kompetent, seine Fragen sind strukturiert, bleiben überwiegend beim Produkt. Sollte der Kunde auf private Themen kommen, lenkt der Verkäufer das Gespräch ruhig, zielorientiert und verbindlich zurück zu seinem Kernthema, dem Produkt. Er schätzt und pflegt eine seriöse Distanz zum Kunden, Kleinigkeiten aus dem Privatbereich sind vertretbar, Sympathie geht in Ordnung, aber mehr muss bitte nicht sein.

Der Menschentyp geht gerne und offen auf seine Kunden zu. Es fällt ihm in der Regel leicht, ein Gespräch in Gang zu bringen. Ihn interessiert, mit wem er es zu tun hat, wer sein Gegenüber ist. Er geht auf den Menschen ein und versucht unaufdringlich, etwas über die Persönlichkeit und das Umfeld zu erfahren. Seine Fragen beziehen sich also vordergründig auf die Persönlichkeit des Kunden, durchaus auch auf Herkunft, Beruf, auf Hobbies oder die Familie. Häufig finden Gespräche statt, in denen es erst nach einer gewissen Gesprächsdauer um das Produkt geht. Oder der Gesprächsverlauf wechselt immer wieder wie im Zick-Zack-Verfahren vom Menschen zum Produkt hin und her. Es gibt natürlich nicht nur den rein produkt- oder den ausschließlich menschenorientierten Verkaufstyp. Wie so oft, ist die Dosis entscheidend für die Wirkung, gibt es auch hier fließende Übergänge. Zunächst können beide Typen gleichermaßen Top-Verkäufer sein.

Die Art des menschenorientierten Verkäufertyps, die Tatsache sich zunächst auf den Menschen auch in der Fragestellung zu fokussieren, bietet allerdings einen entscheidenden Vorteil:

- Es entsteht auf diese Weise schneller Nähe und Vertrautheit und damit der Beginn einer Kundenbeziehung.

Dies ist allerdings nur der Fall, wenn hinter den Fragen aufrichtiges Interesse steht! Wer Fragen zur Persönlichkeit programmatisch stellt, nur damit sie gestellt sind und nicht mit aller Wachsamkeit zuhört, wird den Kunden schneller verlieren als ihm lieb ist. Wer sich aufrichtig auf den Menschen konzentrieren mag, hat die Chance, intensive und gefestigte Kundenbeziehungen aufzubauen.

11.3.3 Gewusst wie

Wenn man Stellenanzeigen in den einschlägigen Medien betrachtet wird deutlich, dass Unternehmen aus unterschiedlichsten Branchen kontinuierlich auf der Suche nach erfolgreichen Verkäuferpersönlichkeiten sind. Eine Möglichkeit der Stellenbesetzung bietet die Rekrutierung von Vertriebsneulingen, also von Mitarbeitern, die man im Verkauf entsprechend ausbildet. Der Qualitätsanspruch an diese Ausbildung wird häufig unterschätzt. Wenn jemand über keinerlei Erfahrung im Verkaufsgespräch verfügt, braucht es eine sehr sorgfältige Herangehensweise und eine professionelle Begleitung. Es genügt nicht, jemandem ein paar Produktvorführungen angedeihen zu lassen und ihn dann mit aufmunternden Worten nach dem Prinzip Hoffnung alleine auf die Kunden loszulassen. Auf diese Weise werden erfahrungsgemäß mindestens acht von zehn Kandidaten ihre Verkäuferkarriere zeitnah und frustriert beenden, bevor sie überhaupt richtig begonnen hat. Kaum einer davon wird einen zweiten Versuch starten. Und das nur deshalb, weil man Ihnen das kommunikative Rüstzeug nicht mit auf den Weg gegeben hat! Es fehlt das Wissen wie man ein Nein des Kunden einzuordnen hat und die Erfahrung, dass es keine Ablehnung der eigenen Persönlichkeit darstellt.

Achtsamkeit bedeutet hier, Verkaufsneulingen im Rahmen einer soliden Ausbildung die Chance zu geben Gespräche in gestellten Übungssituationen vorher zu trainieren, Argumentationsmöglichkeiten zu üben und während der Einarbeitungszeit über einen Gesprächsleitfaden zu verfügen. Die ersten Gesprächserfahrungen vor Ort bei Kunden müssen professionell begleitet und direkt im Anschluss gemeinsam aufgearbeitet werden. Wenn der Vertriebsneuling die ersten Tage alleine im Außendienst unterwegs ist, muss man ihm am Ende eines Tages die Gelegenheit geben, das Erlebte aufzuarbeiten. Das kann telefonisch erfolgen, aber dieser Anruf muss täglich stattfinden!

Es lohnt durchaus, Mitarbeiter im Vertrieb selbst auszubilden, sofern Kompetenzen und Kapazitäten im Unternehmen vorhanden sind. Erfahrungsgemäß haben diese Mitarbeiter eine engere Bindung zum eigenen Unternehmen. Darüber hinaus haben Sie als Unternehmer im Rahmen der Ausbildung natürlich die Chance, die Entwicklung der Sprache und des Stils in Ihrem Sinne zu begleiten und zu entwickeln. Sie haben direkten Einfluss auf die Wertigkeit und Qualität im Verkauf. Für dauerhaft angedachte Erfolge eine durchaus vielversprechende Option.

11.3.4 Mehr Schein als Sein?

Beispiel

Tom trifft in der Kantine auf Henrik, seinen Trainer im Fußballverein. Henrik ist Senior-Berater im Unternehmen und hat mit seinen Erzählungen im Verein dafür gesorgt, dass Tom sich hier beworben hat. Am Vormittag konnte Tom das erste Mal bei einem Kundengespräch live dabei sein, was ihn auch jetzt noch erkennbar beschäftigt: „Sag mal Henrik, läuft das immer so ab, wie vorhin? Der Kunde schien mir irgendwie verärgert zu sein! War denn das berechtigt?" Henrik beruhigt: „Immer langsam junger Freund, Ärger sieht anders aus. Nein, das Gespräch war absolut in Ordnung, man muss nur den gesamten Zusammenhang kennen: Wie Du ja weißt, betreibt Herr Dornke Senior eine Tischlerei in unserer Region. Er beschäftigt 16 Mitarbeiter und verkauft seit ca. 38 Jahren Treppen, Türen und Fenster eher im unteren Preissegment. Dafür ist er einigermaßen bekannt, denn seine Umsätze erzielte er bisher ohne große Werbeaktivitäten. Ein paar Anzeigen im Jahr, die jährliche Standardanzeige im Gemeindeblatt, ein spartanischer Internetauftritt aus der Not geboren, das war's. Nun hat er seinen Junior mit ins Boot geholt. Der hat erkannt, dass der Preiskampf in der Branche immer heftiger wird und hochwertige Möbel als Handelsware zusätzlich ins Produktsortiment aufgenommen werden.

Herr Dornke Junior hat uns nun vor drei Monaten beauftragt, eine Kundenumfrage durchzuführen. Er wollte wissen, wie das Firmenerscheinungsbild, also der optische Auftritt der Tischlerei Dornke am Markt – das Logo, die Farben, die Art der Gestaltung – sowohl auf Kunden als auch auf mögliche Neukunden wirkt. In erster Linie wollte er damit auch herausfinden, ob man dem Betrieb Dornke rein optisch ein hochwertiges Produkt überhaupt zutraut." „Funktioniert denn das so über eine Umfrage?" hakt Tom nach. „Man bekommt schon ein einigermaßen werthaltiges Resultat. In diesem Fall – wir hatten 300 Endverbraucher befragt – waren die Rückmeldungen eindeutig. Von den 150 Endverbrauchern, die Dornke noch gar nicht kannten, würden 98 % der Tischlerei hochwertige Möbel nicht zutrauen bzw. bei Bedarf dort auch nicht anfragen. Bei den 150 Kunden war die Zahl etwas geringer aber mit 86 % immer noch deutlich zu hoch! Herr Dornke Junior hatte das schon so erwartet, denn er will das Logo und das gesamte Firmenerscheinungsbild überarbeiten. Er hatte sich von diesem offiziellen Ergebnis erhofft, sein Vater würde sich dadurch beeindrucken lassen und einer Logoüberarbeitung zustimmen. Wie er dann darauf reagiert hat, hast Du ja heute Morgen erlebt …"

Wie stimmig ist das Bild Ihres Unternehmens am Markt? Passt Ihr visueller Auftritt, Ihr Anzug zur Persönlichkeit des Unternehmens, zur Preisklasse, die Sie vertreten? Wirkt Ihr Firmenerscheinungsbild authentisch, spricht es die Menschen an, die Sie als Kunde gewinnen wollen?

Diese Übereinstimmung ist von grundlegender Bedeutung. Sie können einen vehementen Werbeaufwand betreiben, der ins Leere gehen wird, wenn ein erkennbarer Widerspruch existiert: Wenn Sie Kunden für ein hochwertiges, edles Produkt ansprechen wollen, werden sie das mit einem verspielten und schnörkelhaften Logo in blassen Farben nicht erreichen. Man wird Sie nicht als hochwertig und edel bewerten, folglich auch nicht anfragen.

Prüfen Sie bitte achtsam, inwieweit Ihr aktueller Firmenanzug zur Persönlichkeit passt.

Wie kommt es, dass in Unternehmen, die bereits eine Zeit lang auf dem Markt aktiv sind, die Achtsamkeit geringer wird oder gänzlich verloren geht? Ist es eine gezielte Entscheidung, auf Achtsamkeit zu verzichten? Ich sage nein.

Dahinter steckt keine negative Absicht. Natürlich kann fehlende Achtsamkeit auch einfach eine Folge von Desinteresse oder Bequemlichkeit sein. Ich bin jedoch der Überzeugung, Unternehmer und Chefs verlieren Achtsamkeit überwiegend in einem schleichenden und unbewussten Prozess. Sie verlieren sie, während der Erfolgsdruck auf der anderen Seite steigt und möglicherweise Existenz- oder Versagensängste nährt. Achtsamkeit verschwindet sanft hinter dem Gefühl der Überforderung und sie geht ganz am Ende gemeinsam mit dem Mut von Bord, für unbequeme Meinungen oder eigene Fehler gerade zu stehen. Achtsamkeit schwindet langsam, häufig verdrängt von der Anforderung, einem immer höheren Tempo gerecht werden zu wollen.

▸ Das Paradoxe daran ist, dass Achtsamkeit das Gegenmittel dazu darstellt.

In dem Moment, in dem ein Unternehmer bereit ist innezuhalten, die eigene Persönlichkeit bewusst zu betrachten und zu ergründen, was ihm wertvoll ist, macht er den ersten Schritt aus der Zeitspirale und nimmt den Geschwindigkeitsregler langsam wieder selbst in die Hand. In dem Moment, wo ein Unternehmer seinen Betrieb offen und wachsam betrachtet, versetzt er sich in die Lage, Unstimmigkeiten und Kursabweichungen bewusst wahrzunehmen. Erst mit diesem Bewusstsein, mit diesen Erkenntnissen wird er aktiv gegensteuern können.

Achtsamkeit klingt unspektakulär, vielleicht sogar mühsam, ich gebe Ihnen Recht. Kurzfristige Erfolge sind bestimmt auch ohne Achtsamkeit erreichbar. Wer allerdings langfristig erfolgreich sein will, wird Klarheit, Authentizität und Lebensfreude brauchen. Wer dauerhaft erfolgreich sein will, wird Überzeugungskraft, Begeisterung und Durchhaltevermögen brauchen. Eigenschaften, die über Achtsamkeit genährt und gestärkt werden und Achtsamkeit damit zum Schlüssel für nachhaltige Erfolge machen.

11.4 Über den Autor

Roland Schraut Nach einer kaufmännischen Ausbildung und ersten Erfahrungen im Börsenhandel beginnt Roland Schraut 1990 beim Marktführer Drescher Druck und Dienstleistungen die Betreuung von Unternehmen im Bereich der Markenentwicklung. 1994 ist er Mitbegründer der Adverma Advertising & Marketing GmbH, eines international erfolgreichen Marketingunternehmens, das er 13 Jahre lang als Geschäftsführender Gesellschafter mitentwickelt.

In über 20 Jahren begleitet er zahlreiche Persönlichkeiten als Vertriebsspezialist, Unternehmer und Berater. 2008 gründet er das eigene Beratungsunternehmen SCHRAUT beraten & trainieren.

Sein Fokus ist die Entwicklung und Förderung positiver Qualitäten bei Einzelpersonen, in Organisationen und Unternehmen. Er gilt als Experte für wirksame Veränderung und ist anerkannter Spezialist für erfolgreichen Verkauf.

Der mehrfache Unternehmensgründer und zweifache Vater stellt in seinem Wirken als Trainer, Berater und Vortragsredner Authentizität und Achtsamkeit in den Mittelpunkt.

Weitere Infos unter www.rolandschraut.de

Weiterführende Literatur

Covey, S. R. (2008). *„Die 7 Wege zur Effektivität" – Prinzipien für persönlichen und beruflichen Erfolg*, 10. Auflage. Offenbach: GABAL Verlag GmbH. www.franklincovey.de (Begriffsdefinition Überfluss-Mentalität).

www.uniklinik-freiburg.de/medmed/live/meditation.html, „Das Konzept der Achtsamkeit" – PDF – Dr. Stefan Schmidt, Institut für Umweltmedizin und Krankenhaushygiene, Universitätsklinik Freiburg, Breisacherstr. 115b, 79106 Freiburg (Begriffsdefinition Achtsamkeit).

Leadership (vor)leben – fitte Führungskräfte erreichen mehr

12

Boris Schwarz

Inhaltsverzeichnis

12.1	APERITIF: Vorwort	231
12.2	VORSPEISE: Vorsicht Bewegungsfalle	232
12.3	HAUPTSPEISE: Die Herausforderung in deutschen Unternehmen	235
12.4	BEILAGEN: Betriebliches Gesundheitsmanagement (BGM)	236
12.5	MITTAGSMENÜ: Die Kantine	240
12.6	MITTAGSMENÜ: Der Thai-Imbiss	243
12.7	FINGERFOOD: Der Obstkorb	244
12.8	EXTRAS: Der Schlüsselschlaf	246
12.9	GETRÄNKE: „Erfrischungsgetränke"	248
12.10	NACHSPEISE: Schlusswort und Handlungsempfehlung	251
12.11	Über den Autor	252

12.1 APERITIF: Vorwort

Haben Sie schon einmal von einem Buffet gegessen? Und haben Sie dort alle Leckereien probiert?

Höchstwahrscheinlich nicht. Es gab dort sicherlich Speisen, welche Ihren Geschmacksnerv 100%ig getroffen haben und welche, die Sie weniger bis gar nicht angesprochen haben. So wird es Ihnen vermutlich auch gleich beim Lesen meiner Zeilen ergehen. Ich werde Ihnen nachfolgend eine Vielzahl an Ideen präsentieren, welche geradezu prädestiniert für Ihr Unternehmen sind und nach Umsetzung schreien. Andere wiederum, werden aufgrund Ihrer betriebsinternen Strukturen, nicht in die Tat umzusetzen sein. Für die „Delikatessen", welche Ihren „Geschmack" treffen, möchte ich Sie einladen die 72-Stunden-Regel zu beherzigen. Wie Sie sicherlich wissen, landen Dinge, die nicht innerhalb von 72 Stunden

---

Boris Schwarz ✉
Binger Straße 17, 55116 Mainz, Deutschland

umgesetzt werden, beziehungsweise zur Umsetzung delegiert wurden, im Stapel „der guten Vorsätze". Und dort sind sie dann irgendwann völlig vergessen.

Bevor ich Ihnen nun mein „Feuerwerk an Speisen" präsentieren werde, noch ein kleiner Hinweis: wie all meine Bücher, möchte ich auch dieses Buch in der Du-Form schreiben. Die Du-Form hat den Vorteil, dass Dinge besser in dein Unterbewusstsein übergehen. Und, da es mein Anliegen ist dich dahingehen zu motivieren, mit gutem Beispiel voran zu gehen, macht es durchaus Sinn dein Unterbewusstsein zu erreichen. Da du dieses Buch in deinen Händen hältst, hast du offensichtlich bereits erkannt, dass es von aller höchster Wichtigkeit ist, in das wertvollste in deinem Unternehmen zu investieren: deine Mitarbeiter.

Und wenn du einige meiner Vorschläge in die Tat umsetzt, dann wird die Produktivität deiner Mitarbeiter steigen, das Betriebsklima wird sich weiter verbessern und die Krankenstände sinken. Wie hört sich das für dich an?

Um den Erfolg zu verstärken ist es ganz klar von Vorteil, wenn du mit gutem Beispiel voran gehst und ein Stück weit Vorbild für deine Mitarbeiter bist. Und dazu möchte ich dich herzlich einladen! Lass mich nun dein Koch sein und bediene dich von meinem „Ideen-Buffet".

Ich wünsche viele inspirierende Momente und „Guten Appetit"!

> Mitarbeiter sind wie wertvolle Uhren. Man muss sie schonend behandeln und immer wieder aufziehen (Gerald W. Huft).

12.2 VORSPEISE: Vorsicht Bewegungsfalle

Aktuellen Studien zufolge bewegt sich der Bundesdeutsche heute im Schnitt nur noch rund 1000 Meter am Tag.

Was denkst du, wie viele Meter, sorry Kilometer waren es noch um das Jahr 1900 herum? Wie viele Kilometer bewegten sich deine Vorfahren täglich? Ein kleiner Tipp: der Arbeitsplatz lag meist in der Kilometer weit entfernten Stadt, das Automobil war zwar schon erfunden, doch nur einigen wenigen sehr wohlhabenden Familien vorbehalten. Was denkst du, wie viele Kilometer waren es?

Es waren rund 20 Kilometer. Bei einer angenommenen Gehgeschwindigkeit von 5 km/h, waren sie vier Stunden unterwegs. Und das täglich! Zugegeben, kaum ein Mensch kann sich heute den Luxus erlauben, täglich 20 Kilometer zu Fuß zu gehen. Oder? Vielmehr ist es doch so, dass wir Rolltreppen und Aufzüge benutzen und selbst kurze Strecken mit dem Auto fahren, anstatt zu Fuß zu gehen.

Ich behaupte: Der Mensch ist von Natur aus faul. Das Problem daran ist, er macht sich diesen Umstand in den seltensten Fällen bewusst.

Ich möchte dir zwei kleine Beispiele dafür geben: Erst kürzlich kam ich von einer Fernreise nach über zwölf Stunden nahezuer „Bewegungslosigkeit" an einem großen deutschen Flughafen an und betrat mit den anderen Reisegästen das Flughafengebäude. Auf dem Weg zum Kofferband bekamen wir dann zwei Rolltreppen und eine normale Treppe „angeboten". Was denkst du taten 80 % meiner Mitreisenden?

Sie benutzten die Rolltreppen. Ist das nicht verrückt?

Und selbst Fitnesssportler fahren mit ihrem Auto vor Fitnessclubs so lange auf und ab, bis sie einen Parkplatz direkt vor der Tür gefunden haben, checken ein, ziehen sich um und gehen dann beispielsweise 60 Minuten aufs Laufband. Verrückt, oder?

Nochmal, ich behaupte: Der Mensch ist von Natur aus faul. Das Problem daran ist, er macht sich diesen Umstand in den seltensten Fällen bewusst und tappt deswegen gerne in „Bewegungsfallen".

Und dies mit verheerenden Folgen für unser Gesundheitssystem und Arbeitgeber wie dich.

Der technische Fortschritt hat sich in den letzten 10 Jahren schneller entwickelt, als in den 50 Jahren davor. Und in diesen 50 Jahren wiederum schneller als in den letzten 500 Jahren davor. Wir rasen unter Zeitdruck mit immer mehr Pferdestärken durch die Gegend, trinken dabei Kaffee aus einem Pappbecher und surfen nebenbei auf unserem „Telefon" mit Highspeed im Internet, während uns im Radio die neuesten Weltmeldungen zwischen die Ohren gepresst werden.

Die Informationsdichte ist höher denn je und Multitasking steht an der Tagesordnung.

Wir besuchen Zeitmanagementseminare in der Hoffnung, die Zeit managen zu können, Kurse, um Quick-Reading zu erlernen, und hoffen, unseren Traumpartner bei einem Speed-Dating kennen zu lernen. Wir bearbeiten täglich eine Vielzahl an „elektronischer Post", rasen mit immer mehr BITs via Highspeed-Leitungen durchs Internet und in der kurzen Mittagspause nehmen wir einen schnellen Snack im nahegelegenen Fastfood-Restaurant. Wir machen immer mehr Dinge gleichzeitig und haben förmlich das Auge fürs Wesentliche verloren. Selbst während den Mahlzeiten oder auf dem stillen Örtchen schauen wir oft fern, versenden Mails, checken Posts und Neuigkeiten oder surfen in sozialen Netzwerken wie Facebook, XING & Co. Das Smartphone ist für viele inzwischen zum ständigen Begleiter geworden. Oftmals beobachte ich Paare im Restaurant, in der U-Bahn oder beim Frühstücken im Hotel, die nicht einmal mehr miteinander kommunizieren, sondern jeder für sich in sein Smartphone oder Tablet-PC vertieft ist.

Zu keinem Zeitpunkt der Evolution waren wir Menschen einer schnelleren technischen Entwicklung ausgesetzt als heute. Mit verheerenden Folgen.

Viele Arbeitnehmer fühlen sich überfordert, leiden an dauerhaften gesundheitlichen Einschränkungen und verlieren nicht zuletzt an Lebensqualität. Die sogenannten „Zivilisationskrankheiten" drohen unser Gesundheitssystem zu überlasten und treiben die Ausgaben explosionsartig in die Höhe. Krankschreibungen in deutschen Unternehmen steigen nach wie vor und verursachen Verluste in Milliardenhöhe.

Kein Wunder, denn genau diese technischen Entwicklungen haben sich gerade in den letzten Jahrzehnten maßgeblich auf unser heutiges Bewegungs- und Ernährungsverhalten ausgewirkt.

> Der rastlose Arbeitsmensch von heute hat tagsüber keine Zeit, sich Gedanken zu machen, und abends ist er zu müde dazu. Alles in allem hält er das für Glück (George Bernard Shaw).

Um deinen Mitarbeitern „Bewegungsfallen" bewusst zu machen, empfehle ich dir nicht nur mit gutem Beispiel voran zu gehen und deinen Mitarbeitern ein Vorbild zu sein, sondern ihnen die bestmögliche Aufklärung zu bieten und ideale Voraussetzungen für mehr Gesundheit zu schaffen. Gibt es „Bewegungsfallen" wie Aufzüge oder Rolltreppen in deinem Unternehmen? Wenn ja, dann motiviere doch deine Mitarbeiter häufiger das Treppenhaus zu benutzen.

▸ **Tipp** Motiviere deine Mitarbeiter zum Treppensteigen und stelle einen DIN A1-Plakat-Bodenaufsteller mit folgender Aufschrift vor den Aufzug:
1. Zeile: Bewegung ist Leben!
2. Zeile: ein Pfeil zeigt in Richtung Aufzug mit dem Hinweis „0 Kalorien"
3. Zeile: ein Pfeil zeigt in Richtung Treppenhaus mit dem Hinweis: „20 Kalorien"*
4./5. Zeile: „Treppensteigen ist eine der effektivsten Fitnessübungen und fordert Ihre Oberschenkelkraft. Zudem fördert es Ihre Gesundheit und sorgt für straffe Beine."
6. Zeile: Wir wollen, dass Sie gesund bleiben!
7. Zeile: Firmenlogo
*rechne pro Stockwerk circa 5 Kilokalorien
BEWEGUNG IST LEBEN
→ 0 Kalorien (Pfeil in Richtung Aufzug)
→ 20 Kalorien (Pfeil in Richtung Treppe)
Treppensteigen ist eine der effektivsten Fitnessübungen und erhält Ihre Oberschenkelkraft. Zudem fördert es Ihre Gesundheit und sorgt für straffe Beine.
WIR WOLLEN, DASS SIE GESUND BLEIBEN!
Firmenlogo

Dieses Schild sorgt dann künftig dafür, dass deine Mitarbeiter und auch Kunden ihren Bewegungsmangel bewusst gemacht bekommen.

Eventuell macht ein zusätzlicher Aushang im Aufzug Sinn:

▸ **Tipp** BEWEGUNG IST LEBEN
Unser Bewegungs- und Gesundheitstipp: Treppensteigen ist eine der effektivsten Fitnessübungen und erhält Ihre Oberschenkelkraft. Zudem fördert es Ihre Gesundheit und sorgt für straffe Beine.
WIR WOLLEN, DASS SIE GESUND BLEIBEN!
Firmenlogo

Wenn du etwas wirklich willst, findest du Wege; wenn du etwas nicht willst, findest du Gründe (Unbekannt).

12.3 HAUPTSPEISE: Die Herausforderung in deutschen Unternehmen

Burn-out, Bore-out, Rückenbeschwerden, Bandscheibenvorfall, Bluthochdruck, Übergewicht, Diabetes, Migräne u. v. m., alles Gründe für Arbeitsunfähigkeitsbescheinigungen in deutschen Unternehmen, Tendenz steigend.

Die Berechnung von Krankheitskosten erfolgte bis vor einigen Jahren in Deutschland ausschließlich über die Abwesenheitszeiten (Absentismus) kranker Arbeitnehmer. Einen immer größer werdenden Stellenwert nehmen allerdings die Auswirkungen von Präsentismus in deutschen Unternehmen ein. Präsentismus beschreibt das Verhalten von Arbeitnehmern, die trotz ihrer Erkrankung zur Arbeit gehen. Präsentismus verursacht inzwischen zwei Drittel der Kosten, die Unternehmen durch Krankheit entstehen.

Durch die eingeschränkte Arbeitsfähigkeit eines Mitarbeiters entstehen Unternehmen Kosten wie z. B.:

- verringerte Produktivität,
- steigende Fehlerhäufigkeit,
- Unfälle,
- sich verzögernde Genesung,
- chronische Erkrankungen,
- Burn-out.

Auch sollten mögliche Folgekosten nicht außer Acht gelassen werden:

- Vertretungen,
- Know-how-Verlust,
- Ansteckung von Kollegen,
- Verschlechterung der Zusammenarbeit im Team.

Doch was tun? Auf junge Mitarbeiter setzen?

Laut Statistischem Bundesamt wird im Jahr 2020 jeder dritte Erwerbstätige älter als 50 Jahre alt sein.

Doch auch gerade junge Arbeitnehmer leiden in zunehmendem Maße an den sogenannten Volkskrankheiten wie Rückenschmerzen, hohem Blutdruck oder Übergewicht.

Alarmierend hierbei zu betrachten ist, dass gerade junge Arbeitnehmer häufiger krankgeschrieben werden als ältere, dies jedoch (noch) nicht in der Statistik auffällt, da diese sich schneller wieder gesundschreiben lassen. Der hohen Anzahl von Krankschreibungen steht eine relativ kurze Krankschreibungsdauer gegenüber, wohingegen bei den älteren Beschäftigten die Tendenz eher umgekehrt ist.

Und auch die Zunahme an ernährungsbedingten Stoffwechselkrankheiten, wie z. B. Diabetes mellitus Typ II sind alarmierend. Experten sprechen inzwischen von einer Epidemie und beziffern die Zahl der Betroffenen auf rund 10 Millionen. Hochrechnungen zu Folge soll sich die Zahl der Erkrankten bis 2025 verdoppeln. Dies würde bedeuten, dass dann jeder vierte Bundesbürger an der „süßen Krankheit" leidet, deren Folgen alles andere als süß sind, wie folgende Zahlen beweisen:

- Alle 90 Minuten verliert ein Diabetiker in Deutschland sein Augenlicht.
- Alle 60 Minuten wird ein Diabetiker dialysepflichtig.
- Alle 19 Minuten erleidet ein Diabetiker in Deutschland einen Herzinfarkt.
- Alle 19 Minuten unterzieht sich ein Diabetiker einer Amputation.
- Alle 12 Minuten erleidet ein Diabetiker in Deutschland einen Schlaganfall.

Das Problem an Diabetes ist, es tut nicht weh. Die Patienten erhalten Tabletten oder injizieren sich Insulin und die Welt „scheint" in Ordnung, doch dazu später mehr.

Die meisten Menschen sterben an ihren Medikamenten und nicht an ihren Krankheiten (Molière).

Auch Erkrankungen des Muskel- und Skelett-Systems, wie z. B. Polyarthritis und Arthrose weisen steigende Zahlen von über 10 % auf.

Gelenk- und Rückenbeschwerden sind übrigens nach wie vor die häufigste Ursache für Krankschreibungen in Deutschland. Rund jeder fünfte Beschäftigte lässt sich wegen Rückenproblemen behandeln.

Und auch die Zahl der diagnostizierten psychischen Erkrankungen steigt von Jahr zu Jahr.

Doch genug der Hiobsbotschaften. Ich möchte dir nun Möglichkeiten aufzeigen, wie du dafür Sorge tragen kannst, dass die Ausfallquote deiner Mitarbeiter und somit deine Krankenkosten sinken.

12.4 BEILAGEN: Betriebliches Gesundheitsmanagement (BGM)

Dass sich die Einführung eines betrieblichen Gesundheitsmanagements auszahlt, beweisen immer mehr Studien, denn jeder in betriebliche Prävention investierte Euro, zahlt sich je nach Art und Umfang der Maßnahme mindestens doppelt aus. US-Quellen zufolge werden dort vereinzelt sogar Ergebnisse von bis zu 1:16 erzielt. Diese eingesparten Summen setzten sich durch die Verringerung von Abwesenheit und der Einsparung von Krankheitskosten zusammen. Die Hälfte bis zwei Drittel der Ersparnis sind in diesen Berechnungen auf die Senkung von Abwesenheitszeiten (Absentismus) zurückzuführen.

▸ **Tipp** Setze dich mit einem BGM-Dienstleister an einen Tisch und lass dir ein maßgeschneidertes Konzept zur Umsetzung für dein Unternehmen vorschlagen – es wird sich auszahlen.

Tue nie etwas halb, sonst verlierst du mehr, als du je wieder einholen kannst (Louis Armstrong).

12.4.1 BEILAGEN: Gesundheitstag

In vielen Unternehmen werden sehr erfolgreich jährliche Gesundheitstage durchgeführt, um Mitarbeiter zu mehr Eigenverantwortung für ihre Gesundheit zu motivieren. Solche Tage führen darüber hinaus zu einem Imagegewinn, insbesondere, wenn die lokale Presse mit eingebunden wird.

> **Tipp** Veranstalte im Rahmen deiner BGM-Maßnahme oder auch unabhängig davon einmal im Jahr einen Gesundheitstag für deine Mitarbeiter. Buche in diesem Zusammenhang einen oder mehrere Ärzte und Redner zu den Themen Gesundheit, Fitness, Ernährung und Selbstmotivation. Lade dazu wichtige Kooperationsparten, Zulieferer, Geschäftspartner und deine Krankenkasse ein.

Wenn Betriebsgröße oder andere „Gründe" es nicht zulassen, ein BGM-Konzept einzuführen oder regelmäßig Gesundheitstage durchzuführen, dann habe ich ein weiteres Häppchen für dich.

Ich beschäftige mich nicht mit dem, was getan worden ist. Mich interessiert, was getan werden muss (Marie Curie).

12.4.2 BEILAGEN: Die Kooperation mit einem Fitnessclub

Eine hervorragende Möglichkeit, um zur besseren Gesundheit deiner Mitarbeiter beizutragen, ist eine Kooperation mit einem Fitnessclub. Und diese sind inzwischen weit besser als ihr Ruf. Der Altersdurchschnitt steigt und steigt, denn auch die sogenannten „Silver-Ager" haben erkannt, dass ihnen Training gut tut. Darüber hinaus überschwemmen aktuelle Studien die Vorteile von Muskeltraining in Bezug auf Prävention der sogenannten Zivilisationskrankheiten.

Ich möchte dir vor deiner Akquise allerdings ein paar Tipps geben, woran du einen guten Fitnessclub erkennst.

Der Markt teilt sich im Groben in Discount und Premium auf. Die Tarife bewegen sich von 15 bis über 100 € im Monat. „Fitnessclubs", die monatlich weniger als 30 € verlangen, unterliegen einem Discountkonzept. In der Regel lässt hier die individuelle Betreuung zu wünschen übrig. Deshalb rate ich dir: Augen auf bei der Auswahl, denn Fitnessclub ist nicht gleich Fitnessclub. Clubs, die bei rund 50 € im Monat starten, bieten neben einem ausgefeilten Betreuungskonzept fast immer auch die Möglichkeit, Gruppenkurse sowie Sauna und Wellness zu nutzen. Professionell geführte Fitnessclubs verfügen über einen umfassenden Eingangscheck, bei dem das Trainerteam anfangs einen Ausdauer-, Kraft- und Beweglichkeitstest durchführt, um einen Ist-Zustand zu ermitteln. Des Weiteren werden mittels einer Körperanalyse-Messung die Parameter Körperwasser, Körperfettanteil in Kilogramm und Prozent sowie der Muskelanteil ermittelt. Basierend auf diesen Ergebnissen erstellen nun die Trainer einen Trainingsplan unter Berücksichtigung der persönlichen Bedürfnisse,

Wünsche und der körperlichen Voraussetzungen. Es wird also schriftlich ein Soll-Zustand fixiert, auf den das Mitglied hintrainiert. Circa alle zwölf Wochen werden die Zwischenziele mittels erneuten Tests und Analysen ermittelt, um so einen Trainingsfortschritt dokumentieren zu können. Anhand der aktuellen Körperanalyse-Messungen erkennt ein gut geschultes Trainerteam z. B. sofort, ob ihre „Schäfchen" auf dem richtigen Weg sind. Ergibt sich ein negatives Ergebnis, hat das Trainerteam sofort die Möglichkeit die Segel neu zu setzen und den Trainingsplan anzupassen.

> Erfolg ist ein Gesetz der Serie, und Misserfolge sind Zwischenergebnisse. Wer weitermacht, kann gar nicht verhindern, dass er irgendwann Erfolg hat (Thomas Edison).

▶ **Tipp** Schließe eine Kooperation mit einem Fitnessclub für deine Mitarbeiter.

Doch wie könnte eine solche Kooperation aussehen?

Nachdem du Recherche angestellt hast und den Platzhirsch der Region ausfindig gemacht hast, schlage ich vor, dass du dir den Inhaber, Clubleiter oder Verantwortlichen zu dir in dein Unternehmen einlädst, um dir Vorschläge einer möglichen Kooperation unterbreiten zu lassen. Wenn es wirklich ein professioneller Club ist, ist er (a) an einer Kooperation mit deinem Unternehmen interessiert und (b) wird er sich auch entsprechend präsentieren.

In der Regel ergeben sich folgende zwei Konstellationen:

1. Deine Mitarbeiter erhalten tatsächlich von dir einen Zuschuss für ihr Fitnesstraining. Diese Variante solltest du bitte vorab mit deinem Steuerberater abklären.

Wahrscheinlicher und besser ist folgende Variante, welche vielerorts praktiziert wird:

2. Deine Mitarbeiter bekommen einen „augenscheinlichen" Zuschuss für ihren Mitgliedsbeitrag im Fitnessclub.

Der Fitnessclub lässt sich auf einen Deal ein, um mehr Mitglieder zu gewinnen und der „Rabatt" findet auf dem Blatt statt. Der Fitnessclub bietet deinen Mitarbeitern quasi einen vergünstigten Gruppentarif.

Deine Mitarbeiter bekommen die Information, dass dein Unternehmen mit dem Fitnessclub XY einen Kooperationsvertrag unterzeichnet hat und ab sofort den Beitrag mit Prozent X subventioniert. Tatsächlich trainieren deine Mitarbeiter zu einem (von dir ausgehandelten) günstigeren Preis. Also ohne entstehende Kosten für dein Unternehmen! Dies sollte allerdings zur Folge haben, dass der Fitnessclub tatsächlich eine angemessene Anzahl Neumitglieder in Form deiner Mitarbeiter gewinnt.

Eventuell bieten sich auch weitere Kooperationen mit deinen Produkten oder Dienstleistungen deines Unternehmens für die bereits bestehenden Mitglieder des Fitnessclubs?

Beispiele dafür sind:

- Dein Unternehmen präsentiert sich auf der Rückseite der Clubkarte des Fitnessclubs und du übernimmst die Kosten für den Druck.
- Die Kunden des Fitnessclubs kaufen in deinem Unternehmen günstiger ein.
- Die Kunden des Fitnessclubs erhalten deine Dienstleistung günstiger.
- Du stiftest Tombola-Gewinne für das Sommerfest des Fitnessclubs.
- u. v. m.

Im Gegenzug könnte der Fitnessclub für dich:

- Plakatwerbung oder Spindwerbung machen
- Werbeflyer von dir auslegen
- Dein Unternehmen in sein Kooperationspartner-Register aufnehmen
- Werbebanner im Studio-TV schalten
- u. v. m.

In der einen Hälfte des Lebens opfern wir die Gesundheit, um Geld zu erwerben; in der anderen opfern wir Geld, um die Gesundheit wieder zu erlangen. Und während dieser Zeit gehen Gesundheit und Leben von dannen (Voltaire).

Nachfolgend ein Vorschlag für ein mögliches Anschreiben an deine Mitarbeiter:

Beispiel

Liebe Mitarbeiter,

Ihre Gesundheit und Ihr Wohlbefinden liegt uns ganz besonders am Herzen.

Für uns als führendes Unternehmen im Bereich XY ist es wichtig, dass unsere Mitarbeiter genauso fit sind wie unsere Produkte.

Aus diesem Grund haben wir uns etwas ganz Besonderes einfallen lassen und mit dem Fitness- und Gesundheitsclub XY einen Rahmenvertrag geschlossen, um künftig Ihre Gesundheit und Ihr Wohlbefinden zu unterstützen.

Wenn Sie dort aktiv Mitglied werden, bezuschussen wir künftig Ihren monatlichen Mitgliedbeitrag mit XX,– €.

Legitimieren Sie sich bitte dort bereits bei Ihrem ersten Termin mittels des personalisierten Gutscheins, der diesem Schreiben beiliegt und nutzen Sie Ihren Vorteil und starten Sie durch in ein noch vitaleres und fitteres Leben!

Auf eine weiterhin gesunde Zusammenarbeit freut sich
Ihr
Vorname Name
Position

Übrigens: Einer meiner Kunden war von der Idee so begeistert, dass er seinen Mitarbeitern für jeden Trainingsbesuch im Fitnessclub eine Überstunde gutschrieb, welche sie bei geringer Auftragslage abfeiern können. Diese Maßnahme kommt, wie du dir sicherlich vorstellen kannst, sehr gut bei den Mitarbeitern an und trägt zu einem hervorragenden Betriebsklima bei. Der Nachweis wird ganz einfach durch ein simples Stempelkärtchen erbracht, welches die Mitarbeiter bei jedem Trainingsbesuch im Fitnessclub abstempeln lassen.

Nichts ist so mächtig wie eine Idee, deren Zeit gekommen ist (Victor Hugo).

12.5 MITTAGSMENÜ: Die Kantine

Kennst du den Unterschied zwischen Lebensmittel und Sättigungsmittel?

Nun, wenn du heute über einen Wochenmarkt schlenderst, findest du fast ausschließlich Lebensmittel. In dem Wort Lebensmittel kommt „Leben" vor. Lebensmittel sind naturbelassen und haben, kurz bevor sie auf deinem Teller gelandet sind, in ihrer ursprünglichen Form „gelebt". Ich behaupte, im Supermarkt ist dies heute umgekehrt. Dort findest du vorwiegend „tote" Sättigungsmittel. Sättigungsmittel sind industriell hergestellte Nahrungsmittel, denen Zucker und sonstige Zusatzstoffe beigefügt wurden. Sie haben nur noch wenig mit Lebensmitteln gemeinsam.

Viele Menschen essen inzwischen nur noch um satt zu werden und die Bereitschaft für hochwertige Nahrungsmittel Geld auszugeben sinkt. Während unsere Vorfahren vor etwa 100 Jahren noch knapp 60 % ihres monatlichen Einkommens für Nahrungsmittel ausgegeben haben, sind es heute hingegen gerade mal rund 10 %. Im europäischen Vergleich liegen wir da z. B. deutlich hinter den Franzosen, welche immerhin 15 % ihres Einkommens für ihre Ernährung ausgeben. Interessant in diesem Zusammenhang ist, dass gerade die Franzosen gegenüber uns Deutschen eine 50-fach niedrigere Sterberate bei Herzinfarkten haben.

Der Markt passt sich diesen geänderten Lebensgewohnheiten schneller an, als dem menschlichen Organismus lieb ist. Hinzu kommt, dass den wenigsten Menschen bewusst ist, dass sie mit qualitativ hochwertigen Nahrungsmitteln einen Beitrag für ihre eigene Gesundheit leisten könnten.

Alle Ernährungswissenschaftler sind sich heute einig, dass unser Hauptproblem, neben mangelnder Bewegung, der Verzehr von Unmengen an Zucker ist. Und mangelnde Bewegung in Verbindung mit hohem Zuckerkonsum führt z. B. zu der Epidemie artig wachsenden Erkrankung Diabetes mellitus Typ II.

Da es mir besonders am Herzen liegt, über die Entstehung von Diabetes und die möglichen Vermeidungsstrategien aufzuklären, möchte ich einen kurzen Ausflug in die Ernährungslehre machen und mir mit dir zunächst den Nährstoff Kohlenhydrate etwas genauer anschauen.

Kohlenhydrate dienen als Energielieferant für deine Muskulatur, Gehirn und das Nervensystem. Der Einfachheit halber unterscheide ich Kohlenhydrate gerne in gute und schlechte Kohlenhydrate.

Beispiele für gute Kohlenhydrate sind:

- Vollkornhaferflocken,
- Müsli,
- Vollkornbrot,
- Schwarzbrot,
- Vollkornreis,
- Vollkornnudeln,
- Obst,
- Gemüse.

Beispiele für schlechte Kohlenhydrate sind:

- Weißbrot,
- weiße Brötchen,
- Toast,
- Kuchen,
- Kekse,
- jegliche Form von Süßigkeiten,
- zuckerhaltige Getränke,
- Fruchtsäfte.

Wichtig zu wissen ist, dass egal, ob du nun gute oder schlechte Kohlenhydrate verzehrst, sie beide in Zucker (Glucose) „umgebaut" werden. Und dies hat einen Anstieg deines Blutzuckerspiegels zur Folge. Um deinen Blutzuckerspiegel zu regulieren, bekommt deine Bauchspeicheldrüse den Befehl Insulin auszuschütten. Und Insulin übernimmt eine Schlüsselfunktion in deinem Körper. Es ist nämlich dafür verantwortlich, dass Kohlenhydrate in die Muskelzelle „hineingelassen" werden. Ähnlich der Funktion eines Türstehers in einer Diskothek.

Isst der Mensch nun mehr Kohlenhydrate, als im Muskel verbraucht werden, kann kein Zucker mehr in die Zelle gelangen. Ist die Diskothek voll, lässt der Türsteher keinen mehr hinein. Die Kohlenhydrate werden dann zu Fett umgebaut und eingelagert.

Isst der Mensch nun über Jahre hinweg immer und immer wieder mehr Kohlenhydrate, als in den Muskeln verbraucht werden, kommt es irgendwann zu einer Insulinresistenz. Der Türsteher dreht quasi durch und lässt, obwohl die Diskothek leer ist, niemanden mehr hinein. Der Betroffene erhält die Diagnose: Diabetes mellitus Typ II. Auch bekannt als Altersdiabetes oder Zuckerkrankheit.

Wie zuvor bereits geschildert sind die Folgen verheerend, dabei wäre es so einfach präventiv mit mehr Bewegung und der Einschränkung des Verzehrs von Kohlenhydraten entgegen zu wirken.

Übrigens wird Insulin auch als „Masthormon" bezeichnet, da es tatsächlich in der Massentierhaltung eingesetzt wird, um das Vieh schneller zu mästen. Insulin stoppt nämlich die

Fettverbrennung und lässt dadurch das Vieh schneller andicken. Um die Angelegenheit noch zu beschleunigen bekommt es durch Stallhaltung, daher auch der Begriff „Standfleisch", die Bewegung entzogen.

Erkennst du hier eine Parallele zum heutigen Ernährungs- und Bewegungsverhalten der Menschen in der westlichen Welt?

Und nicht nur bei der Diabetesentstehung sondern auch bei der Krebsbekämpfung spielt der Zuckerkonsum eine immer größer werdende Rolle, denn Krebszellen lieben Zucker. Während die gesunden Zellen unseres Körpers vorzugsweise ihre Energie aus den Nährstoffen Eiweiß und Fett gewinnen, ist die Krebszelle rein auf die Versorgung von Kohlenhydraten, sprich Zucker angewiesen.

Ich möchte mir diese Aussage mit dir einmal näher anschauen.

Die Energiekraftwerke der Zelle werden in der Fachsprache als Mitochondrien bezeichnet. Durch „Verbrennung" versorgen diese die gesunde Zelle mit Energie. Der Biologe und Nobelpreisträger Otto Heinrich Warburg (1883–1970) stellte bereits im Jahr 1924 bei seinen Forschungen fest, dass die Krebszelle von „Verbrennung" (unter Zufuhr von Sauerstoff) auf „Vergärung" (ohne Sauerstoff) umschaltet. Dieser Vergärungsprozess hat zur Folge, dass Milchsäure produziert wird, welche aus dem Zellkern austritt und sich wie ein Schutzmantel um die Zelle legt. Dieser Säureschutzmantel schützt die Zelle nicht nur vor äußeren Einflüssen, sondern zerstört auch gesundes, umliegendes Gewebe und gibt so dem Krebsgeschwür die Möglichkeit sich im Körper auszubreiten. Der Krebs streut, Metastasen entstehen. Das Verheerende an diesem Umstand ist, dass dieser Säureschutzmantel die Zelle nicht nur für unser Immunsystem unangreifbar, sondern häufig auch resistent gegen Strahlen- und Chemotherapie, macht.

Hinzu kommt, dass die Krebszelle einen bis zu 30 % höheren Energiebedarf gegenüber der gesunden Zelle hat und da der Vergärungsprozess ausschließlich auf Zucker angewiesen ist, werden die Nährstoffe Eiweiß und Fett für sie unbrauchbar. Versucht nun der Krebspatient seinem Gewichtsverlust entgegen zu wirken und isst größere Mengen an Kohlenhydraten, schafft er unbewusst optimale Voraussetzungen für die Mutation.

Der Krebsforscher Dr. Johannes Coy empfiehlt daher seinen Krebspatienten täglich maximal ein Gramm Kohlenhydrate je Kilogramm Körpergewicht (Bsp.: 75 kg Körpergewicht = 75 g Kohlenhydrate) zu verzehren. Durch die verminderte Kohlenhydratzufuhr wird der Krebszelle wichtige Energie entzogen und so besteht die Chance sie förmlich „aushungern" zu lassen, bzw. sie wieder angreifbar für Immunsystem, Strahlen- und Chemotherapie zu machen. Darüber hinaus empfiehlt der Wissenschaftler Sport zu treiben, um so zum einen vermehrt Kohlenhydrate zu verbrauchen und zum anderen den Körper mit ausreichend Sauerstoff zu versorgen, denn Sauerstoff ist einer der größten Feinde des Krebses.

> **Übersicht**
> Zusammengefasst bedeutet dies: Kohlenhydrate runter, Bewegung und Training rauf!

Training und Ernährung gehören zusammen wie ein Paar Laufschuhe (Boris Schwarz).

Doch nun zum eigentlichen Thema, zu deiner Kantine.

Richte doch für deine Mitarbeiter eine zu Neudeutsch „Health Food Area" ein und biete Speisen an, die gesundheitsbewusst sind, nur wenige, dafür gesunde Kohlenhydrate enthalten und wertvolle Eiweißquellen, wie gegrillten Fisch, mageres Rindfleisch, Hähnchenbrust und Eier enthalten. Eine frische Salatauswahl und Gemüse sollten das Angebot abrunden.

Besprich dies doch mal mit deinem Chefkoch oder deinem BGM-Dienstleister.

Eventuell erhalten die Mahlzeiten in deiner „Health Food Area" darüber hinaus auch Angaben über Eiweiß, Fett, Kohlenhydrate und Kilokalorien?

Zu wissen, wie man etwas macht, ist nicht schwer. Schwer ist nur, es zu machen (Chinesisches Sprichwort).

12.6 MITTAGSMENÜ: Der Thai-Imbiss

Solltest du auf Hauslieferungen von umliegenden „Fast Food Restaurants" angewiesen sein, so ist die asiatische Küche empfehlenswert, wenn sie eine gewisse Qualität garantiert. Dort wird nämlich frisches Gemüse und mageres Fleisch, wie Geflügel angeboten.

Bitte verzichte grundsätzlich auf frittiertes, da es gesundheitsgefährdende Transfettsäuren enthalten könnte.

Transfettsäuren sind gehärtete Pflanzenfette, die vor allem in industriell produzierter Nahrung stecken. Dazu zählen in erster Linie frittierte Nahrungsmittel wie Pommes Frites, Chicken Nuggets, Kartoffelchips und Backwaren. Doch auch in billigen Margarinen, Fertiggerichten und Süßigkeiten können sie vorkommen. Du kannst sie daran erkennen, wenn du auf die Zutatenliste schaust und die Kombination von „gehärtet" und „Pflanzenfett", also „Pflanzenfett gehärtet" oder „gehärtetes Pflanzenfett" entdeckst.

Das medizinische Fachmagazin „New England Journal of Medicine" warnte vor Jahren schon davor, dass bereits der tägliche Verzehr von nur fünf Gramm des „bösen" Fettes, das Risiko einer Herzerkrankung um 25 % steigen lässt. Nur zur Info: In einer großen Portion Pommes Frites, stecken z. B. gut und gerne die doppelte Menge. Transfettsäuren beeinflussen den Cholesterinwert negativ, da sie den „bösen" Cholesterinwert LDL (Lass Das Lieber) im Blut erhöhen und den des „guten" HDL-Cholesterins (Hat Dich Lieb), senken. Dies führt zu steigenden Blutfettwerten, was wiederum zur Erhöhung des Schlaganfall- bzw. Herzinfarktrisikos beiträgt. Auch schüren diese Fette entzündliche Prozesse in deinem Körper und fördern die Plaquebildung an den Innenwänden deiner Blutgefäße, was zu Arteriosklerose führen kann.

> Alle wollen sie, viele haben sie, die wenigsten wollen etwas für sie tun: Die Gesundheit (Boris Schwarz).

12.6.1 MITTAGSMENÜ: Der pfiffige Sandwichlieferant

Ein schönes Erlebnis hatte ich einmal bei einem geschlossenen Seminar einer Fondsgesellschaft im Raum Freiburg. Dort kam um die Mittagszeit ein pfiffiger Caterer in das Unternehmen und bot seine Sandwichs sowie „Softgetränke" an. Ich schaute mir gemeinsam mit den Mitarbeitern seine Auswahl an und wir schlugen ihm vor, ein eigenes Sandwich zu kreieren. Der Caterer war sofort einverstanden und taufte diesen sogar auf den Namen des Unternehmens.

Es bestand aus folgenden Zutaten:

- Körnerstange auf Dinkelbasis,
- Frischkäse,
- Salatblätter,
- Putenwurst,
- Mozzarella,
- Tomatenschieben,
- Gurkenscheiben.

Einige Zeit nach meinem Coaching hatte ich mit dem Chef des Unternehmens einen Recall und er berichtete mir, dass sich das Sandwich inzwischen auch bei umliegenden Firmen enormer Beliebtheit erfreut. Dies hat übrigens den Sandwich-Lieferant veranlasst sein Sortiment durch weitere gesunde Sandwichs zu erweitern.

> Kleine Taten, die man ausführt, sind besser als große, die man plant (George C. Marshall).

12.7 FINGERFOOD: Der Obstkorb

Der Chef der Fondsgesellschaft füllte übrigens immer montags einen Korb mit frischem Obst, welches den Mitarbeitern kostenlos zur Verfügung stand.

Nach dem Seminar, wurde auf meinen Vorschlag hin, der Korb um ein Schild erweitert:

> **Tipp Ist Obst gesund?**
> Ja, doch Obst enthält in erster Linie Kohlenhydrate. Und wenn Sie Obst alleine essen, lässt dies Ihren Insulinspiegel in die Höhe schnellen. Dies hat in der Regel

zur Folge, dass Sie bereits kurze Zeit später einen Leistungseinbruch erleiden und die Müdigkeit Sie einholt.

Deshalb unser Tipp: Kombinieren Sie Ihr Obst mit einer hochwertigen Eiweißquelle.

Denn der Verzehr von Eiweiß startet die Produktion des Gegenspielers von Insulin: Glucagon. Und Glucagon dämpft den Anstieg Ihres Blutzuckerspiegels. Und nicht nur das, denn Glucagon dient als Vorstufe der sogenannten Lipasen. Lipasen sind fettabbauende Enzyme, die es Ihnen erst ermöglichen Körperfett zu reduzieren. Deshalb ist es z. B. bei einer Gewichtsreduktion ja auch so wichtig, dass Sie genügend Eiweiß verzehren.

Mögliche Eiweißquellen als Snack sind z. B.: Hüttenkäse, Quark, Eier oder Eiweißshakes.

Rezeptvorschlag: Rühren Sie Milch oder Wasser so lange in Ihren Magerquark, bis er der Konsistenz von Joghurt ähnelt. Warum nicht gleich Joghurt nehmen? Nun, Magerquark liefert fast dreimal so viel Eiweiß wie Joghurt, während Joghurt zudem auch noch rund 50 % mehr Kohlenhydrate enthält als Magerquark. Dies macht Magerquark klar zum Favoriten.

Fügen Sie nun möglichst regionales Obst, z. B. frische Erdbeeren Ihrem Quark hinzu. Wenn Sie Ihren Snack zu einem wahren Gesundheitssnack machen möchten, ergänzen Sie Ihn um zwei Walnüsse. Walnüsse enthalten wertvolle Omega-3 Fettsäuren, welche u. a. Herz-Kreislauferkrankungen reduzieren, Ihre Gefäße frei putzen, die Fließeigenschaft Ihres Blutes erhöhen, Entzündungsherde eindämmen, Ihre Arterien elastisch halten und Ihre Gehirnleistung erhöhen.

Guten Appetit und jede Menge Gesundheit wünscht Ihnen
Ihre Geschäftsleitung
Quelle: www.boris-schwarz.de

Kümmere dich lieber heute um deine Gesundheit als morgen um deine Krankheiten (Boris Schwarz).

12.7.1 FINGERFOOD: Snack in Meetings

Häufig werden bei Meetings reine Insulinbomben wie Kekse, Schokolade oder ähnliches gereicht, was dazu führt, dass die Insulinspiegel der Mitarbeiter Achterbahn fahren. Dies wiederum hat zur Folge, dass sobald der Blutzuckerspiegel sinkt, der Mitarbeiter in ein Leistungstief absackt und seine Produktivität nachlässt.

Die Abhilfe hier wären Snacks, die kein Insulin auslösen, wie z. B. Nüsse. Nüsse liefern gesunde Fette, die für eine hervorragende Hirnleistung sorgen und keinerlei Einfluss auf den Insulinspiegel haben. Dazu liefern sie, aufgrund ihrer hohen Energiedichte jede Menge Power.

> **Tipp** Biete deinen Mitarbeitern und Geschäftspartnern in Meetings und Besprechungen naturbelassene, unverarbeitete und nicht gesalzene Nüsse an. Vorzugsweise Nussmischungen, Walnüsse oder Mandeln.

Es ist niemals zu früh oder zu spät, für die Gesundheit deines Körpers zu sorgen (Unbekannt).

Zum zuvor angesprochenen Absinken des Blutzuckerspiegels und dem damit häufig einhergehenden „Mittagstief" möchte ich nun ein paar Worte verlieren.

12.8 EXTRAS: Der Schlüsselschlaf

Wusstest du, dass berufstätige Chinesen einen gesetzlich geregelten Anspruch auf Mittagsschlaf haben? In China ist der Mittagsschlaf im Grundgesetz verankert, während er bei uns nur selten Beachtung findet. Dabei reduziert er aktuellen Studien zu Folge das Herzinfarktrisiko um knapp 40 % und macht die Arbeitnehmer leistungsfähiger.

Eventuell besteht in deinem Unternehmen die Möglichkeit deinen Mitarbeitern einen Bereich anzubieten, der sich für einen kurzen Schlüsselschlaf eignet?

Nachfolgend ein Vorschlag für einen möglichen Aushang:

- **Der Schlüsselschlaf** Falls Sie die Müdigkeit in Ihrer Mittagpause überrollt, probieren Sie ihn doch mal aus, den kurzen Schlüsselschlaf.
  Und so funktioniert er: Setzen Sie sich auf einen Sessel, Stuhl oder legen Sie sich auf eine Couch und halten einen Schlüsselbund in Ihrer Hand, welche am besten irgendwo herunterhängt. Es gibt verschiedene Schlafphasen, und genau in dem Moment, bevor Sie in die sogenannte REM (Rapid Eye Movement)-Phase „abtauchen", entspannen sich Ihre Muskeln, was zur Folge hat, dass Sie Ihren Schlüssel fallen lassen. Das Geräusch wird Sie aufwecken, noch bevor Herzfrequenz und Blutdruck weiter absinken. Würden Sie länger schlafen, bräuchten Sie nach dem Aufwachen eine längere Anlaufphase, bis Sie wieder richtig in die Gänge kämen. Sie würden sich eher schlapp als fit fühlen.
  Öffnen Sie, sobald „Ihr Schlüssel gefallen ist", alle Fenster um Frischluft hinein zu lassen oder gehen Sie nach draußen und machen Sie ein paar Kniebeugen. Pumpen Sie so frische Luft durch Ihre Lungen, bevor Sie frisch, fit und guter Laune an Ihren Arbeitsplatz zurückkehren.
  Quelle: www.boris-schwarz.de

Übrigens stufen Schlafforscher den Schlüsselschlaf ähnlich erholsam ein, wie eine Stunde Tiefschlaf. Dies wusste bereits Albert Einstein, der so regelmäßig seine Akkus aufgeladen haben soll.

Erholung ist die Würze der Arbeit (Plutarch).

12.8.1 EXTRAS: ZDF = Zahlen, Daten, Fakten

Ich habe in meinem Berufsleben mit vielen Führungskräften zu tun und meine Erfahrung ist, dass Führungskräfte häufig Kopfmenschen sind. Sie haben tagtäglich mit Zahlen zu tun. Und Menschen, die tagtäglich mit Zahlen zu tun haben, fällt es häufig schwer „ihren Kopf abzuschalten". Selbst und gerade in der Freizeit. Deshalb verwundert es auch nicht, dass diese Menschen häufig Sportarten oder Tätigkeiten lieben, bei denen sie im Jetzt und Hier sein „müssen".

Hervorragende Beispiele dafür sind:

- Golf,
- Tennis,
- Klettern,
- Downhill-Mountainbiking,
- Kampfsportarten.

Oder einfach nur schnell Autofahren.

Ich habe z. B. einmal in einem Unternehmen einen Vortrag gehalten, in dem ausnahmslos alle Führungskräfte ZDFler waren. Es war ein sehr modernes und kreatives Unternehmen und sie hatten sich eine hochinteressante Möglichkeit geschaffen „Ihre Datenautobahnen" regelmäßig frei zu räumen.

Sie hatten sich einen Fußball-Kicker in der Empfangshalle aufgestellt und immer, wenn ihnen nach einer kurzen „Gedankenpause" war, haben sie eine Runde gekickert, um danach leistungsfähiger und mit einem klarem Kopf an ihren Arbeitsplatz zurück zu kehren.

Sicherlich ist die Umsetzung dieser Idee in nur einigen wenigen Unternehmen möglich, da es vermutlich viele Arbeitnehmer gibt, die künftig mehr kickern würden als produktiv zu arbeiten.

Doch eventuell bringt dich dieses Beispiel auf eine Idee?

Hier noch ein paar geeignete Beispiele:

- Life Kinetik Bälle,
- Golf Putting Green fürs Büro,
- Billardtisch.

Freude an der Arbeit lässt das Werk trefflich geraten (Aristoteles).

12.8.2 EXTRAS: Die Kreativpause

Die Themen Stress, Hektik und hohe Schlagzahl sind sicherlich für dich und deine Kollegen keine Fremdworte. Oftmals ist es wichtig, dass du dir ab und an mal eine Kreativpause gönnst, in der du ungestört arbeiten und kreativ werden kannst. Schließe dazu dein E-Mail-Programm oder deaktiviere wenigstens den Benachrichtigungston für deine E-Mail-Eingänge, stelle wenn möglich dein Handy lautlos und aktiviere deinen Anrufbeantworter.

▸ **Tipp** Um von deinen Kollegen ungestört zu bleiben, vereinbare doch einfach mit ihnen, dass du immer dann, wenn du eine Wäscheklammer an deinem Revers trägst, ungestört bleiben willst. Selbstverständlich sollten deine Kollegen sich ebenfalls eine solche Kreativpause gönnen dürfen, in der du sie in Ruhe arbeiten lässt.

Mit dieser Methode schaffst du dir Zeiträume, in denen du produktiver arbeiten kannst. Höhere Produktivität bedeutet Zeitersparnis. Und Zeit ist nicht nur Geld, sondern das Thema Zeit und Zeitdruck sind einer der Hauptauslöser von Stress. Deshalb: Gönne dir hin und wieder deine „Kreativpause"!

> Alle sagten: „Das geht nicht." Dann kam einer, der wusste das nicht, und hat es gemacht (Hilbert Meyer).

12.9 GETRÄNKE: „Erfrischungsgetränke"

Getränke wie Limonaden, Cola, Energygetränke und auch Fruchtsäfte enthalten „versteckte" Kohlenhydrate, nämlich Zucker. Und Zucker ist nachweislich nicht nur der Dickmacher der Nation, sondern auch häufig die Ursache von Zivilisationskrankheiten wie Diabetes und Krebs. Und gerade der Verzehr von zuckerhaltigen Getränken hat in den letzten Jahrzehnten drastisch zugenommen und maßgeblich mit dazu beigetragen, dass Deutschland 2012 amtierender Europameister in der Disziplin Adipositas war. Übrigens ein trauriger Rekord, wie ich finde.

Ein „schönes" Beispiel dafür ist das Angebot von Cola in deutschen Kinos. Vielleicht erinnerst du dich noch an die 1980er Jahre, in denen 0,33 Liter Fläschchen angeboten wurden, welche nach der Vorstellung massenweise unter den Sitzen lagen?

Heute beginnt die kleinste Cola (normal) bei 0,5 Liter (210 kcal). Der „mittlere" Becher enthält bereits 1 Liter (420 kcal) und die „Maxigröße" sage und schreibe 1,5 Liter (630 kcal)! Dazu wird Popcorn bis zur „Jumbo"-Variante mit 290 g angeboten, welche satte 1514 kcal liefern. Selbst wenn sich zwei Personen das Popcorn teilen und jeder ein „normales Erfrischungsgetränk" trinkt, nimmt so jeder knapp 1000 kcal zu sich. Leere Kohlenhydrate, die nach Verbrennung schreien, welche in der Regel ausbleibt.

Dies war nur ein Beispiel von vielen.

> **Tipp** Stelle deinen Mitarbeitern kostenloses Wasser zur Verfügung. Dieses könnte aus einer professionellen Schankanlage kommen, wie sie inzwischen in vielen Krankenhäusern eingesetzt werden. Das Wasser durchläuft ein Filtersystem und kann dann mit oder ohne Kohlensäure gezapft werden. Die Miete einer solchen Schankanlage liegt bei rund 80–100 € im Monat und lästiges Kistenschleppen entfällt. Im Gegenzug erhöhst du den Preis von zuckerhaltigen Getränken oder bietest sie überhaupt nicht mehr an.

> Tue deinem Leib etwas Gutes, damit deine Seele Lust hat, darin zu wohnen (Teresa von Àvila).

12.9.1 GETRÄNKE: Wasser

Was denkst du, wie lange würde es dir dein Körper gestatten, dass du ihm keine feste Nahrung zuführst? Nach wie vielen Tagen würde dein Organismus versagen, seine Arbeit einstellen und du sterben?

Wissenschaftler erachten eine Überlebenschance von 50 bis 80 Tagen als realistisch, vorausgesetzt, dein Körper bekommt ausreichend Wasser. Doch auch diese Einschätzungen sind sehr vage und abhängig von Faktoren, wie körperlicher Verfassung, Geschlecht und Körperfettanteil. Menschen mit einem höheren Fettanteil haben eine größere Überlebenschance. Kein Wunder, denn dafür hat Mutter Natur ja die Fettreserven auch erfunden.

Und was denkst du, wie lange würdest du überleben, wenn du deinem Körper kein Wasser zuführen würdest? Wann würde dein Organismus in diesem Fall seinen Dienst quittieren?

Auch hier spielen wieder Faktoren, wie Umgebungstemperatur, körperliche Aktivität, Alter und Gesundheitszustand eine fundamentale Rolle. Bereits der Verlust von 1–2 % Flüssigkeit durch Schwitzen, hat einen Anstieg deiner Körpertemperatur zur Folge. Dein Blut wird dicker, dadurch muss dein Herz mehr leisten und deine Herzfrequenz steigt. 3–4 % vermindern deine Leistungsfähigkeit und Ausdauer um bis zu 20 %. 5–6 % Flüssigkeitsverlust führen zu Kraftlosigkeit und Krämpfen. Und über 8 % können bereits Lebensgefahr bedeuten. Wenn akuter Flüssigkeitsmangel besteht, können deine Nieren nicht mehr richtig arbeiten und deine „Körpergifte" nicht mehr ausscheiden. Dies hätte zur Folge, dass du innerlich vergiften und an multiplem Organversagen sterben würdest. Und dies bereits innerhalb kürzester Zeit. Es gibt Menschen, die nach nur einem Tag ohne Wasser in der Wüste „verdurstet" sind, während Schiffbrüchige bei winterlichen Temperaturen bis zu 10 Tagen überlebten.

Eines wird bei diesem Vergleich deutlich: Wasser ist für deinen Körper von größter Bedeutung und „elementarer" als feste Nahrung.

Der ideale Körperwasserwert liegt bei Frauen bei 50–55 % und bei Männern bei 60–65 %.

Wasser spielt darüber hinaus bei vielen Abläufen in deinem Körper eine sehr wichtige Rolle. Es reguliert z. B. deine Körpertemperatur, dient als Transportmittel von Sauerstoff und Nährstoffen im Blut und ist für den Abtransport von Stoffwechselendprodukten und Giften über Stuhl und Urin verantwortlich.

Und noch etwas: Es ist erwiesen, dass das Durstgefühl im Laufe der Jahre nachlässt und im Seniorenalter fast nicht mehr vorhanden ist. Während Kinder noch ständig: „Durst, Durst!" äußern, müssen alte Menschen in Seniorenheimen unter Aufsicht Flüssigkeit zu sich nehmen, um nicht innerlich auszutrocknen. Und noch viel erschreckender ist, dass das Hungergefühl häufig mit dem Durstgefühl verwechselt wird. Bedeutet, du bekommst Hunger, obwohl du Durst hast. Eventuell kennst du ja diese Tage, an denen du ständig Hunger hast? Überprüfe doch dann einmal für dich, ob du bereits genügend getrunken hast? Unter Umständen genügt es, dass du ein großes Glas Wasser trinkst und dein Hungergefühl verschwindet.

Um deinen Mitarbeitern die Wichtigkeit von Wassertrinken näher zu bringen, empfehle ich dir an der Wasseranlage ein Schild mit folgender Aufschrift auszuhängen:

▸ **Tipp** **Die Gesundheit unserer Mitarbeiter liegt uns ganz besonders am Herzen**
Deshalb haben wir beschlossen, Ihnen künftig den wichtigsten Nährstoff kostenlos zur Verfügung zu stellen: Wasser.
Wasser hilft bei der Gewichtsreduktion
Egal welches Nahrungsmittel Sie zu sich nehmen, neben Nährstoffen, Vitaminen und Mineralstoffen nehmen Sie auch, ohne, dass Sie es wollen, Giftstoffe zu sich. Diese Giftstoffe sowie weitere Stoffwechselendprodukte, müssen aus Ihrem Körper abtransportiert werden. Und diese Aufgabe übernehmen Ihre Nieren. Bekommen Ihre Nieren allerdings nicht ausreichend Flüssigkeit, können sie ihre Arbeit nicht verrichten und sie rekrutieren einen „Hilfsarbeiter": Ihre Leber. Da allerdings eine der Hauptaufgaben Ihrer Leber der Fettstoffwechsel ist, bleibt dieser dann auf der Strecke, sobald sie den Nieren beim Entgiften Ihres Körpers helfen müssen.
Wasser beeinflusst in besonderem Maße Ihre Verdauung
Trinken Sie zu wenig, kann dies zu Verdauungs- und Stuhlproblemen führen. Übrigens leben wir im Zeitalter der Verstopfung, es ist allerdings ein Tabuthema und niemand redet darüber. Deshalb laufen viele betroffene Menschen auch direkt in die Apotheke und besorgen sich Abführmittel. Dabei wären sie bestens beraten, wenn sie mehr Wasser trinken würden.
Wasser steuert Ihre körpereigene Thermoregulierung
Ist Ihr Körperwasserhaushalt dauerhaft zu niedrig, führt dies häufig zu kalten Händen und Füßen. Kommt Ihnen dies bekannt vor? Dann sollten Sie mehr Wasser trinken.
Hier unser Gesundheitstipp: Trinken Sie mindestens 30–40 ml Wasser je Kilogramm Körpergewicht und Tag als Grundversorgung. Und rechnen Sie pro Stunde Sport oder körperlicher Aktivität im Beruf jeweils nochmals 10–15 ml je Kilogramm Körpergewicht und Stunde hinzu. Achten Sie zudem auf Ihre Urinfärbung. Je heller Ihr Urin, desto besser.
Bleiben Sie gesund!
Ihre Geschäftsleitung
PS: In diesem Zusammenhang haben wir uns auch dazu entschlossen zuckerhaltige Getränke gänzlich aus unserem Portfolio zu streichen.
Quelle: www.boris-schwarz.de

Gesundheit ist weniger ein Zustand als eine Haltung, und gedeiht mit der Freude am Leben (Thomas von Aquin).

12.10 NACHSPEISE: Schlusswort und Handlungsempfehlung

Ich hoffe dir hat mein reichhaltiges Buffet gefallen und es war das eine oder andere „Häppchen" für dich dabei?

Falls ja, vergiss bitte die 72-Studen-Regel nicht. Egal für welche Maßnahme du dich auch entscheiden wirst, die Vorteile liegen ganz klar auf der Hand, denn folgender positiver Nutzen wird sich für dein Unternehmen ergeben:

- Geringere Ausfallzeiten
- Höhere Produktivität deiner Mitarbeiter
- Steigende Qualität deiner Produkte und Dienstleistungen
- Höhere Verbundenheit deiner Mitarbeiter zu deinem Unternehmen und somit Senkung der Fluktuation
- Imagegewinn deines Unternehmens am Arbeitsmarkt und in der Branche

Und auch deine Mitarbeiter kommen nicht zu kurz, denn folgende Vorteile ergeben sich für sie:

- Bessere körperliche und mentale Fitness
- Höhere Stressresistenz
- Mehr Spaß am Arbeitsplatz
- Besseres Betriebsklima
- Vermeidung von psychischen Krankheiten
- Höhere individuelle Leistungsfähigkeit
- Bessere Gesundheit

Darüber hinaus lassen diese Maßnahmen dein Unternehmen in einem ganz anderen Licht erscheinen und fitte Unternehmen ziehen fitte Mitarbeiter an. Und auch der Imagegewinn für dein Unternehmen wird sich langfristig auszahlen!

Abschließend wünsche ich dir fitte, motivierte und produktive Mitarbeiter sowie in erster Linie jede Menge Gesundheit für dich, deine Mitarbeiter und dein Unternehmen!

Nur wer seinen eigenen Weg geht, kann von niemandem überholt werden (Marlon Brando).

12.11 Über den Autor

Boris Schwarz Boris Schwarz ist Bestsellerautor, freier Dozent, Kolumnist für verschiedene Institutionen und Top-Speaker.

Er nutzt seine Expertise aus gut 20 Jahren Coaching-Erfahrung um Menschen aufzuzeigen, wie sie durch eine optimierte Ernährungs- und Bewegungsweise mehr Energie im Alltag verspüren und sich einer besseren Gesundheit erfreuen dürfen. Unter anderem hat er im Rahmen dieser Tätigkeiten seine erfolgreiche und in der Praxis erprobte „8-Diamanten-Strategie" sowie das „8-Minuten-Anti-Stress-Workout" entwickelt.

Mit seinen Vorträgen motivierte er bereits mehrere Tausend Zuhörer zu einem gesünderen Lebensstil und zeigt ihnen, wie sie mit ein paar Tricks und Kniffen leistungsfähiger werden und letzten Endes bleiben.

In seinen Büchern räumt er mit gängigen Vorurteilen auf und erklärt auf verständliche Weise, wie seine Leser schnell und einfach ihre Ernährungs- und Lebensgewohnheiten umstellen können und wie sie mit wenig Aufwand und ohne Geräte quasi überall Körpergewichtsübungen durchführen können, um Stress zu reduzieren.

In seinen Vorträgen und Seminaren rüttelt Boris Schwarz mit Witz, Charme und Authentizität, gepaart mit der Fähigkeit Abläufe des menschlichen Körpers bildhaft und verständlich zu erklären, seine Zuhörer wach und lässt so jede Veranstaltung zu einem Highlight werden. Diese Gabe hat ihm in den letzten Jahren nicht nur die Bezeichnung „Gesundheitsmotivator" eingebracht, sondern auch zu einem der gefragtesten Speaker seines Fachs gemacht.

Weitere Infos unter www.boris-schwarz.de.

Starker Geist in einem starken Körper

Wie Bewegung das Hirn leistungsfähiger macht, indem sie den Körper stärkt

Rolf Schwarz

13

Inhaltsverzeichnis

13.1	Am Anfang war das Missverständnis	253
13.2	Warum gibt es überhaupt ein Gehirn?	255
13.3	Embodiment – bewegtes Einverleiben von Erlebnissen	260
13.4	Wie Körperveränderungen durch Inaktivität zu einer veränderten Hirnfunktion führen	262
13.5	Wie das Hirn funktioniert und wie man durch Bewegung die Grundfunktionen positiv beeinflussen kann	268
13.6	Über den Autor	273
	Literatur	274

„(…) mens sana in corpore sano" (Juvenal) – Warum ein gesunder Geist in einem gesunden Körper wohnen möge!

13.1 Am Anfang war das Missverständnis

Die vom römischen Satirenschreiber *Juvenal* stammende Aussage zum gesunden Verhältnis von Körper und Geist, wird ebenso oft wie missverständlich zitiert. Denn was nur in den seltenen Fällen bei der Benutzung dieses Zitates erwähnt wird, ist der tatsächliche gesellschaftliche Hintergrund, vor dem dieser weitsichtige Zeitgenosse der römischen Antike die damaligen Verhaltensweisen anprangerte: Weniger die Feststellung war gemeint, dass ein gesunder Geist in einem gesunden Körper faktisch wohnt, sondern der Aufruf, in den Gebeten an die Götter nicht nach Reichtum oder Macht zu flehen, sondern dass das einzig sinnvolle Gebet in dem Wunsch nach dem Wohl des Geistes in einem ebenso gesunden

Rolf Schwarz ✉
Abteilung 3: Spiel und Bewegungbildung im Kindesalter, Bau 3 / Raum 218, Institut für Bewegungserziehung und Sport (IfBS), Bismarckstraße 10, 76133 Karlsruhe, Deutschland

P. Buchenau (Hrsg.), *Chefsache Prävention I*, DOI 10.1007/978-3-658-03612-6_13,
© Springer Fachmedien Wiesbaden 2014

Körper *sei* (Knoche 1950; Adamietz 1986; vgl. die 10. Satire, Vers 365). Juvenal wusste bereits damals, wie sich die Vernachlässigung des Körpers auf die geistige Leistungsfähigkeit auswirken kann und dass eine ausgewogene Ernährung einerseits aber auch das rechte Maß an Bewegung andererseits dem harmonischen Verhältnis von Körper und Geist zuträglich ist. Heute wissen wir, dass die Rufe Juvenals nur von wenigen erhört wurden und selbst in modernen Gesellschaften sinnbildlich für alle Versuche der Prävention sind: das Kind muss erst in den Brunnen gefallen sein, bevor die Menschen klug werden. Deshalb ist der ureigene Sinn gesundheitlicher Prävention (von lat. „praevenire" = zuvorkommen, verhüten), nämlich die proaktive Vorbeugung und Voraussicht statt das reaktive Nachsehen und den Schaden zu haben, eine Aufgabe, die jener des Sisyphos gleich kommt und viel Geduld und Beharrlichkeit braucht.

Doch wie so oft, sind es die Falschmeldungen, die eine mitunter weitaus längere Lebenszeit aufweisen, als der eigentlich richtige Tatbestand. Dies gilt auch für einen Politiker der jüngeren Geschichte, der auf die Frage eines Reporters nach dem Geheimnis für sein langes und rüstiges Leben die Antwort gegeben haben soll: „No sports!" Kein geringerer als der rauchende, Whiskey trinkende und übergewichtige *Winston Churchill* soll diesen bewegungsarmen Risikolebensstil gepflegt haben. Was aber selten erwähnt wird, ist seine leidenschaftliche Freizeitgestaltung der jüngeren Jahre. Es waren die Pferde, die das immerhin 91-jährige Bewegungsleben von Churchill mächtig auf Trapp hielten und ihn regelmäßig und ausdauernd an die frische Luft brachten. Darüber hinaus war er in den Jugendtagen ein erfolgreicher Schwimmer, Fechter und Schütze (Churchill 1965). Trotz der Risikolage also, in der er sich aufgrund von Faktoren wie Rauchen, Übergewicht und psychischem Stress befand (der Job als britischer Regierungschef während des zweiten Weltkriegs dürfte einiger Maßen psychisch belastend gewesen sein), griff er auf eindeutige Schutzfaktoren und Ressourcen zurück, die er bereits als Teenager und junger Mann aufgebaut hatte, um seine späteren beruflichen Anforderungen besser bewältigen zu können. Ein entscheidender Widerstandsfaktor daraus war und ist die Bewegung. Diese grundlegende Bedeutung von Bewegung und Sport im Jugendalter für die Gesundheit im späteren Erwachsenenalter gilt im Übrigen sowohl für die Physiologie (z. B. Vorbeugung von Osteoporose; Marti et al. 1999) als auch für die psychische Gesundheit (z. B. Vorbeugen oder Abheilen von Depressionen; Schulz et al. 2012). Körperliche Aktivität im Kindes- und Jugendalter darf allerdings nicht mit der Metapher des „Gesundheitstanks" missverstanden werden, den man in den frühen Lebensjahren unbegrenzt voll machen kann, um dann im Erwachsenenalter in Lethargie für den Rest seines Lebens davon zehren zu können. Mit der Bewegungsprävention verhält es sich wie mit dem Schwimmen in einem Fluss: Wer aufhört zu schwimmen kommt zwar voran, aber in die falsche Richtung …

Das Verhältnis von Körper und Geist war also schon immer ein entweder missverstandenes oder zumindest nicht leicht zu verstehendes. Der maßgebliche Grund hierfür dürfte die Rolle der Bewegung sein, die bislang noch zu klein, zu ungenau und unkonkret gespielt wurde. Um Klarheit zu erhalten, wie groß und wesentlich die Bedeutung der Bewegung für die Gesundheit des Körpers und die damit zusammenhängende Leistungsfähigkeit des Gehirns ist, schauen wir zunächst zurück auf die Entstehung des Lebens.

Wer diese lange Entwicklung verstanden hat, dem ist klar, dass sich betriebliche Prävention und Gesundheitsförderung nicht nur in simplen Bewegungskursen und „Veggie Days" erschöpfen kann. Vielmehr ist die Bewegung des Menschen zu nehmen wie und was sie ist: Grundlage menschlichen Lebens überhaupt, somit ein ständiges Prinzip des (Arbeits-)Alltags und der wesentliche Garant für hohe kognitive Leistungen. Nicht jede Bewegung ist Leben, wie wir an unserer automatisierten Welt erkennen können. Doch jede Lebensform zeigt autonome Bewegungen, die reguliert und koordiniert werden müssen – die Grundlage für ein komplexes Nervensystem in Form eines Gehirns.

13.2 Warum gibt es überhaupt ein Gehirn?

Diese Frage können sich Bäume weder stellen noch beantworten, denn sie haben keines. Gleichzeitig handelt es sich aber beim Baum um eine Lebensform, die rund 70 mal länger als der Mensch existiert und somit auch ohne Hirn eine Erfolgsformel gefunden zu haben scheint (Stein et al. 2007). Im Wettbewerb um die begrenzten energetischen Ressourcen auf unserem Planeten scheint ein Hirn zunächst also nicht von förderlichem und existenziellem Ausschlag zu sein. Im Gegenteil frisst das Hirn mit seinen im Durchschnitt 1,3 bis 1,5 kg rund 20 % der Gesamtenergie eines durchschnittlich 75,6 kg schweren Mitteleuropäers (vgl. Alle et al. 2009). Wo das Hirn im Verhältnis also nur 1/54 seines Eigengewichts an Energie verbrauchen dürfte, verschlingt es tatsächlich 1/5 der täglichen Kalorien und damit rund 10 mal mehr als ihm gewichtsmäßig zustünde. Überdies ist es mit seinen 100 Milliarden (!) Neuronen derart komplex, dass es auf störende Einwirkungen sehr empfindlich reagiert, wie z. B. mit Kopfschmerzen oder gar Depressionen. Letztgenannte Krankheit befiel auch Winston Churchill, die er „Black Dog" nannte und mit mehr Bewegung auch und vor allem im späten Erwachsenenalter sehr gut hätte verhindern können. Sport und Bewegung nur in der Jugend schützt demnach nicht fortwährend vor geistiger Beeinträchtigung. Man(n) und vor allen Dingen Frau sollten im späteren Erwachsenenalter den körperlichen Möglichkeiten gemäß ebenso aktiv bleiben.

Warum also erfindet die Natur ein derart kostspieliges und reparaturanfälliges Organ? Würde es sich um eine Tochterfirma eines großen Konzerns handeln, müsste man sich wohl fragen, ob man es nicht aufgrund dieser Eigenheiten an den Meistbietenden abstoßen sollte. Die Evolution scheint hier anderer Meinung zu sein und bietet uns sehr überzeugende Gründe, warum dieses Energie fressende Sensibelchen trotzdem im Konzern bleiben darf, ja für das zukünftige Wohl unserer eigenen Spezies sogar verbleiben muss.

13.2.1 Bewegung als neuronale Herausforderung für die Evolution

Die Natur hat sich irgendwann im Laufe ihrer Entwicklung dazu entschieden, einige Ihrer Lebensformen nicht mehr abhängig zu machen von den situativen, d. h. örtlichen wie zeitlichen Gegebenheiten. Wo der Baum fest verwurzelt in der Erde statisch den Dingen harren muss, die in Form von Feuersbrünsten, Dürren, Überschwemmungen oder Orkanen auf ihn zukommen, können Lebewesen, die sich aktiv (!) bewegen, aufkommenden Veränderungen ebenso variabel begegnen. In Form von kleinen Geißeln, Flossen, Flügeln, Beinen oder rhythmisch wippenden Ganzkörperbewegungen schaffen es mobile Spezies, sich einen Lebensvorteil zu verschaffen, indem sie sich durch die Ortsveränderungen bessere Lebensbedingungen erschwimmen, erfliegen, erlaufen oder erkriechen können. Nahrungs- und Behausungsmigration ist demnach ein seit Urzeiten bestehendes Phänomen, das nicht erst im Zeitalter des Fachkräftemangels relevant ist. Bewegung bietet folglich die erste aller Formen an, in existenziellem Sinne präventiv zu handeln. Noch schärfer formuliert: ohne Bewegung keine Prävention!

Dieser (r)evolutionäre Sprung blieb nicht ohne Folgen für die Körperbauweise für die Sich-Bewegenden. Gab es am Anfang noch die einfache, wenngleich geniale Konstruktion der Kugel für den Großteil der Einzeller (vgl. Westheide und Rieger 2013), waren die bewegten Körper durch die mehr oder minder schnelle Ortsveränderung zum einen Strömungen ausgesetzt, die wie bei jedem Fahrzeug zu unnötig Energie verbrauchenden Widerständen führte. Die Lösung war, wegzugehen von der Kugel, hin zu einer noch weniger widerständigen Form, die sich im stromlinienförmigeren Ellipsoid fand. Im Unterschied zur Kugel, wo der Abstand von der Körpermitte zu den Körpergrenzen überall gleich ist, ergaben sich folglich bei den zeppelinartigen Ellipsoiden ein Vorne und ein Hinten. Zum zweiten entwickelte sich aufgrund der neuartigen Verhaltensweise der Bewegung die Notwendigkeit, diese über die Körperaktivität erzeugte Mobilität irgendwie so zu steuern, dass sie den Zielen des Organismus und eben nicht wieder den Widrigkeiten der Natur gehorcht. Diese Aufgabe der konzertierten Steuerung, zumindest aber der einfachen Regulation motorischen Verhaltens, übernahmen besondere Zellen, die Neuronen. In ihrer Gesamtheit bildeten sie ein neues, miteinander kommunizierendes System, das als Nervensystem zwischen den Bedingungen der Umwelt und den Bedürfnissen und Zielvorstellungen eines lebenden Organismus vermittelt. Sobald sich Änderungen in der umgebenden Welt einstellen, welche die gewohnte Sicherheit und Ordnung in Frage stellen, reagiert dieses System mit Prozessen des Ausgleichens und Anpassens, des Hemmens oder des Aktivierens (Roth 2003). Als sehr primitive Form haben diese kleinen Ansammlungen von Neuronen und ihre Leitungen untereinander nur sehr wenig Platz gebraucht. Dennoch bot es sich im neuartigen Ellipsoid an, jenen Platz einzunehmen, der sich aus Gründen der frühestmöglichen Identifikation von Gefahren aber auch Ressourcen der Umwelt so weit wie möglich außen und – aufgrund der Bewegungen nach vorne – im „Bug" des Ellipsoids befand. Ein „Kopf" war entstanden. Denn je weiter vorne und je weiter außen an den Körpergrenzen die Nervenzellen waren, desto früher konnten sie die Signale der Umwelt wahrnehmen und nach innen zur weiteren Verarbeitung weiterleiten. Es bildete sich dadurch ein nach außen gewandtes, exterozeptives Sinnessystem (Körperaußen-/Oberflächenwahrnehmung) als auch ein inneres, die Verdauung von Nahrung und andere Körperfunktionen regulierendes interozeptives System (Körperinnenwahrnehmung). Je besser die Kommunikation zwischen diesen beiden Nachrichtensystemen funktionierte, desto lebenstauglicher waren die Organismen. Wo sich aber beide Systeme in Form eines Nervenhaufens direkt trafen, war die triviale Urform heutiger menschlicher Hirne zu finden. Und je anspruchsvoller die äußeren Bedingungen z. B. durch den zunehmenden Druck verschiedener anderer Lebewesen oder veränderter Klimabedingungen wurden, desto variabler mussten diese Körper mit ihren Nervensystemen reagieren können, desto geistig wie körperlich beweglicher mussten die Organismen sein, so dass die Hirne mit der Zeit größer und leistungsfähiger wurden. Dies konnte aber nur gelingen, weil die Organismen offen für Veränderungen blieben, sich nicht als genetisch starr und unbeweglich zeigten, sondern ihr Wohlergehen im Finden von Lösungen statt dem Jammern über Probleme fanden.

13.2.2 Der aufrechte Gang als motorische Antwort auf veränderte Herausforderungen der Umwelt

Nun wissen wir, dass das Leben, wie wir es heute definieren, ungefähr seit 4,5 Milliarden Jahren auf unserem Planeten existiert. Zeit genug also um auszuprobieren, wie sich dieser Nervenhaufen optimal weiterentwickeln und sich noch besser an die Bedingungen der Umwelt anpassen kann. Eine späte, wenngleich ganz entscheidende Antwort fand die Evolution vor rund 5,8 bis 5,3 Mio. Jahren, als eine Spezies ein bis dahin noch nicht gezeigtes Verhalten zu seinem unverwechselbaren Repertoire machte: das zweibeinige Fortbewegen im aufrechten Gang, der *Bipedie*. Der menschenähnliche *Ardipithecus ramidus kadabba*, dem diese evolutionäre Leistung zugesprochen wird, vermochte es als Übergangswesen zwischen feuchten Waldgebieten und trockener Savanne sowohl geschickt zu klettern, als auch seinen ellipsoiden Körper senkrecht auf zwei Beine zu stellen (Haile-Selassie 2001; Gibbons 2009). Das war mit größeren Schwierigkeiten verbunden, denn ein menschlicher Körper besteht nicht aus einer homogenen Festmasse, sondern ist aufgrund der beweglichen Organe und des hohen Wassergehaltes selbst immer in Bewegung. Wir alle wissen, wie stabil ein Tisch mit vier Beinen ist; wir haben aber auch die Erfahrung gemacht, wie die quadratische Flachform des Tisches bei nur drei Tischbeinen höchstens durch die veränderte Anbringung des dritten Beines gerade noch in Balance gehalten werden kann. Bei zwei Beinen allerdings bricht der quadratische Tisch unter den Gesetzen der Schwerkraft zusammen und braucht als Lösung nicht nur eine angepasste Architektur. Vielmehr muss diese neue Bauform aktiv und dynamisch den sich ständig bewegenden Bedingungen begegnen, braucht ein flexibles Koordinationssystem, das sich nicht nur anpassen, sondern sogar vorausschauen und intelligent vorausplanen kann. Dieses dynamische Balancesystem ist in der Tat derart komplex, dass ein menschlicher Organismus – von Beginn des stehen Lernens mit dem ersten Lebensjahr – volle 6 Jahre (!) braucht, um jene ökonomische und effiziente Fortbewegung erreicht zu haben, wie es die Evolution vorgesehen hat (Blischke 2010). Mit dem 7. Lebensjahr sind wir Menschen also erst soweit, unsere motorische Sonderstellung in der Tierwelt einzunehmen.

Der bipedische Mensch hat sich dadurch neue Möglichkeiten geschaffen, die im Vergleich mit dem bisherigen Vierbeingang (Quadrupedie) gleichbedeutend waren mit großen Lebensvorteilen, aber auch einhergehenden Nachteilen (siehe Tab. 13.1).

Tab. 13.1 Die Vor- und Nachteile, bzw. Gewinne und Verluste der menschlichen Bipedie im Vergleich zur bisherigen vormenschlichen Quadrupedie (Quelle: eigene Darstellung verändert aus Schwarz 2014; nach Wheeler 1984; Lovejoy et al. 2009; Ruxton und Wilkinson 2011)

Vorteile bzw. Gewinne	Nachteile bzw. Gewinne
Bipedie ist Energie sparender als die Quadrupedie (wie z. B. der Knöchelgang beim Gorilla) aufgrund verringerter Hebelkräfte Das Gehirn und der Körper können besser gekühlt werden Der Aktionsradius vergrößert sich, dadurch leichterer und wertvollerer Nahrungszugang (Fleischproteine) Die Hände werden frei für den komplexeren Gebrauch und somit der vielfältigeren Nutzbarmachung der Umwelt durch Werkzeuge Ermöglichung einer komplexeren Kommunikation per Hand	Quadrupedie erreicht im Vergleich zur Bipedie eine größere Endgeschwindigkeit Der aufrechte Gang bewirkt eine Kippung des Beckens und verengt dadurch den Geburtskanal, was die Geburt für Mutter und Kind erschwert
Wie bei jeder evolutionären Innovation gibt es neben den sich neu ergebenden Gewinnen immer auch einhergehende Verluste. Solange aber die Gewinne die Verluste überwiegen, setzt sich die Innovation durch. Übertragen auf die betriebliche Prävention bedeutet dies, dass den Mitarbeitern vor allen Dingen die persönlichen Gewinne einer bewegungsorientierten Veränderung kommuniziert werden sollten. Eine moderne Bewegungsberatung geht hierauf mit einem sozialpsychologisch ausgeklügelten Barrieremanagement bzw. positiv formuliert einem „Gewinnmanagement" ein.	

Der lange Weg von der statischen Einzelkugel, zum mobilen Ellipsoid hin zum hochagilen und hervorragend angepassten Aufrechtgänger war folglich ein stetiges Wechselspiel aus neuen Umweltanforderungen mit einhergehenden körperbaulichen und neuronalen Lösungen. Dabei wird meist die eigentliche motorische Revolution des Menschen übersehen, die zwar sicherlich in der Bipedie ihren buchstäblichen Ausgang nahm, aber in einem anderen Körperbereich ihre geniale Fortführung fand: der menschlichen Hand.

13.2.3 Geniestreich der Evolution: die menschliche Hand

Kinder machen es mit Vorliebe, Erwachsene ignorieren es häufig, Gorillas können es gar nicht und auch sonst nur noch die allerwenigsten anderen Spezies (z. B. ein panamaischer Laubfrosch): die Daumenopposition. Damit ist das Berühren des Daumens mit allen anderen Fingern der gleichen Hand gemeint. Dem Menschen ist es anatomisch vorbehalten, aufgrund eines hochsitzenden Daumengrundgelenkes sowie der besonderen Länge des Daumens eine Vielzahl an Positionen und somit Funktionen einzunehmen. Schimpansen und Gorillas können zwar eine hohe Kraft mit ihrer Hand entfalten, doch nur der Mensch vermag es, mit einer enormen Präzision und Empfindlichkeit die Hand als Universalgerät einzusetzen (Wilson 2000). Diese Feinfühligkeit geht so weit, dass eines der mechanisch anspruchsvollsten Geräte, nämlich die Schweizer Taschenuhr, immer noch ausschließlich von Menschenhand repariert werden kann. Zwar werden insbesondere mit Lasern operierende chirurgische Geräte immer genauer, jedoch braucht es immer noch die Programmierung durch eine menschliche Hand, gesteuert durch ein menschliches Gehirn.

Woran liegt diese manuelle Besonderheit? Innerhalb unserer Hand befinden sich zum einen sehr empfindliche Sensorpunkte, die auf die mechanischen Eigenschaften von Druck und Berührung eingestellt sind. Als Stellen maximaler Empfindlichkeit bieten sie eine sehr lokale und gleichzeitig scharfe Erkennung dieser beiden Reizformen. Zum zweiten besitzt die Hand aber auch ganze Sensorfelder, die zwar weniger empfindlich und scharf sind wie die Sensorpunkte, aber dafür in der Breite ganze Vibrationen wahrnehmen.

▸ **Konzentrationsübung** Da in der menschlichen Hand, insbesondere in Daumen, Zeige- und Mittelfinger jede Menge Sensoren vorhanden sind, ist nicht nur die Empfindlichkeit entsprechend hoch, sondern auch die damit verbundene Anzahl an Neuronen im entsprechenden Hirnareal, dem *somatosensiblen Kortex*. Wollen Sie also einen großen Teil ihres Gehirns mit wenigen Fingerbewegungen flott kriegen, dann versuchen Sie abwechselnd mit dem Daumen den Zeige-, dann den Mittel-, dann den Ring- und schließlich den kleinen Finger zu berühren. Dies machen Sie erst an der starken, dann an der schwachen Hand. Danach steigern Sie das Tempo. Anschließend machen Sie es rückwärts und schließlich sind sie so gut, dass Sie dies abwechselnd zwischen rechter und linker Hand vollbringen. Nach 5- bis 10-minütiger Kurzintervention ist Ihre Konzentration wieder hergestellt.

Die menschliche Hand ist also ein hochsensibles Tastorgan, dessen Feinfühligkeit einer Vielzahl und Unterschiedlichkeit von Nervenzellen geschuldet ist. Die vielfältigen Signale dieser Sensoren müssen ja aber gleichzeitig im Hirn angemessen verarbeitet werden, so dass einsichtig ist, dass für die Hand im Hirn vergleichsweise sehr viel Platz bereitgestellt wird. Anders ausgedrückt: die vielfältigen Möglichkeiten der Hand gibt es nicht umsonst, sondern sie erhalten ausreichend Raum und Energie, zur optimalen Entfaltung und vollen Wirkung kommen zu können (s. Abb. 13.1). Das heißt aber auch für eine erfolgreiche betriebliche Bewegungsprävention: Wer seine Hände nicht nur routinemäßig und funktional sehr eingeschränkt an der Tastatur und über eine Maus bewegt, sondern über Sport und Bewegungsspiele, aber auch über kreative Handarbeit wie Töpfern oder Zeichnen zur vollen Entfaltung kommen lässt, der beansprucht immer auch einen großen Teil des Gehirns gleich mit, ganz nach der Regel: komplexe Bewegungen fordern das Hirn komplex!

Am Beispiel der Hand kann man sehr gut verstehen, wie unser Hirn über die Bewegung einerseits mit der Umwelt kommuniziert, andererseits aber auch durch die damit über viele Sensoren eingehenden Signale die Innenwelt unseres Körpers verändert, auch und vor allem jene des Gehirns. Die Erfahrungen durch Bewegung werden als chemoelektrische Muster förmlich ins Hirn eingebaut, so dass jedes individuell bedeutsame Bewegungserlebnis das Gehirn auf- und umbaut – je intensiver desto stärker, je vielfältiger desto komplexer die neuronale Anpassung. Kurzum: Das Potenzial körperlicher Sinnlichkeit wird über vielfältige und häufige Bewegung optimal ausgereizt und im Ergebnis als komplexe

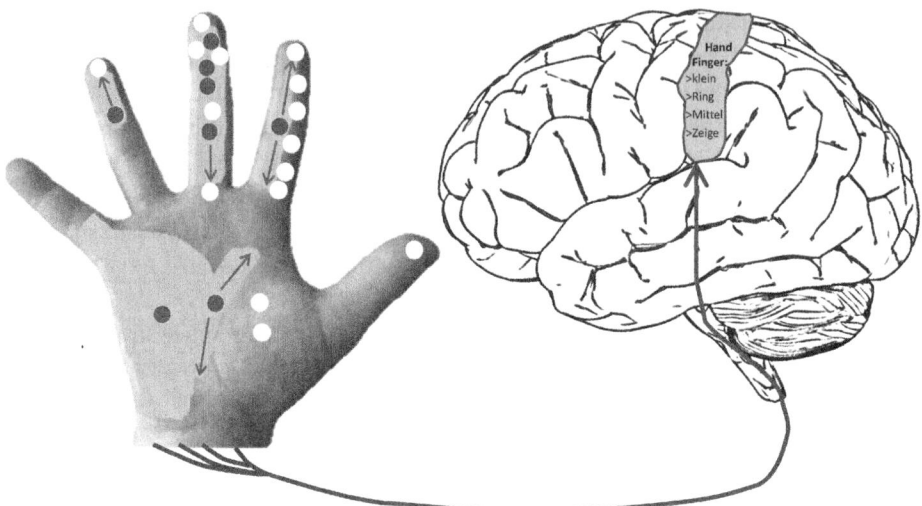

Abb. 13.1 Repräsentation der rechten Hand im linken somatosensiblen Kortex (Quelle: nach Handwerker 2006; Schandry 2011. Bildrechte: eigene Grafik, Urheberrecht beim Autor)

Wahrnehmung der Welt ins Gehirn eingebaut. Dieses bewegte Einverleiben, bzw. aktive Verkörperlichen nennt man auch neudeutsch „Embodiment".

▸ Wer sich komplex bewegt, fordert sein Hirn komplex heraus – die beste Voraussetzung zur Entfaltung des vollen Leistungspotenzials unseres Gehirns!

13.3 Embodiment – bewegtes Einverleiben von Erlebnissen

Sicherlich kennen sie das Gefühl, nach längerem Sitzen träge geworden zu sein. Schier endloses Verweilen in Meetings verwandelt den Körper in eine träge Masse. Schwer wie Blei fällt es ihnen noch schwerer, sich motivational in die Senkrechte auf- und die Bewegung auf ein sinnvolles Annäherungsziel auszurichten. Dieser Zustand bewegungsarmer Schwere ist noch steigerbar, indem sie einen Menschen sich in eine sogenannte Dekubitus-Matratze legen lassen. In der Variante einer statischen Weichlagerung (z. B. Luftpolsterlagerung) hat diese Matratze die Eigenschaft, Wundliegestellen zu verhindern, indem die Blutzirkulation auf den Liegeflächen des Körpers durch äußerst sanftes Betten nicht unterbunden wird. Die Mikrozirkulation an der Hautoberfläche z. B. von Ellbogen oder Knie ist unentbehrlich für eine angemessene Versorgung mit Nährstoffen und zur Zellreparatur. Der Mangelzustand stellt sich dann ein, wenn Menschen für längere Zeit bewegungslos (z. B. durch Unfälle, altersbedingte Degeneration) auf ein und derselben Stelle ihres Körpers liegen müssen, sich selbst nicht drehen können oder von den Pflegekräften vergessen werden zu drehen. Ihren Einsatz finden diese Matratzen nicht nur in Krankenhäusern, sondern auch in Alten-

Abb. 13.2 Gestörte Körperwahrnehmung bereits nach halbstündiger Bewegungslosigkeit bei jungen Erwachsenen (Quelle: nach Rosenberg 2005; Zeichnung aus der FAZ 2002, Nr. 19)

und Pflegeheimen. Für eben diese statischen Weichliegesysteme interessierte sich jüngst eine Forscherin, der zwar der positive Effekt der Verringerung von Wundflächen aufgefallen war. Was ihr aber ebenso auffiel, war die kognitive Teilnahmslosigkeit der Patienten, die sich mit der Länge der Liegedauer zu verstärken schien. In der Konsequenz entwarf sie ein Forschungsdesign, das vergleichsweise einfach, aber wahrscheinlich deshalb auch einfach genial war. Frau Rosenberg forderte 16 Testpersonen auf, sich im Eigenversuch in die Matratzen zu legen, dort für eine halbe Stunde völlig regungslos zu verharren und danach postwendend eine Zeichnung ihres eigenen Körpers anzufertigen. Der Effekt war verblüffend: Nicht nur, dass viele Studienteilnehmer Schwierigkeiten hatten mit dem Zeichnen an sich, auch das visuelle Ergebnis war teilweise überraschend. So führte diese halbstündige, durch die besondere Matratzenform hervorgerufene intensive Regungslosigkeit zu einer gestörten Körperwahrnehmung: Köpfe wurden proportional zu groß, Beine und Arme viel zu dünn, der Rumpf viel zu unförmig und überhaupt das ganze Bild völlig verzerrt dargestellt. Mit anderen Worten: Die Probanden verloren aufgrund der intensivierten Bewegungsarmut innerhalb einer halben Stunde das Gefühl und die reale Wahrnehmung für die Ausmaße und Grenzen ihres Körpers (s. Abb. 13.2).

Was war passiert? Sobald wir Menschen aufgrund fehlender Bewegung keine oder eine stark reduzierte sensorische Rückmeldung aus unserer Umwelt erhalten, entwickelt das Gehirn abnorme Vorstellungen vom eigenen Organismus, in dem es eingebaut ist. Da unser Körper von außen keine oder nur noch unzureichende Signale erhält, fängt das Hirn in Ermangelung an sinnvollem „Datenfutter" mit sich selber an zu kommunizieren. Dieser Vorgang führt zu geistiger Desorientierung, Halluzinationen, Selbstentfremdung bis hin zum Wahnsinn. Überdies werden die sensorischen Qualitäten des Hörens, Sehens oder der

Raumwahrnehmung stetig schlechter. Die Frage im Rahmen der betrieblichen Prävention ist nun, warum so viele Meetings als **Sitz**ungen und nicht als **Geh**ungen oder zumindest als **Steh**ungen durchgeführt werden. Dies würde nicht nur zu verkürzten Treffen führen aufgrund einer aktiveren Nachfrage und somit beschleunigter Darbietung. Auch würde dem Körper und seinem Gehirn wieder das zugeführt werden, aus was er seit Jahrmillionen gebaut wurde, der Bewegung!

Bewegte Meetings können sicherlich nicht immer und zu jeder Zeit durchgeführt werden. Manche Darbietungsinhalte sind derart komplex, dass ein sitzendes, wenngleich hochkonzentriertes Arbeiten vom kalorischen Verbrauch her betrachtet so anstrengend sein kann wie mancher Spaziergang. Gleichwohl gilt es, der sinnarmen „Sitzeritis" so oft es geht Einhalt zu gebieten, um dem Hirn das zu geben, was es für gesundes Arbeiten braucht: Sinnesvielfalt – andernfalls droht der Wahnsinn, welchen nicht wenige Mitarbeiter durch satirische Flüsterkommentare zu kompensieren suchen; Juvenal lässt grüßen ...

13.4 Wie Körperveränderungen durch Inaktivität zu einer veränderten Hirnfunktion führen

Der durchschnittliche deutsche Körper unterliegt einem stetigen Wandel, dessen er sich nicht erwehren, ihn aber durch ausgewogene Ernährung und ausreichende Bewegung durchaus präventiv in gesunde Bahnen steuern kann. Gemessen an der durchschnittlichen Lebenserwartung in Deutschland (WHO 2012) wachsen wir rund 25 % unseres Lebens, stagnieren für weitere rund 25 %, um danach etwa 50 % abzubauen und wieder zu schrumpfen. Dabei werden wir von der Geburt bis zum Erwachsenenalter im Schnitt bei ⌀ 75,6 kg rund 23 mal schwerer und bei einer Körpersenkrechten von ⌀ 172 cm rund 3,5 mal größer (Frauen: 68,1 kg bei 165 cm; Männer: 83,4 kg bei 178 cm) (destatis 2009). Körperveränderungen sind also unser ständiger Begleiter und zunächst nicht weiter Aufsehen erregend. Dies ändert sich, wenn wir die Kalorienzufuhr erhöhen und gleichzeitig die Aktivität drosseln. Die Folge davon ist eine Gewichtszunahme, die in ihrer buchstäblich schwerwiegenden Form zur Fettleibigkeit (Adipositas) wird. Bei dieser Rechnung handelt es sich um die sog. kalorische Differenz oder vereinfacht gesprochen um den Zusammenhang, dass die Energie, die reinkommt in unseren Körper auch wieder rauskommen sollte; andernfalls nehmen wir im Gewicht zu oder im umgekehrten Falle ab (s. Abb. 13.3).

Diese Grundannahme ist die wesentliche Logik der meisten Bewegungsratgeber, Diätbroschüren, Schrittzähler oder Berechnungen zum sogenannten BMI, dem *Body Mass Index*. Letztgenannter „Körpermassenanzeiger" dürfte die mit Abstand meistgenannte Maßeinheit im Gesundheitswesen geworden sein, verspricht er doch als Index (vom lat.: „index" = Verzeichnis, Anzeiger) einen schnellen und verlässlichen Überblick zum Gesundheitszustand eines Menschen. Eine mathematische Formel als Ausdruck von Gesundheit? Die Versuchung, Gesundheit vermessen zu können, ist tatsächlich eng mit der schulmedizinischen Vermessenheit verbunden, komplexe lebendige Organismen mit einfacher Zahlenlinearität fassen zu wollen. Denn der BMI, als inflationär verwendete Gesundheitswäh-

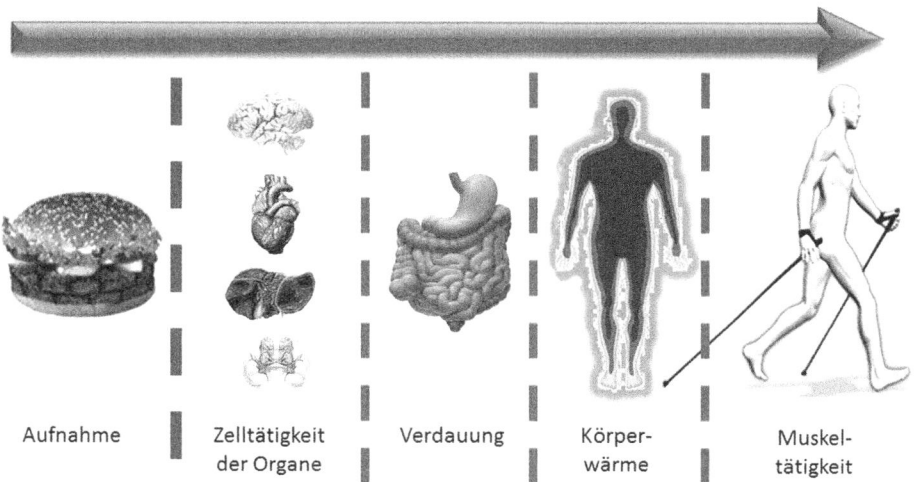

| Aufnahme | Zelltätigkeit der Organe | Verdauung | Körperwärme | Muskeltätigkeit |

Abb. 13.3 Zusammenhang zwischen Energiezufuhr und -abgabe (Quelle: eigener Entwurf)

rung, hat entscheidende Nachteile, die jeder Chef, wenn er Prävention zu seiner Sache machen will, wissen sollte.

Der BMI errechnet sich zunächst aus dem allgemeinen (!) Verhältnis der Körpermasse (Gewicht) zum Quadrat der Körpergröße. Die Folge bei einem nicht näher spezifizierten BMI-Rechner ist, dass (a) nicht darauf geachtet wird, ob die Masse aus Fett oder Muskeln besteht, (b) damit zusammenhängend geschlechtsspezifische Unterschiede missachtet werden, was für (c) die Körperproportionen (Statur) und somit die Mengenverteilung am und im Körper ebenso gilt. Nimmt man dann noch den Fakt hinzu, dass der BMI ein bloßes Maß zur Berechnung physiologischer Parameter darstellt und psychosomatisch-emotionale Einflussgrößen vollkommen außer Acht lässt, dürfte die begrenzte Aussagekraft dieses Wertes klar sein. Der BMI ist folglich nur eine grobe Orientierung, ein „Pi-mal-Daumen"-Werte zum Gesundheitszustand eines Menschen. Seinen praktisch bedeutsamen Einsatz findet der BMI bei der Errechnung der Körpernorm, ob jemand zu wenig, zu viel oder viel zu viel Körpermasse trägt, um daran indirekt – auch in statistischen Berechnungen – das Maß an Bedrohung für den Gesundheitszustand ablesen zu können.

Denken wir nun im ganz praktischen Beispiel an eine Betriebskantine, so können wir die Abb. 13.3 und die obige Tab. 13.2 sehr gut an einem „geschmackvollen" Happen bewegungspräventiv konkretisieren. Wer hätte nämlich nicht schon mal den Heißhunger auf einen saftigen und knackigen „Whopper" bekommen? Diese archaische Verlockung an Proteinen (ca. 27 g), Fett (ca. 35 g) und Kohlenhydraten (ca. 45 g) ist ein kleines Kraftpaket, das es im statistischen Mittel auf rund 2650 kJ oder etwa 630 Kalorien bringt (Daten nach Herstellerangaben; Burger King 2013). Zum Vergleich: die WHO empfiehlt für die Grundversorgung von Flüchtlingen in Kriegsgebieten die existenzielle Grundmenge von 2100 Kalorien. Das bedeutet, dass dreieinhalb Whopper den kompletten Tagesbedarf eines

Tab. 13.2 Internationale Klassifikation von Untergewicht, Übergewicht und starkem Übergewicht Adipositas bzw. Fettleibigkeit gemäß den globalen BMI-Werten der WHO (World Health Organization) (Quelle: nach WHO 2013)

Beispielrechnung	BMI (=kg/m²)	Körpernorm und Unterteilungen
Allgemeine Formel:	**<18.50**	UNTERGEWICHT
	<16.00	starkes Untergewicht
BMI = Körpermasse / Körpergröße²	16.00 - 16.99	mäßiges Untergewicht
	17.00 - 18.49	leichtes Untergewicht
BMI = kg / m²	**18.50 - 24.99**	NORMALGEWICHT
	≥25.00	ÜBERGEWICHT
Bei einem 38jährigen Mann, 1,80 m groß und einem Gewicht von 74kg ergibt sich ein BMI von 22,8. Dieser Mann wäre normalgewichtig.	25.00 - 29.99	Vorstufe zur Adipositas
	≥30.00	FETTLEIBIGKEIT (Adipositas)
	30.00 - 34.99	Adipositas Stufe 1
	35.00 - 39.99	Adipositas Stufe 2
	≥40.00	Adipositas Stufe 3

Entscheidend an dieser Tabelle ist ihre internationale Allgemeinheit. Wer Prävention zu seiner Chefsache machen möchte, muss das Alter, das Geschlecht, die Körperproportionen und das Bewegungsverhalten ebenso in Betracht ziehen. Generell gilt: (1) je älter desto schwerer (Hormonumstellung), (2) wenn männlich, dann häufiger übergewichtig als Frauen, da muskulöser (Essverhalten bleibt, Muskeln nehmen ab) und (3) Bauchfett ist gefährlicher als Po- oder Schulterspeck.

erwachsenen Menschen abdecken würden. Wer aber bestellt schon lediglich einen Burger und nicht noch eine mittlere Cola (ca. 170 Kalorien) und eine mittlere Portion Pommes (ca. 320 Kalorien) dazu (Daten nach Herstellerangaben; Burger King 2013)? In dieser Kombination würde man mit einer Mahlzeit bereits nahezu die Hälfte des täglichen Energiebedarfs decken. Dabei ist dieses „Kalorienvieh" viel leichter zu jagen und zu erlegen, braucht keinen großen zusätzlichen Energieaufwand und man lebt nicht in Gefahr, vom Fleischträger selber tödlich verletzt zu werden. Nun stellen Sie sich im zweiten Schritt vor, wie Sie nicht nur diese hochkalorische Mahlzeit in der Mittagskantine zu sich nehmen, sondern auch noch ein Frühstück, ein Abendessen und – weil es in vielen Ratgebern mittlerweile empfohlen wird – noch die vierte oder fünfte Zwischenmahlzeit am Tag die zwar als Obst und Gemüsesnack empfohlen werden, von den meisten Menschen aber anders interpretiert wird. Wie Sie leicht errechnen können, kommen Sie nicht nur ganz leicht auf die notwendige Energiemenge pro Tag, sondern ebenso leicht darüber. Würden sie jetzt nur einen einzigen Whopper mehr essen als kalorisch benötigt (z. B. beim Fußball schauen und nicht selber spielen), so müssten Sie zum Abbau dieser überschüssigen Energie im Schnitt

- rund 6 Stunden leichte Büroarbeit verrichten,
- 3 Stunden Hatha-Yoga ausüben,
- 1 Stunde intensiv Aerobic machen oder
- 35 Minuten sehr schnell Radfahren.

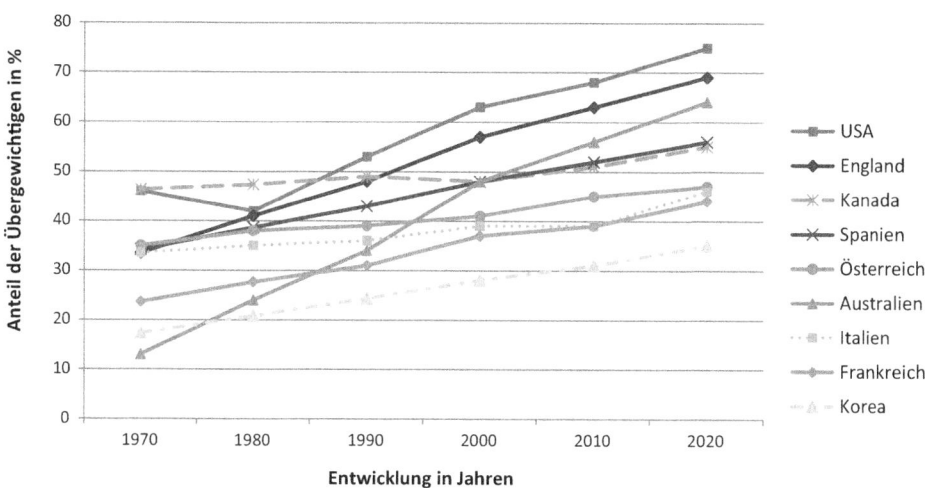

Abb. 13.4 Anteil der Übergewichtigen weltweit in den letzten rund 30 Jahren sowie in der Zukunft (Quelle: verändert nach OECD 2010)

Wenn Sie nun glauben, dass Übergewicht nur ein Problem im Heimatland von Fast Food und Coca-Cola darstellt, dann haben Sie einerseits Recht. Denn in der Tat stehen die USA in der Fettleibigkeitsrangliste laut der weltweiten Obesity-Studie der OECD (2010) mit großem Abstand weit vorne (s. Abb. 13.4). Nur noch die Mexikaner und die pazifischen Inselstaaten schaffen es auf mehr Pfunde. Sie haben aber insofern nicht Recht, als 50 % aller Deutschen, also jeder zweite (!) deutsche Bürger, ebenfalls zu viel Pfunde auf die Waage bringt. Das ist nicht nur von statistischer Signifikanz, vielmehr bedroht diese Entwicklung die Zukunft unseres Gesundheitssystems und unserer präventiven Solidargemeinschaft. Es ist hinfällig bewiesen, dass Übergewicht einen Risikofaktor darstellt, der einhergeht mit

- einem erhöhten Blutdruck und somit gesteigerter Schlaganfallgefahr,
- einer verringerten Sauerstoffaufnahme und folglich Ermüdung des Gehirns,
- einem verringerten Schlagvolumen des Herzens, was zu einem allgemeinem Leistungsabfall führt,
- einem steigenden Fettanteil an der Körpermasse, was insbesondere beim sehr gefährlichen Bauchfett („Bierbauch") die Schädigung innerer Organe begünstigt,
- zu einer schlechteren Wundheilung führt,
- die Libido abnehmen lässt,
- zu Schlafstörungen führt,
- die Gicht mit sich bringt,
- Diabetes begünstigt,
- etc., etc.

Die Liste an körperlichen Gefahren und Schädigungen ist in der Tat dermaßen lang, dass sich Gesundheits- und Bewegungswissenschaftler seit langem fragen, warum viele erwachsene Menschen wider besseren Wissens zu viel und zu fettig essen und sich zu selten und zu reizarm bewegen. Blickt man nämlich auf Kinder, so zeigt sich eine tägliche Schrittzahl für US-amerikanische Vorschüler von rund 9000 Schritten täglich (Adolph et al. 2003). Nimmt man noch die handmotorischen Tätigkeiten des Bastelns, Bauens und Zeichnens hinzu, so ergibt sich für ein normales Kind eine motorische Entwicklung, die dem kalorischen Leistungsaufkommen eines Spitzensportlers entspricht. Kinder bewegen sich also auf natürliche Weise sehr umfangreich, sofern man sie lässt. Erwachsene würden dies im Übrigen auch tun, da wir genetisch betrachtet immer noch die gleiche Anlage besitzen wie die Jäger und Sammler vor 15.000 Jahren, als wir in eiszeitlichen Grassteppen und offenen Landschaften rund 20 bis 25 Kilometer pro Tag gegangen oder gelaufen sind. Eine sehr aufschlussreiche Studie, die diese Zahlen untermauert, bieten uns Bassett et al. (2004) an, die stellvertretend für altertümliches Verhalten eine Kommune der Amischen (engl. „Amish") in Ontario, Kanada untersuchten. Die Amischen, eine protestantische Täuferbewegung, leben ländlich zurückgezogen unter weitestgehender Ablehnung technischen Fortschritts. Der Alltag ist landwirtschaftlich geprägt und infolgedessen sehr arbeitsreich und mühsam. Laut der Studie von Wallmann und Froboese (2012) schafft es ein normaler Bundesbürger, täglich rund 6000 bis 7000 Schritte zu gehen, wobei die Streubreite erheblich ist. Schaffen es Berufstätige wie ein Postbote oder eine Kellnerin auf rund 12.000 bis 18.000 Schritte, schleppen sich Bürotätige mit gerade mal 3000 Schritten herum. Das schier unglaubliche Ergebnis bei der Amischen-Studie: Die Amisch-Frauen schafften es auf rund 14.000 Schritte täglich und die Männer, die sich aufgrund des evolutionären Erbes generell mehr bewegen, auf sage und schreibe über 18.000 Schritte pro Tag (s. Abb. 13.5). Die einzige Ausnahme blieb der Sonntag, an dem als christlicher Ruhetag ohnehin nur wenige Schritte zu erwarten sind. Blicken wir allerdings auf die nicht-christlichen Eiszeitmenschen, so dürfte sich die durchschnittliche Schrittanzahl in der Steinzeit noch stärker erhöhen und die weit zurückgelegten Entfernungen unserer Urahnen definitiv bestätigen.

An dieser Stelle pflegen Bewegungswissenschaftler auf die veränderten Umweltbedingungen einer modernen, industrialisierten und durch Dienstleistungen kopflastig gewordenen Gesellschaft hinzuweisen. So haben die Siedlungsdichte und der bauliche Flächenfraß stark zugenommen, ebenso der Verkehr. Pro Tag (!) fallen in der Bundesrepublik 116 Fußballfelder dem Raumfraß zum Opfer, das sind 8,5 m^2 pro Sekunde (BMU 2013)! Weiterhin ist die Anzahl an Kraftfahrzeugen auf unglaubliche 58,7 Mio. gestiegen (kba 2013). Dass in Anbetracht dieser Zahlen ein Raumproblem besteht, dürfte einsichtig sein, ebenso die sich daraus ergebende Frage, wo sich der Mensch überhaupt noch bewegen soll. Technische Errungenschaften wie der Fahrstuhl, die Rolltreppe, elektrische Türöffner und Zahnbürsten, Waschmaschinen und Geschirrspüler (welcher Haushalt wollte heutzutage noch die Wäsche per Hand waschen?), all diese kleinen Helfer des Alltags erleichtern das Leben ungemein und tragen genau deshalb zu einem exorbitant geringeren Kalorienverbrauch bei, indes die Kalorienzufuhr unverändert hoch ist. Zudem nehmen uns verlockende Medien die Motivation ab, raus in die Natur zugehen. Statt sich vom Sofa zu erheben

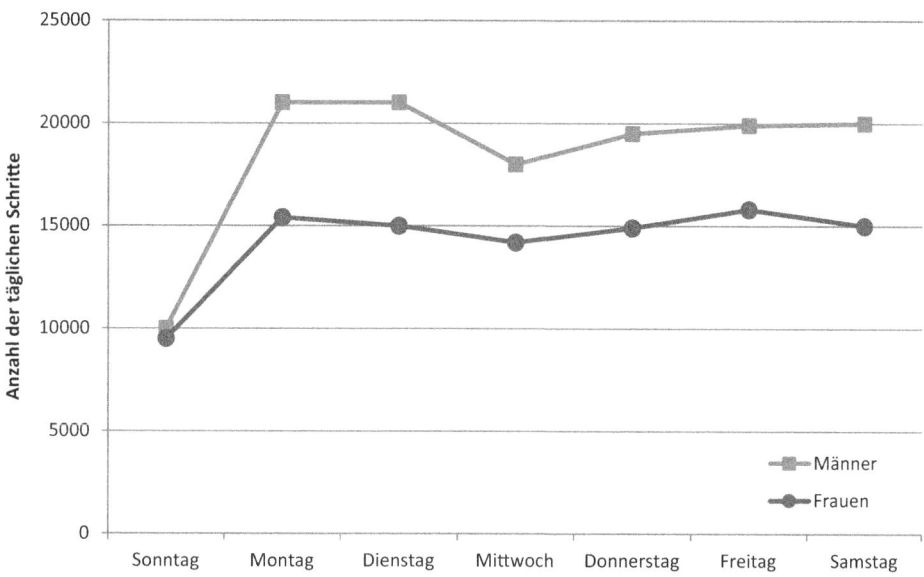

Abb. 13.5 Durchschnittliche Schrittanzahl pro Tag für Männer und Frauen kanadischer Amischen

und einen Spaziergang zu machen, fällt die Entscheidung für den Sitzhöcker, so dass wir uns irgendwann überrascht fragen, wo denn nun plötzlich die „Bauchhöcker" herkommen. Eine weitere eindrückliche Studie hierzu liefert uns Haskell (2000), der sich die einfache Frage stellte, was wohl wäre, wenn wir statt der geschriebenen Mails die gleiche Nachrichtendistanz zu Fuß gehen würden. Die wichtigste Untersuchungsbedingung war, 1 mal pro Stunde aufzustehen und zwei Minuten zum Kollegen/zur Kollegin zu gehen, dem/der die Mail galt. Der gemessene Effekt ist erstaunlich: würde man diesen stündlichen Mailersatzgang wirklich jeden Tag strikt durchführen, so kämen pro Jahr eine Gewichtsabnahme von 500 Gramm Fett zustande, was zwei Päckchen Butter entspricht. Sinnbildlich wären das zwei Butterpäckchen weniger um den Hüftspeckgürtel herum, würde man etwas weniger schreiben und dafür etwas mehr gehen. Der besondere Ko-Effekt hierbei: wer steht schon wirklich auf, wenn er nichts zu sagen hat? Wie viele Mails wohl vor diesem Hintergrund einfach überflüssig wären und erst gar nicht geschrieben werden müssten …?

Nun haben diese vielen Studien mittlerweile einen zweifelsfreien Beitrag zum Verständnis von Übergewicht im Zusammenhang mit biophysiologischen Krankheiten wie Bluthochdruck, Diabetes, Gicht, Arterienverkalkung und Herzinfarkt, Schlaganfall oder Gallenproblemen beigetragen. Davon abgesehen, dass sich die Anzahl der Übergewichtigen trotz dieser Befunde immer noch nicht senkt, erhärten sich die Daten, dass zu viel Gewicht nicht bloß ein rein physiologisches, sondern ein mindestens genauso prekäres geistiges Problem ist. Wie unlängst eine französische Langzeitstudie mit über 6400 Erwachsenen zwischen 39 und 63 Jahren zeigen konnte (Singh-Manoux 2012), schnitten die beleibteren Untersuchungsteilnehmer bereits beim ersten Kognitionstest (z. B. Gedächtnis, Schlussfolgern, u. a.) erheblich schlechter ab als die normalgewichtigen. Kommen hier noch weitere Risikofaktoren hinzu, verschlechtern sich die kognitiven Leistungen dramatisch.

▸ Übergewicht verschlechtert die Hirnleistung – hohe Hirnleistungen werden in einem leichten Körper weniger schwer!

Noch ist nicht genau geklärt, welche genaue Ursachenkombination zu dieser geistigen Degeneration führt. Eine der Hauptverdächtigen ist aber eindeutig die mangelnde Bewegung, die insbesondere adipöse (fettleibige) Menschen trifft. Die Logik dieses Teufelskreislaufs ist einfach: bewege ich mich weniger und esse ich gleichbleibend weiter, nehme ich zu; mache ich das einige Monate und Jahre so weiter, bin ich irgendwann so dick, dass es mir schwer fällt, mich aufzuraffen und zu bewegen. Somit nehme ich noch schneller zu, was wiederum zu noch weniger Bewegung führt, bis ich irgendwann einmal so dick bin, dass Joggen nur unter Zerstörung der Menisken im Knie möglich, Fahrradfahren bei der Gefahr von nicht mehr beherrschbaren Stürzen lebensgefährlich wird und man beim Schwimmen seinen nackten Körper zeigen müsste, was viele Adipöse nicht machen, weil sie sich schämen. Die anschließende Folge: psychische Störungen aufgrund eines geringen Selbstwertes, Schuldgefühle und erhöhte Scham. Als psychosomatischer Stress schlägt sich dies wiederum auf die inneren Organe insbesondere auf die geistige Gesundheit des Gehirns nieder. Denn chronischer Stress ist die Grundlage für neuronale Degeneration und frühzeitiger Demenz. Die meist vorab einsetzende Depression hemmt wiederum den Bewegungstrieb, was in letzter Instanz zur völligen Regungslosigkeit und sozialen Isolation führt. Ist es einmal so weit gekommen, helfen keine einfachen Bewegungskurse mehr, sondern nur noch ein bariatrischer Eingriff (z. B. Verkleinerung des Magens oder Einsetzen eines Magenballons zum künstlichen Aufblähen des Magens) in Verbindung mit einer Gesprächs- und Verhaltenstherapie. Hier spricht man eindeutig nicht mehr von Primärprävention, sondern von der letzten Form möglicher Hilfe, der Tertiärprävention, d. h. retten, was zu retten ist.

13.5 Wie das Hirn funktioniert und wie man durch Bewegung die Grundfunktionen positiv beeinflussen kann

Das menschliche Gehirn ist mehr als nur ein Informationsspeicher für eintreffende Signale der Umwelt, so dass wir nur auf Herausforderungen des Alltags *re*-agieren könnten. Diese erste Grundfunktion ist lediglich der Ausgang von weitaus faszinierenderen Möglichkeiten, die ihre Bedeutung im vorausschauenden Handeln, bewusstseinsfähigen Denken und dem flexiblen Lösen von zuvor unbekannten Problemen haben. Sie lassen sich in sieben große Hauptfunktionen einteilen:

(1) Aufnehmen und Wahrnehmen Signale der Umwelt, aber auch der inneren Organe und Zellen, können mit Hilfe von Sinnesorganen empfangen, entschlüsselt und weitergeleitet werden.

(2) Steuern und Kontrollieren vitaler Prozesse Damit wir nicht ständig mit vollem Bewusstsein und somit hohem Energieverbrauch die inneren Organprozesse wie die Verdauung, das Atmen oder den Herzschlag koordinieren müssen, übernimmt ein weitaus weniger Energie fressender Modus die automatische Organisation, das autonome Nervensystem. Andernfalls müssten wir ständig unserem Herz befehlen „Schlagen, schlagen, etc.". Nachts, wenn wir schlafen, dürfte das zu einem Problem werden. Stattdessen reguliert unser Organismus durch die generellen Aktivitäten des Hemmens und/oder Verstärkens in eigener Regie das dynamische Gleichgewicht sich stetig verändernder Zustände.

(3) Aufmerken und Konzentrieren Aufgrund dieser grundsätzlichen Hemm- und/oder Verstärkungsprozessen ist es möglich sicherzustellen, dass nicht jedes auf uns einprasselnde Signal auch in unser Bewusstsein darf. Belangloses bleibt draußen, Wichtiges darf passieren. Neben diesen „niederen" Signalverarbeitungsprozessen, derer ein jedes andere Säugetier auch in der Lage ist auszuüben, besitzt der Mensch hingegen eine Hirnfunktion, die es vermag, besonders wichtigen Umwelt- und Körpersituationen sehr wertvolle Aufmerksamkeit zu schenken. Vergleichbar einem Dimmer in einem Raum, kann unser Hirn den Lichtkegel der vollen Konzentration nicht nur anschalten, sondern auch und vor allem in der Intensität regeln, d. h. die Stärke höher oder niedriger stellen. Damit wird Energie in hoher Dosis gezielt den Ereignissen hoher Bedeutsamkeit zugewiesen, während weniger wichtige Situationen erheblich niedrigere Energiedosen an Zuwendung erhalten. Das Hirn ist demzufolge zwar ein hoher Energieverbraucher in unserem Körper; es ist aber auch ein sehr intelligentes Organ im Umgang damit. Nur die besten und wichtigsten Informationen erhalten die verdiente Aufmerksamkeit. Als rudimentäre Form des Bewertens spielen hier meist nicht bewusste Emotionen eine führende Rolle. Warum wohl so viele Mitarbeiter in Meetings ihre Aufmerksamkeit verlieren …?

(4) Speichern und Erinnern Sofern das Hirn – und wirklich nur dann – ein Signal durch emotionale Verstärkung als bedeutsam für unseren Organismus erkannt hat, gelangt es in unseren begrenzten Vorratsspeicher namens Gedächtnis. Hierbei ist klar zu trennen zwischen dem Prozess des Abspeicherns und jenem des Abrufens. Denn nicht alles was wir speichern, ist auch unserem Bewusstsein zugänglich. Ein sehr eindrückliches Beispiel stellt der Versuch dar, sich an Ereignisse aus frühester Kindheit zu erinnern. Könnten Sie noch sagen, welches Erlebnis sie mit 11 Monaten hatten? All die Informationen unserer rund ersten beiden Lebensjahre bleiben uns im Erwachsenenalter verschlossen, sind nicht mehr dem Bewusstsein zugänglich und abrufbar. Als *infantile Amnesie* zeigt uns dieses Phänomen, dass wir auch ohne bewusstes Abrufen mit zuvor gespeicherten Informationen operieren, die fest in unserem Gedächtnis eingebrannt sind. Neben dem Langzeitgedächtnis, das mehr oder weniger bewusst abrufbar ist, stellt sich aber für jede Tätigkeit des Alltags vor allen Dingen das zeitlich begrenzte Arbeitsgedächtnis als entscheidend dar. Würden wir z. B. einen Plan lesen und wollten selbigen einige Minuten danach umsetzen, hätten aber die zuvor gelesene Information vergessen, müssten wir wieder zurückgehen und den Plan erneut lesen. Das ist nicht nur extrem Energie raubend, es macht uns auch äußerst

handlungsunfähig. Unserem Arbeitsgedächtnis ist es zu verdanken, dass wir Maschinen von hoher Komplexität überhaupt erst denken können, noch bevor wir in der Lage dazu sind, sie technisch umzusetzen.

(5) Abwägen und Entscheiden Wir müssen nicht jedes Sahnetörtchen verschlingen, nur weil es uns anlächelt. Wir können aus eigener Entscheidung heraus auf die Zigarette verzichten. Wir sind gedanklich in der Lage, uns für das Fahrrad und gegen das Auto zu entscheiden, bloß: warum tun wir es nicht? Der Mensch ist in der Lage, seine durch Bedürfnisse geleiteten und emotional antreibenden Impulse zu unterdrücken (Inhibition), wären sie nur nicht so unheimlich stark. Sie treiben uns an, stimmen uns in Arbeitssitzungen motiviert und lassen uns an einem wichtigen Auftrag hartnäckig dranbleiben. Bei zu großer Ausprägung allerdings, wenn wir Gefahr laufen „animalisch" zu werden, können sie ein Hindernis darstellen. Hier können wir auf äußerst menschliche Grundfunktion des Abwägens und Innehaltens, des kontrollierten Bewertens und vernünftigen Entscheidens zurückgreifen. Das verlangt mitunter viel Disziplin. Impulskontrolle ist einer der wichtigsten Schlüssel für erfolgreiches Handeln. Denn sie ist einer der wesentlichen kognitiven Bestandteile der Prävention, also der Vorbeugung.

(6) Planen Sich zu entscheiden ist das eine, jedoch die getroffene Entscheidung in Form eines positiven, realistischen, konkreten, flexiblen und beharrlich verfolgten Ziels auszudrücken, das mindestens genauso Schwierige. Heerscharen an Beratern, Mentaltrainern und -coaches verdienen viel Geld mit dieser Grundfunktion, wenn sie ins Stocken gerät. Dabei gibt es ein einfaches Mittel, das sogar umsonst ist und jedem zur Verfügung steht: Bewegung …

(7) Problemlösen und Schlussfolgern Als Königin unter den kognitiven Grundfunktionen ist sie das, was auch gemeinhin als fluide Intelligenz verstanden wird. Sie besteht darin, vorhandene Muster zu erkennen, Regeln auszumachen im Gestrüpp der Unordnung, um dann eine Vorgehensweise zu entwickeln, die den Erfolg herstellt. Auf dieser Grundfunktion basiert maßgeblich der gesellschaftliche Erfolg der Bundesrepublik Deutschland, die eine der höchsten Anmeldequoten an Patenten weltweit hat, Dichter und Denker, Ingenieure und Innovatoren hervorbringt und deshalb in rohstoffarmer Umgebung das Hirn als Quelle des Wohlstandes einsetzt. Wie viel mehr wäre durch ein bewegungsreiches Leben möglich?

(8) Agieren Was wäre die Genialität eines Hirns, wenn es die Produkte seines Denkens nicht in Form von konkreten Handlungen ausführen könnte? Die Nervenbahnen des Körper führen nicht nur aus dem Körperinneren heraus und vom Körperäußeren in das Hirn hinein, sondern ebenso dicke und vielzählige Fasern führen in die Organe der Bewegung, den Muskeln, Gelenken, Sehnen, Bändern und Knochen übers Rückenmark hinaus. Menschliche Körper sind in dieser Betrachtung eine Art „bewegte Gehirne". Hier schließt sich also der Kreis aus einströmenden und ausfließenden Signalen, die im Hirn ihre zentrale Verarbeitungsstelle haben und über die Bewegung zum Ausdruck kommen.

13.5.1 Bewegung gezielt einsetzen: was wirkt wann und wie?

▸ *„Dem lebendigen Geist" – der ein bewegter Geist ist.*
(Motto der Universitätsstadt Heidelberg mit der ältesten Universität Deutschlands zur 625-Jahr-Feier)

Die entscheidende Frage ist nun, ob und in welcher Weise diese Grundfunktionen positiv und vor allen Dingen kontrolliert durch Bewegung beeinflusst werden können. Dass diese Frage in der Tat nicht bloß rhetorisch ist, dürfte der Allgemeinbevölkerung weitaus weniger bekannt sein, als ihr lieb sein wird. Jene Studien nämlich, die von Erfolgen zum Zusammenhang von Bewegungsinterventionen und einer Verbesserung der Hirnleistung sprechen, nehmen häufig nur auf zwei Parameter Bezug, der Intensität und der Dauer der Bewegung. In anderen Worten: Wie lange muss ich mich bewegen und wie heftig soll es sein? Die kognitive Leistung ist aber mehr als nur eine Funktion der beiden genannten Faktoren. Sie ist ebenso abhängig vom Zeitpunkt der Intervention, also wann bin ich wie lange und wie heftig in Bewegung.

Gute Bewegungsberatung stellt sich die Fragen,

- will ich mich vor, während oder nach einer geistigen Hochanstrengung bewegen?
- Zu welcher Tageszeit bewege ich mich (biologische Tagesuhr mit Phasen höherer und niedriger Konzentrationsfähigkeit)?
- Wie gestalte ich die Wochen- und Monatszeit (Häufigkeit und Regelmäßigkeit des Bewegungsimpulses)?
- Wie beeinflusst mich die Jahreszeit (Einfluss von Licht und Schlafmenge)?
- In welcher Lebenszeit treibe ich wie viel Sport zur Erhöhung geistiger Leistung (die überaus hohe Plastizität im Kindesalter vs. moderate Plastizität im hohen Erwachsenenalter).
- Und schließlich kommt noch hinzu, wie ich mich bewegen will: eher koordinativ oder eher konditionell (Kraft, Ausdauer, Schnelligkeit und Beweglichkeit)?

Die Antworten hierauf sind, so schmerzlich das für die Leserinnen und Leser sein mag, derart komplex, dass Sie ein ganzes Buch, eine längere Vortragsreihe oder eine ganze Ausbildung in präventiver Bewegungsberatung bräuchten. Sie werden deshalb auch meist in vereinfachte Formeln zur leichteren Übersichtlichkeit kompakt eingedampft, um zumindest generelle Handlungsregeln bereit zu stellen. Fasst man sowohl die Empfehlungen englischsprachiger als auch deutschsprachiger Befunde zusammen (z. B. Bös und Brehm 2006; Biddle und Mutrie 2008; WHO 2010), ergeben sich nachfolgende Richtlinien:

Häufigkeit: an 3 bis 5 Tagen pro Woche
Intensität: 60 bis 80 % der maximalen Herzrate oder 25 bis 40 mal Atmen pro Minute
Dauer: mindestens 20 höchstens 60 Minuten am Stück über mindestens 4 Wochen

Art: Kontinuierliche, sowohl koordinativ als auch konditionelle Beanspruchung großer Muskelgruppen, die kraftausdauernd im Wechsel mit Geschicklichkeitsübungen und einzelner (weniger) Spannungsspitzen durchgeführt werden.

Mit dieser Grundformel kann man zwar im Sinne der allgemeinen Hirngesundheit nichts falsch, aber ebenso wenig richtig machen, wenn es um die differenzierte und gezielte Beeinflussung ganz bestimmter kognitiver Grundfunktionen gehen soll, wie sie oben unter Punkt 1.5 dargestellt wurden.

Wer ganz gezielt vorgehen möchte und die genannten Grundfunktionen des Hirns zur optimalen Entfaltung kommen lassen möchte, kann auf die folgenden Empfehlungen zurückgreifen.

Förderung der Konzentration: Verbinden sie vor Beginn einer längeren, geistig hochkonzentrierten Tätigkeit koordinativ anspruchsvolle Übungen (z. B. Gleichgewichtsübungen) mit Kraft- und Schnelligkeitsanteilen (z. B. in der Standwaage hochhüpfen; nach einem Liegestütz die Hände zusammenklatschen). Hierbei reichen 10 Minuten um für weitere 60 Minuten aufmerksam sein zu können.

Abwägen, Entscheiden, Planen: Wie bereits Aristoteles bei der Gründung seiner philosophischen Akademie wusste, können Spaziergänge ins Stocken geratene Denkknoten lösen. So ging er mit seinen Schülern in den Wandelhallen der Schule (Peripatos) spazieren, um schwerwiegende Gedanken leichtfüßig zu bedenken; der „Spazier-Gang" bzw. das *peripatetische Philosophieren* war geboren. Diese Erkenntnis bestätigt auch die moderne Kreativitätsforschung sowie die Biografieforschung herausragender Persönlichkeiten, die ihre besten Ideen genau dann hatten, wenn sie nicht daran gedacht und sich in einer Form der Bewegung befanden, sei es bei der Gartenarbeit oder beim Wandern oder beim Fahrradfahren auf dem Weg zur Arbeit. Der Hintergrund: ist das hochbewusste Arbeitsgedächtnis vom vielen Denken erschöpft, kann das Nicht-Bewusstsein im Hintergrund weiter arbeiten, ordnet und sortiert die Gedanken stimmig zusammen, so dass irgendwann der Knoten platzt, oder wie Archimedes bei der fundamentalen Erkenntnis zum Wasserauftrieb rief: „Heureka!" Diese Form der Bewegung sollte also während oder nach der geistigen Anstrengung stattfinden.

1. Fühlen Sie sich nicht nur kapazitiv erschöpft, sondern plagt sie auch psychischer Stress, dann sollten Sie nach der geistigen Herausforderung unbedingt für längere Zeit bei mittlerer Intensität eine bewegte (Kraft-)Ausdauerleistung vollbringen. Psychischer Stress ist mehr als nur eine mengenmäßige Überforderung; er geht meist einher mit nicht bewusster Angst, die das starke Stresshormon Cortisol produzieren lässt und vor allen Dingen das Langzeitgedächtnis blockiert. Gehen sie deshalb in Abhängigkeit von Ihrem Trainingszustand (je besser, desto länger) und ihrem Alter (je älter, desto kürzer) für mindestens 20 Minuten aber höchstens 60 Minuten bei einem Puls von zwischen 110 und 160 Laufen (wenn die Knie in Ordnung sind), Schwimmen, Fahrradfahren,

ins Pilates oder machen Sie einen zügigen Spaziergang. Die Muskeln bauen dadurch das Cortisol besser ab und viel Trinken spült es aus.
2. Allgemeine Hirngesundheit: Eine der besten Ressourcen für geistige Höchstleistungen ist der Schlaf! Wollen Sie selbigen sichern, dann sollten Sie sich auf jeden Fall lange vor der Nachtruhe bewegen, spätestens aber um 21:00 Uhr aufgehört haben, weil ansonsten der Sport selbst zum Stressor wird. Treiben Sie nach dieser Uhrzeit noch Sport, so empfindet das der Körper aufgrund der normalerweise einsetzenden Erholung als tatsächliche Belastung. Statt Cortisol abzubauen, wird nun Cortisol produziert. Man geht hier von einer umgedrehten U-Kurve aus, das bedeutet: zu wenig Bewegung bringt wenig, zu viel Bewegung bringt sehr viel, nämlich kontraproduktiven Stress! Deshalb gilt auch hier das gute alte Sprichwort von Paracelsus: die Dosis macht das Gift.
3. Inhibition: Jene Grundfunktion, die möglicher Weise noch am stärksten von regelmäßiger Bewegung profitiert, ist die Fähigkeit, verlockende Reize zu unterdrücken, um ihnen zugunsten von langfristig betrachtet höheren Zielen Einhalt zu gebieten. Diese Impulskontrolle oder Inhibition kann bereits durch ein zehnminütiges Koordinationstraining in Verbindung mit einer Kraftausdauerübung reaktiviert werden, zu dem sie lediglich eines tun müssen: Treppen hinauf und mit erhöhter Geschwindigkeit wieder hinunterlaufen!

Geht das alles wirklich so einfach? Ja, denn nicht der Wissenserwerb über die positiven Effekte von Bewegung ist das Schwierige, sondern ihre Umsetzung. Es gibt nichts Gutes, außer man tut es …

13.6 Über den Autor

Rolf Schwarz Jun. Prof. Dr. Rolf Schwarz, Diplom-Pädagoge, Spiel- und Theaterpädagoge und promovierter Sportpädagoge, forscht und lehrt als Bewegungswissenschaftler zu der Frage, wie sich durch Bewegung, Spiel und Sport die Potenziale von Menschen in allen Altersstufen optimal entwickeln lassen. Dabei steht immer die sinnvolle Bewegung im Vordergrund, die jeder Mensch individuell auslegt: durch Freude, spannende Momente, gemeinsam mit anderen, in Grenzsituationen und als ganzheitliches Wohlbefinden.

Weitere Infos unter www.ph-karlsruhe.de/institute/ph/institut-fuer-bewegungserziehung-und-sport/ab-3-spiel-erziehung-und-bewegungsbildung-im-kindesalter/jun-prof-dr-schwarz/

Literatur

Adamietz, J. (1986). *Die römische Satire*. Darmstadt: Wissenschaftl. Buchgesellschaft.

Adolph, K. E., Vereijken, B., & Shrout, P. E. (2003). What changes in Infant Walking and Why. *Child Development*, 74(2), 475–497.

Alle, H., Roth, A., & Geiger, J. R. P. (2009). Energy-Efficient Action Potentials in Hippocampal Mossy Fibers. *Science*, 325(5946), 1405–1408.

Bassett, D. R., Schneider, P. L., & Huntington, G. (2004). Physical Activity in an Old Order Amish Community. *Medicine & Science in Sports & Exercise*, 36(1), 79–85.

Biddle, S. J. H., & Mutrie, N. (2008). *Psychology of Physical Activity*. London & New York: Routledge.

Blischke, K. (2010). Entwicklung der Fortbewegung. In N. Schott, & J. Munzert (Hrsg.), *Motorische Entwicklung* (S. 69–88). Göttingen: Hogrefe.

BMU – Bundesministerium für Umwelt, Naturschutz und Reaktorsicherheit (2013). *Flächenverbrauch – Worum geht es?* http://www.bmu.de/themen/strategien-bilanzen-gesetze/nachhaltige-entwicklung/strategie-und-umsetzung/reduzierung-des-flaechenverbrauchs/.

Bös, K., & Brehm, W. (2006). *Handbuch Gesundheitssport*. Schorndorf: Hofmann.

Burger King (2013). *Alle Produkte – Nährwerte. Stand Juli 2013*. http://www.burgerking.de/geschmack-frische#layerOpen.

Churchill, W. S. (1965). *Meine frühen Jahre*. Zürich: Coron-Verlag.

destatis (2009). *Gesundheitsrelevantes Verhalten: Körpermaße nach Altersgruppen. Ergebnisse des Mikrozensus 2009, Statistisches Bundesamt*. https://www.destatis.de/DE/ZahlenFakten/GesellschaftStaat/Gesundheit/GesundheitszustandRelevantesVerhalten/Tabellen/Koerpermasse.html

FAZ am Sonntag vom 12.05.2002, Nr. 19

Gibbons, A. (2009). A New Kind of Ancestor: Ardipithecus Unveiled. *Science*, 326(5949), 36–40.

Haile-Selassie, Y. (2001). Late Miocene hominids from the Middle Awash, Ethiopia. *Nature*, 412(6843), 178–182.

Handwerker, H. O. (2006). Allgemeine Sinnesphysiologie. In R. F. Schmidt, & H. G. Schaible (Hrsg.), *Neuro- und Sinnesphysiologie* (S. 182–202). Heidelberg: Springer.

Haskell, W. (2000). Sport, Bewegung und Gesundheit. *Der Orthopäde*, 29(11), 930–935

kba Kraftfahrtbundesamt (2013). *Fahrzeugbestand zum 01. Januar 2013*. http://www.kba.de/nn_125398/DE/Statistik/Fahrzeuge/Bestand/bestand__node.html?__nnn=true.

Knoche, U. (1950). *D. Junius Juvenalis: Saturae*. München: Hueber.

Lovejoy, C. O., Suwa, G., Spurlock, L., Asfaw, B., & White, T. D. (2009). The pelvis and Femur of Ardipithecus ramidus: The Emergence of Upright Walking. *Science, 326*(5949), 71e1–71e6.

Marti, B., Bühlmann, U., Hartmann, D., Ackermann-Liebrichd, U., Hoppeler, H., Martin, B., Seiler, R., Kriemler, S., Stüssi Chr, Narring, F., Birrer, D., Jimmy, G., Imhof, U., & Vuille, J. C. (1999). Fakten zur gesundheitlichen Bedeutung von Bewegung und Sport im Jugendalter. *Schweiz. Zt. für Sportmedizin und Sporttraumatologie, 47*(4), 175–179.

OECD - Organisation for Economic Co-operation and Development (2010). *Obesity and the Economics of Prevention: Fit not Fat*. Paris: OECD Publishing.

Rosenberg, G. (2005). *Die Rekonstruktion des Körperschemas in pflegerischen Handlungsfeldern*. Dissertation, Universität Bremen.

Roth, G. (2003). *Fühlen, Denken Handeln. Wie das Gehirn unser Verhalten steuert*. Frankfurt a.M.: Suhrkamp.

Ruxton, G. D., & Wilkinson, D. M. (2011). Avoidance of overheating and selection for both hair loss and bipedality in hominins. *PNAS, 108*(52), 20965–20969.

Schandry, R. (2011). *Biologische Psychologie* (3. Aufl.). Weinheim: Beltz.

Schulz, K. H., Meyer, A., & Langguth, N. (2012). Körperliche Aktivität und psychische Gesundheit. *Bundesgesundheitsblatt, 55*(1), 55–65.

Schwarz, R. (2014). *Frühe Bewegungserziehung*. München: Reinhardt.

Singh-Manoux, A. (2012). Obesity phenotypes in midlife and cognition in early old age. *Neurology, 79*(8), 755–762.

Stein, W. E., Mannolini, F., VanAller Hernick, L., Landing, E., & Chr Berry, C. (2007). Giant cladoxylopsid trees resolve the enigma of the Earth's earliest forest stumps at Gilboa. *Nature, 446*(7138), 904–907.

Wallmann, B., & Froböse, I. (2012). Vergleich der gesundheitlichen Auswirkungen von „3000 Schritte mehr am Tag" vs. geführte Spaziergänge. *Deutsche Zeitschrift für Sportmedizin, 63*(3), 81–86.

Westheide, W., & Rieger, G. (2013). *Spezielle Zoologie. Teil 1: Einzeller und wirbellose Tiere* (3. Aufl.). Heidelberg: Springer Spektrum.

Wheeler, P. E. (1984). The Evolution of Bipedality and Loss of Functional Body Hair in Hominids. *Journal of Human Evolution, 13*(1), 91–98.

WHO – World Health Organization (2012). *World Health Statistics*. http://www.who.int/gho/publications/world_health_statistics/2012/en/index.html. Zugegriffen: 12.03.2013.

WHO – World Health Organization. (2013). *Global database on Bodymass Index*. http://apps.who.int/bmi/index.jsp?introPage=intro_3.html.

WHO – World Health Organization. (2010). *Global Recommendations on Physical Activity for Health*. http://www.who.int/dietphysicalactivity/factsheet_recommendations/en/.

Wilson, F. R. (2000). *Die Hand – Geniestreich der Evolution*. Stuttgart: Klett-Cotta.

I-IQ Interessenintelligenz

Wie Topmanager Verschwendung vermeiden!

Julius Seebach

14

Inhaltsverzeichnis

14.1 Denkanstoß 277
14.2 Process is the key 280
14.3 Über den Autor 298
Weiterführende Literatur 299

> Interesse macht manche Menschen blind, andere scharfsichtig (Francis Beaumont).

14.1 Denkanstoß

Unter Prävention sind vorbeugende Maßnahmen zu verstehen, die unerwünschte Folgen und Ergebnisse vermeiden. In der Regel verbinden wir mit diesem Begriff prominente Anwendungsfälle wie die Gesundheitsprävention, die Krisenprävention oder die Suchtprävention. Doch letztendlich ist es unser tiefgreifendes Verständnis von Wirtschaft selbst, das den bedeutendsten Präventionsfall beschreibt: die Vermeidung von Verschwendung.

Weil Ressourcen knapp sind, unsere Bedürfnisse aber nahezu grenzenlos, bleiben uns nicht viele andere Möglichkeiten: Nur indem wir effizient wirtschaften, sprich: Verschwendung vermeiden, legen wir den Grundstein für Existenz und Wohlstand.

Generell versuchen wir, unsere Ressourcen in einer Art und Weise einzusetzen, die es uns ermöglicht, unsere Bedürfnisse so umfassend wie möglich zu befriedigen. Dieses Streben bezeichnen wir als ökonomisches Prinzip. Es beschreibt die immerwährende Suche nach dem optimalen Verhältnis von Mitteleinsatz zu Ertrag. Unser Vermögen und die Fähigkeit, Verschwendung zu vermeiden, bestimmt, welche Bedürfnisse wir befriedigen

Julius Seebach ✉
Jahnstraße 29, 66976 Rodalben, Deutschland

können. Wir sind also gut beraten, Maßnahmen zu ergreifen, um gerade unsere wichtigsten Ressourcen wie die Zeit oder das Geld nicht zu verschwenden. Indem wir beispielsweise in eine teure und zeitintensive Ausbildung investieren, handeln wir präventiv – denn wir steigern den Wert unserer Arbeitsleistung. Folglich verdienen wir in der gleichen Zeit mehr Geld und können mit diesem Geld neben Grundbedürfnissen auch Kultur- oder Luxusbedürfnisse befriedigen.

Insbesondere für Unternehmen ist es entscheidend, Ressourcen sorgsam einzusetzen, wenn es darum geht, Güter und Dienstleistungen herzustellen bzw. anzubieten. Ziel – und damit alleinige Daseinsberechtigung und Überlebenschance – ist es, Kunden einen Nutzen zu bieten. Dieser Nutzen ist das Maß für die Fähigkeit, Kundenbedürfnisse zu befriedigen, sowie der Mehrwert, den der Kunde im Verhältnis zu seinem Mitteleinsatz wahrnimmt. Aus diesem Grund sind im harten Verdrängungswettbewerb solche Unternehmen erfolgreicher, denen es gelingt, ihren Kunden einen höheren Nutzen zu bieten.

Sie als CEO haben damit eine klare Produktmission für das Ihnen anvertraute Unternehmen. Doch wenn wir von dem bedeutendsten Präventionsfall sprechen, geht es um etwas sehr viel Fundamentaleres. Es geht darum, das schlimmste Folgeereignis zu verhindern, das Ihr Unternehmen ereilen kann und für das ausschließlich Sie die Verantwortung tragen: das unfreiwillige Ausscheiden aus dem Marktgeschehen – die Unternehmenspleite. Indem Sie Verschwendung vermeiden und Ihre Unternehmensressourcen optimal einsetzen, haben Sie in der Sprache der Prävention nicht nur vorbeugende Maßnahmen für ein nicht gewünschtes Ereignis und weitere Folgen getroffen – sondern Sie steigern auch den Nutzen Ihrer Produkte und erwirtschaften einen Ertrag, der wiederum Ihren Mitteleinsatz übersteigt. Es entstehen keine Verluste, die zwangsläufig zur Auszehrung des Vermögens und zur Zahlungsunfähigkeit führen würden. Sie erfüllen vielmehr Ihr Ziel – langfristig den Gewinn Ihres Unternehmens zu maximieren. Die Frage lautet also: Wie erreichen Sie das?

Der berühmte Management-Vordenker Peter Drucker schrieb einst in einem Artikel der Harvard Business Review und bringt damit alles zuvor Geschriebene auf den Punkt:

> It is fundamentally the confusion between effectiveness and efficiency that stands between doing the right things and doing things right. There is surely nothing quite so useless as doing with great efficiency what should not be done at all.
>
> Es ist die grundsätzliche Verwirrung zwischen Effektivität und Effizienz, die zwischen dem Tun der richtigen Dinge und die Dinge richtig zu tun steht. Es gibt sicherlich nichts Nutzloseres, als mit großer Effizienz das zu tun, was überhaupt nicht hätte getan werden sollen.

So kann es eben auch passieren, dass ein Unternehmen, das den faktisch größten Kundennutzen bietet, es aber nicht versteht, diesen eindeutig zu kommunizieren, von einem Unternehmen ausgestochen wird, das weit weniger Kundennutzen bietet. Es hat zwar seine Ressourcen wirtschaftlicher, d. h. verschwendungsfreier, bei den Dingen eingesetzt, die einen größeren Mehrwert generieren. Doch leider waren es nicht die Dinge, die über den Markterfolg entschieden. So hilft selbst die höchste Effizienz nicht, wenn ineffektiv gehandelt wird. Wo war die Prävention?

Ihre Aufgabe als CEO ist es, dafür zu sorgen, dass das Unternehmen als Ganzes die richtigen Dinge richtig tut. In der Terminologie der Prävention sind dies die vorbeugenden Maßnahmen. Sie entscheiden über den optimalen Ressourceneinsatz des Unternehmens, um damit Ihren Kunden den größtmöglich wahrnehmbaren Nutzen zu bieten. Natürlich grenzt es an Utopie, Ihnen oder Ihrem Führungsstab unterstellen zu wollen, Sie wüssten immer, was das Richtige sei, geschweige denn, wie dies zu tun wäre. Dennoch: Sie allein tragen die Verantwortung für die Entscheidungen, die nachhaltig den Erfolg oder das Scheitern des Unternehmens bewirken.

▸ Präventiv handeln heißt daher immer, Entscheidungen sorgsam vorzubereiten und abzuwägen.

Mit dem Homo oeconomicus stellt Ihnen die Betriebswirtschaftslehre einen adäquaten Sparringspartner zur Seite. Er hilft Ihnen mit seinem streng rationalen Rat, komplexe Probleme entscheidungsfähig aufzubereiten und daraus bestmögliche Entscheidungen abzuleiten. Dies tut er, indem er nach einer Situationsanalyse Entscheidungsalternativen vor dem Hintergrund effektiver und effizienter Zielerreichung auswirkungsgerecht bewertet. Dabei stützt er sich auf wirtschaftstheoretische Modelle, die jedoch leider wie jede Theorie auf Verallgemeinerungen, einschränkenden Annahmen und einer vereinfachte Abbildung der Wirklichkeit aufbauen. Ein Unternehmen ist in Wirklichkeit aber ein komplexes Gebilde, das für seinen Erfolg darauf angewiesen ist, dass viele verschiedene Interessensgruppen zusammenwirken. Anzunehmen, diese handelten stets rational und verschwendungsarm zum Wohle Ihres Unternehmens, ist schier grotesk. Es ist vielmehr völlig normal, dass Interessen nicht immer gleichgerichtet oder unabhängig voneinander sind. Es entsteht ein abhängiges Spannungsfeld gegenläufiger Interessen. Die Reibung steigt und der Wirkungsgrad fällt. Genau wie auch Sie sind diese Interessensgruppen dazu gezwungen, wirtschaftlich zu handeln, um möglichst viele ihrer Bedürfnisse zu befrieden.

Verstehen Sie mich nicht falsch: Prävention bedeutet für mich nicht, ein Plädoyer für die sozialwissenschaftliche Wirtschaftsvorstellung zu halten, die als vorrangigstes Unternehmensziel sieht, zwischen den beteiligten Interessensgruppen einen möglichst hohen Konsens bzw. Kompromiss herzustellen. Es geht um weit mehr als die klassische Shareholder-/Stakeholder-Diskussion von Eigenkapitalgebern, Fremdkapitalgebern, Arbeitnehmern, Management, Kunden, Lieferanten und der breiten Öffentlichkeit. Mit unserem wirtschaftswissenschaftlichen Verständnis von marktwirtschaftlichem Wettbewerb und dem obersten unternehmerischen Ziel der langfristigen Gewinnmaximierung sind alle Stakeholder bestmöglich aufgestellt. Um die optimalen unternehmerischen Entscheidungen zu finden und zu treffen, ist es dennoch unabdingbar, dass Sie sich als CEO mit den Interessen Ihrer Stakeholder auseinandersetzen. Verstehen Sie es als Chefsache!

Indem Sie das Wort Interesse als Synonym für Anforderungen, Nöte, Ziele, Anliegen, Zwänge, Ängste, Sorge, Bedarf, Vorliebe, Absicht, Hoffnung, Bestrebung, Intention, Vorsatz, Wille, Wunsch Verlangen oder Bedürfnis begreifen, wird deutlich: In jeder Situation hat jeder Mensch Interessen, die ihn antreiben – so wie jede Abteilung, jedes Unternehmen, jede Organisation oder jedes Joint Venture. Durch unsere Interaktion treffen sie aufeinander. Wir versuchen zu beeinflussen und zu überzeugen. Jede Actio erwartet eine Reactio. Normen, Kultur und die 3 „E"s, Ego, Emotionen und Eskalation, kommen ins Spiel. Interessen können dabei bewusst oder unbewusst sein, offen oder verdeckt. Meistens verbergen sie sich hinter Positionen, die wir einnehmen und somit erst entschlüsseln müssen. Die Entscheidung selbst ist nur ein formaler Akt, für den Sie die Verantwortung übernehmen. Im Rahmen eines Entscheidungsprozesses eruieren und sichern Sie die Beiträge, die einen optimalen Ressourceneinsatz ermöglichen. Das ist Prävention! Nur Sie sind dazu in der Lage, denn es ist ausschließlich Ihr eigenes Interesse, das Gesamtinteresse des Unternehmens zu wahren. Es ist der Erfolgsmaßstab für Ihre Entscheidung. Es ist ein Zusammenspiel, gar ein Potenzieren, der persönlichen und fachlichen Interessen Ihrer verschiedenen Anspruchsgruppen. Ihre Aufgabe ist es, dabei Störgrößen zu erkennen und zu eliminieren.

▸ In dem Moment, in dem Sie Interessen unterschiedlichster Disziplinen und Gruppen kennen, managen, ergründen, antizipieren, vermitteln und priorisieren, zeigen Sie sich interessenintelligent. Sie handeln vorbeugend und wissen, um was es den Beteiligten wirklich geht.

Sie ermitteln entscheidungsrelevante Informationen, lösen Interessenskonflikte und steigern den Wirkungsgrad. Unternehmensoptimale Entscheidungen werden möglich. Entscheiden heißt damit verhandeln. Sie schließen Deals für Ihr Unternehmen ab. Vergegenwärtigt man sich die Dimension der Interessen, mit denen Sie täglich konfrontiert werden, indem Sie mit Fachvertretern aus Strategie, Forschung, (technischer) Entwicklung, Finanzen, Beschaffung, Produktion & Logistik, Marketing & Vertrieb, Qualität, Presse & Öffentlichkeitsarbeit, Politik & Gesellschaft und Recht & Compliance verhandeln, wird deutlich, dass dies die Leistungsfähigkeit des Homo oeconomicus deutlich sprengt. Neben Ihrem „Wirtschaftsminister" benötigen Sie Know-how für Technisches, Psychologisches und Soziales. All dies verbirgt sich hinter dem präventiven Konzept der Interessenintelligenz.

14.2 Process is the key

Sie wissen nun, dass es die Verbindung des betriebswirtschaftlichen Entscheidungsprozesses mit der Interessenintelligenz ist, die Sie zu Ihrer Präventionsaufgabe befähigt, die Sie als Führungskraft haben. Für das große Ganze erarbeiten Sie gemeinsam mit den beteiligten Protagonisten, welche Dinge zu tun sind und wie sie zu tun sind. Dabei berücksichtigen Sie alle anliegenden Interessen. Entscheidungen werden zu Lösungen. Es gibt keine Zielkompromisse mehr, bei denen Interessen auf der Strecke bleiben. Es ist wie bei Gericht: Indem Sie den Richter entscheiden lassen, unterliegen Sie dem Trugschluss seiner utopischen Allwissenheit. Zurück bleiben für alle Parteien nur verschwendete Ressourcen, unbefriedigte Interessen und belastete Beziehungen.

Ihre kooperativen Präventionsmaßnahmen ergreifen Sie interessenintelligent, indem Sie Ihren Entscheidungsbedarf in Anlehnung an den Verhandlungsprozess des Harvard Negotiation Projects mit nachstehenden Kriterien durchleuchten und plausibilisieren:

1. BAZE & SAZE
2. Themen und Positionen
3. Interessen
4. Alternativen und Optionen
5. Legitimität und Plausibilität
6. Beziehung und Kommunikation
7. Entscheidung und Kontrolle

Wichtig dabei ist, dass alle Beteiligten Ihre Spielregeln für die Entscheidungsfindung kennen. Erst dann haben Sie vorbeugende Maßnahmen für ein faires Spiel getroffen. Denn erst dann verstehen alle Beteiligten, dass ein gemeinsamer Entscheidungsbedarf besteht.

Außerdem wichtig: „Anflugpläne", die zeigen, wann Agenden, Unterlagen und Informationen im Entwurf und im finalen Stand von wem an wen zugänglich gemacht werden. Wann finden welche Gremien, Meetings, Arbeitsgespräche, Experteninterviews und informellen Gespräche rund um den Entscheidungsbedarf statt? Welche Reihenfolge ist zielführend? Wen brauchen Sie mit welchem Einfluss in den Diskussionen und strategisch/taktisch wann? Welche Rolle füllt er/sie aus und über welches Medium? Manager, Experten, Protokollführer, Moderatoren, Lieferanten, wirtschaftliche und juristische Berater? Physisch vor Ort, per Mail, per Videokonferenz oder telefonisch? Wer bildet Koalitionen und Interessensgemeinschaften? Wie gestalten sich die Diskussions- und Arbeitsbedingungen? Gibt es Technik, Flipcharts und ist für das leibliche Wohl gesorgt? Gibt es ausreichend Zeit, Pausen und die Möglichkeit für Einzelgespräche bei Spaziergängen? Sind der Raum und die Atmosphäre grundsätzlich angenehm? Sind kreative Techniken wie das Mind-Mapping allen geläufig? Für Ihre Mitarbeiter sind all dies wichtige Aspekte und Informationen, um konstruktiv mitwirken zu können. Doch dies ist ohnehin gelebte Praxis in einem guten Unternehmen.

Eine wichtige Voraussetzung, um Interessenintelligenz in einem Unternehmen einführen zu können, ist das Wissen um die logischen Ebenen der Veränderung. Hier ein kurzer Überblick über dieses Konzept: Forscher haben herausgefunden, dass wir unsere Erfahrungen auf verschiedenen Ebenen unseres Bewusstseins abspeichern. Dabei gibt es eine Rangfolge: Die höhere Ebene bestimmt immer die nachfolgende. Die bedeutendsten Ebenen für Sie sind (von oben nach unten): Zugehörigkeit, Identität, Glaubenssätze, Fähigkeiten, Verhalten, Umwelt. So bestimmt beispielsweise Ihre Zugehörigkeit zu den CEOs Ihre Identität und Ihr Selbstbild als fachübergreifender Manager. Sie erhalten damit automatisch ein Set von Glaubenssätzen, das sich unter anderem in Annahmen, Werten, Interessen, Entscheidungskriterien, Überzeugungen und Wahrnehmungsfiltern widerspiegelt. Sie glauben beispielsweise, dass Präventionsmaßnahmen wichtig für das Unternehmen sind.

Ihre Glaubenssätze bestimmen wiederum, welche Fähigkeiten Sie sich erarbeiten können. Sie kaufen das vorliegende Buch, lesen es aufmerksam und können danach interessenintelligente Entscheidungen treffen. Dementsprechend werden Ihr Verhalten und Ihre Taten ab sofort interessenintelligent geprägt sein. Als beste Umwelt hierfür erscheint Ihnen in der Regel Ihr Büro oder ein Besprechungsraum. Um das volle Potenzial der Interessenintelligenz in Ihrem Unternehmen entfalten zu können, müssen demnach auch Ihre Mitarbeiter an das Konzept glauben. Dass Sie es alleine tun oder der Umstand, dass Sie alle dem gleichen Unternehmen angehören, ändert daran nichts. Ihre Mitarbeiter sind gleichzeitig auch weiteren Gruppen zugehörig, die andere Glaubenssätze verfolgen. Ingenieure, Betriebswirte oder Rechtsanwälte könnten auf dieser Ebene kaum verschiedener sein. Beginnen Sie also bei Veränderungen immer oberhalb der Verhaltensebene. Um das volle Potenzial der Interessenintelligenz heben zu können, müssen Sie die Interessenintelligenz also auf der Ebene der Glaubenssätze verankern. Zeigen Sie auf, wie komplementär die Interessenintelligenz zu den übrigen Glaubenssätzen ist und dass sich damit bestmöglich eigene Interessen befriedigen lassen. Und da es ja genau das ist, was das Konzept so wertvoll macht, gehen Sie am besten genauso vor, wie in diesem Beitrag beschrieben.

Bevor wir uns nun den verschiedenen Kriterien für interessenintelligentes Entscheiden als Präventionsmaßnahme widmen, bitte ich Sie, folgenden Tipp zu beachten: Essentiell für Ihren Erfolg ist es, dass Sie sich gut vorbereiten. Genauso wenig, wie Sie in ein Meeting gehen, ohne sich mit jedem einzelnen über die Tagesordnungspunkte vorab auszutauschen und später dort alle Verhaltensmuster, Aussagen, Strategien und Taktiken der Protagonisten reflektieren, sollten Sie die einzelnen Schritte Ihrer Entscheidung unvorbereitet gehen.

14.2.1 BAZE & SAZE

Aus einer unternehmerischen Perspektive betrachtet, ist die Prävention ein Werkzeug, mit dem sich Risiken minimieren lassen. Ein unerwünschtes Ereignis soll schließlich nicht eintreten, kann aber trotz vorbeugender Maßnahmen nicht immer ausgeschlossen werden. Auf Ihren Entscheidungsbedarf übertragen, bedeutet dies, dass Sie durchaus das Risiko eingehen, eine falsche Entscheidung zu treffen. Aus diesem Grund sollten Sie im Vorfeld, also präventiv, Ihre Alternativen zum Entscheidungsbedarf ermitteln. Gibt es diese? Was ist Ihre beste Alternative zur Entscheidung (BAZE) und was ist Ihre schlechteste Alternative zur Entscheidung (SAZE)? Haben Sie Einfluss auf diese Alternativen, so verbessern Sie sie, und zwar vor Prozessbeginn. Sie verringern damit Ihren Druck bei Ihrer Entscheidung. Mit Ihrer BAZE & SAZE erhalten Sie eine Referenz, die Sie später den Entscheidungsmöglichkeiten gegenüberstellen können. Sind alle Alternativen schlechter als Ihre schlechteste Entscheidungsmöglichkeit, entscheiden Sie; sind alle Alternativen besser als Ihre beste Entscheidungsmöglichkeit, entscheiden Sie nicht. In allen anderen Fällen liegt es in Ihrem individuellen Ermessen.

Als Automobilhersteller müssen Sie beispielsweise eine bestimmte Technologie einsetzen, um wettbewerbsfähig zu sein. Die Forderung Ihrer Techniker nach kosten- und zeitintensiver Entwicklung wird aber obsolet, wenn Sie gerade eine strategische Investition bei einem anderen Hersteller abschließen, die Ihnen Zugriff auf dessen Technologie und Bauteile erlaubt. Ihre BAZE ist also hervorragend und Ihre Entwicklung muss die Technologieeigenschaften und Kundennutzen deutlich übertreffen, wenn sie diesen Entwicklungsgegenstand selbst umsetzen möchte. Sie erhöhen damit nicht nur Ihren Anspruch und die Qualität, sondern reduzieren auch Kosten, Entwicklungszeit und Komplexität.

Seien Sie ehrlich: Wie oft sitzen Sie Entscheidungen einfach aus? Liegt es vielleicht daran, dass Sie eine hervorragende BAZE haben?

Dass Ihre Mitarbeiter sich von ihren eigene Interessen steuern lassen, stellen Sie auch fest, indem Sie sich bewusst machen, welche Auswirkungen eine durch Sie nicht getroffene Entscheidung hat. Durchdenken Sie also dieses Szenario im Zuge Ihrer BAZE & SAZE ebenfalls.

14.2.2 Themen und Positionen

In gewohnter Weise ermitteln Sie im Rahmen einer Situationsanalyse die Themen und Positionen der Stakeholder, um daraus entscheidungsrelevante Informationen zu destillieren. Verstehen Sie die Themen und Positionen dabei jedoch nur als das offensichtlich Wahrnehmbare in der Kommunikation. Alle Standpunkte, Forderungen, Argumentationen, Rechtfertigungen, Handlungen, Äußerungen, Begründungen, Blickwinkel, Behauptungen oder Darstellungen sind Hinweise auf offene, unbewusste oder versteckte Interessen.

Hier zwei Beispiele:

a) Gehaltsforderung
   Stellen Sie sich vor, im Rahmen eines außerordentlichen Mitarbeitergesprächs fordert einer Ihrer besten Mitarbeiter eine deutliche Gehaltserhöhung sowie eine Beförderung. Er begründet dies mit seiner Qualifikation und Erfahrung, die auch ein Angebot von einem Headhunter belege. Sollten Sie auf die Forderung nicht eingehen, erwäge er daher, das Angebot des Headhunters anzunehmen.
   Eine typische (unprofessionelle) Gegenposition wäre, das Ganze trotz Ihres Wissens um knappe Ressourcen und den Zwang zu wirtschaftlichem Handeln als Erpressung zu deuten. Sie argumentieren mit limitiertem Personalbudget sowie der Gleichbehandlung von Mitarbeitern ähnlicher Qualifikation und Berufsjahre. Weil Sie jedoch seine Arbeit schätzen und ihn halten möchten, könnten Sie mit großen Anstrengungen einen kleinen Bruchteil der Geldforderung erfüllen und ihm versprechen, ihn zu befördern, sobald eine höhere Stelle frei wird.
b) Entwicklungsbudget
   Sie befinden sich in der Beantragung eines wichtigen Entwicklungsprojekts für Ihr Unternehmen. Über die notwendigen Produkteigenschaften aus der Perspektive des Kunden konnte bereits weitgehend Einigkeit erzielt werden; auch darüber, dass die An-

forderungen aus Ihren verschiedenen Unternehmensressorts berücksichtigt werden. Lediglich Ihre Controlling-Abteilung und die verantwortlichen Entwickler diskutieren noch: Die Controller halten die Granularität der von der Entwicklung vorgelegten Projektkosten für nicht ausreichend, um ein adäquates Controlling sicherzustellen. Sie wünschen sich daher einen detaillierten Cost-Break-Down. Die Entwicklung hält dagegen, dass man keine Glaskugel habe und nach Best-Engineering-Judgement seine Zahlen abgegeben habe. Außerdem wisse man, was man tue, und erachte eine Kostendetaillierung für nicht erforderlich. Die Forderung aus dem Controlling stelle vielmehr eine Verschwendung von Ressourcen dar, da man auf eine Scheingenauigkeit abziele, die keinem nütze. So fallen auch die helfenden Bemühungen der Controller auf keinen fruchtbaren Boden, die mit Engelszungen anbieten, methodisch bei der Kostendetaillierung zu unterstützen, weil sie glauben, dort das Problem der Entwickler zu sehen. Dabei heben sie Vorteile einer detaillierten Projektschätzung energisch hervor. Die Parteien beziehen also Position und drehen sich im Kreis in der Hoffnung, Sie damit von einer Entscheidung im eigenen Sinne überzeugen zu können. Wie Sie sich vorstellen können, wird aber eine solche niemals zu einem echten Commitment beider Seiten führen. Die Parteien provozieren geradezu ein Gewinner-Verlierer-Ergebnis.

14.2.3 Interessen

Es ist nun essenziell, dass Sie Ihren Fokus auf die Interessen lenken – und zwar, bevor Sie Handlungsmöglichkeiten ermitteln und sie bewerten. Worauf zielen die beteiligten Personen und Gruppen sowie Sie persönlich und in Ihrer Funktion als gesetzlicher Vertreter für das Unternehmen wirklich ab? Machen Sie sich bewusst, dass Sie mit einer umfassenden Interessensermittlung den Grundstein für die optimale Entscheidung legen. Sie beugen damit insbesondere einem späteren Feilschen um Positionen vor, bei dem Sie nur Kompromisse erreichen – die meist Verschwendung nach sich ziehen. Ihre Entscheidungsgewalt hilft Ihnen beim Feilschen nicht weiter. Wie auf einem arabischen Basar freuen Sie sich ja auch nur so lange über Ihre großartigen Verhandlungskünste, bis Ihr Bekannter den gleichen Artikel deutlich günstiger ersteigert. Der Gewinner wird zum Verlierer. Viele Studien über Mitarbeiterzufriedenheit belegen außerdem, dass weniger effizient und effektiv gearbeitet wird, wenn interessensbedingte Unzufriedenheit herrscht. Es ist wie mit der Finanzkrise: Das Geld, das der eine „verschwendet" hat, ist nicht weg, es hat nur ein anderer. Kümmern Sie sich also um die Ursachen und nicht um die Symptome. Diese führen nur zu einem Verteilungsproblem. Nutzen Sie die Gelegenheit und hinterfragen Sie Positionen. So schaffen Sie präventiv die Voraussetzung für intelligente Lösungen in einem größeren Raum – ganz ohne faule Kompromisse.

Den Anspruch zu erheben, alle möglichen fachlichen und persönlichen Interessen nun auflisten zu wollen, wäre vermessen. Dennoch, die wichtigen persönlichen Interessen können Sie von den Top-Interessen, die unser Verhalten bestimmen, ableiten:

Selbstbestimmung, Freiheit, Zugehörigkeit, Anerkennung, Respekt, Status, Fairness, Sicherheit, Macht, Harmonie, Intensität, Integrität, Fürsorge, Neugier.

Vergessen Sie nicht: Am Ende entscheidet der Grad der Befriedigung aller individuellen Interessen im Einklang mit der Befriedigung des Gesamtinteresses des Unternehmens darüber, wie erfolgreich Ihre Prävention war.

Hier die Fortführung der beiden Beispiele:

a) Gehaltsforderung
Durch interessenintelligentes Vorgehen erfahren Sie, dass sich der Mitarbeiter bei Ihnen sehr wohl fühlt und eigentlich gerne bleiben möchte. Er ist jedoch auf ein höheres Gehalt angewiesen, weil er seine Mutter im Pflegeheim und ein Kind beim Studium finanziell unterstützt. Außerdem möchte er dies auch seinem zweiten hochbegabten Sohn, der gerade das Abitur gemacht hat, ermöglichen. Des Weiteren sieht er für seine eigene Karriere einen kostenintensiven MBA auf seiner Agenda. Mit diesen Informationen ergibt sich ein deutlich größerer Lösungsraum gegenüber dem Feilschen um das Gehalt – dieses Feilschen würde vermutlich nur dazu führen, dass Ihr Mitarbeiter kündigt, und das liegt nicht in Ihrem Interesse. Er hat zwar noch nicht so viele Berufsjahre wie andere Mitarbeiter, die auf eine Beförderung warten, doch Sie kennen den Unterschied zur Berufserfahrung und wollen Ihren Leistungsträger halten.

b) Entwicklungsbudget
Durch interessenintelligentes Vorgehen erfahren Sie, dass die Entwickler zwar die Notwendigkeit sehen und die Kosten detailliert geplant sowie vorliegen haben, aber die Transparenz scheuen. Ihre Entwicklungsziele sind sehr anspruchsvoll, wodurch sie unter einer sehr hohen Anspannung stehen. Auch bei den geschätzten Kosten haben sie keine Reserven eingeplant, um ihren Effizienzbeitrag zu leisten. Sie befürchten jedoch, dass sie mit der Offenlegung der Kosten sowohl in der Zielbildung als auch bei späteren Abweichungen im Ist-Kosten-Vergleich ständig unangenehmen und aufwendigen Rechtfertigungsorgien unterliegen. Sie befürchten zudem ein Risiko für ihren persönlichen Bonus und ihre weitere Karriereentwicklung, die eng mit ihrer Zielvereinbarung verknüpft sind. So könnten neben den Gesamtkosten nun auch die Detailstufen integriert werden, was die Einhaltung deutlich schwieriger macht.

14.2.4 Alternativen und Optionen

Alternativen sind Handlungsmöglichkeiten, die sich gegenseitig ausschließen. Optionen dagegen sind Handlungsmöglichkeiten, die sich nicht zwingend ausschließen und somit kombinierbar sind. Noch während Sie die einzelnen Positionen und Themen ermitteln, werden Ihnen verschiedene Handlungsmöglichkeiten angeboten – das kommt durchaus oft vor. Diese genügen aber in den seltensten Fällen dem Anspruch einer umfassenden Interessenbefriedigung. Sie sollten sich daher mit dieser Fragestellung Zeit lassen, bis Sie eine auf die Interessen fokussierte Perspektive einnehmen können, d. h. bis Ihnen diese transparent sind.

Der beste Weg, um zur optimalen Handlungsmöglichkeit zu gelangen, ist die Brainstorming-Technik. Sie sammeln dabei gemeinsam ohne Kritik, Meinungsaustausch, Bewertung, Kommentierung oder Applaus möglichst viele kreative, auch verrückte Ideen. Am besten gelingt Ihnen das, wenn Sie sich vorab eine so große Anzahl Ideen als Ziel setzen, dass Sie gezwungen sind, intensiv weiter- und nachzudenken. Entscheidungsträger werden für ein Brainstorming in der Regel nicht zugelassen – nur so ist sichergestellt, dass die Mitarbeiter wirklich ungefiltert und unbefangen ihre Vorschläge machen. Erst im Anschluss werden die Ideen daraufhin überprüft, ob sie sich dafür eignen, die Interessen zu befriedigen. Zielführende Alternativen und Optionen werden dabei insbesondere einer Stärken-Schwächen-Chancen-Risiken-Analyse (SWOT) unterzogen.

Logischerweise bilden gemeinsame Interessen die ideale Grundlage, um Handlungsmöglichkeiten schnell erarbeiten zu können. Wenn man sich jedoch vor Augen führt, dass Interessen immer einer unterschiedlich starken Gewichtung unterliegen, wird schnell klar, dass auch unterschiedliche Interessen ohne weiteres adäquat berücksichtigt werden können. Wirtschaftsteilnehmer wie Personen oder Abteilungen haben unter anderem unterschiedliche zeitliche Präferenzen, unterschiedliche Risikoaffinitäten, unterschiedlichen Zugriff auf Ressourcen, unterschiedliche Fähigkeiten und Möglichkeiten und unterschiedliche Bewertungsmaßstäbe. Insbesondere Synergie- und Skaleneffekte oder Kooperationsmöglichkeiten sind so keine Seltenheit.

Hier die weitere Fortführung der beiden Beispiele:

c) Gehaltsforderung
   Sie können nun den Bekannten aus Ihrem Netzwerk anrufen, der das Pflegeheim leitet. Weil er Ihnen einen Gefallen schuldet, vereinbaren Sie deutlich günstigere Konditionen für die Mutter des Mitarbeiters. Dem zweiten Sohn bieten Sie ein Stipendium an, was für Sie deutlich günstiger ist, als dem Mitarbeiter ein höheres Gehalt zu zahlen: Es entfallen die Lohnnebenkosten, die Sie vorher addieren müssten, wenn der Mitarbeiter die Kosten mit seinem Nettogehalt zahlt. Zusätzlichen binden Sie so einen High Potential ans Unternehmen. Ihr Personalmarketing wäre sicher begeistert – und sicherlich auch daran interessiert, eine renommierte MBA-School zu sponsern. Machen Sie dabei zur Bedingung, dass Sie Ihren Mitarbeiter in das Part-Time-Programm entsenden können. Bis Ihr Mitarbeiter das MBA-Programm absolviert hat, geht ein älterer Kollege in Rente und Sie können ihn auf dessen Stelle befördern. Somit wären alle Interessen gewahrt – ganz ohne Gehaltserhöhung.

d) Entwicklungsbudget
   Eine Option in diesem Fall wäre es, den Entwicklern zu signalisieren, dass man nicht beabsichtige, weitere Detailstufen mit in die Zielvereinbarung aufzunehmen und außerdem erläutert, dass mit dieser ausschließlich die Gesamtwirtschaftlichkeit sichergestellt werden soll. Daneben könnte man die Controller in ihre Entwicklungsteams integrieren, so dass diese ständig up to date sind und nicht separat informiert werden

müssen. Sie könnten damit aktiv helfen, das Budget zu steuern und die Reporting-Aktivitäten weitestgehend eigenständig durchführen.

14.2.5 Legitimität und Plausibilität

Je weniger greifbar Alternativen und Optionen sind, desto mehr muss eine objektive Instanz diese Alternativen und Optionen für die Protagonisten verständlich und nachvollziehbar machen. Speziell bei Entscheidungen auf höchster unternehmerischer Ebene ist dies essenziell – denn dort ist die Breite an fachlichen Anforderungen und persönlichen Interessen am größten. In mitunter komplexen Lösungen gilt es, weitreichende Wechselwirkungen zu durchdringen. Sie prüfen diese auf Konsistenz, Logik und Plausibilität. Nur mit objektiven Kriterien ist Ihnen dies möglich, denn dadurch erzielen Sie das wichtige Commitment der unterschiedlichen Experten für Ihre spätere Entscheidung – weil die Protagonisten einen nachvollziehbaren Maßstab als Begründung heranziehen können. Für sie wird damit klar, warum Sie wie entschieden haben. Sie legitimieren damit Ihre Entscheidung. Ihre Experten werden sich nicht übergangen fühlen und die Entscheidung als fair und richtig empfinden. Sie vermeiden damit auch, dass bereits getroffene Entscheidungen ständig hinterfragt werden – ein wichtiger Bestandteil der Prävention durch Interessenintelligenz, denn dieses Hinterfragen kostet viel Kraft und verschwendet somit Ressourcen. Die Fragen lauten:

Welche objektiven Standards und Kriterien helfen, Optionen zu bewerten?

Wie können objektive Standards und Kriterien erschaffen werden, wenn es keine gibt? Besonders geeignet sind Geschäftsordnungen, Standards, Gesetze, Vorschriften, Urteile, Bestimmungen, Regelungen, Verordnungen, Industrienormen, Statistiken, Verträge, Experteneinschätzungen, wissenschaftliche Erkenntnisse, Marktpreise, Studien, Berechnungen, Vergleiche, Simulationen, Analogien oder der Einklang mit einer gemeinsamen Vision, Zielen und gemeinsamen Entscheidungsregeln.

Sie sind zwar risikoreicher, aber eventuell werden Normen wie das Mehrheits-, Senioritäts-, Rotationsprinzip, „First come first serve"-Prinzip oder das gleichgroße Teilen ebenfalls als fair empfunden.

Im Zweifel helfen selbst neutrale Verfahren wie das Würfeln oder Münzwerfen (Zufall), einer teilt, der andere wählt, ein unabhängiger und unparteiischer Dritter entscheidet oder eine Auktion, Entscheidungen zu legitimieren.

14.2.6 Beziehung und Kommunikation

Jedes Unternehmen ist ein soziales Gebilde, das durch seine internen und externen Beziehungen existiert. Die Qualität dieser Beziehungen bestimmt damit deutlich, wie wirksam die Maßnahmen zur Prävention von Verschwendung sind. Eins steht fest: Mit Zahlen, Daten und Fakten allein lässt sich die Welt nicht erklären. So ist es im Unternehmen beispielsweise oft wichtiger zu wissen, wer mit wem zum Mittagessen geht, als jede Geschäftsordnung, Organisationanweisung, Richtlinie oder Prozessbeschreibung auswendig zu kennen.

Außerdem können wir uns jederzeit davon überzeugen, wie wichtig uns Beziehungen sind, wenn wir uns und unsere Kollegen beobachten. Wir Menschen sind darauf programmiert, immer Recht haben zu wollen. Haben Sie schon einmal darauf geachtet, wie oft Menschen selbst dann noch argumentieren, begründen, diskutieren und zu überzeugen versuchen, wenn dies gar nicht mehr angebracht oder erforderlich ist? Im Zweifel rechtfertigen sie sich dann. Genauso werden wir nicht müde, Dinge immer wieder zu äußern, von denen wir glauben, sie seien hilfreich, intelligent oder Ähnliches. Insbesondere Meetings können dadurch unerträglich langwierig und träge werden.

Wir sind unterschiedliche Typen und geprägt von gemeinsamen Erfahrungen, Gruppendynamik sowie (unbekannten) Koalitionen und Seilschaften. Eine der größten Herausforderungen im Business ist es, unser Ego zu managen, und zwar das eigene und das der anderen. Es geht um Emotionen. Im Vergleich mit unseren Beziehungsproblemen ist es einfach, rein fachliche Fragestellungen aufzulösen. Dies folgt klaren Regeln und Strukturen. Doch unsere zwanghafte Verbindung mit der persönlichen Ebene macht die ganze Sache komplex.

Indem Sie Ihren Fokus bei Ihren Entscheidungen nun nicht mehr nur auf Positionen richten, sondern dahinterliegende persönliche und fachliche Interessen analysieren, werden Sie dem gerecht. Sie entkoppeln den Menschen von der Fachebene und können dann zielgerichteter direkt auf der Ursachenebene agieren. Dies ist nicht einfach. Auf der persönlichen Ebene sind Menschen sehr verletzbar. Mit dieser Verletzbarkeit umzugehen, bedarf einer besonderen Professionalität. Aber es lohnt sich – denn Sie werden Entscheidungsfragen verschwendungsfreier lösen.

Die Voraussetzung hierfür ist eine intakte Beziehung. Sie ist das Herzstück einer vertrauensvollen Zusammenarbeit. Jedes Investment in diese fragile und wertvolle Ressource lohnt sich. Denken Sie nur daran, wie oft in Unternehmen wichtige Informationen zurückgehalten oder verschleiert werden, nur um im richtigen Moment zu glänzen oder Unangenehmes zu verbergen. Indem Sie in Beziehungen investieren, reduzieren Sie diese interne Reibung und gelangen damit – wie beim Mittagessen – frühzeitig an die wesentlichen Informationen für Ihre Entscheidung. Sie reduzieren Unternehmensrisiko und Verschwendung. Einer der ausschlaggebenden Punkte dabei ist Ihre Fähigkeit, mit Differenzen in Beziehungen professionell umzugehen. Interessenintelligent zu sein, bedeutet daher auch ein Profi auf dem Gebiet der Kommunikation zu sein. Aus Belastung wird Entlastung.

▶ Professionelle Kommunikation ist neben dem Prozess das Kernstück Ihrer Prävention. Sie duellieren sich konstruktiv und hart auf der Fachebene, aber verhalten sich angenehm und weich auf der Beziehungsebene. Menschen spüren diese Fähigkeit und werden Sie Ihnen hoch anrechnen.

Doch was ist gute Kommunikation? Darüber lässt sich ausgiebig streiten. In jedem Fall folgt sie dem Bewusstsein, dass wir nicht NICHT kommunizieren können. Kommunikation ist all das, was jemand von Ihnen mit seinen Sinnen wahrnehmen kann, also auch ein Nichtstun. In der Regel kommunizieren wir über Mails oder gesprochene Worte. Aber selbst Ihre Gedanken, die sich in Mimik und Gestik äußern, senden eine Botschaft. Das Grundsatzproblem dabei ist, dass die Botschaften, die wir senden, nicht immer eindeutig sind. Der Empfänger ist darauf angewiesen, sie mit seinen Sinnen wahrzunehmen und mit seinem Verstand zu interpretieren. Leider unterliegen wir Menschen auch vielen Wahrnehmungsschwächen. So nehmen wir beispielsweise Dinge sehr selektiv wahr, registrieren eher das Erwartete als das Unerwartete und versuchen, Annahmen zu bestätigen – selbst wenn diese falsch sind. Eine wesentliche Aufgabe ist es somit, Botschaften möglichst eindeutig zu senden und Fehlinterpretationen umgehend zu erkennen und aufzulösen. Denken Sie daran: Informationen werden zu 93 % über die Form und nur zu 7 % über den Inhalt transportiert.

Eine gute Kommunikation im Sinne der Interessenintelligenz ist eine solche, der es gelingt, die relevanten Informationen im Entscheidungsprozess interessengerecht zu erhalten und interessengerecht zu verarbeiten. Dabei müssen Sie Annahmen und Dogmen hinterfragen – das ist für die Befragten sehr unangenehm, verunsichernd und ungewohnt. Aber Fragen sind nun mal Ihr primäres Werkzeug als CEO. Wer fragt, der führt. Der Fragende legt Schwerpunkte und steuert das Gespräch. Wer antwortet, reagiert. Sie wollen niemanden damit in die Enge treiben. Weder können Sie alle fachlichen Interessen kennen, noch haben Sie eine Glaskugel, mit der Sie die persönlichen Interessen vorhersehen können. Sie sind Generalist und müssen fachübergreifend die Punkte verbinden. Ihre Experten dagegen werden in den seltensten Fällen zwischen assoziierten und dissoziierten Wahrnehmungsperspektiven wechseln (können). Das heißt, sie nehmen die Welt nur durch ihre eigenen Augen wahr, weder durch die ihrer Kollegen, noch durch Ihre oder durch sonst eine übergeordnete Perspektive. Die Kunst beim Fragen ist, dass diese nicht zu Fehlinterpretationen führen und unsere tierischen Schutzreflexe von Flucht oder Angriff auslösen. Dennoch werden Sie verwundert feststellen, wie schnell Sie mit der richtigen Fragetechnik mehr Informationen erhalten als Sie benötigen. Der Grund ist einfach: Wir haben ein ausgeprägtes Mitteilungsbedürfnis und reden von Natur aus sehr gerne und ausgiebig über unsere Interessen. Wir sind es in unserer schnelllebigen Wirtschaftswelt nur nicht mehr gewohnt, dass jemand fragt, geschweige denn sich dafür interessiert. Neben dem Fragen liegt der Schlüssel darin, zuzuhören und frühzeitig die eigenen Interessen offenzulegen. Gehen Sie in Vorleistung, bringen Sie Beispiele und erläutern Sie Ihre Annahmen zum Entscheidungsbedarf!

Auf Ihrer Suche nach der optimalen Wirtschaftlichkeit und der Vermeidung von Verschwendung liegt in der Kommunikation ein großer Hebel – mit dem Sie bei geringem Aufwand einen großen Ertrag erzielen. Daher werde ich Ihnen wie folgt die essenziellen und interessenintelligenten Kommunikationswerkzeuge mit an die Hand geben.

Fragen Sie sich auch, wie Sie zur Gruppendynamik beitragen und diese optimieren können? Sind Sie selbst vielleicht zu involviert, zu leise, zu zurückhaltend, cholerisch oder uninteressiert?

Investieren Sie in Kommunikationsfähigkeiten und unterliegen Sie nicht dem Trugschluss, dass Sie schon über genügend Erfahrung verfügen. Wir wissen, was wir wissen und wir wissen, was wir nicht wissen. Doch wir wissen nicht, was wir nicht wissen und sind daher gut beraten, aufmerksam zuzuhören und die Welt nicht nur durch die von unserer Erfahrung geblendeten Augen zu sehen.

Interessenintelligente Kommunikationstechniken

Interessenintelligent zu kommunizieren, ist nicht angeboren oder entwickelt sich mit Erfahrung bis zu einem adäquaten Level. Es bedarf vielmehr harten Studierens und regelmäßiger Anwendung. Die gängigsten Kommunikationstechniken, die Ihnen helfen im Rahmen einer interessenintelligenten Entscheidung präventiv zu handeln, zeige ich Ihnen nachstehend. Doch unabhängig von diesen, möchte ich Sie bitten, ab sofort das Wort ABER aus Ihrem Wortschatz zu streichen. Indem Sie es benutzen, drücken Sie aus, dass Sie alles, was Ihr Gesprächspartner gerade gesagt hat, nicht glauben oder für nicht wesentlich halten. Oder gefällt es Ihnen, wenn Sie das Wort hören?

Ineffiziente Kommunikation erleben wir deutlich öfter als effiziente Kommunikation. Wir tauschen Positionen aus und versuchen den anderen davon zu überzeugen, dass wir im Recht sind. Streng genommen, ist jeder in seiner eigenen Welt immer im Recht und so hilft uns dies auf der Suche nach Lösungen nicht weiter. Wir drehen uns so lange im Ja-Aber-Kreis bis einer entnervt aufgibt, nur zustimmt, damit es aufhört oder wir vertagen uns, bis die Show von neuem beginnt. Effiziente Kommunikation hat daher sehr viel mit Einstellung zu tun. So unterstellen wir unserem Gegenüber gerne die schlimmsten Absichten und sagen selbst nicht, was wir wirklich denken. Während Sie Ihren Kollegen fragen, wie es ihm geht, wollen Sie eigentlich nur wissen, wie es um sein Projekt steht, von dem Sie wissen, dass es wohl nicht ganz so rund läuft. Und obwohl er mit einem „Ja, danke, gut" antwortet, geht es ihm sehr schlecht und er fragt sich gleichzeitig, was Sie nun schon wieder von ihm wollen. Wir reden aneinander vorbei und sind in den Momenten, in denen unsere Gedanken nicht zu unseren Worten und diese zu unseren Taten passen, weder authentisch noch empathisch. Wir sind daher gut beraten, nicht nur auf das zu achten, was die Menschen sagen, sondern vielmehr auf das, was sie denken und fühlen. Fragen Sie sich, wie sehr es gerade wirklich um die richtigen Dinge geht. Finden Sie dabei einen Weg, wie Sie Ihre schlechten Gedanken und Gefühle loswerden, um die Voraussetzungen für eine effiziente Kommunikation zu schaffen. Sport oder intensive Vorbereitung sind ein Weg. Versuchen Sie Gedanken, Worte und Taten zu synchronisieren und Ihre Einstellung wie folgt zu ändern:

Unterstellen Sie pauschal keine (bösen) Absichten. Weder kennen Sie diese Absichten, noch sind sie meistens böser Natur. Wir sind in der Regel Opfer unserer verfälschten Wahrnehmung. Fragen Sie sich lieber, warum eine bestimmte Botschaft oder ein Signal eine bestimmte Wirkung bei Ihnen auslöst. Was könnte die (wahre) Intention Ihres Kommunikationspartners gewesen sein? Sprechen Sie über Ihrer beider Absichten.

Verabschieden Sie sich von Be- und Anschuldigungen und fragen Sie sich, was Sie und Ihr Gegenüber zu dem Thema oder der Situation beigetragen haben. Welche Optionen haben Sie gemeinsam, um diese zu verbessern?

Die Frage, wer Recht hat oder wer falsch liegt, gibt es nicht. Sie lautet richtig: „Warum sehen wir etwas unterschiedlich?"

Jede Situation ist es wert, reflektiert zu werden. Fragen Sie sich, was die Auseinandersetzung über Sie und Ihren Gesprächspartner aussagt. Verhalten Sie sich interessenintelligent? Was können Sie daraus lernen?

Wenn Sie diese Einstellung in Ihre Kommunikation integrieren, erreichen Sie damit auch ein konstruktiveres Verhalten Ihres Partners. Vernachlässigen Sie dabei nicht, nach den Ängsten und Bedenken Ihres Gegenübers zu fragen. Worüber machen Sie sich Gedanken? Was sind Ihre Ein- und Beschränkungen? Doch bevor Sie darüber mit ihm sprechen, synchronisieren Sie sich. Sprechen Sie über scheinbar Belangloses wie das Wetter oder gemeinsame Hobbies wie Motorsport. Dadurch konditionieren Sie sich vor und erreichen eine positive Grundstimmung – dieser Rapport ist ein nicht zu unterschätzender Erfolgsfaktor!

Aktives Zuhören Die beste Methode, mit der Sie viele Informationen erhalten, ist das aktive Zuhören. Sie stellen damit sicher, dass Sie nicht aneinander vorbeireden und über das gleiche Thema sprechen. Gleichzeitig gibt es Ihrem Gesprächspartner das Gefühl, gehört zu werden, ohne dass bei ihm das Gefühl aufkommt, er würde lediglich ausgefragt. Außerdem erhöht es die Chance, dass er Ihnen später adäquat zuhört, Ihre Interessen versteht und somit darauf eingehen kann.

Der erste Schritt zum aktiven Zuhören ist, dass Sie Ihre innere Stimme auf stumm schalten. Keine Sorge – die innere Stimme hat nichts mit Schizophrenie zu tun. Sie spiegelt einfach nur die Gedanken wider, die Sie permanent haben. Während Ihr Gesprächspartner also versucht, mit Ihnen zu kommunizieren, läuft Ihre innere Stimme normalerweise ununterbrochen. Entweder sie schweift komplett in Tagträumen ab oder festigt Ihre Meinung und bewertet die bereits stattgefundene Kommunikation. Alles, was Sie wahrnehmen, unterzieht sie einem Urteil und legt auch gleich eine passende Antwort zurecht. Sie sind also damit beschäftigt, eine logische Argumentation mit beratender Schlussfolgerung zu entwickeln. Sie konzentrieren sich, versuchen Ihren Gesprächspartner nicht zu unterbrechen und warten nur darauf, bis er (endlich) fertig ist mit Reden, damit Sie Ihre Reaktion noch zünden können, bevor der Gedanke verfliegt. Sie möchten Ihrer inneren Stimme also Gehör verschaffen. Doch genau das ist es, was Sie der Stimme Ihres Gesprächspartners verweigern – schließlich sind Sie konzentriert in Ihre eigenen Gedanken vertieft. Sie können also gar nicht alle Signale und Botschaften mit Ihren fünf Sinnen wahrnehmen, die er Ihnen zuzusenden versucht. Doch genau darum geht es bei der Interessenintelligenz – möglichst viele Positionen und Standpunkte über eine effiziente und effektive Kommunikation zu durchdringen. Machen Sie sich also diesen Vorgang bewusst und hören Sie zuerst zu, bevor Sie sich mit einer überhasteten Gegenreaktion beschäftigen. Nachdem Sie alle

Informationen des Gegenübers erhalten haben, sieht Ihre Reaktion meist ohnehin anders aus. Bleiben Sie neugierig bis zum Schluss!

Ihre Antwort bauen Sie dann nach folgendem Muster – und achten Sie dabei auf Authentizität:

1. Wiederholen Sie mit eigenen Worten die Aussage Ihres Gesprächspartners, ohne dabei einen zustimmenden Eindruck zu erzeugen (Paraphrasieren).
2. Zeigen Sie Interesse und fragen Sie genauer nach.
3. Signalisieren Sie Anerkennung für die wahrgenommenen Emotionen Ihres Gesprächspartners. Er fühlt sich verstanden, ohne Zustimmung zu bekommen.

Hier ein Beispiel zur Verdeutlichung:

1. Habe ich Sie richtig verstanden, dass wir mit den Überschüssen im laufenden Geschäftsjahr weitere Investition mit einer Rendite in Höhe von 25 % tätigen können?
2. Warum denken Sie, dass die Rendite bei 25 % liegen wird? Können Sie mir mehr zu Ihren Berechnungen sagen?
3. Es scheint, als hätten Sie hart daran gearbeitet.

Wichtig ist, dass Sie darauf achten, keine Ratschläge, Wertungen, Schlussfolgerungen, Kommentare oder Über-/Untertreibungen in Ihre Aussage zu bringen. Neutralisieren Sie maximal emotional negativ beladene Botschaften. Machen Sie beispielsweise aus „Das ist eine dumme Idee" „Ich halte dies für keine gute Idee".

Eng verwandt mit dem aktiven Zuhören ist das Verbalisieren. Sie fassen dabei in Worte, was Sie zwischen den Zeilen und durch die Körpersprache wahrnehmen. „Ich habe den Eindruck, dass Sie unkonzentriert sind." Orientieren Sie sich dabei an der WWW-Regel, die Sie unter der Leiter der Schlussfolgerungen erklärt finden.

Fragen Offene Fragen ohne Wertung sind sehr wertvoll, da sie ein unproduktives Ja bzw. Nein ausschließen und zum aktiven Reden animieren. Dadurch sammeln Sie viele Informationen: wie, warum, was, weshalb, wieso, wann, wobei, wer, wo, …

Ein Beispiel: Wie ist diese Auswertung zu interpretieren?

Geschlossene Fragen dagegen fordern ein Ja bzw. Nein geradezu heraus. Sie beginnen mit einem Verb und beziehen sich auf einen sehr konkreten Punkt oder Bereich. Sie können für den Befragten daher sehr unangenehm sein.

Ein Beispiel: Mussten Sie den Herrn Müller vor allen Leuten so ausfragen?

Googeln Sie nach Fragetechniken. Das Internet ist voll von hilfreichen Seiten zu ihrer Wirkweise. Es gibt z. B. Suggestivfragen („Sie haben doch bestimmt schon die Auswertung fertig, oder?"), Alternativfragen („Bevorzugen Sie Entscheidungsmöglichkeit A oder B?"), Wunderfragen („Wenn es Wunder gäbe, welches würde unsere Entscheidung einfacher machen?"), Zukunftsfragen („Stellen Sie sich vor, die Entscheidung wäre schon getroffen. Wie müsste sie aussehen, damit Sie zufrieden sind?"), hypothetische Fragen („Angenommen, wir entscheiden uns für das Projekt. Wie wäre das?"), Skalierungsfragen („Wie hoch schätzen Sie die Eintrittswahrscheinlichkeit für dieses Risiko ein?") oder Mentor-Fragen („Was würde Ihnen Ihr Mentor raten?").

Positionen- und themenorientierte Fragen:

- Wofür brauchen wir eine Entscheidung? Worum geht es?
- Was ist zu berücksichtigen? Welche Fragen sind zu klären?
- Wer ist beteiligt und warum?
- Was ist das Thema?
- Was muss vor einer Entscheidung diskutiert werden?
- Was muss wann, wo, wie (nicht) geschehen?

Interessenorientierte Fragen:

- Was sind Ihre Interessen?
- Warum? Warum nicht?
- Was wäre so falsch, wenn wir …?
- Würden Sie A oder B bevorzugen?
- Was hätten wir davon, es so zu tun?
- Was wäre die Folge, wenn wir anders entscheiden?
- Was ist Ihr Ziel?
- Mit welchem Ergebnis wären Sie zufrieden?
- Was versuchen Sie, mit Ihrer Position zu erreichen?

Die Leiter der Schlussfolgerungen Chris Argyris von der Havard Business School und Don Schon vom MIT sind die Urheber der Ladder of Interence, die ich Ihnen hier verkürzt darstellen möchte. Aus ihr können Sie erkennen, dass unsere Schlussfolgerungen, die wir in Form von Positionen vertreten, der Abschluss einer internen Wahrnehmungs- und Bewertungsorgie sind. In unseren Diskussionen geben wir zwar vor, über Fakten sowie logische Argumente zu sprechen und empfinden es als unverständlich, wenn unser Gegenüber diesen dann nicht folgen kann, doch oftmals sind diese nicht so rational, wie wir meinen. Wir haben unterschiedlichen Zugriff auf Daten und Informationen. Diese Grundmenge selektieren und filtern wir auf Relevanz im Kontext eines bestimmten Themas. Diese Filter sind jedoch das Ergebnis unserer unterschiedlichen Annahmen, Wahrnehmungsfehler, Erfahrungen und Interessen. So ist es völlig normal, dass wir zu unterschiedlichen Schlussfolgerungen kommen müssen. Der indische Philosoph Jiddu Krishnamurti hat einst gesagt: „Die höchste Form menschlicher Intelligenz ist die Fähigkeit, zu beobachten, ohne zu bewerten." Es empfiehlt sich daher, dass Sie alle diskutierten Positionen über die vier Sprossen der Leiter plausibilisieren und Ihre Ergebnisse auch Ihrem Gesprächspartner zugänglich zu machen.

1. Welche Daten und Informationen sind für mich und mein Gegenüber verfügbar?
2. Welche Daten und Informationen wurden davon als relevant eingestuft und über welche Filterkriterien? Warum?
3. Wie erschließen sich die Begründungen und Interpretationen auf Basis der ausgewählten Daten und Informationen?
4. Sind die getroffenen Schlussfolgerungen plausibel zu den Begründungen und Interpretationen? Gäbe es andere mögliche Schlussfolgerungen?

Aus dieser Leiter lässt sich die sogenannte WWW-Regel ableiten. Die Ws stehen für Wahrnehmung, Wirkung, Wunsch. Wenn Sie möchten, dass Ihr Gesprächspartner etwas ändert, formulieren Sie Ihre Kommunikation in der Reihenfolge der Ws. Er wird es nicht als belehrend und fordernd empfinden, wodurch Sie die größtmögliche Chance haben, dass er es umsetzt. Legen Sie sich ein paar alternative Formulierungen zurecht und bleiben Sie dabei authentisch. Außerdem bestreiten Sie so einen Weg, der eine offene und vertrauensvolle Atmosphäre schafft. Geben Sie Ihre Ängste und Bedenken gerne bekannt, wenn Sie das Gefühl haben, es hilft. Hier ein Bespiel:

„Ich nehme wahr, dass du dein Handy benutzt, während du mit mir sprichst. Auf mich wirkt das, als ob du mir nicht zuhörst. Ich würde mir daher wünschen, dass du es zur Seite legst, bis wir unser Gespräch beenden."

Einer ähnlichen Logik folgt die VIR, Methode mit den Schritten Verständnis-Interesse-Regelung. Diese Regel ist besonders hilfreich, wenn Ihr Gesprächspartner unzufrieden ist und sich unverstanden oder schlecht behandelt fühlt. Drücken Sie zuerst Verständnis für die Interessen- und Gefühlslage Ihres Gegenübers aus, legen Sie danach Ihre offen und einigen Sie sich auf dieser Basis über den weiteren Gesprächsverlauf. Hier ein Beispiel:

Gesprächspartner: „Ich komme gerade aus einem Meeting zu dem gleichen Thema. Auch dort hat man die wichtigsten Aspekte meiner Präsentation einfach nicht hören wollen, sondern nur die gleichen belanglosen Dinge diskutiert wie Sie jetzt!"

Sie: „Ich verstehe, dass das frustrierend sein kann, wenn man ein Thema intensiv aufbereitet hat und einem die Entscheidungsträger nicht richtig zuhören bzw. die wesentlichen Punkte verdrängen. Mein Interesse ist es auch, das Beste für das Unternehmen herauszuholen. Lassen Sie uns doch so verfahren: Ich höre mir nun Ihren Standpunkt komplett an und wir diskutieren diesen. Danach machen wir das Gleiche mit meinem, ok?"

Ich-Botschaften In unserer Erziehung legt man großen Wert darauf, dass wir uns nicht zu ernst nehmen, um nicht arrogant, überheblich oder besserwisserisch zu wirken. Bei der Mitteilung sensibler und kritischer Botschaften ist es jedoch wichtig, eine starke Ich-Perspektive einzunehmen. Sie wirkt deeskalierend, fördert Offenheit und wird weniger als Angriff gewertet. Außerdem haben wir eine Tendenz, jemanden nicht für seine Meinung zu diskriminieren. Mit Du-Botschaften verletzen und provozieren wir leichter. Eine Ich-Botschaft baut sich wie folgt auf:

Statt „Du bist unvorsichtig" sagen Sie: „Ich habe das Gefühl, du handelst unvorsichtig."

Beachten Sie jedoch, dass es Situationen gibt, bei denen eindeutige und unmissverständliche Formulierungen gefragt sind. „Nun zum letzten Mal: Sie stören mit Ihrem ständigen Unterbrechen."

Umgang mit schwierigem Kommunikationsverhalten Bedauerlicherweise sind sich viele Mitarbeiter einer interessenintelligenten Kommunikation nicht bewusst und erzeugen somit ein schwieriges Kommunikationsumfeld. Daneben gibt es die Mitarbeiter, die zwar kommunikativ versiert sind, aber ihre Techniken manipulierend einsetzen, um primär ihre eigenen Interessen zu befriedigen. In beiden Fällen führt dies zum Ergebnis, dass Sie mit ganz unterschiedlichen Dingen konfrontiert werden: Killerphrasen wie „Das war schon immer so", Angriffen und Rechtfertigungen wie „Das ist nicht unsere Schuld", Druck wie „Jetzt oder nie", Ablenkungsmanövern wie das pauschale Anzweifeln korrekter Auswertungen, Dauerwiderholungen unbedeutender Aussagen, Good-Cop-Bad-Cop-Spielchen, derbem und aggressivem Ton, Schwarz-Weiß-Denken, Lügen, Drohungen, Sarkasmus, Ironie oder mit dem Ausnutzen von Macht und Status. All diese Erscheinungen werden begleitet von dem Gefühl des Unwohlseins, das durch Maßnahmen wie dem (bewussten) Absenken der Zimmertemperatur oder dem Abhalten von Meetings zu Zeiten, in denen Sie hungrig und müde sind, verstärkt werden kann. Man versucht, Sie damit aus dem Konzept zu bringen. Aus einem interessenintelligenten und analytisch-rationalen Zustand sollen Sie in einen emotionalen, irrationalen Zustand versetzt werden. Aus einer agierenden Rolle sollen Sie in eine reagierende Rolle gedrängt werden. Ihre Wahrnehmung, gerade für viele weitere Optionen, soll getrübt und Ihr Fokus von dem großen Ganzen sowie den wesentlichen Punkten abgelenkt werden. Am wirkungsvollsten sind dabei die Methoden, die Sie an Ihrem wunden Punkt, dem sogenannten Trigger, treffen: Ihrer Eigenwahrnehmung von Kompetenz und Wertvorstellung. Wenn man Sie dort kritisiert oder (bewusst) fehlinterpretiert, ist Vorsicht geboten: „Als Experte für Projektmanagement sollten Sie das doch wissen und nicht so unvorsichtig den Projekterfolg riskieren!" Sie müssen diese Situationen reflexartig erkennen und intuitiv richtig handeln.

Natürlich sind solche Situationen nicht einfach zu handhaben. Das Thema zu vertagen oder in der gleichen Art und Weise zu reagieren, ist definitiv keine Option! Nur in Ausnahmefällen und wenn Sie glauben, das Spiel, das gerade gespielt wird, besser spielen zu können, könnte Mitspielen angebracht sein. Bedenken Sie jedoch die negativen Implikationen, die dies für eine interessenintelligente Atmosphäre haben kann.

In jedem Fall gilt auch für solche Situationen das Gesetz der Prävention: Vorbereitung und Vorsorge ist alles.

Glücklicherweise bauen die meisten Kommunikationsmanipulationen nicht auf Substanz auf. Mit freundlichem und sachlichem Nachfragen bleiben Sie in der agierenden Rolle und nehmen Ihrem Counterpart schnell den Wind aus dem Segel. So kann eine Frage wie „Was veranlasst Sie zu glauben, dass uns dies nicht weiterbringt?" Wunder bewirken. Legen Sie sich eine Auswahl an Fragen bereit. Eine kleine finden Sie im Anschluss.

Machen Sie sich Ihrer wunden Punkte bewusst: Wofür denken Sie, dass Sie stehen, was sind Ihre Kompetenzen? Zuverlässigkeit, Ehrlichkeit, Entscheidungskompetenz, Koordinationsfähigkeit, … Was könnte Sie aus dem Konzept bringen und was können Sie tun, wenn Sie sich dabei ertappen, dass es passiert ist? Nehmen Sie sich beispielsweise eine Pause und seien Sie sich in der Kommunikation jederzeit Ihrer Gedanken, Gefühlen und Emotionen bewusst.

Darüber hinaus kann es helfen, die sogenannte dritte Wahrnehmungsperspektive einzunehmen. Was würde eine unbeteiligte dritte Person, die die Situation beobachtet, von der Kommunikation wahrnehmen? Wie würde sie die Situation einschätzen? Sind Sie noch interessenintelligent? Indem Sie auch die zweite Wahrnehmungsperspektive und zwar die Ihres Gegenübers, einnehmen, sind Sie wieder voll im Geschehen. Wie wirke ich, wie nimmt er mich wahr? Wie beeinflusst ihn dies in seinem Handeln? Was ist sein momentanes Interesse? Ermuntern Sie auch Ihren Gesprächspartner, dies zu tun. Fragen Sie beispielsweise, ob er den Standpunkt und die Interessen von Ihnen oder einem Dritten wiedergeben kann. Oder einfacher: „Was würden Sie an meiner bzw. seiner Stelle tun?"

Ein weiterer gängiger Ausweg ist dabei das sogenannte Reframing. Durch geschickte Fragen lenken Sie den Fokus Ihres Gegenübers von Positionen auf Interessen, Optionen oder objektive Kriterien. „Warum ist Ihnen dies so wichtig?" (Interesse) „Das ist eine Option, gibt es weitere?" (Optionen) „Können Sie mir erklären, wie sich diese Kosten zusammensetzen?" (Kriterien)

Sofern dies angebracht und möglich ist, sollten Sie präventiv die Regeln und den Ablauf Ihrer Kommunikation vereinbaren. Sie können so jederzeit auf ein getroffenes Commitment verweisen und daran erinnern, wie Sie und Ihr Gesprächspartner sich verhalten wollten. Unabhängig davon können Sie aber auch jederzeit das Spiel Ihres Gegenübers dadurch entkräften, dass Sie es offenlegen: „Wer ist hier wohl der Good Cop?" Die Amerikaner nennen dies „Name the Game". Beschreiben Sie einfach sachlich und ruhig, was Sie wahrnehmen und wie dessen Wirkung auf Sie ist. Vielleicht ist Ihrem Gesprächspartner seine Wirkung in diesem Moment gar nicht bewusst. In homöopathisch dosierten Mengen hilft dann mal ein humorvoller oder ironisch-zynischer Spruch wie „Selbst ein Marktschreier braucht weniger Dezibel, um seine Bananen an den Mann zu bringen." Sie können nun gemeinsam darüber sprechen, wie Sie Ihre Kommunikation fortsetzen wollen. Ändert sich trotz Ihrer Vereinbarung nichts, erwägen Sie durchaus, die Kommunikation an dieser Stelle abzubrechen. Niemand muss sich beispielsweise Beschimpfungen, Beleidigungen oder abwertenden Botschaften aussetzen. Sehen Sie es als Zeichen von Professionalität. Widerstehen Sie Ihrem inneren Antrieb und reagieren Sie nicht mit gleichen Mitteln. Das führt nur zu einer unnötigen Eskalation.

Ein letztes Mittel ist und bleibt auch das Austauschen der Spieler. Selbst wenn Sie sich an alle Kommunikationsregeln halten, können wir die Beziehungsebene mit all ihren Emotionen nicht vollständig unterdrücken. Wenn es menschelt und wir uns nicht grün sind, ist es ratsam, das Thema mit weiteren oder alternativen Vertretern zu diskutieren. Auch neutrale Dritte sind denkbar. Es ist erstaunlich, wie sich so in Windeseile Probleme lösen lassen, die vorher unlösbar schienen.

Killerphrasen entgegnen Lassen Sie sich von Killerphrasen nicht vor den Kopf stoßen. Verstehen Sie diese als Verallgemeinerungen und erklärungsbedürftige Statements, die es zu hinterfragen gilt. Falls Sie hierzu Interesse an weiterführende Informationen haben, finden Sie beispielsweise in dem Metamodell der Sprache einen theoretischen Hintergrund. Hier einige Beispiele:

- Das ist völlig aussichtslos!
  Was müsste passieren, damit es Aussicht auf Erfolg hätte?
- Das steht gar nicht zur Debatte!
  Was steht nicht zur Debatte?
  Was veranlasst Sie zu glauben, dass dies nicht zur Debatte steht?
- Das Projekt ist viel zu teuer!
  Verglichen womit? Im Verhältnis wozu?
- Das ist alternativlos!
  Gab es noch nie einen gleichgelagerten Fall, wo es Alternativen gab?
- Sie stellen sich das so einfach vor!
  Worin liegen Ihrer Meinung nach denn die Schwierigkeiten?
  Was müsste geschehen, damit es einfach geht?
- Sie sind wohl verrückt, das ist doch nicht Ihr Ernst!
  Was genau kann nicht mein Ernst sein?
- Dafür bleibt keine Kapa! (Kapazität, z. B. Zeit)
  Was denken Sie, wie viel Kapa dafür benötigt wird?
  Warum, glauben Sie, bleibt dafür keine Kapa?
- Das haben wir schon immer so gemacht!
  Können Sie sich vorstellen, es auch mal anders zu machen?
  Gab es wirklich noch nie eine Ausnahme?
- Das wissen doch schon alle.
  Welchem Kreis ist dies bekannt und wodurch?
- So etwas hat es ja noch nie gegeben!
  Was hat es noch nie gegeben?
- Das ist doch zum Scheitern verurteilt!
  Woran machen Sie dies fest?

14.2.7 Entscheidung und Kontrolle

Ihre Entscheidung als formaler Akt markiert nun das Ende eines von Interessenintelligenz geprägten Prozesses. Sie haben sich somit gegen Ihre BAZE entschieden und stark unternehmensspezifisch die richtigen Dinge und die richtige Art sie zu tun, ermittelt und ausgewählt. Jeder kann die Entscheidung nachvollziehen, akzeptieren und umsetzen, alle Mitarbeiter stehen zu Ihrer Entscheidung. Sie haben damit präventiv gehandelt, Verschwendung vermieden und die Ressourcen optimal eingesetzt. Dabei haben Sie in einer offenen und fairen Auseinandersetzung den Zusammenhalt im harten Verdrängungswettbewerb gestärkt. Dabei wurde Gesamtinteresse gewahrt und die maximale Anzahl von Individualinteressen bestmöglich befriedigt.

Sehen Sie es nun als Ihre letzte Aufgabe, Ihre Entscheidung professionell zu protokollieren und zu kommunizieren. Sofern Sie mit Entscheidungsvorlagen arbeiten, vergewissern Sie sich, dass Entscheidungsanträge eindeutig formuliert sind und Abweichungen im Protokoll berücksichtigt werden.

Das ist Interessenintelligenz, Ihre Prävention!

Viel Erfolg!

Ihr Julius Seebach, Bali 2013

14.3 Über den Autor

Julius Seebach Studium zum Wirtschaftsingenieur mit Schwerpunkt Maschinenbau in Rekordzeit und mit Auszeichnung, Studium zum MBA mit internationalen Stationen, Ausbildung zum Mediator und Verhandlungsprofi unter anderem an der renommierten Harvard Law School, umfangreiche Tätigkeit im Management der Produktentwicklung in der Automobilindustrie, Gründung, Etablierung und Verkauf eigener Unternehmen, erfolgreicher Eventmanager, engagierter und TÜV-zertifizierter Aufsichtsrat, gefragter Unternehmensberater und Autor – Julius Seebach ist Vertreter einer neuen Generation von Managern und der Inbegriff des flexiblen Generalisten.

Als Experte für Business & Aufsichtsrat berät er große Mittelständler und Konzerne. Schwerpunkte bilden dabei das fachübergreifende Management sowie die professionelle Ausrichtung des Aufsichtsrates. Sein breites Verständnis für unternehmerische Zusammenhänge, Projekte und Wettbewerbsstrategien sowie sein kommunikatives und diplomatisches Geschick als Mediator bilden die Basis für dieses Tätigkeitsfeld. Darüber hinaus verfügt Julius Seebach über spezifisches Fachwissen, welches für effiziente Prozesse in Unternehmen und ihren Gremien von eminenter Bedeutung ist. Sein umfassendes Wissen und wertvolle Impulse gibt Julius Seebach nicht nur als Berater weiter, sondern vermittelt diese auch in unterhaltsamen und anregenden Vorträgen seinem interessierten Publikum.

Weitere Infos unter www.juliusseebach.com

Weiterführende Literatur

Fisher, R., Ury, W., & Patton, B. (2013). *Das Harvard Konzept. Der Klassiker der Verhandlungstechnik.* Frankfurt: Campus.

Mnookin, R., Peppet, S., & Tulumello, A. (2000). *Beyond Winning. Negotiation to Creat Value in Deals and Disputes.* Cambridge: Harvard University Press.

Ponschab, R., & Schweizer, A. (2010). *Kooperation statt Konfrontation. Neue Wege anwaltlichen Verhandelns.* Köln: Dr. Otto Schmidt.

Seebach, J. (2014). *Management-Intelligenz. Warum Spezialisten scheitern und wie Generalisten wirken.* Wiesbaden: Springer Gabler.

Stone, D., Patton, B., & Heen, S. (2010). *Difficult Conversations. How to Discuss What Matters Most.* New York: Penguin.

Clever kontern – Wie Sie besser mit verbalen Angriffen umgehen

15

Gero Teufert

Inhaltsverzeichnis

15.1	Einführung	301
15.2	Hintergründe: Wie wir so ticken, wenn es etwas härter kommt	303
15.3	Mit der richtigen inneren Einstellung Stress vermindern	306
15.4	Wie Sie cleveres Kontern erlernen	314
15.5	Konkrete Techniken zum cleveren Kontern	316
15.6	Schlussbemerkung	324
15.7	Über den Autor	325

15.1 Einführung

Kennen Sie das: Sie befinden sich in einem Meeting, vielleicht präsentieren Sie gerade die neuesten Projektergebnisse und plötzlich, unvorhergesehen sendet ein Kollege einen verbalen Querschläger. Sie sind sprachlos und ärgern sich nach dem Meeting, dass Ihnen keine Antwort eingefallen ist …

Kommunikation kann etwas wunderbares sein: Sie baut Brücken, verbindet, vernetzt und versöhnt. Sie hat aber auch eine andere Seite: Sie kann verletzen, schmerzen und Wut auslösen.

Für Sie als Chef ist wichtig, beide Seiten zu kennen und um die Wirkung zu wissen. Verbale Vorwürfe und Angriffe können verletzen und in den Fällen, bei denen Ihnen keine passende Antwort einfällt, schmerzt die Machtlosigkeit noch zusätzlich. Prävention bedeutet, sich gegen Angriffe zu wappnen und die richtigen Methoden zu kennen, wie man diesen souverän begegnen kann.

Gero Teufert ✉
Limburger Str. 28, 61462 Königstein, Deutschland

15.1.1 Mein Weg zum cleveren Kontern

Zu der Zeit als ich als Unternehmensberater gearbeitet hatte, war ich Teamleiter eines Projektteams. Die Zeit war nicht einfach, da wir ein komplexes Computerprogramm betreuten und damals die Aufgabe hatten, Fehler zu beseitigen, die durch die Arbeit anderer in diesem Programm steckten. Ein Kollege meines Teams spielte dabei eine zentrale Rolle und er hatte mit Engagement einige dieser Fehler lokalisieren können. Er war damals der wichtigste Mann in unserem Team.

Zu dieser Zeit saßen wir in einem großen Konferenzraum in einer Projektbesprechung. Neben mir an der Stirnseite war der Projektleiter des Kunden platziert und im Saal die Teammitglieder meines Teams, die des Kunden und auch Vertreter einer anderen Unternehmensberatung. Die Besprechung verlief normal, bis plötzlich der Projektleiter des Kunden meinen besten Mann angriff. Er solle gefälligst besser arbeiten, es seien noch immer Fehler im System. Der unberechtigte Vorwurf stand im Raum. Man hätte eine Stecknadel fallen hören können.

Ich als Teamleiter wusste in diesem Augenblick, es wäre meine Aufgabe gewesen, meinen Mitarbeiter in Schutz zu nehmen und zu verteidigen. Ich hatte diese Stimme im Kopf: „Sag was, los sag was!". Ich konnte es nicht. Ich saß da wie gelähmt und brachte kein Wort heraus. Irgendwann verteidigte sich mein Mitarbeiter dann mühevoll selbst. Und ich ging aus diesem Meeting mit dem Gefühl als Führungskraft versagt zu haben. Aber was noch viel mehr schmerzte, waren die vorwurfsvollen Blicke meines besten Mitarbeiters, die mir immer wieder sagten: „Von dir hatte ich mir mehr erwartet".

Damals sagte ich zu mir: „Wenn es eine Möglichkeit gibt, solchen Situationen weniger hilflos ausgeliefert zu sein, dann findest du diese. Wenn es Techniken gibt, die du lernen kannst, um in solchen Situationen besser dazustehen, dann eigne sie dir an."

Ich habe angefangen, mich systematisch mit Techniken und Konstrukten der Rhetorik, der Argumentation, Schlagfertigkeit und der Dialektik zu beschäftigen. Ich las jede Menge Bücher, die sich mit dem Thema befassten, besuchte Seminare und irgendwann hatte ich so viel Wissen, dass ich meine eigenen Mitarbeiter schulen konnte. Diese Schulungen wurden so begeistert aufgenommen, dass ich bald als Trainer für unser gesamtes Unternehmen fungierte.

15.1.2 Clever Kontern können Sie lernen

Aus eigener Erfahrung kann ich Ihnen versichern, dass cleveres Kontern und Schlagfertigkeit lernbar sind. Eins kann ich Ihnen allerdings nicht nehmen: Die Techniken und Strategien, die ich Ihnen zeige, müssen Sie auch praktisch anwenden. Nur durch Übung werden Sie zu einem wahren Meister des cleveren Konterns.

„Moment mal, will ich das denn?", werden Sie jetzt vielleicht fragen. Gerade Schlagfertigkeit hat nicht nur positive Eigenschaften. Der Ursprung des Begriffes Schlagfertigkeit liegt im Militärischen. Als eine schlagfertige Truppe bezeichnet man eine Einheit, die jederzeit zum Kampf bereit ist. Übertragen auf verbale Auseinandersetzungen, bezeichnen wir Menschen als schlagfertig, die in kritischen Situationen fähig sind gut zu kontern. Aber wie bei einer kriegerischen Auseinandersetzung hinterlässt auch die schlagfertige Antwort Wunden, wenn Sie nur auf die Verletzung des Gegenübers ausgerichtet ist. Eine gesunde Skepsis ist also angebracht.

Ich möchte Ihnen in diesem Kapitel zeigen, dass es durchaus Techniken gibt, die der Selbstbehauptung und Stärkung der eigenen Position dienen – ohne dass Sie einem anderen Menschen Schaden zufügen. Unter Selbstbehauptung verstehe ich auch Ihre Wirkung als Führungskraft, als Repräsentant eines Teams oder einer Gruppe in einem Unternehmen.

Aber schauen wir zunächst einmal, warum wir so oft sprachlos sind, wenn uns jemand angreift.

15.2 Hintergründe: Wie wir so ticken, wenn es etwas härter kommt ...

15.2.1 Warum der schlagfertige Einfall so oft zu spät kommt

Annettes Kollege Olaf war sauer: „War ja klar, dass eine Frau das nicht so gut hinbekommt!", sagte er nach der Akquise-Präsentation. „Da stand ich dann und wusste gar nichts mehr zu sagen", berichtet Annette in meinem Schlagfertigkeits-Seminar. Dabei war die Präsentation gelungen, nur der Kunde wollte halt nicht so wie geplant. Das Problem an solchen Vorwürfen ist, dass wir zunächst einmal verletzt sind. Wir fühlen uns gedemütigt, ungerecht behandelt, denken:

„Warum tut er das mit mir? Ich fing sogar an, selbst an meiner Präsentation zu zweifeln", ergänzte Annette. „Dann ärgerte ich mich nicht nur über meinen Kollegen Olaf, sondern auch noch über mich selbst".

Eine böse Bemerkung oder die Killerphrase eines Kollegen oder kritischen Zuhörers während einer Präsentation – all diese Erlebnisse sind für uns zunächst einmal Stresssituationen. Besonders viel Stress empfinden wir, wenn wichtige Personengruppen anwesend sind, z. B. Ihr Chef, ein wichtiger Kunde, der Vorstand, ein Leitungsteam. Das Gleiche gilt für Diskussionen in der Öffentlichkeit mit großem Publikum wie Podiumsdiskussionen oder Fernsehauftritte. Grundsätzlich gilt: Je weniger vertraut die Situation, desto größer ist das Stressempfinden.

Ein Blick in das menschliche Gehirn
Professor Dr. Christian E. Elger, Hirnforscher an der Universitätsklinik Bonn, hat die Reaktion des menschlichen Hirns bei verbalen Provokationen untersucht. Anhand von Messungen von Hirnpotenzialschwankungen hat er analysiert, was im Hirn passiert, wenn ein Mensch provoziert wird. Die Amygdala, auch Mandelkern genannt, ist ein Bereich des Gehirns, der bei der Analyse von möglichen Gefahren eine zentrale Rolle spielt. Diese wird bei einem Reiz wie einem verbalen Angriff stark erregt. Die Höhe der Erregung gibt Aufschluss über die Fähigkeit schlagfertig und souverän zu reagieren.

In einem Experiment stellte Professor Elger den verbalen Angriff nach und wertete die Hirnströme der Probanden aus. Die Provokationen wurden durch unangenehm schrille akustische Signale simuliert, die den Probanden unerwartet über einen Kopfhörer eingespielt wurden. Die Hirnstrommessungen stellten eine starke neuronale Reaktion auf diesen Reiz fest.

15.2.2 Unsere Überlebensprogramme

Bei verbalen Aggressionen eines Gesprächspartners erleben wir subjektiv Angst oder sogar Panik. Unser unterbewusstes Steuerungsprogramm schaltet in Stresssituationen auf das Notfallprogramm, das tief in unserem Stammhirn (= Reptiliengehirn) angelegt ist. Dieser Teil des Hirns hat nicht die Aufgabe, sich schlagfertige Antworten zu überlegen, sondern er ist dazu da, uns das Überleben zu sichern. (Da Sie jetzt dieses Buch lesen können, hat Ihr Stammhirn bisher eine sehr gute Arbeit geleistet.)

- In Stresssituationen kennt unser Überlebensprogramm zwei mögliche Reaktionen: Raufen oder Laufen (englisch: Fight or Flight). Wenn diese Notfall-Programme ablaufen, werden große Mengen von Stresshormonen freigesetzt. Diese Hormone aktivieren zwar körperliche Kräfte, sie blockieren aber auch unsere geistigen Funktionen. Das Hirn ist auf die Überlebensfunktion zurückgefahren. Es regiert das Reptiliengehirn und nicht die Großhirnrinde, die rationales und kreatives Denken ermöglicht.

Entweder wir stellen uns dem Kampf oder wir fliehen aus der bedrohlichen Situation. Beide Verhaltensweisen lösen den Stress auf und beruhigen uns wieder, so dass die Hormone Adrenalin und Cortisol abgebaut werden und wir wieder in unseren Normalzustand zurückkommen.

Der Wirtschaftsberater Mario Ohoven kam zu zweifelhaftem Ruhm als er inmitten eines Fernsehinterviews aufstand und mit Blick auf seine Uhr sagte: „Ich muss weg!" und ging. Über Wochen spielte Stefan Raab in seiner Sendung den Ausschnitt ein. In beruflichen Situationen und bei Angriffen im privaten Bereich steht die Option „Laufen" (= Flucht) nicht zur Verfügung. Wir können nicht weglaufen. Wir sind schließlich zivilisierte Menschen und wir setzen uns auch mit unangenehmen Situationen auseinander. Da durch unser Überlebensprogramm unsere geistigen Fähigkeiten herabgesetzt sind, fällt uns gerade in diesen Situationen, in denen wir uns Schlagfertigkeit wünschen, auf den Stressauslöser – die gemeine Bemerkung – keine clevere Antwort ein.

Die Funktion des Großhirns ist in diesem Zustand herabgesetzt. Was bleibt ist die Sprachlosigkeit. Genau diese Funktionsweise Ihres Gehirns ist der Grund dafür, dass Sie auf Vorwürfe eventuell gar nicht reagieren. Die Bemerkung nagt an Ihnen. Sie fressen den Ärger in sich hinein und die Bemerkung des Kollegen wirkt unterbewusst weiter. Später, wenn die Situation längst vorbei ist, stellt sich wieder ein normaler Zustand ein. Dann – irgendwo im Treppenhaus oder im Fahrstuhl – kommt plötzlich ein genialer Einfall, wie Sie hätten reagieren können. Leider zu spät.

Schlagfertigkeit ist etwas, worauf man erst 24 Stunden später kommt (Mark Twain).

15.2.3 Warum es sinnvoll ist, das Muster zu durchbrechen

Allerdings hinterlässt die Stresssituation auch ihre Spuren. Sie haben die beiden natürlichen Wege, Kampf oder Flucht, nicht nutzen können, daher werden die Hormone nicht vollständig abgebaut.

Herabgesetzt worden zu sein, sich der Lächerlichkeit preisgegeben zu haben, sich blamiert zu haben: all diese Vorstellungen nagen an uns und verringern das Selbstbewusstsein. Wir zweifeln an uns selbst und unseren Fähigkeiten. Die Folgen sind weitreichend.

Die Folgen von nicht abgebautem Stress können dramatisch sein
Langfristig nicht abgebauter Stress führt zu:

- Körperlichen Veränderungen wie Übelkeit, Störungen des Verdauungssystems, Hautausschlag
- Gefühlen von Hilflosigkeit und Trauer
- Ärger
- Schuldvorwürfen bis hin zur Depression
- Aggressivem Verhalten
- Schlafstörungen
- Verminderter Kreativität
- Abbau von Gehirnmasse (ja, wer zu viel Stress hat, wird wirklich dümmer!)

Um aus dieser Sackgasse herauszukommen, müssen Sie Strategien parat haben. Cleveres Kontern hilft Ihnen, aus diesen Situationen auszubrechen. Sie stellen sich verbal der Auseinandersetzung und sorgen so dafür, dass sich Ihre Stresshormone nicht dauerhaft ansammeln.

Sie fragen sich jetzt vielleicht: „Wie soll das funktionieren, wenn doch die Gehirnfunktionen eingeschränkt sind?". Ich möchte Ihnen Wege zeigen, mit denen Sie unmittelbar antworten können, auch wenn Sie Stress empfinden. Mit Sofortantworten haben Sie immer ein Ass im Ärmel, das Sie im Notfall ziehen können.

> **Tipp** Je öfter Sie sich mit einer gleichartigen Situation konfrontieren, desto geringer wird Ihr Stressempfinden. Machen Sie daher die Situation des verbalen Angriffs zu einem vertrauten Ereignis. Trainieren Sie, auf gemeine Vorwürfe zu antworten.

Das Fundament Ihrer Handlung ist aber zunächst einmal Ihre innere Einstellung. Diese kann einen entscheidenden Einfluss haben auf Ihre Reaktionsfähigkeit. Ich habe festgestellt, dass Sie mit der richtigen inneren Einstellung viel seltener sprachlos bleiben und besser bemessen können, wann Sie überhaupt reagieren müssen.

15.3 Mit der richtigen inneren Einstellung Stress vermindern

15.3.1 Wie Bewertungen, Prägungen und Annahmen Emotionen erzeugen

Wir Menschen neigen dazu, einem Ereignis unmittelbar eine Bewertung zuzuordnen. Selten passiert das als bewusster, analytischer Prozess, meistens stecken wir das Erlebte automatisch in eine Schublade. Bewertungen sind in uns angelegt. Sie wirken unmittelbar, gekoppelt an unsere Wahrnehmungen.

▸   Ereignisse sind wie sie sind – erst einmal neutral. Unser eigenes Wertesystem sorgt dafür, dass wir sie als „gut" oder „schlecht" empfinden.

Gesellschaftliche Wertesysteme sind ein weiteres Kriterium für unsere Bewertung. Jeder von uns ist zu einer bestimmten Zeit aufgewachsen, hat Eltern und Lehrer gehabt, die erklärt haben, welche Handlungen richtig oder falsch sind. Uns wurde beigebracht, wie sich ein *artiger* Mensch zu verhalten hat oder was er besser unterlässt. Viele Menschen können sich sehr darüber aufregen, wenn jemand ein anderes Verhalten an den Tag legt, als sie erwarten.

Gesellschaftliche Wertmaßstäbe können sehr trügerisch sein. Wir nehmen an, dass alle Menschen unsere Ansichten diesbezüglich teilen müssen, weil wir mit bestimmten Werten aufgewachsen sind und nach ihnen erzogen wurden. Werte unterliegen allerdings einem ständigen Wandel.

In den 1960er Jahren war in Deutschland eine Beziehung ohne Trauschein gesellschaftlich geächtet. Genauso mussten Homosexuelle ihre Neigungen unterdrücken, da die Gesellschaft das für eine Abartigkeit hielt. Auch interkulturell gibt es unterschiedliche Maßstäbe. In einigen asiatischen Ländern gilt es als Ausdruck besten Wohlbefindens bei Tisch zu rülpsen. In Deutschland ein Ding der Unmöglichkeit – insbesondere bei offiziellen Anlässen.

▸   Erinnern Sie sich stets daran, dass alle Wertmaßstäbe, die Sie ansetzen, veränderlich sind. Ehe Sie sich über das Verhalten eines anderen aufregen, überlegen Sie, ob er nicht vielleicht eine andere Wertwahrnehmung hat als Sie.

Nehmen wir einmal an, Sie sitzen in einem Meeting in Ihrer Firma. Herr Banderas kommt fünf Minuten zu spät, öffnet die Tür auf und sagt laut: „Entschuldigung, mir ist noch etwas dazwischen gekommen."

Nun gibt es zwei Dinge, über die sich die meisten Menschen aufregen können:

- Dass Herr Banderas zu spät kommt.
- Sein Verhalten beim Betreten des Konferenzraums.

Berechtigt, finden Sie? Wenn Herr Banderas schon zu spät kommt, dann solle er sich gefälligst ruhig verhalten. So denken die meisten Deutschen. Pünktlichkeit ist ein Wert, der in unserer Kultur sehr hoch angelegt ist. Kein Wunder, er steht in Verbindung mit Werten wie Zuverlässigkeit, Disziplin und Rücksicht. So geht es auch Herrn Müller. Er regt sich über die Unpünktlichkeit seiner Kollegen auf. Damit nicht genug, wenn jemand schon unpünktlich ist, dann soll er gefälligst nicht stören und sich ohne weiteren Aufruhr auf einen freien Platz setzen.

Herrn Müllers Ärger steigert sich sogar noch weiter, wenn seine Erwartungen hinzukommen. Er kennt Herrn Banderas schon eine Weile und weiß, dass dieser eine Neigung dazu hat, eher etwas später zu kommen. Schon bei der Planung des Meetings denkt Herr Müller daran und ärgert sich. Es ist schon so oft vorgekommen und trotz Ermahnungen hat sich nichts geändert. Allein die Vorstellung, dass Herr Banderas wieder zu spät kommt, macht ihn reizbar. Als das Szenario tatsächlich eintritt, platzt Herr Müller fast vor Wut. Für den Fall, dass Herr Banderas sich kritisch in Herrn Müllers Richtung äußern würde, wäre wohl eine konfrontative Situation vorprogrammiert.

Aber lässt es sich auch anders sehen? Stellen wir einmal zwei Dinge gegenüber:

Die neutralen Ereignisse: Herr Banderas kommt 5 Minuten zu spät. Er entschuldigt sich für jeden hörbar beim Reinkommen.

Herrn Müllers Bewertung: Herr Banderas benimmt sich unmöglich.

Sie wissen vielleicht, dass in südeuropäischen Ländern Pünktlichkeit anders gesehen wird. Hier geht man lockerer damit um. Wenn Herr Banderas in einem anderen Kulturkreis aufgewachsen wäre, dann hätte er wohl eine ganz andere Einstellung zu diesem Wert. Hätte man ihm weiter beigebracht, dass eine Entschuldigung im Falle des Zuspätkommens eine Pflicht ist, dann wäre aus seiner Sicht alles in Ordnung (vorausgesetzt, die Verzögerung war wirklich nicht vermeidbar).

Interessant an diesem Fallbeispiel ist, dass beide Beteiligten ihre Wahrnehmung der Situation unterschiedlich darstellen werden. Herr Müller wird sagen: „Herr Banderas benimmt sich unmöglich." Herr Banderas stellt es so dar: „Eine Verspätung ließ sich nicht vermeiden. Unter diesen Rahmenbedingungen habe ich mich vorbildlich verhalten."

Was wir in den meisten Fällen als Wahrnehmung bezeichnen, ist nicht das neutrale Ereignis, sondern unsere Bewertung des Ereignisses. In diese sind viele Faktoren eingeflossen, wie z. B. unsere Werte und Verhaltensgrundsätze, Erwartungen und Annahmen. Es ist tatsächlich im Wortsinne das, was wir für *wahr nehmen*. Unsere subjektive Wahrheit muss sich dabei nicht mit der Wahrheit eines anderen decken. Dies gilt insbesondere, wenn zwei Personen unterschiedliche Wertesysteme anwenden und differierende Prägungen erfahren haben.

Ob es sich lohnt, sich über unpünktliche Menschen aufzuregen, müssen Sie selbst entscheiden. Ich möchte Ihnen nur eine Wahlmöglichkeit anbieten. Diese bekommen Sie, wenn Sie sich zunächst einmal auf die neutrale Sicht der Ereignisse begeben und sich fragen: „Könnte es irgendjemand anders sehen als ich?"

Abb. 15.1 Wirkkette der Wahrnehmung (Quelle: Gero Teufert)

> **Tipp** Wenn Sie sich über das Verhalten anderer Menschen aufregen, versuchen Sie so schnell wie möglich, die Dinge von der neutralen Seite zu sehen. Begeben Sie sich in die Perspektive eines unvoreingenommenen Berichterstatters und fragen Sie „Was sind die objektiven Tatsachen?" Sie werden zu einem besseren Urteilsvermögen kommen und können souveräner mit einem Ereignis umgehen. Gerade für Sie als Chef ist diese Sichtweise essenziell. Sie erzeugen für sich selbst und die Beteiligten mehr Wahlmöglichkeiten. Wenn Sie im einen Zweifel spüren, fragen Sie sich: „Könnte es irgendjemand anders sehen als ich?" Statt einer emotional geprägten und von Ärger getragenen Aktion können Sie auf weisere Alternativen zurückgreifen.

15.3.2 Die Wirkkette der Wahrnehmung – Die Dinge sind das, was wir aus ihnen machen

Auf Basis der bisherigen Beobachtungen lässt sich folgende Wirkkette darstellen (siehe Abb. 15.1):

1. Ein *Ereignis* tritt ein. Dieses ist zunächst einmal neutral, weder gut noch schlecht.
2. *Wahrnehmung:* Wir nehmen das Ereignis wahr. Schon hier können erste Probleme auftreten. Ein Unfall aus verschiedenen Perspektiven kann z. B. unterschiedlich wahrgenommen werden.
3. Direkt mit unserer Wahrnehmung sind unsere *Bewertungsmaßstäbe* gekoppelt. Wir beurteilen das Ereignis vor dem Hintergrund unserer Zielsetzungen, Prägungen, Werte, Erwartungen und Annahmen. Anschließend haben wir ein Urteil und eine Einordnung des Ereignisses.
4. *Emotionen* stellen sich erst ein, wenn die Bewertung vorgenommen wurde. Günstige Ereignisse erzeugen positive Emotionen, ungünstige erzeugen negative Emotionen. Unsere Reaktionen sind dann von unseren Empfindungen geprägt.

Die Bewertungen sind so eng mit unserer Wahrnehmung verbunden, dass wir in den allermeisten Fällen gar keine Kontrolle über diesen Prozess haben. Entsprechende Attribute finden wir für die Dinge, die uns widerfahren:

- „blöde Nörgelei" oder „konstruktive Kritik"
- „dumme Äußerung" oder „interessante andere Meinung"
- „plumpe Anmache" oder „gekonnter Flirt"

▸ Keines dieser Ereignisse ist per se gut oder schlecht. Es ist nur eine Frage der Sichtweise. Je länger Sie die Dinge neutral beobachten, desto freier sind Sie in Ihren Entscheidungen. Sobald Sie eine Bewertung getroffen haben, sind Sie festgelegt. Ist der gelbe Klebezettel mit der Bewertung „gut" oder „schlecht" einmal aufgeklebt, stecken wir in den dazugehörigen Emotionen fest.

Auch das wäre an sich nicht so schlimm, wir neigen jedoch dazu, unter den als „schlecht" bewerteten Ereignissen zu leiden. Wir sind dann im milderen Fall traurig, enttäuscht und gereizt, in schlimmeren Fällen wütend oder zornig.

Es fällt uns schwer, aus dem Sumpf der eigenen Gefühle wieder aufzutauchen. Mit dieser Konditionierung sind wir deutlich empfindsamer und damit anfälliger für verbale Angriffe. Das gilt für Sie genauso wie für Ihre Mitarbeiter.

15.3.3 Unsere Gefühle entstehen aus Gedanken

Unsere Gefühle entstehen aus Gedanken. Der Gedanke erscheint zuerst und gibt uns eine Wertung. Auf Basis dieser Bewertung suchen wir unbewusst nach dem Gefühl.

In Situationen, in denen Sie sich Schlagfertigkeit wünschen, kommt häufig ein Gefühl der Peinlichkeit oder Blamage auf. Dem folgt dann meist ein Gefühl der Unfähigkeit und Minderwertigkeit. Glauben Sie mir, das geht allen so. Natürlich gilt für jeden Menschen ein anderes Niveau. Ein rhetorisch geübter Politiker wird sich durch Standardfragen eines Journalisten nicht so schnell ins Bockshorn jagen lassen, aber dann kommt die eine unglückliche Formulierung, die am nächsten Tag in allen Zeitungen steht – und das Gefühl der Minderwertigkeit ist da. Nach Befragung vieler tausend Seminarteilnehmer kann ich Ihnen sagen, Männer kennen es genauso wie Frauen, Manager genauso wie Arbeiter und Ingenieure genauso wie Theater-Künstler. Allein dieses Gefühl sollte Sie schon entspannen, denn meistens denken wir, das wäre allein unser Problem.

Jetzt ergeben sich zwei spannende Fragen:

1. Wie entstehen diese negativen Bewertungen überhaupt?
2. Was können wir dagegen tun?

Beiden Fragestellungen werden wir uns intensiv in den nächsten Absätzen widmen. Hier noch ein Tipp vorweg:

Wenn Sie sich in einem Zustand ertappen, in dem Sie sich sehr über Ihre eigene Unfähigkeit ärgern oder gar Minderwertigkeitsgefühle bekommen, nehmen Sie sich ein wenig Zeit und hören Sie Ihren inneren Stimmen zu. Fragen Sie sich „Welcher Gedanke hat mich eigentlich in diese Stimmung gebracht?" und der Gedanke wird sich in der Regel melden. Es ist so, als säße dort ein kleiner Schlumpf im Kopf (ist das nicht ein nettes Bild?) und erzählt Ihnen Dinge wie „Du bist unfähig", „Du schaffst es nicht", „Du kannst es nicht" und so weiter. Beobachten Sie Schlumpfi, wie er Sie mit negativen Sätzen malträtiert. Sie werden merken, diese verlieren an Wirkung und damit verliert auch das Gefühl an Intensität.

Hier noch ein weiterer Kniff, den Sie anwenden können: Fragen Sie sich, wie wichtig die erlebte Situation wirklich war. Wie entscheidend ist die Tatsache, dass Sie aus Ihrer Sicht nicht die richtige Antwort finden konnten? Wie entscheidend ist das für Ihr Leben? Hat das wirklich eine Aussagekraft über Ihren Wert als Mensch? Die Dinge, die immer wieder an mich als Schlagfertigkeitstrainer herangetragen werden, zeigen mir: Etwa die Hälfte der Situationen, in denen sich Menschen minderwertig fühlten, weil ihnen die richtige Antwort fehlte, ist völlig unbedeutend.

Beispiel

- Jemand hat Sie angepöbelt, weil Sie angeblich das Treppenhaus nicht geputzt haben? → unbedeutend
- Ein Fremder hat Ihnen das A…-Wort hinterher gerufen? → unbedeutend
- Ein Freund hat sich falsch verhalten, er ist für Ihre Kritik nicht zugänglich → unbedeutend
- Jemand hat sich vorgedrängelt? → unbedeutend

Oh, und jetzt müssen Sie als Chef ganz stark sein:

- Ihr Mitarbeiter hat einen Fehler gemacht und ein wichtiger Auftrag ist geplatzt → unbedeutend

Hoho, ich höre, wie es da draußen grummelt: „Herr Teufert, Sie können doch nicht behaupten, dass es unbedeutend wäre, wenn ich einen wichtigen Auftrag verliere!?". Naja, wenn Sie die Tatsache berücksichtigen, dass der Auftrag ohnehin weg ist, dann bringt ihn Ihre Aufregung und Ihr Ärger auch nicht mehr zurück. Ärgerlich werden Sie als Chef aber weniger souverän und urteilend Ihren Mitarbeitern gegenübertreten und das wird diese nicht motivieren, sich für einen neuen Auftrag einzusetzen. Betrachten Sie hingegen erst die reinen Tatsachen, haben Sie die bessere Ausgangsposition, um emotional neutral und mit Weitsicht Ihre Mitarbeiter dazu zu bringen, beim nächsten Mal besser zu agieren.

Jedes Mal, wenn Sie aufgrund solcher Vorkommnisse in den Abgrund der schlechten Gefühle rutschen, geben Sie einem anderen Macht über sich und Ihre Gefühlswelt. Da Sie Ihre Gefühle selbst erzeugen (und nicht der andere), sollten Sie das nicht tun. Das Ereignis selbst ist unbedeutend. Davon wird Ihr Leben nicht abhängen. Bedeutend ist nur, wie Sie selbst damit umgehen und welche Bedeutung und Bewertung Sie ihm zumessen. Je schneller Sie sich aus der Erinnerung lösen können, desto schneller fühlen Sie sich besser.

▶ **Tipp** Hier die wichtigsten Tipps, die Sie beachten können:

- Zorn und Ärger beziehen sich immer auf die Vergangenheit. Der neutrale Blick auf das Hier und Jetzt gibt Ihnen Handlungsfreiheit, das Potenzial der Zukunft zu nutzen.
- Jede Be-Urteilung ist auch eine Ver-Urteilung. Begeben Sie sich auf die neutrale Position und Sie erhalten mehr Freiheiten im Umgang mit der Situation.
- Jede Enttäuschung ist das *Ende* einer *Täuschung*, das heißt, *Ihre Erwartungen* an den anderen haben sich nicht erfüllt. Wenn Sie sich über den anderen ärgern, ändern Sie Ihre Perspektive: Nicht der andere hat einen Fehler gemacht, sondern Sie, als Sie Ihre Erwartung in eine falsche Richtung gelenkt haben. Im Grunde ärgern Sie sich also über sich selbst.
- Der Ärger, den Sie aufgrund des Verhaltens eines anderen spüren, bringt Sie nur selten weiter. Je schneller Sie sich davon lösen, desto besser. Wut und Zorn kosten viel Lebensenergie und bringen selten konstruktive Ergebnisse.

15.3.4 Machen Sie sich unverwundbar

„Sie haben ja mal wieder auf ganzer Linie versagt", sagt Herr Schulze zu Ihnen nach Ihrer Präsentation in der Lenkungsausschuss-Sitzung. Sie sind perplex. Na gut, einige Dinge haben Sie nicht so gut platzieren können wie geplant, aber „versagt"? Und wie kommt der Schulze überhaupt dazu so etwas zu behaupten? Sie haben ihn doch letzte Woche noch bei seinem Vorschlag unterstützt. Hätten Sie jetzt bloß eine schlagfertige Antwort parat!

▶ Vorwürfe anderer Menschen sind dann erfolgreich, wenn Sie einen wunden Punkt bei Ihnen treffen. Meist weiß der andere instinktiv, an welchem Punkt er Sie treffen kann.

Dass uns so häufig die Sprache wegbleibt, ist nicht nur eine Frage der guten Ideen. Sehr häufig sind wir im Augenblick eines verbalen Angriffs überrumpelt und dann viel zu sehr mit uns selbst beschäftigt. Mit unseren verletzten Gefühlen, unserer Ehre und dem Selbstwertgefühl.

▶ Wenn Sie clever kontern wollen, müssen Sie sich einen Schutzschild zulegen.

Im ersten Schritt ist es wichtig, dass Sie sich Ihrer persönlichen Stärken und Schwächen bewusst werden. Jeder von uns hat besondere Fähigkeiten, die uns in Lebenssituationen helfen, aber auch Unzulänglichkeiten. Die meisten Menschen wissen über Ihre Schwächen meist besser Bescheid als über ihre Stärken.

Am besten kann man Sie bei den Schwächen angreifen, die Sie selbst als Defizit sehen. Seien Sie sich Ihrer Schwächen bewusst, aber gehen Sie damit nicht hausieren.

Machen Sie sich immer bewusst: Niemand ist perfekt. Selbst die größten Präsidenten, Vorstände oder Stars sind Menschen, die sowohl Stärken als auch Schwächen haben. So ist es auch bei Ihnen. Führen Sie sich immer vor Augen, dass Sie Ihre Defizite durch andere Bereiche ausgleichen, in denen Sie besonders gut sind.

15.3.5 Vorwürfe abprallen lassen

Was kümmert es die stolze Eiche, wenn sich eine Wildsau an ihr wetzt (Deutsches Sprichwort).

Wenn Sie die Empfindung haben, auf einen Vorwurf oder auf die Aufforderung zu einem verbalen Duell reagieren zu *müssen*, stehen Sie unter einem Zwang. Bitte machen Sie sich klar: Sie haben immer die Wahl, ob Sie reagieren oder nicht. „Ja, aber wenn jetzt jemand schlimme Dinge über mich erzählt, dann muss ich doch parieren!" werden Sie sagen. Müssen Sie wirklich? Was passiert, wenn Sie nicht reagieren? Zugegeben, das hängt davon ab, was, wann, wo gesagt wird.

Nehmen wir mal an, Sie spielen in einer Mannschaft Fußball. Sie sind mitten in einem Turnier, und haben gerade ein Spiel verloren. Die Stimmung ist schlecht im Team. Sie diskutieren einen Spielzug mit Ihrem Verteidiger Martin. Er ist anderer Meinung als Sie. Plötzlich raunzt er Sie an „Ach, du hast doch überhaupt keine Ahnung von Fußball".

Eine Unverschämtheit! Natürlich gibt es für diesen Fall clevere Kontersätze, sogar solche, mit denen Sie es ihm ein wenig heimzahlen könnten, aber nehmen wir mal an, Sie schweigen. Was würde passieren? Die Wahrheit ist: Gar nichts, selbst wenn andere Mitspieler zugehört haben, nach wenigen Minuten wäre der unachtsam ausgesprochene Einwurf von Martin vergessen. Hätten Sie allerdings dagegengehalten und Martin ebenso (Sie haben ja ein Wettkampf-Spiel verloren, negative Emotionen sind also ausreichend vorhanden), dann könnte die kleine Bemerkung auch der Zündfunke zu einem handfesten Streit sein, der die Beziehung zwischen Ihnen beiden dauerhaft ruiniert hätte.

▸ Ihr erster Drang, bei Angriffen zu reagieren, ist meist von Rachegefühlen geprägt. Das ist nicht immer die beste Reaktion. Die meisten unverschämten Bemerkungen im privaten Bereich brauchen nicht kommentiert zu werden. Souveräne Menschen geben sich die Wahlfreiheit zu reagieren oder bewusst zu schweigen.

Ein anderes Beispiel: Sie haben sich neu eingekleidet. Sie sind der aktuellen Mode gefolgt und haben sich etwas farbenfroher und jugendlicher gekleidet, als man das von Ihnen gewohnt ist. Als Sie das erste Mal in Ihrem neuen Style durch das Büro gehen, hören Sie, wie Kollege Schupp zu Herrn Oberfrier sagt: „Ach, da schau her, Herr Schmitt im neuen Outfit. Da trauert wohl einer seiner Jugend nach." „Was für eine Frechheit", denken Sie und hätten gern einen guten Spruch abrufbar (Übrigens: Schon bei den Standardantworten in früheren Artikeln finden Sie einiges, was hier passt ...)

Auch hier mal angenommen, Sie täten nichts. Wäre Ihr Ruf ruiniert und könnten Sie deshalb am nächsten Tag nicht mehr ins Büro kommen? Natürlich nicht. Eigentlich passiert gar nichts, es sei denn, Sie leiden unter dem Ärger, den Sie empfinden. Am meisten schmerzt es Sie übrigens, wenn an der Bemerkung ein Funken Wahrheit dran ist. Aber dazu später mehr.

▸ **Tipp** Geben Sie sich selbst die Freiheit zu entscheiden, ob Sie auf Frotzeleien und Unverschämtheiten reagieren. Nicht jede Bemerkung ist es wert, eine Erwiderung zu erfahren. Je weniger Sie den Einwurf thematisieren, desto weniger Aufmerksamkeit bekommt er. Sie beweisen Ihre Souveränität, wenn Sie sich nicht wegen jeder kleinen Kritik auf einen Kampf einlassen.

15.3.6 Reagieren – ja oder nein?

Die meisten Angriffe im privaten Bereich können Sie getrost ignorieren. Arbeiten Sie an sich, damit Sie sich die daher geplapperten Bemerkungen Ihrer Mitmenschen nicht so sehr zu Herzen nehmen.

Diese Art von Angriffen erfordert nicht unbedingt eine Reaktion:

- Frotzeleien
- Rechthaberei
- Schnippische Bemerkungen
- Unachtsam ausgesprochene verletzende Formulierungen
- Kleine unwichtige Kritiken
- Moralapostel
- Verbale Drohgebärden

Als souveräner Mensch entscheiden Sie **selbst, auf welchen Vorwurf Sie reagieren**.

Es gibt natürlich auch die andere Seite. Bei bestimmten Angriffen rate ich Ihnen dazu, auf jeden Fall zu reagieren. Dies sind insbesondere alle Vorwürfe, bei denen es im Arbeitsumfeld um Ihren Status und Ihre Kompetenz geht. Gerade im beruflichen Bereich tummeln sich viele Neider und Kämpfer, die sich zum Ziel setzen, Sie in den Schatten zu stellen. Wenn Sie hier keine Reaktion zeigen, dann kann es sich nachteilig für Ihre Karriere auswirken.

Darauf sollten Sie reagieren:

- Angriffe auf Ihren Status oder den Status Ihres Teams
- Persönliche Beleidigungen
- Demütigungen
- Angriffe auf Ihre Kompetenz oder die Ihres Teams/Ihrer Abteilung o. ä.

Besonders als Chef sollten Sie hier Ihre Souveränität zeigen und clever kontern. Dadurch weisen Sie Ihr Gegenüber in die Schranken und stärken Ihren Status.

15.4 Wie Sie cleveres Kontern erlernen

In manchen Situationen wünschen wir uns einfach clever kontern zu können. Wir bewundern Menschen, die die Fähigkeit haben, gewitzt zu reagieren.

Kurt Krömer war zu Gast in der Sendung von Harald Schmidt. Er hatte gerade eine Sendung beim RBB begonnen und Schmidt fragte ihn nach seinem Verhältnis zur Intendantin:

„Der RBB hat eine Intendantin. Wie ist der Kontakt, kümmert Sie sich um dich als jungen Künstler?"

Kurt Krömer: „Ja, wir ziehen demnächst zusammen!"

Clever gekontert, nicht wahr? Sie denken jetzt vielleicht: „So etwas kann ich nicht." Lassen Sie sich beruhigen. Schlagfertigkeit ist lernbar.

Besonders am Arbeitsplatz sind wir uns häufig die Zielscheibe spöttischer Bemerkungen. Hier gilt es, dem Gegenüber Grenzen aufzuzeigen und in angemessener Form zu reagieren.

Wer es zusätzlich noch schafft, Humor für sich zu nutzen, gilt als besonders intelligent.

15.4.1 Jedes Ding hat zwei Seiten

Beispiel

Ein Flugbegleiter berichtet folgendes Erlebnis: „Ein Langstreckenflug. In der Economy-Klasse sitzt ein Fluggast mit Kind. Wir servieren das warme Essen. ‚Was möchten Sie gerne essen? Wir haben Putengeschnetzeltes oder Rinderbraten', fragt meine Kollegin, als die beiden an der Reihe sind. ‚Ich nehme das Rind', antwortet der Vater sichtlich gereizt, beugt sich zu seiner Tochter und sagt für jeden hörbar: ‚Wenn du immer schön in der Schule aufpasst und fleißig bist, musst du so einen Job später nicht machen!' – dabei deutet er auf meine Kollegin. Die serviert ihm mit ihrem charmantesten Lächeln sein Essen. Dann fragt sie die Kleine, was sie möchte, stellt ihr das Tablett auf den Tisch und grinst: ‚Und wenn dein Papa in der Schule immer schön aufgepasst hätte und fleißig gewesen wäre, würdest du heute in der First Class sitzen!'"

Ganz schön schlagfertig, oder? Seien wir ehrlich: Wir freuen uns insgeheim über den guten Konter der Stewardess. Allerdings hat jeder schlagfertige Konter, der den Angreifer in einem schlechten Licht dastehen lässt, auch seine Schattenseiten. Mit Sicherheit war der Familienvater nach dieser Replik nicht mehr gut auf die Stewardess zu sprechen – auch wenn seine Bemerkung der eigentliche Auslöser für den Schlagabtausch war. Die Folgen sind in diesem Fall sicher begrenzt, denn die beiden werden sich nach dem Flug wahrscheinlich nicht wiedersehen. Wenn es allerdings um Sie selbst geht, sollten Sie immer bedenken, dass die Beziehungsebene sehr entscheidend für Ihr nächstes Gespräch oder Ihren nächsten Verhandlungserfolg ist. Wenn Sie also auf den anderen Menschen angewiesen sind, dann sollten Sie sich mit Anfeindungen besser zurückhalten. Falls nicht – lohnt es sich ohnehin nicht den anderen zu diffamieren.

15.4.2 Wie Sie cleveres Kontern angemessen einsetzen

Egal wie clever Sie kontern, bedenken Sie dabei immer, dass die schlagfertige Antwort nur das verbale Stopp-Schild sein soll, das Sie Ihrem Gegenüber zeigen. Er soll erkennen, dass er bewusst oder unbewusst eine Grenze überschritten hat.

▸ Schlagfertigkeit bedeutet nicht, streitsüchtig und aggressiv zu sein. Lassen Sie sich selbst die Freiheit zu entscheiden, auf welchem Niveau Sie kommunizieren wollen. Nutzen Sie jede Möglichkeit, ein Gespräch wieder auf eine angemessene Ebene zurückzuführen.

Beispiel
Der Chef kommt in Lisas Büro. „Dein Schreibtisch sieht aus, als hätte eine Bombe eingeschlagen." Lisa antwortet: „Danke für den Hinweis. Allerdings sollten wir uns um den Stand bei Projekt X kümmern. Die Warenlieferung ist noch immer nicht eingetroffen. Ich habe da einen Vorschlag …"

In diesem Fall hat es Lisa gar nicht darauf ankommen lassen, mit dem Chef über den Zustand ihres Schreibtisches zu diskutieren. Weder der Chef noch Lisa hätten dadurch etwas gewonnen. Daher ist Lisa zu den eigentlichen Sachthemen zurückgekehrt und versucht eine Lösung zu finden.

▸ **Tipp** Prüfen Sie Schlagfertigkeitstechniken darauf, inwieweit diese zur Gesprächssituation und Ihren Zielen passen. Besonders im Beruf sollten Sie nicht das Risiko eingehen, eine dauerhafte Konfrontation mit einem Gesprächspartner herbeizuführen. Kommen Sie schnell in den Lösungsmodus.

Egal wie brenzlig die Situation ist: Kommen Sie möglichst schnell auf die Sachebene und suchen Sie nach einer Lösung für Ihr Problem oder reden Sie über die gemeinsamen Ziele.

15.4.3 So können Sie cleveres Kontern lernen

Folgende Begebenheit konnte ich in einem Frankfurter Warenhaus beobachten: Ein kleiner Junge steht mit seiner Mutter in der Textilabteilung. Sie probiert mit dem etwa achtjährigen Steppke verschiedene Kleidungsstücke an. Der Junge sagt zur Mutter:

„Heute Abend möchte ich aber fernsehen."
Die Mutter: „Dafür bist du noch zu klein!"
Der Junge: „Ich bin nicht zu klein, ich bin ein Konzentrat!"

Natürlich hat dieser Junge keine Techniken zum cleveren Kontern gelernt. Wenn Sie allerdings Gesprächsausschnitte sammeln, in denen Menschen einen cleveren Konter platziert haben und diese analysieren, dann finden Sie heraus, dass hinter vielen schlagfertigen Antworten Muster stecken.

Stellen Sie sich vor, Ihr sehnlichster Wunsch in Ihrem Leben wäre es Konditor zu werden. Sie haben allerdings noch nie einen Kuchen gebacken und keine Ahnung wie professionelle Konditoren es anstellen, fantastische Torten zu kreieren. Was können Sie tun? Eine Möglichkeit wäre z. B. zu einem erfahrenen Konditor zu gehen, der sein Handwerk beherrscht. Sie beobachten genau, welche Zutaten in welcher Reihenfolge er verwendet und mit welchen Handgriffen er seine Torte in ein Kunstwerk der Backkunst verwandelt.

Wenn Sie Ihre Beobachtungen dann noch ein einem Rezept niederschreiben, haben Sie eine perfekte Anleitung, wie Sie nach genauen Regeln selbst eine fantastische Torte erstellen können. Wenn Sie Ihr Rezept mehrere Male angewandt haben, werden Sie bald eine Routine haben, die es Ihnen ermöglicht, auch frei zu variieren und neue Kreationen zu erstellen.

Genauso ist es mit der Schlagfertigkeit. Hinter cleverem Kontern stecken häufig Muster, die Sie sich einprägen können wie der Konditor sein Backrezept. Mit diesen Rezepten im Hinterkopf gelingt es auch Menschen, die keine angeborene Schlagfertigkeit besitzen, cleverer zu kontern und sich selbst zu behaupten. Backen Sie sich einfach die richtige Antwort selbst.

▸ **Tipp** So wie der Konditor ein Rezept verwendet, um eine gute Torte zu backen, so gibt es auch Rezepte für clevere Konter. Sie können diese Rezepte anwenden, um in wichtigen Gesprächen schlagfertig zu agieren. Diese Rezepte sind Techniken und Systematiken, die Sie in diesem Artikel finden.

Der Junge im Warenhaus nutzt ganz intuitiv eine Technik, die auch am Arbeitsplatz äußerst effektiv ist. Mit dem „Uminterpretieren" können Sie Vorwürfen eine neue Bedeutung zuweisen. So können Sie elegant einen ursprünglich negativ gemeinten Vorwurf positiv für sich verwandeln.

▸ **Tipp** Der jeweilige Lebensbereich bestimmt die Wortwahl entscheidend. Zu jedem Anlass braucht es die passenden Worte. Nehmen Sie daher die Version, die bei Ihrem Gesprächspartner am besten verstanden wird.

15.5 Konkrete Techniken zum cleveren Kontern

15.5.1 Sofortantworten

Cleveres Kontern muss nicht unbedingt mit Spontanität verbunden sein. Gerade wenn Sie Gefahr laufen, dass es Ihnen die Sprache verschlägt, ist es gut, vorbereitet zu sein. Sofortantworten helfen Ihnen dabei. Betrachten Sie die Konter, die ich Ihnen zeige, als Vorschläge, Sie können sie natürlich variieren. So ziehen Sie mit Leichtigkeit ein Ass aus dem Ärmel.

▸ **Tipp** Nutzen Sie Sofortantworten für eine schnelle Reaktion auf schädliche Bemerkungen. Diese brauchen Sie sich nur einzuprägen und Sie haben immer eine clevere Reaktion parat.

Nehmen wir mal an, Sie halten einen Vortrag in einem Meeting. Sie haben einen neuen Vorschlag und einer Ihrer Kollegen macht eine dumme Bemerkung, bei der er sich im Ton vergreift.
„Das ist doch alles Unsinn!"
Geben Sie doch in Zukunft eine der folgenden Sofortantworten:

- „Ich bin anderer Ansicht, doch wir bleiben Freunde."
- „Wir alle haben Wichtigeres zu bereden. Ich bitte Sie, wieder sachlich zu sein."
- „Das ist eine undifferenzierte Feststellung, die so nicht zutrifft. Richtig ist vielmehr …" *(und jetzt führen Sie Ihre Sicht der Dinge aus).*
- Ironisch: „Ich mag es, wie Sie die Worte aneinander reihen."
- „Mit Polemik kommen wir hier nicht weiter."

Äußert jemand seine Meinung als kritischen Einwurf, dann werden diese Äußerungen meistens eingeleitet mit: „Ich glaube …", „Ich meine …", „Ich denke …".
„Ich denke, das kann nicht funktionieren!"
Für die Erwiderung auf solche Einwürfe gebe ich Ihnen ebenfalls ein paar Standards an die Hand:

- „Das ist Ihre persönliche Meinung. Können Sie akzeptieren, dass ich anderer Ansicht bin?"
- „Wenn ich die Wahl zwischen Ihrer und meiner Meinung habe, dann ziehe ich meine Meinung vor."

Häufig werden Einwürfe auch als Fragen formuliert:
„Wie soll das denn gehen?"
Auf solche Fragen können Sie mit den folgenden Kontern geschickt parieren:

- „Ich möchte Ihre wohlformulierte Frage nicht durch meine Antwort entwerten."
- „Warum wollen Sie das wissen?" (Mit dieser Gegenfrage gewinnen Sie Zeit und weitere Informationen.)

15.5.2 Die Loriot-Strategie

Der 2012 verstorbene Komiker Loriot, alias Vicco von Bülow war nicht nur bekannt für seinen trockenen und sehr deutschen Humor, er hat auch unsere Sprache geprägt. Von ihm können wir uns einige Anregungen holen, die uns helfen, cleverer zu kontern. In einem Interview der Zeit sagte Loriot: „Ja, es ist durchaus möglich, dass der Grund für mein humoristisches Empfinden eine mangelnde Bereitschaft zum Leiden ist. Die Frage ist nur, was war zuerst da, der Humor oder das Leiden."

▸ **Tipp** Machen Sie es wie Loriot. Erklären Sie das Leiden zur Mangelware und ersetzen Sie es durch Humor.

Unvergessen sind Loriots Figuren und deren trockene Dialoge. Besonders die kurzen Einwürfe auf ungefragte, überraschende Bemerkungen sind für uns interessant.

„*Ach was!?*" ist der typische Kommentar von Loriot-Figuren, dieser ist auch für uns in der Schlagfertigkeit universell einsetzbar. In einen Interview mit der „Süddeutschen Zeitung" erklärte Loriot dazu: „Wenn jemand bemerkt: ‚Ihre Frau ist sympathisch' und der Ehemann sagt: ‚Ach was!?', wirkt das verblüffend".

Ebenso verblüffend kann ein solch kurzer Kommentar zu schnippischen Bemerkungen sein. Ihr Vorteil: Sie lassen sich nicht anmerken, wie Sie zu dem Angriff stehen, Sie kommentieren ihn nur kurz ab. Wichtig dabei: Gehen Sie anschließend nicht mehr auf den Angriff ein. Ihre Kurzantwort ist völlig ausreichend. Idealerweise reden Sie anschließend weiter zu Ihrem Thema oder schneiden zur Ablenkung etwas ganz anderes an.

▸ **Tipp** Mit diesen Quickie-Antworten können Sie reagieren:

- „Ach was?!"
- „So, so!"
- „Aha?"
- (mitleidig) „Oh je, Herr ..." *(fügen Sie den Namen des Gesprächspartners an)*
- „Danke für den Beitrag."

15.5.3 Wie reden wir miteinander? – Argumentieren auf der Metaebene

In jedem Gespräch finden Sie zwei Ebenen, auf denen Sie argumentieren können. Zunächst einmal reden wir die meiste Zeit auf der Sachebene, das heißt wir reden über das eigentliche Thema. Auf dieser Ebene reden Sie über Zahlen, Daten, Fakten und erwägen das für und wider. Kurz: Sie tauschen die Sachargumente aus.

Es gibt allerdings noch eine weitere Ebene, auf der Sie immer argumentieren können. Diese nennen wir die Metaebene. Auf der Metaebene einigen wir uns, wie wir miteinander kommunizieren, z. B. auf welche Art und in welchem Tonfall. Auf der Metaebene können wir uns auch darüber einigen, welches Vorgehen wir wählen, um ein Problem zu lösen.

In den allermeisten Gesprächssituationen sind wir uns einig, dass wir uns ruhig miteinander unterhalten wollen, dass wir konstruktiv miteinander umgehen und dass wir uns nicht, z. B. durch eine polemische Wortwahl, gegenseitig verletzen. Über die Metaebene wird in den meisten Gesprächen nur selten geredet, sie stellt ein implizites Übereinkommen dar, das regelt wie wir miteinander umgehen. Dieses Übereinkommen ist geprägt durch unsere Erziehung, unser soziales Umfeld und unsere Wertvorstellungen. Der breiteste Konsens, den wir für gesellschaftliche Gespräche finden, ist der sogenannte „gute Ton".

▸ Wir alle haben ein Empfinden dafür, welche Wortwahl und welcher Umgang angemessen ist. Verstöße dagegen sind gesellschaftlich meist nicht anerkannt und wirken befremdlich. Sie können daher immer an diese Konvention erinnern.

Wie können Sie das für das clevere Kontern nutzen? Die Metaebene bietet Ihnen eine starke Möglichkeit sachlich und lösungsorientiert einen Gesprächspartner zurecht zu weisen, wenn dieser über die Stränge schlägt. Sie appellieren dann entweder an seine Manieren oder die gute Kinderstube.

Nehmen wir mal an, jemand wirft Ihnen an den Kopf:
„Tja mit einer Gehirnzelle allein hätte mir das auch passieren können."
Dann könnte Ihre Reaktion wie folgt aussehen:
„Herr Schulze, bleiben Sie doch bitte sachlich!"
Diese Reaktion ist der einfachste Konter, mit dem Sie auf die Metaebene verweisen. In diesem Fall weisen Sie den Gesprächspartner darauf hin, dass er nicht mehr, wie üblich, auf der Sachebene argumentiert. Gleichzeitig verdeutlicht Ihre Reaktion, dass Sie dieses Verhalten nicht gutheißen.

Das Beispiel zeigt auch einen weiteren Vorteil der Argumentation auf der Metaebene: Sie gehen mit keinem Wort auf den eigentlichen Vorwurf ein. Diese Strategie entlastet Sie daher ganz erheblich, denn Sie sind dem ursprünglichen Angriff nicht mehr ausgeliefert. Sie können den Gesprächspartner in aller Ruhe darauf hinweisen, dass er nicht mehr in den Rahmen der gesellschaftlichen Konventionen passt. Der Konter „Bleiben Sie bitte sachlich!" ist daher sehr universell anwendbar.

▸ **Mein Tipp** Appelle auf der Metaebene helfen Ihnen, mit Vorwürfen souverän umzugehen. Sie zeigen damit, dass Sie sich nicht auf die Ebene des Vorwurfes herablassen und dass Sie zunächst die Bedingungen eines fairen Umgangs miteinander wieder hergestellt sehen wollen, ehe Sie weiter argumentieren. Auf den eigentlichen Vorwurf gehen Sie dabei nicht ein.

Sie können mit einem Gesprächspartner natürlich auch direkt darüber diskutieren, auf welchem Niveau Sie miteinander kommunizieren. Wenn dieser Sie angreift, fragen Sie einfach:
„Ist das die Art, wie wir miteinander reden wollen?"
In diesem Fall regen Sie zur Diskussion an. Die Form der Frage zwingt Ihren Gesprächspartner dazu, zunächst auf Ihr Thema einzugehen. In vielen Fällen wird Ihr Gesprächspartner auf diese Frage von sich aus zurückrudern und sagen: „Nein, natürlich nicht, Entschuldigung."
Es gibt weitere Steigerungsformen der Argumentation auf der Metaebene, wie das folgende Beispiel zeigt.

Beispiel
Abteilungsleiter Heringsmann war außer sich. Seit 15 Minuten diskutierten er und Abteilungsleiter Wenigsasser nun um das Vorgehen für eine Kundenanalyse. Jeder von

beiden bestand auf seiner Vorgehensweise und keiner wollte auch nur ein wenig nachgeben. Im Konferenzraum saßen die 20 Mitarbeiter beider Abteilungen. Es gab einfach keinen Fortschritt in der Diskussion. Herrn Heringsmann platze der Kragen. Er sagte: „Bei allem Respekt, Herr Wenigsasser, Sie sind ein arroganter Affe!". Herr Wenigsasser reagierte recht ruhig als er sagte: „Bitte, Herr Heringsmann, ich verstehe, dass die Situation für uns alle nicht leicht ist. Doch dies ist nicht die Art, wie wir miteinander reden wollen. Bitte halten Sie sich doch an das Niveau, das wir hier alle gewohnt sind."

Das war eine sehr elegante und gleichzeitig hoch wirksame Art, den Gesprächspartner zurecht zu weisen. Zunächst einmal drückt Herr Wenigsasser mit folgenden Worten sein Verständnis aus:

„Ich verstehe, dass die Situation für uns alle nicht leicht ist."

Mit diesen Worten schlägt er dem angriffslustigen Gesprächspartner eine Brücke, er versetzt sich in die Lage des Gesprächspartners. Die Formulierung „für uns alle" drückt aus, dass es ihm selbst emotional ähnlich geht wie Herrn Heringsmann. Im nächsten Schritt spricht er die Metaebene an und verweist darauf, dass Herr Heringsmann die Konventionen des Meetings verlassen hat:

„Dies ist nicht die Art, wie wir miteinander reden wollen."

Mit der Formulierung „wir" macht Herr Wenigsasser deutlich, dass Herr Heringsmann mit seinem Angriff sich nicht mehr an die Gepflogenheiten der Gemeinschaft hält. In diesem Fall ist das der gute Ton des Unternehmens. Im Umgang miteinander halten wir uns an diese Vereinbarungen. Herr Heringsmann ist also durch seinen Angriff nicht mehr Teil der Gemeinschaft.

▸ **Merke** Menschen mögen es nicht, aus einer sozialen Gruppe ausgegrenzt zu werden. Daher ist der Appell an das Zugehörigkeitsgefühl ein sehr mächtiges Instrument.

Mit dem nächsten Satz steigert Herr Wenigsasser diesen Eindruck weiter.

„Bitte halten Sie sich doch an das Niveau, das wir hier alle gewohnt sind."

Durch seine Formulierung macht sich Herr Wenigsasser zum Sprecher der gesamten Gruppe. Die Formulierung „wir hier" grenzt Herrn Heringsmann verbal aus dieser Gruppe aus und zeigt, dass er mit seinem Verhalten allein steht.

▸ **Mein Tipp** Mit Formulierungen in der WIR-Form machen Sie sich zum Sprecher einer Gemeinschaft.
Eine sehr starke Technik, die es sich lohnt zu beherrschen.
Mit diesen Standards argumentieren Sie auf der Metaebene:

- „Bleiben Sie doch bitte sachlich!"
- „Ist das die Art, wie wir miteinander reden wollen?"
- „Ich glaube, Sie haben Ihre gute Kinderstube vergessen."
- „Dies ist nicht die Art, wie wir hier miteinander reden wollen. Bitte kommen Sie auf das Niveau zurück, das wir hier alle gewohnt sind."

15.5.4 Ein schneller Konter gegen Pauschalvorwürfe

Wir Menschen neigen oft zum Schubladendenken, insbesondere wenn es um die Einschätzung anderer Menschen geht. Das hat seinen Vorteil, denn auf Basis unserer bisherigen Erfahrungen können wir so schnelle Entscheidungen treffen. Die bessere Sicht auf unsere Mitmenschen ist allerdings eher eine differenziertere Betrachtung, die viele Facetten zulässt. Es gibt aber auch Zeitgenossen, die meinen, bei jeder Gelegenheit ihre platten, pauschalen Vorurteile in die Welt setzen zu müssen. Gut, wenn Sie dann humorvoll reagieren können.

Solche Gesprächspartner äußern sich über andere Menschen, indem sie ihnen pauschal Eigenschaften zuweisen, z. B.

- „Männer sind grob."
- „Frauen verstehen nichts von Technik."

Die Technik, die ich Ihnen jetzt zeige, ist eine kleine, schnelle Technik gegen Pauschalvorwürfe. Das verbale Werkzeug ist nicht unbedingt das eleganteste, eignet sich allerdings gerade wegen seines einfachen Prinzips sehr gut für einen schnellen Konter.

Situation: Jemand äußert einen Pauschalvorwurf bezogen auf eine bestimmte Menschengruppe, z. B.

„Frauen kommunizieren immer so umständlich."
Ihr Konter:
„Dann müsstest du ja eine Frau sein."

Sie nutzen dabei ein simples Prinzip: Sie stellen den Gesprächspartner mit dem rhetorischen Kniff als Mitglied der angegriffenen Gruppe dar. Diese Gleichsetzung spiegelt den erhobenen Vorwurf auf den Angreifer. Ihr Ziel sollte dabei sein, *augenzwinkernd* (!) darauf hinzuweisen, dass der pauschale Vorwurf zumindest in der allgemeinen Zuweisung ungültig ist.

Hier einige Beispiele:

- *„Alle Einkäufer sind faul!"*
„Dann müsstest du ja ein Einkäufer sein!"
„Alte Menschen kapieren gar nichts."
„Dann müsstest du ja ein alter Mensch sein!"
„Manager sind arrogant."
„Dann müsstest du ja ein Manager sein."

▶ **Tipp** Hebeln Sie Pauschalvorwürfe aus, indem Sie diese auf den Angreifer spiegeln. Nutzen Sie dabei die Formulierung:
„Dann müsstest du ja ein ... sein."
Sie können diese Technik sogar dann bei Pauschalvorwürfen anwenden, wenn Sie der Meinung sind, dass die Eigenschaft *nicht* auf Ihr Gegenüber zutrifft. Es

geht hier nur darum, dem anderen mit einem Augenzwinkern einen Hinweis zu geben, dass er seine Aussage doch noch einmal überdenken sollte. Bitte denken Sie gerade an dieses Augenzwinkern, damit Sie die Beziehung zu Ihrem Gegenüber erhalten.

15.5.5 So argumentieren Sie mit einem höheren Ziel

Angela Merkel wurde im ZDF-Sommerinterview 2007 danach gefragt, ob Sie bei der Wahl 2009 noch einmal mit der SPD koalieren würde. Merkel antwortete: „Koalitionsaussagen stehen jetzt nicht zu Debatte. Es geht jetzt darum, die beste Politik für Deutschland zu verwirklichen."

An dieser Stelle höre ich in meinen Seminaren häufig den Einwurf: „Das ist typisch Politikerin. Die beantwortet die Frage überhaupt nicht." Das stimmt. Die Frage des Journalisten wurde nicht beantwortet. Die Sichtweise lässt aber außer Acht, welche Konsequenzen eine Antwort gehabt hätte.

Entweder hätte die Bundeskanzlerin sagen können: „Ich koaliere auf keinen Fall mehr mit der SPD.", dann hätte sie damit die Zusammenarbeit zwischen den Regierungsparteien gefährdet. Hätte sie sich *für* eine weitere Koalition ausgesprochen, wäre sie darauf festgelegt gewesen. Beide Varianten wären zum Nachteil der Kanzlerin und der gesamten Arbeit der Regierung gewesen. Die Bundeskanzlerin hat stattdessen ein anderes, höheres Ziel in den Vordergrund ihrer Antwort gestellt, „die beste Politik für Deutschland". Es macht also durchaus Sinn, Fragen nicht zu beantworten.

Die Technik ist aber auch in anderen Situationen von hohem Wert. Gerade Führungskräfte werden gern kritisiert. Dabei halten sich Ihre Gegner gern an Kleinigkeiten fest. Für Sie als Chef ist es dann wichtig, an die eigentlichen, höheren Ziele zu erinnern. Nur allzu oft verliert sich die Diskussion in den falschen Dingen, die Aufmerksamkeit wird vielleicht auf kleine Verfehlungen gerichtet, während die große Richtung jedoch viel wichtiger ist. In solchen Situationen ist es wichtig, die Aufmerksamkeit wieder auf das höhere Ziel zu lenken.

> **Beispiel**
> Mein Kollege Christian war als Consultant für einen Automobilkonzern eingesetzt. In dem Projekt, das er betreute, sollten alle Prozesse im Einkauf weltweit vereinheitlicht werden. Er und sein Team besuchten die Einkaufsabteilungen des Konzerns in den verschiedenen Ländern. In Portugal stellten sich die dortigen Mitarbeiter vehement gegen jegliche Reformen und Verbesserungsvorschläge. Die Portugiesen hatten bereits sehr detailliert ausgearbeitete Prozessbeschreibungen Ihrer Einkaufsabläufe. Sie versuchten das Team von den Vorteilen Ihrer Lösung zu überzeugen.
>
> Christians Team hatte jedoch die Position der Konzernzentrale zu vertreten und in jedem Fall eine weltweit einheitliche Lösung umzusetzen. Denn für den Gesamtkonzern brachte die Umsetzung erhebliche Vorteile. Christian antwortete: „Es geht darum, für

den gesamten Konzern eine einheitliche Sicht auf die Arbeitsabläufe zu schaffen, so dass jeder Mitarbeiter im Einkauf sich weltweit sofort in den Abläufen eines anderen Landes zurechtfindet."

Viel zu häufig wird in Betrieben zu lange über Kleinigkeiten und Unwichtiges diskutiert. Sie verschwenden dadurch Energie und verlieren die wahren Ziele aus dem Auge. Es braucht Menschen, die die ursprünglichen Ziele wieder in Erinnerung rufen.

▸ **Mein Tipp** Trauen Sie sich, in Diskussionen und Meetings an die eigentlichen, höheren Ziele zu erinnern. Klären Sie zu Beginn einer Besprechung die Ziele und sorgen Sie dafür, dass diese auch erreicht werden.

Sie wollen den Mount Everest besteigen, aber Sie stolpern über den ersten Maulwurfshügel.
Wenn Sie erfolgreich sein wollen, dann behalten Sie die wesentlichen Ziele im Auge.

▸ **Standard-Konstruktionen für den Zielkurs:** „Es geht nicht darum … Es geht um … (Nennen Sie das Ziel)"
„Es ist nicht der Zweck unseres Meetings über XY zu reden, der Zweck ist … (Nennen Sie das Ziel)"
„Wir alle möchten zügig unsere Ziele in dieser Besprechung erreichen. Bitte lassen Sie uns wieder zum (Nennen Sie das Ziel) zurückkommen."
Mit diesen Formulierungen können Sie sehr gut ein Meeting wieder auf den richtigen Kurs bringen oder Ihren wesentlichen Handlungsaspekt in den Mittelpunkt der Betrachtung rücken.

15.5.6 So interpretieren Sie den Vorwurf um

Mit der folgenden Technik machen Sie sich die Tatsache zu Nutze, dass Sie so gut wie jedes Wort in verschiedener Art und Weise auslegen können. Ein Vorwurf hat häufig ein Wort zum Inhalt, das Ihnen, Ihrem Vorschlag oder Produkt etwas Negatives unterstellt. Sie müssen die negative Interpretationsrichtung des Angreifers jedoch nicht gelten lassen. Geben Sie dem Vorwurf eine eigene, für Sie vorteilhafte Interpretation.

Beispiel
Herr Jacobs ist genervt. Kollege Fischer hat schon wieder Einwände gegen den nächsten Projektschritt geäußert. Ärgerlich sagt er:
„Herr Fischer, Sie sind nicht pragmatisch!"
Fischer kontert: „Wenn ‚nicht pragmatisch' bedeutet, dass ich die Dinge gern sorgfältig durchdenke und dadurch Fehler vermeide, ja, dann gebe ich Ihnen recht."

Diese Technik eignet sich wunderbar für alle Vorwürfe, bei denen Ihnen der Angreifer einen Stempel aufdrücken will. In diesem Fall ist es der Stempel *nicht pragmatisch*. Diese

Art zu antworten gibt Ihnen eine Möglichkeit dem Attribut eine neue Definition zuzuweisen, die für Sie günstig ist. Anschließend bestätigen Sie sogar noch die Aussage des Angreifers, allerdings in der neuen, für Sie positiven Bedeutung. Das wirkt extrem beeindruckend auf alle Zuhörer.

▸ **Mein Tipp** Sie müssen einen Vorwurf nicht in der negativen Interpretation des Angreifers akzeptieren. Geben Sie einem Vorwurf eine neue für Sie vorteilhafte Bedeutung. Sie fragen sich dafür: Was ist an dieser Eigenschaft positiv, wo liegt der Vorteil, welchen Nutzen hat diese Eigenschaft?

Im Beispiel bedeutet nicht pragmatisch sorgfältig und Fehler vermeidend.

Das funktioniert mit weit mehr Vorwürfen, als Sie vielleicht meinen. Fast jedes Wort in der deutschen Sprache lässt sich in verschiedener Bedeutung auslegen.

„Sie sind arrogant!" „Wenn arrogant bedeutet, dass ich meine Ziele verfolge und mich durchsetze, ja dann gebe ich Ihnen recht, dann bin ich arrogant."

„Sie sind unpünktlich!" „Wenn unpünktlich bedeutet, dass ich jede Minute meiner Arbeitszeit produktiv ausnutze, ja, dann haben Sie Recht."

„Sie sind nicht kooperativ!" „Wenn Sie damit meinen, dass ich nicht jedem Vorschlag unreflektiert zustimme, dann bin ich nicht kooperativ."

▸ **Geschicktes Uminterpretieren:** Mit den folgenden Konstruktionen haben Sie immer eine schlagkräftige Antwort parat:

- „Wenn (das negative Attribut) bedeutet, dass (Ihre positive Auslegung), ja, dann gebe ich Ihnen recht."
- „Ja genau, ich … (geben Sie hier die positive Auslegung)."
- „Gerade, weil ich (das negative Attribut) bin, kann ich …"

15.6 Schlussbemerkung

Sie sehen, cleveres Kontern muss kein Zufall sein. Ihre innere Einstellung und Ihre verbale Argumentationsfähigkeit lassen sich trainieren. Es gibt elegante Techniken für das clevere Kontern, die Sie auch in kritischen Situationen gut wirken lassen – ohne dass Sie einen anderen dabei unbedingt verletzen müssen.

Für Sie als Chef ist es wichtig, sich ein paar dieser Techniken anzueignen und sich selbst immer wieder in der eigenen Reaktion zu hinterfragen. Sie werden dann nicht nur souveräner auftreten, auch Ihre Mitarbeiter werden es Ihnen danken. Vor allem haben Sie aber auch wesentlich weniger Stress.

In diesem Sinne wünsche ich Ihnen: Stets gute Wirkung.

15.7 Über den Autor

Gero Teufert Gero Teufert ist Vortragsredner, Business-Trainer, Buchautor und zertifizierter Professional Speaker GSA/SHB. Er ist Geschäftsführer des Unternehmenstheaters Impro for Business und hat einen Lehrauftrag für das Fach Kommunikation an der Hochschule Fresenius. Seine Bücher haben mit über 100.000 verkauften Exemplaren Bestseller-Status.

In seiner Tätigkeit als Rhetorik-Experte ist er ein gefragter Coach für Manager und Führungskräfte. In einer einmaligen Kombination aus klassischem Business-Training und Übungen aus dem Improvisationstheater verhilft er Menschen in ganz Europa zu mehr Ausstrahlung, Präsenz und Wirkung auf der Bühne.

Er ist Mitglied der German Speakers Association und der Global Speakers Federation.

Weitere Infos unter www.gero-teufert.de

Top-Coaches und Berater berichten aus der Praxis

Ein richtungsweisendes Fachbuch zu einem neuen Trend

Der demografische Wandel und ein damit verbundener Mangel an leistungsfähigen Führungs- und Fachkräften, der stete Druck, sich an einem globalisierten Markt zu beweisen, die immer komplexer werdenden Prozesse der internen Administration – all dies stellt Unternehmen und Mitarbeiter vor enorme Herausforderungen. Umso wichtiger wird es in diesem Zusammenhang, die wertvolle Ressource Mensch zu schützen und dessen Arbeitskraft zu erhalten. Gesundheit spielt hierbei eine große Rolle: Gesunde Mitarbeiter leisten mehr, sind produktiver und effektiver. Gesundheit wird zur Chefsache und zum Wirtschaftsfaktor in Unternehmen, wie es auch der kommende sechste Kondratieff-Zyklus vorsieht.

14 Coaches, Berater und Trainer beschreiben bezogen auf ihr jeweiliges Fachgebiet, welchen Einfluss der Faktor Gesundheit künftig auf Unternehmen haben wird, und geben praktische Hinweise für einen zeitgemäßen Umgang mit diesem wichtigen Thema.

Die Zielgruppen

- Führungskräfte und Personalverantwortliche sowie Gesundheitsbeauftragte in Unternehmen
- Studierende und Dozenten in den Fachgebieten Betriebswirtschaftslehre, Sozialarbeit und Gesundheitsmanagement

Peter H. Buchenau (Hrsg.)
Chefsache Gesundheit
Der Führungsratgeber
fürs 21. Jahrhundert
2013. XII, 258 S. 48 Abb. Brosch.
€ (D) 29,99 | € (A) 30,83 | *sFr 37,50
ISBN 978-3-658-01417-9

€ (D) sind gebundene Ladenpreise in Deutschland und enthalten 7% MwSt.
€ (A) sind gebundene Ladenpreise in Österreich und enthalten 10% MwSt.
Die mit * gekennzeichneten Preise sind unverbindliche Preisempfehlungen und enthalten die landesübliche MwSt. Preisänderungen und Irrtümer vorbehalten.

Stand: November 2013. Änderungen vorbehalten.
Erhältlich im Buchhandel oder beim Verlag.

Abraham-Lincoln-Straße 46 . D-65189 Wiesbaden
Tel. +49 (0)6221 / 3 45 - 4301 . springer-gabler.de

The manufacturer's authorised representative in the EU is Springer Nature Customer Service Centre GmbH, Europaplatz 3, 69115 Heidelberg, Germany. If you have any concerns regarding our products, please contact ProductSafety@springernature.com

Printed and bound by CPI Group (UK) Ltd, Croydon, CR0 4YY